创新创业卓越人才系列化教材

创　业　学

张银和　高培芳　何云峰　王秦俊　主编

中国林业出版社

图书在版编目(CIP)数据

创业学 / 张银和，高培芳，何云峰，王秦俊主编. —北京：中国林业出版社，2018. 5
创新创业卓越人才系列化教材
ISBN 978-7-5038-9446-6

Ⅰ. ①创… Ⅱ. ①张… ②高… ③何… ④王… Ⅲ. ①创业 – 高等学校 – 教材 Ⅳ. ①F241. 4

中国版本图书馆 CIP 数据核字(2018)第 034434 号

国家林业和草原局生态文明教材及林业高校教材建设项目

中国林业出版社·教育出版分社

策划编辑：杨长峰 张 佳

责任编辑：张 佳

电话/传真：83143561

出版发行 中国林业出版社(100009 北京市西城区德内大街刘海胡同 7 号)
E-mail：jiaocaipublic@ 163. com
电话：(010)83143500
http：//lycb. forestry. gov. cn
经 销 新华书店
印 刷 固安县京平诚乾印刷有限公司
版 次 2018 年 5 月第 1 版
印 次 2018 年 5 月第 1 次印刷
开 本 850mm × 1168mm 1/16
印 张 22. 25
字 数 450 千字
定 价 58. 00 元

内容简介

本书系统总结了创业的基本理论与基本规律，论述了国内外的创业历史与现状，注重创业方法的可操作性与实践性，注重创业初期的项目选择与创业计划的思维引导，以及创业调研的验证、创业动力的激励、创业融资的基础等方面的内容，指导并促使创业者付诸行动，“干”永远是成功的核心。本书理论新颖、思维独到，激励读者知行合一、通过创业实现人生价值。

本书既可作为学术型本科、应用型本科的“创业学”课程教材，也可以作为高职高专各专业的“创业学(创业指导)”课程教材，也可作为创业教育的培训用书或参考书，同时也适合社会人士阅读。

编写人员

主　编

张银和　高培芳　何云峰

王秦俊

副主编（以姓氏笔画为序）

张　丽　张鸿彦　陈晶晶

武春明　郭建平　郭晓丽

编　者（以姓氏笔画为序）

王　宁　王　勇　王秦俊

毛　荟　张　丽　张银和

张鸿彦　张馨月　杨晓冰

陈　婕　陈晶晶　何云峰

武春明　金华旺　郝称莉

郭旭耀　郭建平　郭晓丽

高培芳

序

推进“大众创业、万众创新”，是发展的动力之源，也是富民之道、公平之计、强国之策，对于推动经济结构调整、打造发展新引擎、增强发展新动力、走创新驱动发展道路具有重要意义，是稳增长、扩就业、激发亿万群众智慧和创造力，促进社会纵向流动、公平正义的重大举措。国家大力推动创新创业，必将在960万平方公里的土地上掀起“大众创业、万众创新”的新的热潮，必将成为实现“中国梦”、实现中华民族伟大复兴的重要驱动力量。

新形势下，大学生希望通过自己的智慧和努力，塑造新的形象，实现自身价值，引领社会潮流，推动社会进步，创业是一种选择与途径。高校开展创业教育，无疑是高校服务于创新型国家建设的重大战略举措之一，也是高校深化教育教学改革、培养学生创新精神和创业能力的重要途径之一，也是落实以创业带动就业，促进高校毕业生充分就业的重要措施。

百年老校山西农业大学秉承艰苦兴校、注重创新创业的优良传统，自20世纪90年代以来就在全国率先开展了创新创业教育实践，近20年来一直重视创新创业教育，学校率先设立大学生创新创业基金、卓越农林管理人才实验班，实施大学生创业能力提升工程，成立了山西省首个创业学院，建立200余个校外教学实习基地，涌现出了以山西省首位“中国大学生年度人物”江利斌、“中国大学生自强之星”马红军为代表的一大批勇立时代潮头的创业就业典型，还设立了大学生创业园区、创业基地、创业大厅、创客空间等创业载体，在实践中提出“扶上马、送一程、做后盾”的创业支持思路。学校于2014年7月正式成立创业学院，旨在整合学校现有资源，统筹做好我校学生创业教育、创业基地建设、大学生创业园区建设以及创业团队的服务、管理等工作，推动了我校创业教育科学化、制度化、规范化，提升学生的创业层次和水平，提高创业的成功率，最终实现创业教育通识化。

2016年，山西农业大学被教育部授予“首批深化高等学校创新创业教育改革示范高校”称号，把我校创新创业教育工作推向一个新阶段。山西农业大学鼓励创业、研究创业、支持大学生创业，通过创业造就一大批卓越的行业精英，山西农业大学正在成为山西各业发展所急需的创业开拓型“领军人物”的摇篮和“三农”战线的“黄埔军校”。适逢此时，我校又启动了山西农业大学“创新创业卓越人才系列化教材”的编写工作。我校一批长期从事创新创业教育研究的专家、学者在学校党政领导亲切关怀及学校教务处、创业学院的支持下编写了《创业学》教材，即将付梓出版之际，张银和主编嘱咐我为教材作序，繁忙之余，我翻阅此书，其许多新理念、新政策、新内容、新方法，让我颇受启发。此书作为我校在创业教育领域的又一个标志性成果，我深感欣慰。

我愿借此机会，向对我校创新创业教育的各级领导、各界人士、创业精英及本书的作者表示衷心感谢！也向为本书出版提供便利的中国林业出版社的领导和各位编辑表示谢意！

山西农业大学副校长，创业学院院长，教授：

2018 年 3 月

前言

“大众创业、万众创新”，已成为我国改革发展的新潮流、新趋势、新常态，大学生创业教育成为高校改革发展的一个新的突破点。百年老校山西农业大学作为全国首批深化高等学校创新创业教育改革示范高校，根据《国务院办公厅关于深化高等学校创新创业教育改革的实施意见》(国办发[2015]36 号)，山西省人民政府办公厅《关于印发山西省深化高等学校创新创业教育改革实施方案的通知》《山西省深化高等学校创新创业教育改革实施方案》(晋政办发[2016]129 号)，结合山西农业大学人才培养目标，响应我省高校全面深化综合改革的精神，为提升人才培养质量，凸显人才培养特色，促进毕业生高质量创业就业，在十几年开设创业教育课程的基础上，组织编写了《创业学》，纵观本教材编写，形成如下特色：

其一，理论与实践相结合，尤其注重新理论、新政策的关注与应用，突出应用性和实践性，增加或加强创业观念、创业原理、创业模式、创业经济、赢利模式、创业选项、创业计划、创业市场调研、创业动力、创业环境、创业融资与风险投资、创新实践、创业团队建设、创业素质、创业宣传等实践性较强且又非常有用的内容，可以较好地满足学术型、应用型和技能型人才培养的需要。

其二，构建符合面向实践应用的创业教育知识和方法体系，在各章编写关于创业的重点内容和实用内容时，注重语言的表达方式，使学生易于理解和接受。

其三，在教材体例上充分考虑到思维特点，通过思维导图引导，图文并茂论述；在每章正文中重点提示问题和难点，介绍当今的一些新趋势和观点，开阔视野。

纵观国内外“创业学”的发展宗旨，学校要培养优秀的管理型人才、开拓型人才、老板级人才、山西经济转型的领军人、涉农企业的 CEO、农业行业的带头人。因此，创业领军人才培养必须要从大学入学教育开始，发现苗子重点培养，贯穿大学教学全过程，四年不断线，要对大学生进行系统的历史、国情、励志、创业人物、创业故事的教育，树立责任观、使命观、大局观、创业观。基于上述理念认识，编写组从创业学总论、创业学基本理论、创业实务与政策 3 个模块入手，来安排各个章节。

主编张银和牵头设计了教材的总体框架，组织全书的统稿，第一章创业学概论、第八章创业动力论、第十一章创业计划和创业拓展悟道由张银和编写；第一章创业学概论由王秦俊、张银和编写；第二章创业的历史与现状由高培芳编写；第三章创新思维与创意实践由何云峰编写；第四章创业学基本原理由郭晓丽编写；第五章创业环境与机会由陈晶晶编写；第六章创业素质由张丽编写；第七章创业经济学由金华旺、陈婕编写；第九章创业分类与目标选定由高培芳、张银和编写；第十章市场调研由张鸿彦、张馨月编写；第十二章创业融资由杨晓冰编写；第十三章创业者与创业团队建设由郝称丽编写；第十四章工商登记由王勇编写；第十五章创业宣传与营销规划由武春明、郭旭耀编写；第十六章创业管理由郭建平编写；第十七章创业政策与法规由毛荟、王宁编写。

本教材作为中华农业科教基金教材建设研究项目教材，得到了校领导的高度重视与大力支持，系列化教材将陆续推出《创新创业学》《创业经济学》《创业心理学》《卓越人才创业实践》等，这些将作为山西农业大学各专业的选修类课程，也将作为山西农业大学创业学院以及卓越人才班的必修类课程，副校长邢国明教授拨冗审阅书稿，并欣然为本书作序，十分荣幸并感谢！同时，感谢教务处的大力支持，感谢教材科的协调与全力支持，也感谢山西农业大学创业学院为此书出版编写给予的支持与帮助，借此还要感谢各单位、各学院和兄弟院校的领导的大力支持，更要感谢参与编写的各位老师辛勤工作，最后最衷心地感谢中国林业出版社各位领导和编辑的鼎力相助。

教材编写过程中也广泛参考了国内外的教材编写，对各位学者和前辈的帮助，也表示最崇高的谢意！

本教材既可作为学术型本科、应用型本科的“创业学”课程教材，也可以作为高等职业教育各专业的“创业学(创业指导)”课程教材，也可作为创业教育的培训用书或参考书，同时也适合于各阶层创业者和有志于创业的人士阅读。

编　者

2017 年 10 月

目录

第1章　创业学概论

学习目标：掌握创业概念、特征、要素，了解创业的意义，熟悉创业的一般过程。

关 键 词：创业　创业特征　创业要素　创业新思维

1.1　创业的内涵

1.1.1　创业的概念

创业是一个发现和捕获机会并由此创造出新颖的产品或服务，实现产品价值、服务价值与人生价值的过程。创业必须要贡献时间和付出努力，承担相应的财务的、精神的和社会的风险，创业成功则可以获得金钱的回报、个人或组织精神心理的满足和独立自主的事业。

创业的关键包括以下几个方面：

①创业者　毫无疑问，必须要有一位想要做事情的人，没有创业者无疑缺少了创业行动中的关键要素，没有创业者、没有企业家就不会有创业。

②创新　创造出新颖的产品或服务就是创新，包括变化、改革、改造，以及新方法的使用。

③贡献　指花费时间，精力，付出极大的努力。

④风险　包括财务、精神、社会的风险。要有成功的担当，也要有失败的思想准备。成功是我们的追求，但也要有勇气和毅力面对失败，换个地方、换个方式、换个思路再战。

⑤过程　创业是一系列的进行中的决策和行动，创业是一个需要时间的过程。它包括从创业初期的筹备开始，到企业的经营管理、成长壮大，再到某一时刻的退出之间的所有过程，甚至包括前期的打工、帮助别人成功的过程。

⑥回报　包括个人或组织的物质金钱满足、权利地位的精神心理满足、独立自主的事业追求、个人价值的实现等。

在封建社会里，帝王们把建立自己的王朝、开疆扩土称作创业，这时“创业”这个词第一次具有了意义，而随王征战的武将、谋臣们只能说是帮助君王创业而不是为自己创业，和平时期十年寒窗考取功名的知识分子只是助人守业而非创业，也就是说在封建社会只有王才能创业，其他人都是围绕王的“业”进行工作的，所谓“普天之下，莫非王土，率土之滨，莫非王臣”，根本谈不到自己创业，自己创业无异于谋反，是逆臣贼子，是要株连九族的。只有现代社会，创业这个词的应用才变得普遍，只要你有能力，人人都可以干一番事业，而我们也听到了诸多有关草根创业成功发家致富而获得社会承认的故事，这些故事吸引着我们，也使得我们相信，我们也可以像那些人一样通过创业来使自己的人生辉煌，我们都被赋予了公平、公正的权利去为自己争取一个美好的明天，开创一个行业领域，开拓一块属于自己的领地。

创业一词最早出现于《孟子·梁惠王下》：“君子创业垂统，为可继也。”这里“创业”的意思是“开创基业”。表示这个意思的另外一个著名出处是《出师表》：“先帝创业未半而中道崩殂……”所以，在《辞海》中，创业被理解为“开创基业”。本教材所谓的“创业”是广义上的创业，是指“事业的基础、根基”，既可以是古代的“帝王之业”“霸王之业”，也可以是百姓家业和个人事业。

在中国传统文化中，“修得文武术，卖与帝王家”“良禽择木而栖，贤臣择主而侍”这是对文人和技能人才的政治教化；“修身、齐家、治国、平天下”，儒家文人轻商，只把“当官”看作是人生最高的追求。当代社会观念已经有了根本性的变化。传统的“读书做官”在现代创业大潮中赋予了“管理”新的含义，也赋予了“经济”或更多的含义。

“创业”，在《新华词典》里定义为开创事业。“创”，篆文从刀，仓声，是形声字。“业”，篆文像古代乐器架子横木上的大板，上面刻有锯齿，以便悬挂钟、鼓等乐器，后引申为所从事的学业、事业、职业、行业、就业、产业、创业、工作等。由此可见，创业是“创”字当头，“业”为基础。这就意味着任何一项事业都是一个由无到有、由小到大、由简到繁、由旧到新的创造过程。

从“创业”这个概念在汉语使用中所表达的意思分析，一般强调三层含义：①强调创业开端的艰辛和困难；②突出创业过程的开拓和创新意义；③侧重于在前人的基础上有新的成就和贡献。而对“业”的范围没有什么限制，主要体现一个新的结果。因此，创业是一个过程，创业是一个主体通过主观努力而取得的新的结果。

按照传统，读书人即为文化人，文化对社会的作用表现为一种精神力量，所以读书念大学就应该有动力、责任与义务推进社会发展，推动经济与技术进步。

创业这一经济社会发展的基本形式与人类文明一起得到了进步，古代简单的商业贸易也是创业的范畴，创业是参与某一企业的建立，创立获取交易与金钱的方式。

理论研究对“创业”有很多表述，国内外具有代表性的主要有：

美国学者帕尔特·D·维罗斯(Paud. D. Reynolds)教授把创业概念延伸到从人们创业意识产生之前到企业成长的全过程。

霍华德·H·斯蒂文森(Howard H. Stevenson)认为，创业是一个人——不管是独立的还是在一个组织内部——追踪和捕获机会的过程，这一过程与其当时控制的资源无关。

约瑟夫·熊彼特(Joseph Hois Schumpeter，1990)认为创业是实现创新的过程，创新是创业的手段。创业者的功能是实现生产要素的新组合。这种新组合可以包括产品创新和服务创新、生产工艺创新和业务流程创新、企业组织创新、企业制度创新等方面。

国内学者雷家骕(2007)认为，创新是建立一种新的生产函数，而创业就是建立新的生产函数加上建立新的组织，是创新的载体和实现形式。

罗天虎主编的《创业学教程》将创业定义为“社会上的个人或群体为了改变现状、造福后人，依靠自己的力量创造财富的艰苦奋斗过程”。创业就是一个创造和积累财富的过程，创业活动具有开拓性、自主性和功利性等基本特征。

概括起来有的学者强调了创业者识别机会的能力，即预测下一个不完全市场和不均衡现象在何处发生的套利行为与能力；有的学者则看重发现机会、追逐机会的愿望及获得成功的信心和可能性；也有的学者从识别机会的能力和创业家个性和心理特质定义创业；西方有影响和有代表性的创业定义主要立足于4个方面，即创业家个性与心理特质、识别机会的能力、获取机会、创建新组织开展新业务的活动，其中的两个方面涉及创业机会；还有的学者强调的则是创建新组织与开展新业务的活动等。

这些观点对创业的定义大致可以归纳为三种不同的类型，即价值说、功利说和实体说，三者的差异表现在对创业实质的理解上，即分别认为创业是“创造价值”“创造财富或利润”和“创建实体企业”。

基于以上的研究，我们将创业的内涵界定为：通过创新实现各种资源的新组合、开创新业务、创建新组织，通过捕捉机会并承担风险进而创造价值。

目前，许多学者都指出，创业可以在现有的组织内部进行，也包括从一个有问题的企业中创建出一个重焕生机的企业。创业不仅是新创企业，所有创建活动都可以被理解为创业行为，公办行政事业单位工作或者给民企打工也可以理解为另一形式的创业，因为你从事的工作可能是一项开创性的事业，或与你喜欢的事业一致，实现了个人价值的同时为社会创造了永恒的价值，或者可以理解为创业前的准备，获得的经验就是未来创业的资本，也有可能在打工过程中获得了企业的股权股份。

创新研究型创业包括基础研究、应用研究、开发推广研究等整个过程，最终推动社会或技术进步。而只完成整个过程的一部分有可能需要毕生精力，这也是在创业，只是全过程的创业需要接力传递或几代人的努力。

创业不代表一定要拥有完全属于自己的公司，职业经理人的道路也是一种创业，称为企业内部创业。如大企业中“事业部”的形态就是典型的企业内部创业的范例，依托企业的平台和资源，事业部独立核算。这样就可以把创业理解为：创业者优化整合自己拥有的资源或通过努力，从而创造出更大经济或社会价值的过程。

上述创业概念其实是“广义”的创业概念。也有学者提出创业概念是指“从零开始创建新企业”，即“狭义”的创业概念，或以经济来衡量创业。

创业一词已经成为促进就业和再就业、创造社会财富、发展经济的时代概念。创业是人类最基本的生存方式，是劳动的一种形态。

从就业角度看，创业是一种积极、主动的就业，是就业之源，因此，政府把营造有利于创业的社会环境作为自己的重要职责，努力构建创业环境和提供创业条件。

从经济角度看，创业是创办企业和实体、提供新的产品或服务从而创造财富的过程和活动，是企业之源，所以社会要为创办企业和开展各种创业活动提供最优良的环境。

从个人角度看，创业是一个人或组织寻找实现个人价值机会的过程，是奋斗之源，故而国家要为个人自主创业、组织起来创业提供优惠政策和优质服务，鼓励个人创业和全民创业。

从字面上看，创业可以泛指一切开创性的社会活动。成立新的团体视之为创业，开办新企业也能叫创业，比尔·盖茨即为典型之例。个人自谋职业或自营项目仍可谓创业，下岗失业人员再创业的事例举不胜举。许多学者专门从事创业研究，也给创业给出了不同的定义，形成了“创业学”的丰富内涵。

“全民创业”一词兴起于改革开放以后。将近 30 年的改革不仅是政治、经济、文化、社会的革命，也是思想、理念、精神的革命。改革开放为各类创业活动提供了最有利的条件、最优良的创业环境和最佳机会。从“十亿人民十亿商”的“全民下海”，到“十亿人民十亿股”的“全民炒股”，我们就可以看出这个深刻变化的过程。这其中自主创业、自谋职业、兼职兼业、一职多业等从过去的“瞧不顺眼”到如今的“刮目相看”即是证明，由此带来全民创业的高潮。许多地方党委、政府高度重视推动创业活动，作为推动就业再就业和发展经济有效措施，列为政府的一项工作。我国上海、北京、河南、江西、辽宁、吉林等地先后连年开展一系列全民创业活动，提出了“全民创业”概念，制定了相关推动全民创业的政策规定，从理论、实践上推进了全民创业的研究和进展。

1.1.2 创业的本质核心

创业是要完成工作中的事业，在人生的轨迹中留下一点痕迹，或者是技术的进步，或者为人类的发展，学会与人合作、知道平衡取舍、具备宽阔的胸怀，加上玩命的投入，铁定了会成功。有志之士来创业，人生能有几回搏！

全球正处于变革时期，历史的经验告诉我们改革时期是最佳的创业时机，创业者需要吃得苦中苦，靠技术、人脉、经验、技能、知识等优势创业，是时代赋予我们这一代人的历史使命。

创业以人为本，任何一次创业都可以是成功的，就看创业者怎么理解“成功”二字，也许你收获的是金钱，也许你收获的是经验，也许你收获的是教训，也许你收获的是人生感悟，人生必然有得有失，成败只是人生过程的波段与不同事业的取舍。

创业需要权衡，一起创业的前提是平衡利益，创业的利益平衡法则是“不夺别人该得的”，甚至还要学会放弃一些自己的。妄想独吞全部，最终只能吃一顿饱。利益永远不是人生的全部，分配不公、计较小钱则是私心作怪，也是眼光短浅的表现，而延续事业才能保证共同长远的发展。

创业注重过程和体验，成荣败辱只在奋斗。创业需要有大的蓝图，要有胸怀全球的格局，要有鲲鹏志远的境界，要有气吞山河的韬略，要有坚定的信念和勇猛的执行力，要有输得起的勇气、压不垮的精神、容得下天下之难事的肚量，所以成功的创业者是伟大的。

《稻盛和夫成功方程式》通俗朴实，一语识破天机，譬如“小财靠机遇，中财靠能力，大财靠品格”，稻盛和夫，作为日本的经营四圣之一（另三位分别为松下公司的创始人松下幸之助、索尼公司的创始人盛田昭夫、本田公司的创始人本田宗一郎），一手缔造了两家世界五百强企业（京瓷株式会社和 KDDI），可谓是名副其实的创业者和企业家。

人生要懂的修养人品、探究人性、领悟说教、参透哲学、不断地在行进中修正，在修正中成长，在成长中积累，在积累中成熟，在成熟中成功，在成功中永恒。创业成功只是结果，名利只是云烟，成功的经验与失败的教训都是对人类的贡献，创业者在追求事业的同时获得了历练，经历了过程。所以，创业的主体与对象就是“人”和“事业”，创业的本质是创造、是资源的整合、是创新，核心是“实践”，一个字“干”，而在干的过程中要赋予创新的元素。在产品、服务、运作方法等方面的创新是特色，而在传统产业创业“保持传统”或许也是一种特色。

1.1.3 创业的特征

创业学是一门综合性学科，考虑到创业活动的综合性、实践性、广泛性以及学科交叉特性，再加上创业者实际上可以在任何一种行业中成功地开创属于自己的事业，所以，创业是一个复杂的综合性很强的过程，涉及管理学科的各个方面。但创业并不等同于一般的综合管理，创业过程中有着各种特殊的问题需要解决。正因为此，“创业学”能够在一流大学成为一门学生的必修课程，成为培养学生素质内容。创业学基本理论、方法随着社会而进步，随着创新而升级发展。

（1）综合性

创业学是管理教育中学科跨越最多、综合性最强的学科，同时也是一门实践性最强的学科，创业过程在资源相对匮乏的状况下更要强调因地制宜的灵活性和适应性，创业需要考察你或你的团队的综合判断力、决断力、毅力、开拓性、为人处世等能力；需要综合你的历史、哲学、法律等学识；需要利用你的相关专业知识、技术、技能。

创业是对一个人、一个团队综合素质的考验；也是领头人驭人驭物能力的综合考验。创业成功是团队协作的结果，是个人特质与创业精神的完美实践，也是适应市场经济条件下的产物或作品。与"创业学"课程密切相关的学科包括管理经济、人力资源管理、组织行为、管理沟通、会计、财务管理、企业税收、技术经济与投资项目评价、营销管理、应用心理学、法学、运筹学等。

(2)广泛性

创业呈现群体广泛、领域宽泛的特点，创业不受任何年龄、行业、学历、性别等因素的限制，人人都可以创业。过去的中国，似乎只有有钱、有权、有势的人才有创业的条件，无法想象一个年轻的、只有创意的公司可能获得巨额资本的支持，现在一切都有了可能。透过许许多多这样的现象，不可否认，一种新型的创业机制和文化现象在中国已经形成。

①创业不受年龄的限制　研究发现，我国18~44岁是参与创业活动最集中的年龄分布；在中、高收入水平国家，创业者的年龄主要是25~44岁。

②创业不受学历的限制　从受教育程度来看，可以看到一个很有意思的情况：中国创业者的受教育结构还是以中等教育为主。在高收入水平国家，大学以上创业者所占比重较高，其次是专科、高中、高中以下；在中等收入水平国家，大学学历排第二，专科排在第一位，然后是高中；而在中国，占创业者比重最高的是中等教育者，甚至是初等教育水平者，不过，中国受过高等教育的创业者比重在上升。

③创业不受性别的限制　男女在创业融资中的差异不显著，但是，越大的资金需求，女性比重越下降；越小的资金需求，女性比重越上升。男性创业者的创业资本额明显高于女性。

男女在投资预期上也存在差异，总的来说，男性创业者在收回资金方面可以承受的时间长一些，选择5年、10年的基本上都是男性，而选择10年以上的女性非常少。

④创业不受行业的限制　行行都可以创业，并不是只有IT行业才是创业，我们理解创业的核心是创新，行行出状元，只要是能在自己所在的行业中有领先的一步、有独到的见解、有新颖的做法，甚至传统产业完全的重复或模仿对于个人而言都是一种创业。

⑤创业不受人数和地域限制　可以一人创业，也可以团队创业，可以是连锁集团创业，也可以是加盟跨地域、跨国联合创业。

(3)实践性

创业最大的特点就是必须要实干，掌握多少创业理论与创业知识都必须要付诸行动，所有涉及创业的产品、技术、服务等必须有可操作性。任何一个有形的或抽象的概念必须要在创业行为过程中转换为可以感觉感知的产品或服务。犹太人说："如果你不行动，赚钱的头脑有什么用?"创业只有通过实践过程中的产品、服务、经济效益才能体现其价值。

(4)社会性

创业不可能仅仅靠自己，还需要与合作伙伴打交道，需要与相关部门、行业打交道，需要与客户群体打交道，需要与消费者打交道，所以需要具备交际交往的综合能力，需要有为人处事、社会知识的应用等综合素质。

(5)创新性

创业必然伴随着创新，有技术创新、模式创新、方法创新等，即使是传统产业创业也必然是创新中的保留，保持中有创新，尤其在竞争激烈的现代社会，创新是唯一的制胜法宝。同时，创新与变革紧密关联。创业者不改变自己长期形成的思维模式，就难以识别创业机会，也无法做到创新。对于创业者及其所创建的企业来说，创业与发展的过程永远是不断变革的过程。

(6)机遇性

天时地利人和，天时是第一位的，特定时间所遇到的有利的条件和环境，或忽然遇到的好运气和机会就是机遇。时机的把握是最为重要的，商机是赚钱的机会，而不一定是创业的机会，创业的机会一定是既能赚钱又能发展可持续性事业的机会。机会都具有时效性，甚至可能瞬间即逝，持续存在的事件往往不是最佳机会，当然创业不是做第一，也不是做唯一。现实生活中，创业者一旦有了创业的想法，往往会在比较短的时间里付诸行动。他们在实践中不断摸索、改进、寻求发展。在许多情况下，进行周密的市场调查，制订严密的工作计划和严格的预算等。做别人已经做的事情也有很多先例，海尔不是第一家生产冰箱的企业，正大早在希望之前就在大陆生产销售饲料，联想销售计算机之前许多中国人已经使用计算机，巨人推出“脑黄金”的时候人们早就知道保健品是什么。他们把平凡的事情做出了不平凡的业绩，取得成绩的背后是把握时机与果断的执行力。这其中有技术创新，更有制度创新和管理创新。对于创业者来说，仅有创新是不够的，但没有创新的创业活动一定难以生存和发展。

(7)风险性

创业存在经济、财务、人际关系团队分歧、技术成熟度等不确定因素所带来的风险，提高防范意识、加强忧患意识是我们生活工作的一根弦，要做好各种风险应对预案，保持积极心态，遇到问题、保持冷静、解决问题，多调研、多研究，吸取其他人经验教训，一定会走出低谷。如果没有风险，大家都看好，可能是该放弃的项目。

(8)价值创造

包括社会价值、经济价值、个人价值等。创业活动的机会导向和顾客导向的实质是创造价值，学者们对创业活动的分类本身也是为了引导创业者关注价值创造。价值创造，首先意味着要向顾客提供有价值的产品和服务，透过产品和服务使消费者的需求得到实质性的满足。改革开放以来，不少人利用消费者购买力增强、对生活质量的要求提高、对商品认识不充足等特点，做虚假广告，诱导顾客购买，尽管也获得了很可观的经济收益，但却无法做到持续经营和健康发展。其次，价值创造强调的是对社会和经济发展的贡献，强调对人们物质和精神生活的丰富。只有突出价值创造的创业活动才有生命力，才更有助于生存和发展。

(9)功利性

追求功名利禄，以及功业所带来的利益无可厚非，这是创业的动机之一，动力之一，但不可持续。高素质的人追求的是事业，低层次的人追求的是金钱，功名利禄成为最高追求目标时，成功也将成为人生的终点，达不到目标业死，达到目标心死。而追求事业是永恒的，有可持续性、可继承性、可发展性。

(10)独立性

除了广义的创业以外，狭义的创业必须要具有独立承担社会责任与义务的机构，有经过工商或民政登记的法人资格，形成独立的经济实体或社会团体，有固定的场所，有足以维持正常运转的稳定的经济收入，有自己的产品与服务，有良好的社会形象与声誉，在自然地域和某个行业领域有自己的一片天地。

1.2 创业的现实意义

1.2.1 创业价值

1.2.1.1 创业与经济发展

1996年，美国硅谷平均每5天有1家公司挂牌上市，每24小时增加62个新的富翁，创造了几十万个就业机会。在运输和通信技术方面的革命、计算机技术和互联网技术的发展、资本市场的发展，给美国带来了前所未有的经济快速增长。

1999年，据调查，创业活跃度高的美国、加拿大，经济增长率和就业率也较高；创业活跃度低的丹麦、芬兰等，经济增长率和就业率也较低。

当前，创业已成为一个全球议题，有关如何促进创业经济的发展也成为各国政府的关注焦点。经济增长的理论和实践表明，创业是经济增长的重要源泉和积极促进因素。创业活动对经济增长的贡献是长期的和潜在的，熊彼特认为，“创业是经济过程本身的主要推动力”，经济体系发展的根源在于创业活动，创业活动在创新、新兴产业成长、区域经济发展等方面做出了突出的贡献，对一国(地区)生产率增长至关重要。

1.2.1.2 创业对经济增长的贡献

①创业是新兴产业诞生与发展的动力和源头。创业是一个新企业的孕育、出生和发育，是依托高新技术创新成果实现对创业资源的重新配置，是形成一种新的利润价值创造的过程，即以高技术成果等为基础，循环地孵化新兴企业。

②频繁的创业活动催生出一批优秀的企业成为国家经济的中流砥柱。按照新技术

革命内生演进的规律性要求，加速以高科技资本和新兴产业为主导的创业经济的发展，已经成为拓展国家竞争优势的重要战略举措。

③一些成熟的企业也凭借创业活动和创新精神获得了新生。一方面，创业活动增加了传统生产要素(资本、劳动力、无形资产等)的投入；另一方面，由于新的生产要素——知识与信息的加入，资源的种类比传统有了更大的突破，如知识、社会资本、创新能力、商业模式等，企业竞争焦点转变为产品的创新性，对于环境的适应性、产品的多样化、组织的灵活性，创业企业比大企业更侧重于资源的整合和重组、在技术的开发与创新、组织的革新和行动的迅速等方面，也更具竞争性。

④创业是发展中国家迎接全球化变革和科技革命蓬勃发展的需求。以生物医药、光电子信息、航空航天技术、新材料、先进制造技术等为代表的高新技术主导技术群已经成为这个时代经济增长新的技术基础，而科技型创业企业活动的重心放在生产前端的研发、技术项目转移和知识要素的配置方面，因此，相应产业领域的科技创业企业活动日益成为各国科技战略和国际竞争战略的主流。

发达国家由于高科技产业化程度高和技术成果积累多，与发展中国家形成了“发展势差”和“技术势差”。这种“势差”在经济科技全球化浪潮的推动下，往往存在着“互动机制”。包括中国、印度在内的许多新兴发展中国家，充分利用经济全球化带来的机遇，通过积极培育和扶持新兴的创业企业，增强“互动机制”，从而成长为能与国际大企业抗衡的新兴力量，并且开始介入全球价值链高端环节。

⑤创业是推动持续创新的主要实现方式。在全球新技术、新产业大发展的背景下包括美国在内的许多国家自主创业率上升，正步入一个创新/创业的“峰聚期”。

创业企业在创新型产业中具有创新优势。新兴知识密集型行业的出现，促进了创业经济的产业结构演进，创业活动正在世界范围内蓬勃兴起，以独特的姿态变革着这个时代。创业大师拉里·法雷尔指出：“发展创业型经济是打赢21世纪这场全球经济战争的关键。”

美国经济增长的1/3是由信息产业提供，而信息产业90%以上的企业都是在创业资本的支持下发展起来的。

⑥创新创业是推动区域崛起的关键路径。新创的、年轻的企业是区域经济增长的发动机。创业的成功不仅活跃了区域经济的创业氛围，而且通过创意的先进性、不可模仿性和个性等特点，优化了区域内的资源配置，以更合理、有效的方法提高了区域经济资源的使用效率，从而大大促进了区域经济发展的速度。

在区域经济社会发中，大学、企业和政府构成了一个紧密联系的生态圈。其中，大学及其研究机构是技术创新的源泉，企业是技术创新的主体，政府则是整个创新系统的缔造者和维护者。大学作为区域创新体系的主体，其显著的社会服务特征正好发挥了联系技术创新源泉与技术创新主体的桥梁和纽带的作用，并通过人才培养、科学研究和大学生创业三大职能促进区域经济的发展。

1.2.2 创业的意义

①增加社会财富，促进经济繁荣。创业有利于促进经济增长，是经济增长和发展的重要形式。

②提升整个社会的开创精神和创新能力。创业是人类社会进步的原动力；创业能够激发人们的劳动热情，不仅可以提高人均产出和人均收入水平，提高劳动生产率，改善人们的生活条件，而且可以促进新的社会结构和经济结构的形成。

③提供就业岗位。创业可以带动就业。若有10%的人创业，就可能解决其他90%人的就业(1∶9)，创业可以使更多的人参与经济发展的过程和获得相应的回报，并且可以缓解就业压力，解决就业的矛盾。

④促进先进技术的转化、产品创新与技术进步以及社会发展。创业是促进科技成果实现产业化、新发明转化为新产品、新的生产力的孕育与产生的主要形式。创业对于市场体系的完善，对于市场竞争主体的合理化，对于企业创新能力的提高，对于企业核心竞争能力的提高和强化，都有着非常重要的作用。

⑤有利于地区的全面发展。创业在中国的经济和区域发展中一定会起到无可估量的作用，必将为国人们所重视。

⑥有利于国家的长治久安。从社会层面来看，创业活动的展开对于培育自主自强和敢于承担风险等的创业精神和形成良好的社会风气具有重要的作用。

⑦创业可以为我国培养大批现代经营管理人才。提高我国整体竞争力，从理论与学术研究的角度来看，作为一门兼具理论性与实用性的交叉性学科，创业学应该是每一位大学生的必修课。

⑧创业对社会的回报丰厚。在我国创业成功者大量的捐款、捐赠，使得慈善事业发达。美国大学里的很多新建筑、新教室、新的体育设施都是创业家捐赠的；哈佛每年大约能接受捐款几个亿之多。

1.3 创业的要素

创业是一个创建企业的过程，企业所需具备的要素也就成为创业的要素。管理学认为，企业可以看作一个由人的体系、物的体系、社会体系和组织体系组成的协作体系，因此，人、财物、其他资源、机会和组织等就构成创业的核心要素。

1.3.1 人

毫无疑问，人是创业活动的主体。创业离不开人，而人的因素又包括以下内容：创业者与创业团队、企业内部的人际关系、企业外部的人际关系等。

(1)创业者与创业团队

创业者必须要有理想、有思想、有创想、有行动力、有执行力，创业者还要有技术技能、经验、人脉。创业组织策划者不一定有以上资源的深度，但必须要有广度，必须是通才，目标远大自然心胸开阔，高大上的宏观思维、远宽广的思想境界决定着团队的发展空间。

创业者可以是一个人，也可以是一个团队。创业对于创业者来说就是一种行为。我们知道，人的行为背后存在动机，而动机又是由需要引起的。有的研究人员将创业产生的历史动因归纳为：争取生存的需要；谋求发展的需要；获得独立的需要；赢得尊重的需要；实现自我价值的需要。这种归纳方法同样适用于对创业动机的解释。当然，这种对创业产生的历史动因的归纳方法是否受了需要层次理论的影响我们不得而知，但是创业者的动机直接影响创业过程，而且创业者的价值观和信念会左右创业内容，影响企业的生存和发展。

任何新企业的创业者团队都是其人力资源的一个关键组成部分。一流的创业团队能够带来大量的知识、经验、技能和对公司的承诺。但是，无论多么优秀的团队，也不可能提供所有必需的资源和所有形式的信息。

(2)企业内部的人际关系

人在社会上不是孤立的个体，而是生活在与他人的关系中，需要与他人互相支撑。我们在理解协作时，首先想到的是两个以上的人。创业过程中的人的因素除了创业者外，还包括企业内部的人际关系。只有处理好这种关系，才能真正发挥团队的作用，形成一个合力，使有限的人力资源发挥更大的作用。

(3)企业外部的人际关系

人的因素还包括企业外部的人际关系。企业不是一个封闭的体系，而是一个开放的系统，它与外部的供应商、客户、当地政府和社区发生相互联系。所以，创业过程中人的因素还包括企业外部的各种各样的利益关系与人际关系。

1.3.2 财物

财物的因素也是创业过程中不可缺少的条件。一个生产性或服务性的企业都需要有资金、原料、设备、工具、厂房以及运输工具等各种活动经费，然后生产出产品，或提供优质服务。

(1)资金

世界各国为了鼓励创业活动的开展，纷纷降低了对新创企业注册资金方面的要求和限制，中国也在1999年将个人独资企业的注册资金降低到1元，可以说只是一个象征性的标准。但是，创业所需的资金远不止这些，生产设备、原材料的购买以及人员的招募等都需要大量的资金。包括及时的银行贷款和风险投资，各种政策性的低息或无偿扶持基金，以及写字楼或者孵化器所提供的便宜的租金等。

资金来源决定了创业的发展高度与速度，风险投资是其中之一，或称创业资本。风险投资源于20世纪40年代的美国硅谷，与传统的金融服务不同，它是在没有任何财产抵押的情况下，以资金与公司业者持有的公司股权相交换，投资是建立在对创业者持有的技术甚至理念的认同的基础之上的。

(2)设备、工具、厂房

虽然设备、工具、厂房是物化的资金，但其对于创业举足轻重，其先进性、实用性、设计的新颖性将是企业发展的核心，要用最小的成本建立最先进的生产流程才能赢得市场先机，所以设备的选型、厂房的布局是企业的基础投资的关键。

(3)原材料

原材料是指企业在生产过程中经加工改变其形态或性质并构成产品主要实体的各种原料及主要材料、辅助材料、燃料、修理备用件、包装材料、外购半成品等。原材料的来源、质量、运输、价格将直接影响到产品的成本以及市场竞争性，原材料是企业存货的重要组成部分，其种类品种规格较多，为加强对原材料的管理和核算，需要对其进行科学的分类管理，在数量质量等方面要保证企业产品生产的需要。

1.3.3 其他资源

创业资源的含义在现有的研究讨论中非常丰富，在这里我们将创业资源定义为创业过程中，新创企业所需要的各种生产要素和支持条件。按照资源对企业成长的作用将其分为两大类：直接参与企业日常生产、经营活动的资源，称为要素资源；未直接参与企业生产，但是其存在极大地提高了企业运营有效性的资源，称为环境资源。

创业者获取创业资源的最终目的是为了组织这些资源来开发创业机会。无论是要素资源还是环境资源，无论它们是否直接参与企业的生产，它们的存在都会对创业绩效产生积极的影响。因此，创业者应当积极吸收各类创业资源，同时借助资源整合工具，将其转化为企业的竞争优势。

资源是创业成长的重要基础。在创业过程中，如果没有足够的创业资源，即使出现了创业机会，创业者也难以迅速抓住这个机会，而有价值的机会往往是转瞬即逝的。优秀的创业者需要了解创业资源的重要作用，不断开发和积累创业资源。同时，创业者还需要善于借助企业内外部的力量对各种创业资源进行组织和整合，这样才能实现机会的有效开发以及战略规划的有效执行。其他创业资源包括场地资源、科技资源、政策资源、信息资源以及创业企业创建的物化模式、生产手段、无形资产资源，还有新设备、新工艺以及相关的技术(或专利)、文化资源、品牌资源、人员技能、服务熟练程度、市场等。

场地资源：包括场地内部的基础设施建设，便捷的计算机通信系统，良好的物业管理和商务中心，以及周边方便的交通和生活配套设施等。

科技资源：对口的研究所和高校科研力量的帮助，与企业产品相关的科技成果，以及进行产品开发时所需要用到的专业化的科技实验平台等。

政策资源：允许个人从事科技创业活动，允许技术入股，支持海外与国内的高科技合作，为留学生回国创业解决户口、子女入学后顾之忧，以及简化政府办事手续等。

信息资源：及时的展览会宣传和推介信息，丰富的中介合作信息，良好的采购和销售渠道信息等。

资源管理：企业诊断，创业企业创建的物化模式，市场营销策划，制度化和正规化企业管理的咨询服务等。

生产手段：介于投入和产出之间的是一个“处理器”，对于企业而言，这种处理器就是生产手段，新创企业中技术含量的提高已经成为一个趋势。从硅谷到中关村，在新创企业推出的产品中，高技术产品所占的比例越来越高，使得做企业的过程中除了物化的产品外，必须要注重企业管理、企业文化的发展以及创新能力与技术的进步。

新设备、新工艺以及相关的技术(或专利)：既是物化的技术，又含有无形资产的成分，是创新思维的体现，是企业的核心竞争力。

文化资源：高科技企业之间相互学习和交流的文化氛围，相互合作和支持的文化氛围，相互追赶和超越的文化氛围等。

品牌资源：借助外力创造自己企业的品牌，借助科技园或孵化器，以及借助社会上有影响力人士对企业的认可等，创立并注重商标、企业的社会形象，扩大企业知名度，形成独有的企业发展战略、行业的趋势导向等，形成一个完整的、有特色的、品牌文化体系。

人员技能、服务熟练程度：显然是企业长期积累的无形资产，是企业核心竞争力，是无法量化的竞争优势。

市场：产品市场与服务市场则是创业过程中最为重要的要素之一，所有要素最终都要服务于市场，其重要性不言而喻。

1.3.4 机会

创业机会始于对某一个富有价值的机会的发现。面对众多看似有价值的创意，如何从中发现真正具有商业价值和市场潜力的机会，进而寻找与机会相匹配的发展模式，需要谨慎而独到的眼光，这是创业成功的基石。

从人类社会的发展来看，机会无所不在、无时不有，现实中的机会纷繁复杂，呈现各种各样的表现方式，它们都带有较大的不确定性，不可预知其市场的前景，因而要将机会转化为新的创造力存在很大的差距，要有独到的慧眼与超前的眼光才能识别。创业机会和创意在很多方面都非常接近——来源广泛、创新性强、带有不确定性。但是，创业机会拥有大多数创意所不具备的一个重要特征：能满足顾客的某种需求，因而具有市场价值。这一特征使得真正有价值的商业机会得以从众多创意中脱颖而出，成为创业者关注的焦点。

投资创业要善于抓住好机会，把握住每个稍纵即逝的创业机会，等于成功了一半。那么，怎样从众多的机会中寻找利己的创业机会，如何对创业机会进行评估，是创业者首先需要了解的问题。创业机会首先来自于创意，通过统计调查，我们发现机会产生创意的途径有以下几点：第一，从市场中发现机会。市场缺失常给人带来困扰，有困扰就迫切希望得到解决。如果能提供解决的办法，实际上就是找到了机会。第二，从顾客不满中发现机会。一个很好的创业机会也许就隐藏于顾客的抱怨或建议之中。如果顾客认为其需求没有得到满足或没有很好地得到满足，他们就往往会基于对自己需求的认识，提出各种各样的抱怨甚至建议。有些抱怨、建议可能是很简单的、非正式的形式，有些可能是十分正式且具体的，并有十分详尽的资料和说明来为其提供支持。第三，从法规变化和专利公告中寻找机会。法规变化常常会带来商机，特别是社会与政治变革时期能产生很多创业良机。第四，从偶然和意外中感悟机会。

1.3.5 组织

组织因素是协作体系的核心，只有通过组织的作用才能创造新的价值。我们说过，人是所有的管理因素中唯一具有能动性的资源，但是这种能动性要通过组织来实现。具体到创业活动中，组织因素具有以下内涵：组织体系（创建组织、组织结构、上传下达沟通体系、员工激励机制等）、决策执行体系（决策能力、执行力）、领导（带头人、领头羊）。

（1）组织体系

创业通常由一个团队来进行，因此需要对团队进行组织和管理。通过分工与协作，有条理地完成创业的相关活动。组织体系既包括组织结构以及部门的构建，又包括上传下达沟通体系的建立与内部运作程序的规范等，激励员工则需要最大限度地发挥现有人力资源的作用，对参与创业者的激励，是创业活动的一项重要内容。“人心齐，泰山移”，充分调动人的积极性能够产生一种合力，同时会增加创业团队的凝聚力。

（2）决策执行体系

决策是创业活动中的一项重要职能，既包括对创业目的的规定，也包括对实现目的的手段的决定。从创造价值的角度上讲，对创业目的的规定显得尤为重要，因为它决定着创业行动的方向，甚至影响企业的发展。包括个人的决断力与群体决策能力与决策程序。决策执行的前提是建立企业内部决策程序以及合理设计组织体系，要强有力地保证决策决定的无条件贯彻落实，保证强大的执行力。

（3）领导

创业者是创建企业的过程中的领导，也就是带头人、领头羊是一个创业团队、企业的最为重要角色，扮演着多个不同的角色，承担不同的职能，其中，领头羊的作用无疑是最重要的。巴纳德（C. I. Barnard）认为，领导的作用在于能够带领大家创造新的价值。只有这样才能维持协作体系的内部均衡和外部均衡。对于创业活动而言，领导的作用没有任何因素能够取代。

当然，也可以从不同的角度对创业所需要的条件和要素进行归纳。例如，蒂蒙斯(Joffry A. Timmos)提出了一个创业管理模式，认为成功的创业活动必须将机会、资源与团队三者寻求最适当的搭配，并且要随着企业发展而保持动态的平衡。创业流程由机会启动，在取得必要的资源和组成创业团队之后，创业计划方得以顺利推进。也有研究人员将创业的要素归纳为：创业者、技术、市场和资金。还有一位美国学者将创业的要素归纳为9个以“F”开头的要素，并命名为“成功企业的9F要素”。这些要素分别是：创办人(Founders)；抓住重点(Focus)；决策迅速(Fast)；机动灵活(Flexible)；不断创新(Forever innovating)；精简机构(Flat)；精打细算(Frugal)；待人友好(Friendly)；充满乐趣(Fun)。

1.4 创业的一般过程

1.4.1 创业过程的概念及解析

广义的创业过程(Venture Creation Process)通常包括一项有市场价值的商业机会从最初的构思到形成创业，以及创业的成长管理过程。狭义的创业过程往往只是指新企业的创建[1]。在大多数研究中，创业过程常指广义上的含义，虽然新企业的创建确实是创业的一般过程中最为核心的一个部分。

1.4.2 企业生命周期理论

企业生命周期理论是从20世纪60年代逐步发展起来的一种管理理论，它以研究企业成长阶段模型为核心内容。这种理论的核心观点是：企业像生物有机体一样也有一个从生到死、由盛到衰的过程。国外许多学者从不同视角对企业生命周期进行了考察和研究，不同观点之间存在的差异较大，划分的阶段数、划分依据以及所用术语都有所不同。划分阶段从3~10个阶段不等，划分的依据则主要是企业年龄、规模、成长速度、关键管理问题等。国内一般以企业年龄、规模、成长速度等因素为划分依据，将企业的生命周期划分为创业期、成长期、成熟期和衰退期4个阶段。

①创业期　在初创期阶段，企业人员少，规模小，管理制度不健全，缺乏必要的资金，市场占有率小，市场形象还没有树立起来，这时候如果想在市场上占有一席之地，主要应采取创新策略。创新有两层含义：一层是管理创新，包括管理思路创新、管理组织创新、管理模式创新、管理制度创新等；另一层含义是技术创新，主要包括自主创新、模仿创新、合作创新三种模式。

②成长期　当产品逐渐得到市场认可，销售规模快速增加，企业可依赖其创新产

[1] 万妮娜．基于创业经验视角下的创业过程研究[D]．长春：吉林大学．2009.

品或技术在市场上立足生存时，即进入成长期。成长期可选择的竞争策略主要有产品差异化策略、“小而专、小而精”策略、优势互补联合竞争策略、寻找市场空白策略等。

③成熟期　当企业具有一定的市场占有率和知名度，销售规模达到一定水平，企业利润比较稳定，初步完成资本原始积累时，就进入了成熟期。成熟期的战略重点在于聚集资源，扩大市场，增加业务范围，所以这一时期应主要采用扩张策略。

④衰退期　企业经过成熟期之后有三种方向：一是继续发展壮大，成为一个大型企业；二是暂时维持现有规模，保持稳定；三是进入衰退期。衰退期的主要特征是企业规模过大，管理层次、幅度增多，组织成本上升，官僚化现象出现，这时一般会出现创新意识减弱，企业决策效率降低，人才开始外流等问题，直到后期出现人心涣散，无法正常经营而倒闭。衰退期的主要发展战略应该是收割转型策略，主要有三种，即局部领导策略、收割策略与迅速转型策略。

创业是一个经济范畴，主要是指为了创建新企业而进行的、以创造价值为目的、以创新方式将各种经济要素综合起来的一种有目的的经济活动。简言之，创业就是创建一个新企业的过程。新企业的创办主要对应生命周期中的第一阶段——“创业期”。

1.4.3　创业过程的五阶段论

按照创业实际操作过程划分阶段可以分为 5 个阶段：

①第一阶段　产生创业动机，创业者能力自我评估，创业动机激发。

②第二阶段　识别与估价市场商业机会、创新性评估、机会之窗的开启长度判断、机会的实际价值、风险与回报、个人技能与发展目标分析、市场竞争状态。关键在于：机会估计；机会的风险评价；机会以及个人技能与目标和市场竞争状态的综合评估。

机会的选择应以创新度和创新潜在的市场需求范围为主要衡量标准，通过合理评价与技术分析，目的是使机会的估计值与实际值间的误差尽量缩小。在机会识别和评估的过程中，要依据企业本身的特征、市场和创业者的相关影响综合考虑。

③第三阶段　准备并撰写创业计划，内容应当包括：商业活动描述、行业描述、营销计划、财务计划、生产计划、组织计划、营运计划、总结、附图或图表等。关键在于：战略环境分析；创业团队组织准备；撰写创业计划重点是财务经济效益分析、市场分析。

创业计划是创业行动的策划，以创业机会为基础，选好适合企业起步的项目。创业计划应在对战略环境做出相对比较准确分析的基础上进行。同时合理的创业计划与创业团队的准备情况以及创业心理是否具有长期发展意识都密切相关。创业计划的撰写设计是一个动态的过程，应根据以上三因素的变动，对创业计划进行调整，使之不断增强可行性。

④第四阶段　确定并获取创业所需资源、组建团队、融资、原材料供应、设备土地资源的获取等。关键在于：现有资源评价；确定资源缺口；确定渠道来源。

确定并获取创业所需资源是进行创业资源组合的基础。有效地获得创业资源并进行评价的过程是创业家成功创业的重要保障。

⑤第五阶段　管理新创企业、总结提高、抓住关键因素重点攻关、发现当前与潜在的关键问题、寻找方法克服困难。关键在于：明确发展战略，管理方式创新；创建企业文化；积极创造效益。

管理新创企业的过程就是创业者依据创业计划，对企业的资源进行整合并使其不断增值的过程。在这一时期，创业者发挥着不可或缺的作用。在管理新创企业的初期，创业者需要对企业进行有效的领导，使企业由一个流体型组织向学习型组织转变，强化执行力。

1.5　创业教育

1.5.1　创业教育的概念

创业教育(Enterprise Education)是联合国教科文组织在研讨面向21世纪国际教育发展趋势时提出的一个全新的教育概念。

联合国教科文组织是这样定义的："创业教育，从广义上来说是指培养具有开创性的个人，它对于拿薪水的人同样重要，因为用人机构或个人除了要求受雇者在事业上有所成就外，正在越来越重视受雇者的首创、冒险精神，创业和独立工作能力以及技术、社交、管理技能。"

创业教育的目标是培养大学生的创业意识、创业能力和创新精神等综合性素质。高校对培养大学生的创业教育通过课堂、教学内容来体现。创业者的能力不是天生的，而是在社会环境的教育下逐步形成的。高校要开展大学生创新创业教育课程的学习，以便提升大学生创业能力。根据我国的国情，大力推进创新创业教育，鼓励大学生自主创业。

1.5.2　创业教育的作用

大学生创业教育不仅仅是一种创新重点知识的传授和技能上的培训提高，更是一种理念，一种精神品质的树立、培养和挖掘，是对大学生追求卓越、成就事业、体现价值的激情或者说本性的开发、疏导和锤炼。概括地讲，创业教育具有社会发展功能、教育发展功能和人的发展功能，即通过创业型人才的培养，促进社会进步与发展，促进教育改革与发展，促进人的全面自由与发展。

社会发展功能：创业教育作为一种教育活动，对社会的发展起着重要作用。一个社会的创业教育水平越高，其社会成员灵活就业、自主创业、岗位立业的效果就越好，随之而来的社会效益和经济效益也就越好；创业型人才发展得越快，人们的物质、文化生活水平也就越高，从而极大地推动社会的繁荣和发展。

教育发展功能：创业教育是一种教育理念，是一种深层次、根本性的教育体制改革。对高等教育的持续、健康发展起着重要作用。大学教育走出传统教育理念的局限性，培养出具有开拓性、创新精神和国际竞争力的创业型人才，当务之急是创新教育模式。大学创业教育要树立科学发展观，通过确立与创业教育相适应的人才培养模式，即宽口径、厚基础、综合化和国际化，逐步实现以通识教育为基础的专业教育，使学生的知识、能力与素质协调发展，科学精神与人文素养有机融合；通过改革现有的专业教育和课程体系，即加强基础课、扩大选修课比例、促进课程的国际化与课程结构的综合化，使学生的知识结构得到优化，并实现知识与技能、过程与方法、情感态度与价值观的有机统一；通过教学内容、教学方法与评价方式的创新，即加强教学内容的基础性、系统性、前沿性和应用性，推进教育方法的启发性与参与性，突出评价的科学性，使学生的主体性和内在性得到增强；通过教学管理体制的探索，即实行学分制、选课制、导师制，使学生的个性和开创性得到发挥。

人的发展功能：创业教育是一种人生成功的教育，强调培养学生的首创、冒险精神、创业能力、独立工作能力以及技术、社交和管理技能，对人的全面发展起着重要作用。

大学创业教育要注重开发潜能，培养学生具有创新性的思维方式，提高其创造力、学习力、适应力、竞争力与成功效率，在实践中获得新的知识、能力和健康身心。

早在1989年北京召开的“面向21世纪教育国际研讨会”上，我国就正式提出了“第三本教育护照”即“创业教育”的概念，要求“把事业心和开拓能力教育提到和职业技能教育护照所享有的同等地位”。“三本教育护照”：第一本是学术性的学历证书，第二本是职业性的职业资格证书，第三本是证明一个人事业心和开拓技能的创业教育证书。

1.5.3 创业教育的基本目标

创业教育包括职业和创造相结合的教育；培养具有开创性的个人的教育；以开发和提高大学生的创业基本素质为目标的教育。

西方发达国家的创业教育已有几十年的发展历史，形成了完备的体系。学习和借鉴其高校创业教育的成功经验，培养一批拥有创新精神和创业能力的创新创业人才，既要建立鼓励大学生创业的社会支持体系，即营造支持创业的社会环境，构建中国特色创业教育体制；又要构建创业教育的教育体系，确立全新的创业教育理念，构建系统的创业教育课程体系。

联合国教科文组织在1999年发表的《21世纪的高等教育：展望与行动世界宣言》提出：“必须将创业技能和创业精神作为高等教育的基本目标。”由此可见，实施创业教育，既是社会经济发展对教育提出的更高要求，也是教育主动适应经济社会发展所采取的重要改革措施。

1.5.4 创业教育的历史

对创业学的研究与教育最早出现在20世纪60年代末，比较成体系的创业教育起始于20世纪90年代末。

进入21世纪，在新的创业大潮的影响下，大学的创业教育获得了快速的发展。

2003年3月，教育部高教司在北京航空航天大学召开了创业教育试点学校工作会议。总结了清华大学、北京航空航天大学、中国人民大学、上海交通大学、南京经济学院、武汉大学、西安交通大学、西北工业大学、黑龙江大学9所大学创业教育试点的经验，进一步推动了创业教育工作的深入开展。

当前，清华大学、海南大学，吉林化工学院、南京航空航天大学、汕头大学、同济大学、江西理工大学、武汉大学、厦门大学、北京电力学院、西北民族大学、山东大学、山西农业大学、集美大学、北京科技大学、北京林业大学、华中科技大学、北京工业大学、东北财经大学、中南财经政法大学、湘潭大学、山东财经学院、武汉科技大学、中国科学院研究生院等100多所院校已开设“创业学”课程，建立了创业者协会。

GEM（全球创业观察）是英国伦敦商学院和美国百森学院共同发起成立的一个旨在研究全球创业活动态势和变化、发掘国家创业活动的驱动力、创业与经济增长之间的作用机制和评估国家创业政策的研究项目。目前的GEM项目有来自全球37个国家参加，参加该项目的国家和地区人口占世界总人口的62%，占世界GDP综合的92%。

创业教育是国际教育发展趋势。联合国教科文组织在研讨21世纪国际教育发展趋势时提出：“除了要求受雇者在事业上有所成就外，用人机构或个人越来越重视受雇者的首创精神、冒险精神、创业能力、独立工作能力以及技术、社交和专业技能，它为学生灵活、持续、终身的学习打下基础。”

1998年10月在巴黎召开的世界高等教育会议明确提出：“高等学校，必须将创业技能和创业精神作为高等教育的基本目标，为了方便毕业生就业，高等教育应主要关心培养创业技能与主动精神。”

美国是全球创业最为活跃的地区，也是最了解知识和技能创业的地区。这与美国重视创业教育有关。根据美国管理学会创业分部最新统计，在美国有1600所大学开设了2200多门关于创业的课程，有44种相关英语学术期刊，100多个创业研究中心，277个教授席位。目前管理学会创业分部的会员超过1200名，占管理学会会员总数的12%，美国至少30个州的大、中、小学生正在接受创业教育。至少8个州已经通过立法要求必须开展此项教育。

欧洲和美国重要大学与商学院基本上都开设了创业学方面的课程，其中全球顶尖商学院哈佛商学院、沃顿商学院、伦敦商学院以及欧洲国际商学院以其成功的创业教育项目而闻名于世。加州大学洛杉矶分校的创业相关课程达到24门。芝加哥大学、斯坦福大学、麻省理工学院等目前也都专注于此领域，并建立了相应的研究中心。

在创业教育与学术研究方面，美国管理学会已成立了“创业分部”，从事创业研究和教育的人数和规模不断扩大，朝着专业化、科学性、系统性和独立性方向发展。

我国的创业教育从20世纪90年代末首先在一些高校开始。但我国中小学创业教育是弱项，在鼓励创造性、自立和个人的主动性方面，在提供关于市场经济的知识方面以及在关注创业与办公司方面需要在中小学普及推广。

1.5.5 大学生创新创业教育的特殊意义

大学生创新创业教育这一主题，一方面，立意高，抓住了高等教育发展的根本，适应了大学生成长成才的需求，符合建设创新型国家和人力资源强国的目标要求，大学生素质高，知识起点高，思维活跃，容易接受新事物，精力旺盛，身体好，经得起摔打，国家又有政策、法规支持；另一方面，它贴近现实，大学生是推动经济发展的主力军，有就业需求，同时也为大学教育工作指明了方向。

大学生创新创业是应对经济现状、推动经济发展的需要。受国际大环境的影响，我国经济发展也进入缓慢发展期。要继续保持经济社会又好又快发展，特别需要尽快转变经济发展方式，加快创新型国家建设，特别需要鼓励、支持全民创新创业，推动经济实现新的发展。作为高知识群体，大学生有着创新创业的良好内在基础和条件，能够在全民创业中起到很好的引领和带头作用。目前，我国大学生创业率比较低而大学生的创业空间却非常广阔。因此，加强大学生创新创业教育，能够很好地引导和推动大学生创业，为经济发展增添新的活力。

大学生创新创业是创造就业机会、促进大学生就业的需要。受各种因素的影响，毕业生人数增长速度与有效需求不足的矛盾突出。面对严峻的就业形势和巨大的就业压力，必须加强大学生创新创业教育，更新大学生的就业思路，转变大学生就业观念，开辟多种就业渠道，鼓励和积极支持大学生自主创业，使大学生由单纯的就业者成为职业岗位的创造者，实现以创业带动就业。

大学生创新创业是促进大学生成长成才、实现人生价值的需要。大学生不仅要学习和掌握扎实的科学理论知识，还要有创新思维和创业意识，勇于投身社会主义现代化建设事业的伟大实践，在创业中成就事业，在创业中成长成才。加强创新创业教育，符合大学生成长成才的需要，有利于帮助大学生更新就业思路，转变就业观念，树立创新精神、强化创业意识；有利于帮助大学生掌握创业方法，养成克服困难、承担风险的心理和意志；有利于帮助大学生积累实践经验，增强实践能力，增长实践本领，为成长成才奠定扎实的基础。随着一系列鼓励就业创业政策的出台，我们的大学生将在人生事业的征途上创造辉煌的业绩，实现自己的人生价值。

1.6 创业与就业

立业，是指立志创业，是创业成功的前提。就业是民生之本，择业是迎接挑战，创业是图谋发展，立业是就业、择业、创业的基础。

就业，是指具有劳动能力且有劳动愿望的人参加社会劳动，并获得相应的劳动报酬或经营收入，是大学生向社会迈出的第一步。就业最好选择与自己发展方向一致的，与自己特长爱好一致的行业或岗位，这样很容易出成绩，发展速度快，干活积极性高，较快地脱离最低级的生存性就业的困扰。当进入发展阶段的就业时期后，追求目标提高，进而可能自己创业。

择业，是走向社会迈出的第二步。同学们都要有择业意识，这是适应市场人才需求变化的需要。工作一段时间后，有了一定工作经验，选择适合自己有发展前景的职业是必要的，也是符合时代要求的。据有关资料，美国的产业职员一生岗位流动平均19次之多，日本职业转换6次以上，世界发达国家每个人一生平均有4~5次职业转换。所以，我国在市场条件下，出现的职业转换、重新择业是正常的也是必然的。随着我国高新技术发展，生产力水平的不断提高，交叉职业和新兴职业所要求的智能与技能结构已经跨越了传统职业的界限，鼓励从业者尝试新的职业岗位，开创自己的新天地。

国家鼓励毕业生个人创业，当小老板，并出台了有关优惠政策，为个人提供了有利的发展机会。现代社会不鼓励吃老本，死钱必须要变为活钱，投资是最好的选择，未来投资会很热，会形成趋势与潮流，最好的投资就是创业。当然，创业不一定一步到位，可以通过就业来积累经验，条件成熟时再去创业，这样更加稳妥，同时也降低了由于经验不足而带来的风险。

新时代的3个特征是：速度、变革、危机；我们的应对措施是：学习、适应、创业，动态中发展。现代社会讲的是交易规则的公平、发展的速度，我们应该抓住变革的千载难逢的大好时机，发展自己的事业，培养超前的眼光与超强的执行力，在潮流的动态中发展。

按照马丁·特罗的理论，我国的高等教育发展阶段已经从“精英化(0~15%)”升级到了“大众化(15%~50%)”，近40年全国高校年招生人数由30万增加到了700万人，大学毕业生的就业由“精英”走向“大众”，就业市场进一步由“卖方”走向“买方”，大学生毕业初期失业率相对较高，中央部门组织实施的基层服务项目“村官”“三支一扶”“农村教师特岗计划”“西部计划”等，体现了政府对大学生就业的关心与关注，也说明了我国就业形势的严峻。

所以，有人提出在我国大学生的“事业链”的 4 个阶段是：先就业、后择业、再创业、成大业。

关于先就业后择业，大学生没有目标方向而就业很容易出现频繁跳槽，给社会单位留下了浮躁、不忠诚、无责任心等不良印象。所以，先就业不是盲目地很随便地就业。先就业如果是与自己的发展方向一致，可以积累经验、获得一定人脉，为自己将来创业准备，这当然是非常理想的就业。

另外，创业不一定就是自己干，如果你所从事的岗位与自己的发展方向或特长爱好一致，而且又是行业内的顶尖公司或单位，你又可能是被重用的一流二流人才，那么不一定要自己出来独立干，至少也不应该马上独立干，创业以业为主，事业发展的“高度”应当优先于所有权问题，事业的高度与所有权问题没有不可调和的矛盾，如果你是创造者或设计者，或者有分红份额的模式、股权份额的模式，就也是一种“创业”的形态。

第2章　创业的历史与现状

学习目标： 掌握创业的古代历史与现代历史，了解国外的创业现状、我国改革开放以来的创业概况，熟悉创业的动态发展过程以及未来展望。

关 键 词： 创业史　创业政策　创业环境　创业教育　创业孵化器

2.1　中国创业简史

2.1.1　中国古代创业

秦始皇是中国第一位皇帝，也是皇帝尊号的创立者，同时也是中国皇帝制度的创立者。他建立了第一个统一的中央集权国家，结束了从西周到战国八百多年诸侯割据的混乱局面，奠定了中国两千年封建政治制度的基础。秦始皇在没有前人经验的情况下，兼并六国、完成体制和文化的变革以及建设了众多的大型工程，而完成这一切工作仅用了11年时间。这也可以看出秦始皇不但是一个有雄才伟略的君王，也是一个办事效率高的领导人。这是一个由商业巨亨与落魄公子交易造就的神话，是一个典型的创业成功的案例。秦始皇一生中不同阶段的典型历史事件，探其根源，究其始终，融历史和管理于一体，集古今管理智慧之大成，给现代的企业管理以殷鉴和启迪。

司马迁在《史记·货殖列传》第一篇就讲述了市场自我调节的故事：东南西北方的物产各不一样，北有牦牛，西有畜牧，东有渔盐，南有木材，这些东西都是人民的生活必需品，北方也要用木材，南方也要用皮毛，那怎么办呢？人们能各凭其能，各竭其力，各满其欲。所以，贱货能贵卖，贵物能贱买。人们各经其业，各从其事，就像水往低处流那样，日夜无休，不招自来买卖，不求自出交易。这符合大道，也是自然调节的证明。

司马迁的《史记·货殖列传》为商人立传，开史家先河，为古人创业之榜样。李景星评本传为："举生财之法，图利之人，无贵无贱，无大无小，无远无近，无男无女，都纳之一篇之中，使上下数百年之贩夫竖子，伧父财奴，皆赖以传，几令人莫名其用意所在……盖财货者，天地之精华，生民之命脉，困迫豪杰，颠倒众生，胥是物也。"（《史记评议》卷四）

司马迁在惜墨如金的《史记》中，专列《货殖列传》一章，本来就难能可贵，独列小传者不到20人，其中春秋末至秦朝灭亡，仅7人有小传，包括著名的范蠡、子贡等人，乌氏倮跻身其间，实在是畜牧业和商业领域里受到皇帝恩宠有加的人，在历史上似乎是绝无仅有，是中国古代创业成功的典型案例。

寡妇清，中国最早的女企业家，传说家财之多约合白银八亿万两、又赤金五百八十万两等；《史记·货殖列传》载："巴寡妇清，其先得丹穴，而擅其利数世，家亦不訾。清，寡妇也，能守其业，用财自卫，不见侵犯。秦皇帝以为贞妇而客之，为筑女怀清台。清穷乡寡妇，礼抗万乘，名显天下，岂非以富邪?"

范蠡(陶朱公)，十九年之中三致千金，再分散与贫交疏昆弟。此所谓富好行其德者也。

子贡，七十子之徒，赐最为饶益。夫使孔子名布扬于天下者，子贡先后之也。此所谓得埶而益彰者乎?

白圭，人弃我取，人取我与。吾治生产，犹伊尹、吕尚之谋，孙吴用兵，商鞅行法是也。是故其智不足与权变，勇不足以决断，仁不能以取予，彊不能有所守，虽欲学吾术，终不告之矣。

猗顿，用盬盐起。而邯郸郭纵以铁冶成业，与王者埒富。

蜀卓氏之先，赵人也，用铁冶富。

程郑，山东迁虏也，亦冶铸，贾椎髻之民，富埒卓氏，俱居临邛。

宛孔氏之先，梁人也，用铁冶为业。

2.1.2 中国民营企业的发展过程

1982年，党的十二大首次明确发文，鼓励劳动者个体经济在国家规定的范围内和工商行政管理下"适当发展"，作为公有制经济"必要的、有益的补充"。

1984年，十二届三中全会指出，个体经济"对于发展社会生产、方便人民生活、扩大劳动就业有不可替代的作用"。

1987年，十三大表明，"鼓励城乡合作经济、个体经济和私营经济等多种经济成分更快发展"。

1992年，十四大报告中，第一次郑重宣告：我国经济体制改革的目标是建立社会主义市场经济体制。

1997年，党的十五大报告进一步指出，非公有制经济是我国社会主义市场经济的重要组成部分。对个体、私营等非公有制经济要继续鼓励、引导，使之健康发展。本次会议中对按资分配正式承认。

1999年，《中华人民共和国宪法》写入了"个体经济、私营经济等非公有制经济，是社会主义市场经济的重要组成部分"的内容，并明确指出："国家保护个体经济、私营经济等非公有制经济的合法的权利和利益。"

2002年，十六大报告中明确了个体户、私营企业主是中国特色社会主义事业的建设者，与其他所有制经济享受同等劳动待遇。党的十六大对《中国共产党章程》作了重大修改，意味着私营企业主作为中国人民和中华民族的一员，可以以“其他社会阶层的先进分子”的身份，申请加入中国共产党。

2006年2月9日，中央颁布的《国家中长期科学和技术发展规划纲要》中第八条第五款：建立和完善创业风险投资机制，起草和制定促进创业风险投资健康发展的法律法规及相关政策……探索以政府财政资金为引导，政策性金融、商业性金融资金投入为主的方式，采取积极措施，促进更多资本进入创业风险投资市场。

2.1.3 中国的四次创业浪潮

(1)第一次创业浪潮

党的十一届三中全会，农村改革解放了农村劳动力，乡镇企业、联户企业开始出现，家族企业迅速发展。回乡知青、城镇不能就业市民、退伍军人和公务员为了生存，开始创办企业、小商店。

例如，横店集团的徐文荣、裁缝出生的改革家步鑫生、希望集团的刘氏四兄弟、“傻子瓜子”的创始人年广久等。

(2)第二次创业浪潮

1988年4月，宪法修正案增加了“国家允许私营经济在法律规定的范围内存在和发展”，一大批有文凭、有稳定工作的人走上创业之路，“下海”成为热点，校园也出现经商热。

例如，“打工皇帝”段永平、联想创始人柳传志、WPS之父求伯君、声名显赫的史玉柱等。

(3)第三次创业浪潮

1992年，邓小平南巡讲话提出了“三个有利于”，停止了姓“社”与姓“资”的争论，使中国真正步入了市场经济，出现了许多上市企业。

例如，朱保国创立的太太药业成功上市，成为上市公司个人首富，身价达54亿。

(4)第四次创业浪潮

2000年1月1日开始实施《中华人民共和国个人独资企业法》，为中国民营企业亮起了一盏明灯。“一元钱”做老板，使创业不再是有钱人的“专利”，激发了许多人的创业梦，也成就了许多的企业家。

例如，张朝阳、丁磊、王志东、陈天桥等一大批网络英雄。

创业浪潮随着市场取向改革的深入和产业结构的不断完善，中国人的创业活动也在创业过程中发展、升华。表现出如下特征：

①创业者的文化层次在不断提高，创业日趋与国际同步，创业能力在不断提高。

②个人英雄主义开始淡化，创业团队和精诚团结逐步取代绝对个人权威。

③新创企业的知识和科技含量增多。

④更注重创业的速度与质量，按现代企业的模式进行创业管理和企业构建。

2.1.4 自发的创业热潮

在中国，创业热潮一浪高过一浪。1999 年，一则消息从中关村开始迅速惊爆全国：4 个大学生开了个公司(视美乐公司)，此举乃中国开天辟地第一回，之后，又出现了鲁军、刘颖(仙云坊：中国教育网是排名第一的娱乐、信息网站)，这是第一位停学创业的在校本科生。

大学相继掀起了学子创业的高潮，在校生做推销、家教已被视为小儿科，几千上万元的创业项目也并不稀奇。他们需要的不仅是做老板的独立意识与实干精神，更包括对产业、科学与经济社会的深层思考，开拓新领域、开发新产业的大勇气和大智慧。

1997 年，清华大学发起举行首届“清华大学创业计划大赛”，历时 5 个月，递交了 114 份创业计划，一些投资企业纷纷上门洽谈。

1999 年 3 月举行的第二届清华创业计划大赛，3000 多人参与了这项活动，其中多个创业小组在清华科技园注册了公司，清华大学校园内掀起了学生创新创业的热潮。北京澳柯玛视美乐信息技术公司曾获得了上海集团提供的 5250 万元投资，上海一百和视美乐的合作为中国的风险投资与高科技企业的结合打开了崭新的一页，并创造了 3 个第一：其一，视美乐公司首开在校大学生创办高科技公司的先河；其二，上海一百开辟了上市公司通过风险投资参与高科技成果产业化的新模式；其三，双方合作是按照国际规范运作的中国第一例风险投资项目。

清华大学出台一系列倡导创业精神鼓励学生创业的政策，如允许学生保留学籍休学创业。2000 年，清华创业园开园，为学生创业提供管理、引资和咨询等各种支持。

1999 年 6 月 28 日，北京大学政治系与行政管理系应届毕业生创办的北京新兴伟业信息技术有限公司挂牌，这是一家专门从事大学生素质教育的服务公司，靠信息服务赚钱，把素质教育当作产业来抓。

1999 年 7 月，华中理工大学在校三年级学生李玲玲注册了武汉天行健科技发展有限公司，她注册公司的 10 万元资金是一家风险投资公司提供的。李玲玲是女性创业者，她引人注目，不仅是因为有 6 项专利发明，更是因为她是学生。

1991 年，太原高新区建区，20 多年来已聚集了全省 50% 的高新技术企业，拥有自主创新项目 600 余项，形成以煤化工、电子信息、新材料、文化创意、环保节能与新能源等为代表的富有特色的产业格局，成为山西省名副其实的高新技术产业化基地、自主创新的重要载体。

山西省大学生创业园位于太原市小店区学府街华宇百花谷商业中心 C 座，占地面积约 4400 平方米。创业园作为省创新创业示范基地，重点为以大学生为主体的各类创业者提供低费用、便利化、全要素、开放式的创业孵化平台和发展空间，满足处于不同创业阶段创业者的服务需求。首批30个创业项目已通过评审正式入驻。

全省各地、各高校都有了自己的创业园、创业基地、开发区等。

2.1.5 创业政策环境

(1)创业环境逐步改善

①1982年，修改《宪法》，明确了改革开放政策。

②1988年4月，全国人大通过的宪法修正案增加了“国家允许私营经济在法律规定的范围内存在和发展”的内容，为私营经济正名。

③1993年修宪，为市场经济正名。

④1999年，通过了《个人独资企业法》，大大降低了个人自主创业的门槛，提出依法治国。

⑤2002年11月，党的十六大报告充分肯定了一些“另类”社会成员的积极作用，提出了“要保护、要鼓励、要表彰”他们。“另类”指民营科技企业的创业人员和技术人员、受聘于外资企业的管理技术人员、个体户、私营企业主、中介组织的从业人员、自由职业人员等，都是建设者。

关于创业，十六大报告提出“要形成与社会主义初级阶段基本经济制度相适应的思想观念和创业机制，营造鼓励人们干事业、支持人们干成事业的社会氛围，放手让一切劳动、知识、技术、管理和资本的活力竞相迸发，让一切创造社会财富的源泉充分涌流，以造福于人民”。

⑥2003年10月，十六届三中全会提出：要依法保护各类产权，包括私有财产权，要努力改善创业和就业环境。

⑦2003年12月12日，中央建议“公民合法私有财产不受侵犯”“国家尊重和保障人权”。

总之，在中国内地，创业环境从来没有像今天这样好。

创业宽松，行业管制松绑，为民营企业创业提供了更多的创业渠道。

随着入世后“国民待遇”规则的实施，企业准入范围扩大，为小企业投资拓展了空间。十六届三中全会指出：“允许非公有资本进入法律法规未禁入的基础设施、公用事业及其他行业和领域。”

另外，电信、邮政、铁路、航空、石油等垄断企业，由于企业规模过大，其价值链条很短，服务质量不高，随着入世后体制改革的深化，某些方面的业务将会以分包的方式交由小企业经营，从而延长这些行业的价值链，这些都是投资空间。

(2)法律环境得到改善

《中华人民共和国公司法》《中华人民共和国合同法》《中华人民共和国担保法》《中华人民共和国合伙企业法》的出台，为民营企业创业的健康发展不断创造着法律环境。

1999年8月30日通过、2000年1月1日开始实施的《中华人民共和国个人独资企业法》，对私人资本给予应有的法律地位，对民营企业创业具有非凡的意义："一元钱做老板。"

(3)创业者的地位空前提高

2003 年 1 月 10 日，重庆市力帆董事长，65 岁的尹明善，当选为重庆市政协副主席，成为改革开放以来首位进入中国省级领导序列的民营企业家。

同年，资产超过 8 亿的私营企业家、浙江传化集团董事长徐冠巨当选为浙江省政协副主席。

2.2 国外创业概况

2.2.1 创业在美国

20 世纪 90 年代以来，美国经济高速增长，全国每年都有 110 万个新公司成立，创业新潮在美国一浪高过一浪，在美国历史上，创业从来没有这么生机勃勃。世界管理大师彼得德鲁克认为："创业型就业是美国经济发展的主要动力之一，是美国就业政策成功的核心。" 20 世纪 70 年代末，美国麻省理工学院(MIT)的研究者戴维·伯克(David Birch)发表的研究成果推翻了之前认为大型企业是经济支柱和新就业机会提供者的说法，他认为，1969—1976 年，新的小型成长型企业创造了美国经济中 81.5% 的新就业机会。

今天，美国的年轻人对创业比他们的上一代表现出更加浓厚的兴趣和热情，创业理念已经深深根植于美国文化之中。20 多岁的年轻创业者们在构思、开办并迅速发展新公司方面的作为充分体现出新创业一代的希望，他们努力孕育产生了各种全新的企业，也产生了许许多多年轻的创业企业家。具有创新意义的创业者和他们的创业项目对美国的国民财富有巨大贡献。例如，微软(Microsoft)、摩托罗拉(Motorola)、苹果(Apple)、英特尔(Intel)、德州仪器公司(TI)等。

这就是创业的结果，通过占数量少数的人才创造大量财富，靠的不是运气，而是结合自身专业知识，准确切入市场需求，借助政府给予学生创业优惠政策的创新创业精神。经济发展总是伴随着战争的产生而变化，美国作为世界经济发展的领头人，战后的变革创新总能给经济带来突飞猛进的增长。美国高校的创业教育起步较早，经过长久的发展，现在已经形成了一个包括小学、初中、高中、大专、本科、研究生的正规教育体系。这个体系源源不断地培养出大批具备创业才能的人，推动了整个社会经济、高科技产业的创新体系的蓬勃发展。美国在高校创新创业方面已经取得了较好的成就，也形成了相对成熟的高校创新创业模式，他们的优秀经验对于我国的大学生创业有着极其重要的借鉴意义。

2.2.2 创业在英国

1987年，英国政府提出了“高等教育创业”计划(Enterprisein Higher Education Initiative，EHE)，这个计划的宗旨是培养大学生的可迁移创业能力，要求大学生不仅仅只传授与知识、技能相关的课程，还要将与工作相关的学习也纳入课程体系中去，对高校学生的创业能力进行培训。[1]

该政策提出之后，英国政府加强对高校创业教育的重视，开设两种课程：一种是“创业准备”课程；另一种是“关于创业”的课程。前者的教师绝大多数都有实际管理经验、创立过自己的企业，他们采取小组互动的实践教学方式，帮助学生更好地了解社会，给他们未来进入创业市场打下实践基础，增强他们的“手脑并用”能力；后者的教师在商业管理方面经验相对少一些，但理论研究方面有很深厚的功底，他们更倾向于通过传统方式进行教学，给予学生理论方面的支持，可以帮助学生形成完备的知识结构。二者结合，既帮助学生更好地掌握知识、发现知识，又培养学生创业热情，引导学生了解市场、进入市场。

英国政府深知创业型人才的重要性，所以出台一系列的创业教育政策，给予高校创业者以政策支持：①启动创业项目，鼓励毕业创业；②建立管理机构，促进创业教育的发展；③出台各种各样的投资方案，为创业教育提高资金保障，设立，“大学生挑战基金”“科学创业挑战基金”“高等教育创新基金”“高教援助基金”；④开展创业教育研究，积极探索教与学的新模式；⑤利用商业连接网络服务大学生创业。[2] 英国创业政策的实施取得了明显的成效，首先，参加创业教育的青年同学增加。高校学生的创业能力、思维得到普遍提升，这为市场传输了一大批高知高能的人才。英国政府的举措带动诸多校外力量，如政府、公司、网站等对创业活动的关注，他们与学生合作，提供一定的项目、经费、研究方面的支持。

英国政府1998年发表了《我们竞争的未来：建设知识推动的经济》的白皮书，首相布莱尔在宣读白皮书时说：“我们的成功取决于如何善用我们最宝贵的资产：我们的知识、技能和创造力。若有一个稳定的金融和经济背景，有一个支持创业的商业和社会环境，市场、技术和资金容易获得，有一支教育精良和技术熟练的、灵活的劳动队伍，创业就更可能获得成功。”

英国王子基金会“企业启动计划”资助贫困中学生或青年，查尔斯王子的这一创业计划“托起希望的太阳”，帮助无数青年成功创办了企业。

2.2.3 创业在法国

虽然创业(Entrepreneuship)这个词原于法国，但多年来的福利社会环境影响下，法

[1] 牛长松．英国大学生创业教育政策探析[J]．比较教育研究，2007(4)．
[2] 谭蔚沁，林德福，吕萍．大学生创业教育概论[M]．昆明：云南大学出版社，2011：57.

国人对当企业家兴趣一直不大。传统的教育中一直把创业看成一件不光彩的事情，如在描述私人中小企业时，往往与环境脏乱差、工资待遇低挂钩，这无形中阻碍了法国人的创业热情。然而实际上，整体西欧都被经济活力不足所困扰。国家政府决定通过创业改变这一困局。法国开始大力支持年轻人自主创业，并给予他们很大的发展空间。1979 年，政府通过实行“创业资源援助计划”。1983 年，实行“新企业技术革新指导计划”，由国家银行负责实施，对新企业给予资金支持，可提供 20 年的长期固定利率贷款。除此之外，法国政府采取各种措施解决创新创业中的资金困难：①按领域设立三个启动基金，每个项目 15 万~76 万欧元；②税费减免和申办手续简单；③每年评选创新项目；④给予资助小企业创业资金贷款；⑤中小企业技术创新投资；⑥鼓励创新创业投资发展。[1]

现今，法国政府对待创新创业的开明态度和大力支持，使得法国青年保有很高的创业热情，积极投身创新创业。法国的创业培训模式特点：重视培养学员的创新创业思维，使他们出校门之前就做好创业的心理准备；精心设计培训内容，扩大学生的视野，增加学生见识，培养学生的综合创业能力，风险意识；成立顾问委员会，组成专家队伍；实施个性化辅导和后续扶持等。现在法国不少青年选择给自己打工，每 5 名创业者中就有一名不满 30 岁的创业者。从而又有效地减少了失业人数，推动了中小型创新型企业的发展。法国在创业方面的历程可谓坎坷艰难，但是国家政府长期的大力支持获得很好的成效。现在，法国已经成为仅次于英国的欧洲第二大创业投资国家。

2.2.4 创业在德国

1983 年以来，两德创新中心、企业孵化器、科技园区的数量持续增长。“柏林创业与企业孵化中心”率先在德国创立。随后，亚琛、卡尔斯鲁厄、多特蒙德也先后建立了技术中心。

在创新中心入驻的企业超过 1 万家，从业人员超过 8 万人，入驻中心的企业涉及不同技术门类。

创新中心提供非正式的支持服务。例如，为企业初创、商务项目、融资计划提供咨询，协助新创企业融入创新中心网络，沟通科研院所与产业间的联系等。

2.2.5 创业在日本

日本从 1998 年 4 月起，通产省和文部省携手开始进行“创业教育”，其目的是将开创新兴产业的希望寄托在下一代身上，以缩小在新兴产业商业活动中与美国的距离。

日本创业教育的目标是：在高中生进行今后去向选择以前，就培养学生的创业精神，从中学生时代起就培养他们对职业的兴趣与基本的商业意识，以鼓励他们的创业热情。

---

〔1〕 李克敏，孙娟．创业概论［M］．北京：经济科学出版社，2012.

2.2.6 创业在新加坡

新加坡为推动科技企业发展和培养科技企业家，设立10亿美元的科技企业家投资种子基金，还实现“科技公司培养计划”。前者为商业潜能较强的科技公司而设，强调管理指导与援助，后者偏重于通过奖励的方式提高回报，激励更多专业人士和创业基金公司对规模较小的起步科技公司进行投资。

2.2.7 创业在印度

印度科技部为鼓励大学生自主创业，设立了一项专门鼓励各科技专业大学毕业生自愿发挥创业精神的专项计划。目前，已对1.2万人进行了创业培训。此外，印度政府还在12个地方创办了科技创业园，这些园区设在工程机构及学校研究开发中心内或周围。

2.2.8 创业在以色列

以色列的美国纳斯达克上市公司总数超过全欧洲的总和，在特拉维夫的罗斯柴尔德大道周边1平方英里[1]的土地上，就有600多家大大小小的新创公司。而这个略显神秘、资源匮乏中东国家，在短短20年内飞速成长为世界瞩目的创新创业圣地，吸引了来自全世界的巨头公司和风险投资纷至沓来。时至今日，有300多家跨国公司把科技研发中心开在了以色列，并且这个弹丸小国拥有着全世界最高密度的风险投资，甚至超过了硅谷。就如耶路撒冷是三教圣地一样，以色列大概也是所有科技行业从业人员心中的圣所。以色列是全世界最有危机感的国家之一，在义务兵役制国家里，以色列大概是唯一一个义务兵能真正上战场的国家，以色列人是在退役之后才考虑是否读大学的，所以兵役后会去选择读本科的学生们在决定读书时已经非常成熟和专注，本科也直接省去了美国大学前两年的全科培养，直接开始研究专业领域，所以从事技术创业时也有巨大的优势。国家鼓励创新，包容风险，近乎莽撞的勇敢，没有等级之分的挑战，持之以恒的坚持的独特文化，加上媒体对创业浪潮的渲染，在以色列所创科技奇迹中功不可没。媒体不吝对于勇敢挑战现状的创业公司的赞扬，和对于失败和转型故事的鼓励性报道，让以色列创业者们，以及投资人和民众，对创业失败风险的接受度非常高，觉得失败了从头再来就好，宽容程度可能更甚于美国。

2.3 中国创业环境分析

全球创业观察(GEM)2002年中国报告对我国的创业活跃程度、创业环境、创业与

〔1〕 1平方英里≈2.59平方千米。

经济增长的关系和创业政策 4 个方面做出了判断：创业活动相对活跃，创业环境相对较差，创业机会多，创业能力弱。

2016 年 1 月，GEM 中国负责人、清华大学经管学院党委书记、清华大学中国创业研究中心主任高建教授与清华大学中国创业研究中心副主任程源教授发布了研究报告《全球创业观察中国报告》主要内容如下所述。

2.3.1 中国创业总体情况分析

(1)中国的创业活动在全球效率驱动和创新驱动型经济体中仍然处于活跃状态

根据 2014 年数据调查，中国创业活动指数(15.53)高于美国(13.81)、英国(10.66)、德国(5.27)、日本(3.83)等发达国家。机会型创业的比重增加，有2/3 的创业者创业基于机会，表明我国创业者的创业贡献预期会增加。因为机会型创业相对于生存型创业能带来更多的就业机会、新市场机会、创新机会和企业增长机会。

(2)中国创业活动的创新含量有待提高

虽然中国的创业活动指数高于美国、英国、德国和日本等发达国家，但创业中“产品采用新技术”指数(25.63，第 50 名)和开发“新市场”指数(24.6，第 69 名)远低于这些国家。表明创业者对自己为市场提供产品的“新颖性”有过高的评价，对技术创新的重要性以及增长潜力、开拓新市场等方面认识不足。

(3)需要重点改善创业环境中的金融、教育、服务和文化等软实力

相对 2013 年的调查，2014 年的调查数据有以下发现：中国创业环境中，金融支持、政府政策、有形基础设施方面有提高；教育培训和研究开发转移方面仍然是薄弱方面。

2.3.2 国际视野下的青年创业

(1)与其他创新驱动型国家和地区相比

我国青年创业活动非常活跃。中国青年(18 ~ 34 岁)创业的早期创业活动指数为 18%，在全球创业观察的 73 个参与国家和地区中属于活跃的国家。中国接受过本科教育创业者比例较低，18 ~ 24 岁的青年中全球有 53% 的创业者获得本科学历，而中国这一数字仅为 24%；25 ~ 34 岁的青年中全球有 46% 的创业者拥有本科学历，而中国这一数字为 34%。

(2)与全球其他地区相比

接受过创业教育的中国青年相对较少。87% 的中国青年没有接受过创业教育，而欧洲和美国等发达国家该比例为 68%。

(3)与全球其他地区相比

中国青年更难从银行和金融机构获得资金，更多的中国青年使用家庭积蓄开展创业活动。在中国青年创业者的资金来源中，只有 9% 的资金来自银行或金融机构贷款，欧洲和美国等发达国家有 23% 的资金来自银行。同时，中国青年的资金来源中，有

58% 的资金来自家庭积蓄，而欧洲和美国的这一比例仅为 14%。

(4)与全球其他地区相比

中国青年创业的行业集中在客户服务类行业，商业服务类创业较少。82% 的中国青年创业者选择了在客户服务类行业创业，依赖性较大，欧洲和美国等发达国家只有 45% 的青年创业者在该行业起步。而只有 5% 的中国创业者在商业服务类行业创业，欧洲和美国等发达国家该比例为 29%。

2.4 国内创业发展概况

2015 年是中国创新创业的重要一年，特别是以 6 月 11 日国务院发布《关于大力推进大众创业万众创新若干政策措施的意见》为标志性的事件。该《意见》充分认识推进大众创业、万众创新的重要意义；总体思路；创新体制机制，实现创业便利化；优化财税政策，强化创业扶持；搞活金融市场，实现便捷融资；扩大创业投资，支持创业起步成长；发展创业服务，构建创业生态；建设创业创新平台，增强支撑作用；激发创造活力，发展创新型创业；拓展城乡创业渠道，实现创业带动就业；加强统筹协调，完善协同机制九大领域、30 个方面明确了 96 条政策措施。这个文件的发布，集中体现了国家对创新创业的重视。

(1)国家创投基金

为促进战略性新兴产业发展，中央财政 2015 年设立 400 亿元规模的新兴产业创业投资引导基金，简称“国家创投基金”，引导投向早中期创新型企业，加快培育和发展智能制造、新能源等新兴产业。引导基金又称创业引导基金，是指由政府出资，并吸引有关地方政府、金融、投资机构和社会资本，不以营利为目的，以股权或债权等方式投资于创业风险投资机构或新设创业风险投资基金，以支持创业企业发展的专项资金。此基金改变过去补贴制的办法，实行市场化运作、专业化管理，以股权投资的方式，可以引导基金撬动社会资本，据估计可以放大 5 ~ 10 倍的资金，发挥中央财政引导资金“四两拨千斤”的作用，让市场决定创新资源配置。

(2)小微企业创业创新示范城市基金

2015 年，财政部联合多部委启动了“小微企业创业创新城市示范”，中央财政拨付资金 84 亿元给示范城市统筹使用。示范专项资金是指来自中央财政、地方财政用于扶持小微企业创业创新的各种奖励资金、专项资金。示范专项资金的用途共分为 8 个方面。例如，用于被认定为市级及以上众创空间等小微企业创业创新空间补助；用于小微企业房租、信息网络费用补贴；用于全市小微企业创业创新公共服务平台和体系建设经费支出等。换句话说，主要用在众创空间等小微企业创业创新基地、公共服务体系建设、降低创业创新成本、缓解融资难等方面的相关支出。根据示范城市提出的目标，3 年内将带动地方及社会投入超过 400 亿元，政策覆盖 260 万户小微企业，新增 2200 万个就业岗位，促使小微企业营业收入实现 9 万亿元，技术合同成交 400 亿元，在全国发挥示范引领作用。

(3)新三板市场

2015 年，投资全国中小企业股份转让系统(新三板市场)成为中国投资者的又一新选择，投资者可以通过直接开户或购买新三板相关投资产品进入市场。新三板市场原指中关村科技园区非上市股份有限公司进入代办股份系统进行转让试点，因为挂牌企业均为高科技企业而不同于原转让系统内的退市企业及原 STAQ、NET 系统挂牌公司，故形象地称为新三板。目前，新三板不再局限于中关村科技园区非上市股份有限公司，也不局限于天津滨海、武汉东湖以及上海张江等试点地的非上市股份有限公司，而是全国性的非上市股份有限公司股权交易平台，主要针对的是中小微型企业。证监会 2015 年 11 月 20 日发布《关于进一步推进全国中小企业股份转让系统发展的若干意见》，这也是证监会首次针对新三板市场制定框架性指导意见，进一步明确了新三板是资本市场重要一极。2015 年，新三板融资规模达到了 1216.17 亿元，超过创业板。

(4)战略新兴板

为了扶持中国的创新型创业企业，中国 2015 年还确定建立上海证券交易所战略新兴板，这是继深圳交易所创业板后又一重大融资市场机制创新，未来战略新兴板可以支持未盈利的互联网企业在 A 股市场发行上市。

(5)风险投资基金

对比近几年投融资数据，2015 年仍然是互联网创业高峰期。根据创投与私募研究机构清科研究中心发布的数据显示，2015 年，PE(私募股权投资，Private Equity)、VC(风险投资或创投，Venture Capital)市场募资总额约 7000 亿元，投资总额约 5000 亿元，均达到历史最高点。福布斯发布的 2015“中国最佳创投机构榜单”，红杉资本、IDG 资本、软银中国资本排名前三。投资领域上看，电商、企业服务、文娱体育布局最多。2015 年，创业投资最为密集的六大领域集中在 O2O、互联网金融、智能硬件、文化娱乐、在线医疗和在线教育。

(6)天使基金

使基金是自由投资者或非正式风险投资机构对原创项目构思或小型初创企业进行的一次性的前期投资。它是风险投资的一种形式，在根据天使投资人的投资数量以及对被投资企业可能提供的综合资源进行投资。2015 年第一季度，国内获得天使投资行业分布前三位的依旧是互联网、电信及增值业务和 IT 行业。获投案例数分别为 141 起、97 起和 43 起。披露投资金额分别是 1.15 亿美元、7769 万美元和 2269 万美元。此外，上市公司老板或者其他连续创业者出来做天使投资的也逐渐增多，如雷军、周鸿祎等。

新募天使基金中出现了许多由政府和天使投资机构合资成立的一批政府背景天使基金。例如，深圳市龙岗区政府出资，力合天使创投管理的龙岗力合天使创业投资基金和西安经济开发区成立的5000万人民币天使投资基金。而所有披露的新设立以及新募集的天使投资基金均为人民币基金。上海市大学生科技创业基金则是不以营利为目的、公益性的创业“天使基金”，也是培育自主创新创业企业的“种子基金”。

天使投资在美国称为Angel Investment，主要是指富有个人或机构投资于初创期及成长前期的高风险、高成长性企业，待企业成长到一定阶段后，通过股权转让获得投资收益的一种特殊投资行为，是专门投资于企业种子期、初创期的一种风险投资。因为它的作用主要是对萌生中的中小企业提供“种子资金”，因而取得“天使”这样崇高的名称。人们往往注意美国的纳斯达克市场、风险投资市场如何发达，但却忽视了美国大量的商业天使的存在促进了中小企业的发展，天使投资一般投资具有高成长性的科技型项目，其收益率普遍在50倍以上，超过万倍的回报也不少见。1992年，美国苹果公司刚创办时一笔9.1万美元的投资，6年后实现了1.54亿美元的回报。搜狐网站创办时，张朝阳身无分文，其导师尼葛洛庞帝和一位同学投资了22万美元，后来也实现了上百倍回报。

(7)众筹

2015年，被认为是众筹主流化的关键一年。目前，国内几大巨头电商已经入局众筹市场。2013年，淘宝众筹成立；2014年，京东众筹成立；2015年3月，京东股权众筹上线；2015年4月，苏宁众筹成立。从市场份额来看，京东众筹占据第一位置，淘宝、苏宁等随后，而最早开始做众筹的小平台如“点名时间”等已渐渐淡出市场，众筹竞争进入了电商巨头大平台时代。关于股权众筹对于天使投资的影响，业界争论不休，争论结果基本以“股权众筹无法颠覆专业投资”为主调，不论如何，股权众筹的出现对于天使投资而言属于新增的一种投资方式，这种“天使投资+股权众筹”形式也被冠以“天使投资4.0”之名。股权众筹，就是大众集资或群众集资，指通过众多参与者的共同投资，来完成早期创业项目的股权资金募集。股权众筹，顺应了草根创业时代需求，突破了过去天使投资人必须“看得中、投得起、帮得上”的条件。从这个意义上讲，这将是天使投资的最佳实践形式，大大提高天使投资参与者的广泛性，开启了天使投资4.0时代，掀起中国天使投资新浪潮。进入全民参与的股权众筹时代，创业者获得天使投资的难度将大幅度降低。

(8)政府行政创业服务机构

2015年，各级政府为了方便创业人员就近、就便办理相关业务。有些城市在搭建创业服务平台，为辖区内的创业载体及创业者就近、就便提供政策咨询、创业培训、项目推介、各类创业补贴等高效便捷的服务。符合自主创业人员身份及补贴条件的创业者，可就近到初创企业注册地街道公共就业服务机构申请各类创业补贴，及就近到经办银行申请创业担保贷款。

(9)创业孵化器

伴随着“大众创业、万众创新”热潮和政策的不断加码，以创业者为服务对象的孵化器行业迎来风口。孵化器正在多点布局，在孵企业数量迅速增长。如雨后春笋般冒出的大小孵化器，运营模式正从以“收租”为主转向提供各种增值服务的创业生态链培育者，在“双创”时代扮演着重要的角色。2015 年 1 月初，国务院总理李克强造访深圳柴火创客空间。“创客”随即成为热搜词，创客空间、孵化器这类新业态也进入公众视野。

(10)众创空间

2015 年，李克强总理提出发展“众创空间”的政策措施，顺应网络时代推动大众创业、万众创新的形势，构建面向人人的“众创空间”等创业服务平台，要在创客空间、创新工厂等孵化模式的基础上，大力发展市场化、专业化、集成化、网络化的“众创空间”，实现创新与创业、线上与线下、孵化与投资相结合，为小微创新企业成长和个人创业提供低成本、便利化、全要素的开放式综合服务平台。适应“众创空间”等新型孵化机构集中办公等特点，简化登记手续，为创业企业工商注册提供便利。支持有条件的地方对“众创空间”的房租、宽带网络、公共软件等给予适当补贴，或通过盘活闲置厂房等资源提供成本较低的场所。发挥政府创投引导基金和财税政策作用，对种子期、初创期科技型中小企业给予支持，培育发展天使投资。完善互联网股权众筹融资机制，发展区域性股权交易市场，鼓励金融机构开发科技融资担保、知识产权质押等产品和服务。“众创空间”受到国家政策的鼓励支持，媒体热捧，投资人追逐，2015 年众创空间也在全国遍地开花。众创空间的出现，特别对早期的创业项目是否拿到投资，都选择了入住众创空间，缘由也就是上面提到的创业者能享受到“低成本、高效率、全方位”的开放式综合服务。在国内而言，众创空间的模式大多数是以“空间办公 + 空间活动 + 系统服务 + 孵化投资”为主的路线发展。目前现存的众创空间主要有 7 种模式(见表 2-1)。另据腾讯众创指数显示，全国活跃开发者中，45% 集中在北京地区，游戏、O2O、社交、教育等是创业者热衷的行业。

表 2-1　我国众创空间主要模式及其代表

众创空间主要模式	不同模式众创空间代表
活动聚合型	北京创客空间、上海新车间、深圳柴火空间、杭州洋葱胶囊
培训辅导型	清华 x-lab、北大创业孵化营、亚杰会
媒体驱动型	36 氪、创业家
投资驱动型	车库咖啡、创新工场、天使汇
地产思维型	SOHO 3Q、优客工场
产业链服务型	创客总部
综合创业生态体系型	创业公社

（11）离岸创新创业基地

2015年9月，上海自贸试验区海外人才离岸创新创业基地揭牌。这是国内首个在自贸试验区内试点设立的离岸创新创业基地。该离岸基地是由上海市科协、上海自贸试验区管委会、浦东新区等单位协同推进，面向海外人才，通过市场化手段构建的低成本、便利化、全要素、开放式、配套成熟完善的空间载体，旨在探索"区内注册、海内外经营"的离岸模式，打造具有引才引智、创业孵化、专业服务保障等功能的国际化综合性创业平台。在创业孵化方面，离岸基地将对有意向在上海自贸试验区创业的海外人才提供政策、知识产权、技术、投资对接等整体前置服务，并且通过"海外预孵化"，使海外人才在海外完善创业团队或创业项目，显著提高海外人才落地创业成功率。对于基地内注册的企业，基地将导入优质服务机构，为人才创新创业提供全方位的托管式服务；对于海外创业项目，协助其注册企业后进行正式孵化，形成灵活便利的创业模式。据悉，该离岸基地将力争在3~5年内建成具有国际影响力的高端创新资源集聚地以及高端创业孵化项目加速中心，在海外人才引进、创业孵化、运作机制和配套政策等方面形成可以复制和推广的模式，并在海外资源渠道建设、国内外科技需求挖掘、创业孵化人才培育、人才和项目甄别评价等工作中发挥引领作用。

（12）创业教育

我国政府2015年发布了《国务院办公厅关于深化高等学校创新创业教育改革的实施意见》。该意见提出，2015年起全面深化高校创新创业教育改革。2017年取得重要进展，形成科学先进、广泛认同、具有中国特色的创新创业教育理念，形成一批可复制、可推广的制度成果，普及创新创业教育，实现新一轮大学生创业引领计划预期目标。到2020年建立健全课堂教学、自主学习、结合实践、指导帮扶、文化引领融为一体的高校创新创业教育体系，人才培养质量显著提升，学生的创新精神、创业意识和创新创业能力明显增强，投身创业实践的学生显著增加。实施弹性学制，放宽学生修业年限，允许调整学业进程、保留学籍休学创新创业。要求从2016年起所有高校对全体学生开发、开设创新创业教育必修课和选修课，并纳入学分管理。对已有创业实践的学生进行相关的指导和实训，成立创业协会、创业俱乐部，设置创新创业奖学金，向高校毕业生创设的小微企业优先转移科技成果等一揽子配套培养服务。

"中国高校创新创业教育联盟"成立大会暨首届全国创新创业教育论坛在清华大学举行，标志着首批由137所国内高校和50家企事业单位、社会团体共同组成的"中国高校创新创业教育联盟"正式启动。首批联盟成员单位包括了清华大学、北京大学、浙江大学、复旦大学、上海交通大学、南京大学、哈尔滨工业大学、西安交通大学、中国科技大学、中国人民大学等137所高校和英特尔、微软、腾讯、百度、阿里等创新型企业以及部分事业单位和社会团体。"中国高校创新创业教育联盟"的成立，对推动我国高校在创新创业教育方面迈上一个新的台阶起到十分重要的作用。

2.5 大学生创业现状

大学生正处在一个创业活跃、崇尚创业精神的时代。

找岗位不如创造岗位。创业不仅能解决自身的就业问题，而且还能不同程度地为社会提供就业机会。

事实上，近年来，已有一些创业的大学生取得了辉煌的创业业绩。现在让我们撷取几个成功创业的大学生个案，来了解正处于创业初期的中国大学生们艰辛曲折的创业历程。

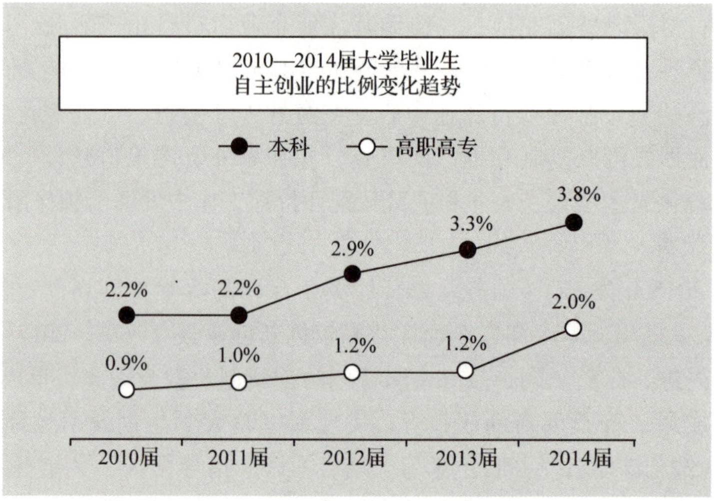

图 2-1　中国大学生中不乏成功创业者

2.5.1　大学生创业政策

从 2002 年起，教育部、劳动与社会保障部、人事部等部委以及许多地方政府相继出台了有关政策，鼓励和帮助大学生自主创业，大学生、研究生可以休学保留学籍，灵活创业。再度激发了大学生的创业热情。

2003 年 6 月 5 日，国务院办公厅发出通知，要求做好普通高校毕业生就业工作。通知要求各地、各有关部门要积极鼓励高校毕业生自主创业和灵活就业。凡高校毕业生从事个体经营的，除国家限制的行业外，自工商部门批准其经营之日起，一年内免交登记类的各项行政事业性收费。同年，武汉世博科技项目投资公司专门为大学生创业设立了 100 万元创业投资基金，这是我国第一个专门为大学生创业设立的创业投资基金。

在大学生创业的财税政策支持方面，2015年，国家对高校毕业生享受创业就业税收优惠政策的流程进行调整，将《就业失业登记证》更名为《就业创业证》，同时取消《高校毕业生自主创业证》，毕业年度内高校毕业生从事个体经营的，持有注明“毕业年度内自主创业税收政策”的《就业创业证》，《就业创业证》可用于记载劳动者就业和失业状况，持证者可享受相关就业创业扶持政策，接受公共就业人才服务。具体而言，持该证的大学毕业生如果失业，可享受岗位推荐等服务；如果自主创业，可享受从事个体经营税费减免、创业培训补贴、入住孵化基地发展、社会保险补贴、小额担保贷款等创业优惠政策。符合条件的自主创业高校毕业生从事个体经营的，3年内依次扣减其当年实际应缴纳的营业税、城市维护建设税、教育费附加、地方教育附加和个人所得税，扣减限额标准为每户每年9600元。对高校毕业生创办的小型微利企业，按规定落实好减低税率和减半征收企业所得税、月销售额和营业额不超过3万元的暂免征收增值税和营业税。高校毕业生自主创业自筹资金不足时，可在创业所在地按现行规定申请小额担保贷款、其他形式小额贷款和贷款贴息。高校毕业生个人申请小额担保贷款贴息（或申请贴息的其他形式小额贷款）额度最高不超过10万元。

2.5.2 大学生创业的现状分析

中国大学生创业的历史可以追溯到改革开放之初，而广泛的大学生创业则是在1998年清华大学举办的首届大学生创业设计大赛之后迅速发展起来的。他们的加入为创业大军注入了一股新的活力。在当今的社会经济状况下，大学生创业相比过去面临更多的市场机会，同时，大学生创业的动机也有了一定的变化，在大学扩招以前的很长一段时间里，大学生的就业状况是良好的，创业被认为是摆脱工作束缚，使个人价值得到更大的发挥，从而达到理想彼岸的金光大道。而现在，除了自我实现的要求，大学生也渐渐开始用一种更为平和的心态来面对创业，尤其在失业严重的时期，很多人有了为自己工作的想法，开始进行创业。

除了大学生自身因素的影响，创业环境变化也同样对大学生创业产生了很大的影响。近年来，我国大学毕业生就业压力越来越大。在此情况下，党和政府已经把鼓励、促进大学生创业作为缓解就业压力的措施之一。尤其是近年来，国家相继出台了一批鼓励大学生创业的优惠政策，各地政府部门也都推出了针对大学生的创业园区、创业教育培训中心等，国内众多高校也纷纷创立了自己的创业园，为学生创业提供支持，以此鼓励大学生自主创业。在各种条件不断完善的前提下，大学生创业将机会转化为现实的可能性增大了。并且，大学生作为创业大军中的一个特殊群体，他们拥有比较高的文化水平，容易接受新鲜事物，各种羁绊也较少，所以创业能够轻装上阵。但相比之下，由于涉世不深、缺乏各种经验、资本积累薄弱等原因也容易导致大学生创业的夭折。就目前来看，大学生创业的成果并不是十分乐观。在所有自主创业的大学生中，首次创业成功的比率非常低。统计数据显示，中国整体的创业成功率基本达到

30%，而在创业大军中，大学生创业成功率仅为3%左右，只占到了成功创业企业的一成。从大学生创业低成功率来看，大学生创业确实存在着一些问题：

(1)大学生创业缺乏经验

首先，创业大学生对市场需求理解不深。由于学生身份的限制，大学生对各个行业的动态发展及商业信息把握不准，不能全面了解创业行情并进行理性的风险分析，因而找不到合适的自我创业方向，于是就可能导致创业者对于一些热门行业盲目跟从。此外，大学生缺乏创业的基本常识，如注册、贷款、办理各种工商手续、相关的法律常识、创业方式和技巧、首次创业所需的条件及各类注意事项等。这些基本常识的缺乏加大了大学生创业的困难程度，甚至有可能由于中间的某个环节没有做好而导致首次创业的失败。

其次，创业选择的行业面窄。在已经成功创业的大学生中，多数人选择了和自身专业相关的行业。这些行业大多属于高科技领域，如软件、网络等，而对小规模的餐饮、书报等生活类的行业涉及较少。而有些并不被大学生青睐的行业恰恰具备启动资金少、容易开业且风险相对较低的优势。

再次，大学生创业方式的选择相对单一。在首次创业的毕业生中，由于经验的缺乏和对风险的考虑，很多人选择了合伙创业。在选择合伙人的过程中，很多人选择了自己的朋友和同学进行创业。而这些合作者的知识、经验等各方面与其相似，创业合作者之间缺乏知识和能力的互补，在决策中容易出现偏差。

(2)政府政策存在漏洞，执行力不强

事实上，国家已经出台了很多关于鼓励、扶持大学生创业的好政策，然而，一些地方政府和有关单位以及高校并没有积极贯彻执行，仍然各行其是。某些领导甚至没有认真学习国家的创业政策，更谈不上研究和制定大学生创业的具体政策。在制定政策的问题上，我们发现全国不同地区的差异性很大。有的地区政府支持的力度非常大，如上海，连续几年为大学生创业提供相当数额的创业贷款。相对于这样强力的支持，全国很多地区需要再接再厉。

(3)创业教育薄弱

由于现实能力的欠缺，我国高校中的创业教育目前还处于起步阶段，其薄弱之处集中表现在以下两点：

一是缺乏创业意识教育。在大学生的培养过程中，缺乏创业思维和创新精神的教育。中国的教育大多采用统一的刚性计划教育模式，知识结构单一，以专业为中心，以教师讲授为主，缺乏对学生学习能力的培养，从而造成社会所需的具有良好的创业能力、鲜明的个性和创造性思维的人才严重不足，现有的大多数毕业生只能被动求职，缺乏自主创业的能力。

二是缺乏创业能力教育。大学生创业需要对创业决策和创业过程各种相关知识进行融会贯通地把握，还需要有组织、管理、处理人际关系等方面的技能。这就需要高校重视培养学生的创业精神，开设创业教育系列课程，传授创业知识和技能并开展创业教育活动，以培养学生创业所需的各种能力。

(4)资金困境

从现实的情况来看，目前制约大学生创业的一个很大的瓶颈就在于资金缺乏。这体现在两个方面，一方面，有些毕业生有好的创业计划，但苦于没有足够的启动资金，因而迟迟不能展开创业活动；另一方面，也不乏有一些已经创业但由于创业过程中缺乏资金而导致抗风险能力减弱，竞争力不强，最终导致创业失败的例子。大学生创业表现在资金方面的困难不仅在于资金的获取，也在于资金的使用上。大学生创业吸引投资存在着3个误区：一是急于得到资金，为得小钱让大股份，贱卖技术或创意；二是在引入风险投资的时候，即便投资人不能提供增值性服务和指导，仍无奈与其捆绑在一起；三是对风险投资不适当的使用。而这些误区都会不同程度地影响大学生创业者在资本市场的竞争力和信用，从而也影响到后续融资的可行性。

(5)观念制约

观念制约是大学生创业中的普遍情况，根源是中国的一些传统观念没有消除。中国人官本位思想严重，自古以来人们认为“学而优则仕”，读书的目的是当官。现在每年的公务员考试也总是异常火爆，有些地区参加考试的人数多于录用人数的数十倍。此外，许多家长对子女的期望值过高，希望孩子毕业后能找到一份“体面”的工作，在创业各项条件有限的情况下，并不考虑支持子女创业。而观念上的制约因素则直接导致了大学生创业意愿低。尽管中国目前的社会经济状况是适合创业也需要创业的，全国整体的创业形式也比较乐观，但我们可以发现，创业大军的后备力量——大学生的创业意愿是很低的。

大学生创业是一个复杂而艰难的过程，需要得到社会各界人士的重视和帮助。首先，大学生要不断提高自身的综合素质，在校期间应该加强文化知识、思想道德等各方面的学习和积累，为后期创业及工作做铺垫。其次，大学生创业需要得到高校的重视，在教学过程中应该适当增加关于大学生创业的课程，高校可以适当为大学生提供一个展现自己的舞台，如开办大学生创业设计竞赛等活动。最后，需要建立健全和谐的社会环境，为大学生创业提供良好的人文和社会环境，政府和社会应该重视、鼓励、支持大学生创业。大学生创业不仅能缓解社会就业难的压力，也为能大学生提供一个展现当代大学生综合素质的舞台，其发展方向符合我国经济社会发展的实际，理应得到重视和鼓励。

家长也应该注意从小鼓励学生发展自己的爱好与特长，往往有着特殊能力的学生很早就有所表现，发现特殊人才。发现特殊才能就成为老师与家长的重要任务，早发现、早引导、早培养，做到长期的积累与观察。

2.5.3 大学生创业特点与引导

(1)创业主体泛化，从精英向普通学生延伸

中国第一批网络创业先锋及创业成功者，基本都属于网络精英。从百度的李彦宏到搜狐的张朝阳等，第一代网络创业者都属于精英行列，其中很大一部分是海归者。他们拥有良好的社会资源，创业具有一定的便利性。如今，随着高等教育进入大众化阶段，更多网络创业的大学生来自普通大众。中国大学创富排行榜中的27位网络创业的大学生都是普通学生，排名第88位的杨甫刚是义乌工商学院的一名高职学生。选择网络创业的大学生中有很多并不是社会公认的精英或者好学生，但由于创业动因多元，也导致创业主体日益多元，大学生成为网络创业主体的重要组成部分。

(2)过多的大学生追求高精尖、网络创业

目前大学生网络创业主要有以下几个方向：其一，高科技领域创业；其二，智力服务领域，大学生在智力这个领域创业游刃有余，目前主要有创建网站、提供网络咨询服务、自由职业者、自由撰稿人以及专栏作家培训等，他们利用自身的智力和专业优势，提供了另外一条创业通道；其三，网络开店，近年来，网上开店随着易趣、淘宝的崛起而迅速蔓延；其四，其他各种网络营销方式，如目前盛行的淘宝客、闪客、中小企业站长、饿了么、美团等。但是，传统行业显得冷清，笔者认为传统行业创业起点低成功率会更高，如食品餐饮行业，技术门槛低、资金可大可小，有利于滚雪球发展，通过加盟连锁同样可以发展迅速，尤其食品安全已经成为全社会关注的焦点，如果我们的大学生能够占领大部分的食品餐饮产业链中的关键部门与关键岗位，那么我国的食品安全问题会有所好转，毕竟大学生的高素质会带动食品餐饮行业的整体文明。

(3)网络开店日益盛行

网上开店具有成本低、回报快、风险小、易操作、灵活性强等特征，受到没有商业经验的大学生青睐，形成大学生网络开店潮，甚至许多人气高的BBS论坛上都设有专门板块，为大学生商家发布广告和其他相关信息。艾瑞咨询的《2009年度中国网购市场发展报告》数据显示，在完全自发的状态下，已有30%的大学生淘宝店铺月收入在2000元以上。2009年，淘宝网创造了57万个直接且充分就业岗位，相当于上海市2009年全市新增就业岗位数的总和，网络开店日益成为网络创业的主流。

(4)从被动型和生存型创业为主转变为主动型和机会型创业

《2009中国创业观察报告》指出，中国目前已进入“机会型创业”阶段。机会型创业的一大特点是年轻化，中国的机会型创业中，18～24岁的年轻人所占比例达18.4%，而55～64岁的人群只占3.1%。机会型创业中，本科和研究生比例占50.2%，而生存型创业中本科与研究生比例仅为15.6%。大学生网络创业形式多样，内容丰富，多数大学生依靠兴趣创业。调查发现，大学生网络创业有五大动因，其中自我实现是最大的动因之一。

(5)创业环境逐渐宽松，网络创业教育从无到有

随着国家对大学生创业的多方支持与鼓励，社会对创业的认同与宽容，创业环境日益宽松。在越来越多“利好”政策的支持下，大学生网上创业的热情也正被激发。阿里巴巴集团发起大学生“网络就业创业护航行动”，促进大学生通过网络实现就业创业；淘宝网也正式推出了大学生创业平台。

(6)大学生网上创业形式多样

网上创业形式多样，但目前高校大学生的网络创业主要采取以下3种形式：创办网站、网上开店和网上自由职业。大学生在校参加的自主创业计划大赛中，大多数项目都是关于高新技术的。一旦学生毕业脱离学校后，要凭个人之力创办高科技企业，却往往显得势单力薄。而作为近似完全理性人的风险投资公司当然不愿意投资到学生创业的公司这样规模小、风险大的企业。因此，大多数毕业生在创业时选择了启动资金少，容易开业和操作且风险相对较小的传统行业，如餐厅、咨询、零售等小而灵活的行业。这样既可以节约成本，也可以先积累经验。

2.6 全社会创业状况与展望

北京市长城企业战略研究所所长王德禄提出：“在中国经济中最有希望的是在中国高新区发展出的高技术产业。中国高新区的发展主要有3个方面，用6个字概况，这就是创业、孵化、集群。”

改革开放之初，中国人创业多，大部分是生存性创业，创业是生活所迫，但是这些创业者取得成功后，为后来者提供了榜样。改革开放后到现在，大致有三轮成功创业者，一轮是生存性创业的创业者，一轮是发展性创业的创业者，现在更多涌现的是变革式创业者。这是中国经济增长的诀窍。

当今国际主流就是变革、推陈出新，在信息、技术高度发达的今天预示着山雨欲来的征候，是一个具有更大、更多机会的创新创业的新时代。

另外，到新创企业就职的人，更容易创业。现在，中国出现了阿里巴巴系、腾讯系、百度系、小米系，这些系就代表从这些公司出来的创业者。在中国，现在还有几类创业者，一类是从跨国公司出来的创业者，一类是从政府“下海”的创业者，一类是大学生创业者。

2015年受到经济发展状况以及电商发展的影响，实体经济受到了冲击。2016年，伴随着增进供给侧改革，挤出过剩产能政策，实体经济还将和“互联网+”结合。而从中也将诞生大量的创业机会。从国内互联网行业的现状来看，大部分企业和创新与实体经济的相关性都非常高，其中包括众多社会基础行业，不管是农业、物流、生产制

造，还是医疗、教育、金融乃至交通，以后的创新也会越来越多地发生在这些改变实体经济的行业当中。2016年“互联网+”的政策红利仍然持续。随着各行各业纷纷互联网化，互联网与实体经济找到了优势互补的契合点，并引发全行业的广泛创新和变革。互联网行业将从以服务为主走向与制造业等实体经济融合发展，通过创新实现产业结构优化和全面升级。

众创空间是经济发展的新动力：众创空间代表中国已经全面进入新经济。改革开放以来，中国一直把创业作为经济发展的补充，作为增量发展予以关注。从乡镇企业的草根创业，到知识分子下海创业，再到留学生归国创业，全是如此。这次强调众创空间是把创业提到了经济发展的新动力的位置，代表中国已经彻底进入新经济时代。众创空间代表创业服务进入更为高级和全面的阶段。我国的创业服务共经历了两个阶段：第一个阶段，是伴随着科技部火炬计划和高新区政策实施而生的、以公共投入为主的孵化器建设阶段，发展了一系列创业服务中心、专业孵化器、留创园、大学科技园等孵化载体；第二个阶段，是最近五年以来，一大批以社会投资为主的新型孵化器快速发展，有苗圃、天使投资、创客、创业咖啡、创新工场等，这批新型孵化器就是最具新经济时代特征的众创空间。众创空间既拓展了创业服务的宽度，又延伸了创业服务的深度。从宽度来说，众创空间构建的是面向大众的创业服务平台，对于激发亿万群众创造活力，通过创业带动扩大就业具有重要意义。从深度来说，众创空间尤其是里面的创业苗圃，提高了创业服务的深度和高度，创业苗圃的主要功能是为有想法的人提供进行创业计划的孕育，继而创办企业的环境，其重点是要培育改变世界的创业者，这些创业者将成为我国新经济的“发动机”和实现大国崛起的主要力量。

2016年，公募股权众筹的宣传和示范效应可能引发新一轮的股权投资热潮，尤其是在股票市场不振、传统融资遇冷的背景下，优质项目流入股权众筹领域的可能性大大提升，将为该领域导入新鲜血液，促进初创企业股权融资市场的繁荣。

第 3 章　创新思维与创意实践

学习目标： 掌握创新思维形成动因、创新思维形成途径与方法、创新思维发展的"四阶段模式"；熟悉创新主要特征、创新思维主要表现形式、创意的产生过程；了解创意产业的主要特征，互联网思维具体表现形式。

关 键 词： 创新　创新思维　商业创意　创意产业　互联网思维　创业

创新是人类社会进步的源泉，是国家发展的灵魂。当人类进入 21 世纪后，对创新、创意、创造的关注度已超过历史上任何一个时期，创新成为当今时代的"主旋律"，创新是创造和实现价值，创业是开辟与成就事业。文明与进步的社会，必须有大批的创新者；富强与兴盛的国家，必须有大批的创业者。培养创业者需要在其学习阶段打下坚实基础，塑造创新者需要在其发展过程中提供实践的平台。学习创新与创业，首先要开启创新思维、理解创新理论，然后方可夯实基础。创业基础包括从创意想法到创业行动的 4 个阶段：一是价值设计与发现机会；二是商业模式设计与开发；三是资源整合与创业融资；四是创业计划与企业开办。

3.1　创新概述

1912 年，美国哈佛大学教授、美籍奥地利经济学家约瑟夫·熊彼特首次从经济领域提出创新理论。他在其代表作《经济发展理论》(*The theory economic development*)中提出，创新是建立一种新的生产函数，是一种从来没有过的关于生产要素和生产条件的新组合，包括引进新产品、引进新技术、开辟新市场、控制原材料的新供应来源、实现企业的新组织。这种经济学意义上的创新，其主体是企业家，创新的关键是对生产要素进行重新组合，能否为企业带来超额利润是检验创新成功与否的标准。经济学家一般认为创新可通过 5 种途径实现：一是创造一种新的产品；二是采用一种新的生产方法；三是开辟一个新的市场；四是取得一种新的供给来源；五是实现一种新的产业组织方式。

3.1.1 创新的含义与特点

创新，英文单词是“innovation”，意为：更新、变革、制造新事物。其汉语词义是，创造与革新，抛开旧的，产生新的。《周易》中，古代先哲们就提出“革故鼎新”，“革”即除故，“鼎”即取新。

广义上的创新是指从产生新的构想、新的观念、新的思想、新的理论、新的决策、新的规律、新的方法、新的设计、新的解释、新的知识到这些新的观念、新的思想在实践中运用的过程。创新有不同的程度，从渐进式的创新，一直到革命性的创新。渐进式的创新，如生产成本的削减，产品性能的改进，提高企业的运作效率；革命性的创新，如微软的 Windows 操作系统和 Internet 的发明。

一般来说，创新有 5 个特点：

(1)普遍性

创新存在于一切领域，没有哪个事业、哪个行业、哪个领域能离开创新。

(2)永恒性

创新是人的本能，只要有人类，就有创新，这种活动受人类自我实现本能的支配。另外，人类的其他活动有可能终止，但创新永远不会终止。

(3)超前性

由于创新就是相对于他人的首创行为，因此，社会认识必然滞后于创新，创新总是超前的。

(4)艰巨性

有两个因素导致了创新的艰巨性：一是由于创新的超前性而致，因为超前，所以可能得不到他人的理解和支持，甚至遭到反对，给创新者造成很大的压力，并制造了艰难的创新环境；二是由于创新本身，创新是做前人或他人没有做过的事情，实现创新的过程和方法都需要探索，因此带有不确定性和技术上的难度。

(5)社会性

创新贵在落实，实施过程中必然要与社会发生联系，产生社会性。现代社会随着分工的细化，单打独斗的时代已经一去不复返。

创新无止境、无边界、无权威、无框框。最好的创新永远是下一个！任何学科、领域、部门都是人为划分的结果，既然是人为划分，就可以人为打破，故创新也无边界、无框框。在创新面前，规律是一样的，而且越是跨行业、跨领域的创新，越是能诞生超乎寻常的结果。一般来讲，每个创新行为应包含 3 个要素：特殊的活动、明确的目标和明确的决策机制，才能保证每个创新阶段互相联系起来。

全球化经济条件下，世界经济正在发生快速变化。企业需要在这种快速变化条件下进行快速调整和创新。例如，在硅谷，创新的表现形式通常是虚拟公司，称为新公司，主要卖点子。这些虚拟点子公司用创新来创造价值，用创新来建立系统。这种公司需要有创业型管理思想，才能使公司成长。同时还要有其他重要因素：多样性的技术人才，开拓市场的知识，各种性格、能力的人以及后勤和技术保障供给等。

3.1.2 创新的意义与价值

创新对于社会进步、企业发展和人生价值的实现，都具有非常重要的意义。

3.1.2.1 创新是一个民族进步的灵魂，是国家兴旺发达的不竭动力

对于创新的意义，时任国家主席的江泽民同志已经做精辟论述。他强调指出"创新是一个民族进步的灵魂，是国家兴旺发达的不竭动力""要迎接科学技术突飞猛进和知识经济迅速兴起的挑战，最重要的是坚持创新""一个没有创新能力的民族，难以屹立于先进民族之林"。这些重要论断，既是对历史经验的科学总结，也是对当今社会发展形势的正确研判与高度概括。

3.1.2.2 创新是知识经济的基础

按照经济合作与发展组织(Organization for Economic Co-operation and Development，简称 OECD)的定义，知识经济是指直接依靠知识和信息的生产、分配和使用的经济。它以新的发现、发明、研究、创新的知识为基础，是一种知识密集型的充分体现人类智慧的经济。经济合作与发展组织在 1996 年年度报告中指出，知识已经成为提高生产率和实现经济增长的驱动力。创造、创新和应用知识的能力与效率，将成为影响一个国家综合国力的重要因素。简言之，知识经济实质就是创新经济。

3.1.2.3 创新是企业持续发展的根本动力源

企业发展的历史就是持续创新的历史，企业核心竞争优势就是创新能力。美国福特公司前总裁亨利·福特(Henry Ford)曾深有体会地说："不创新，就灭亡。"其道出企业生存和发展的真谛在于创新。也就是说，只有持续不断地创新，企业才能在市场竞争中立于不败之地。"创新则兴，不创新则亡"，创新应成为企业快速、持续发展的根本动力源。

3.1.2.4 创新是实现人生价值的必由之路

人类运用创造性思维的力量，创造出无数的人间奇迹。一个有所作为的人，往往通过创意、创新和创造来充分展示自己的独特个性。与此同时，也在这个过程中为人类贡献自己的创造，从而实现人生价值。微控制器(MCU)之父、Zilog 公司的创始人佛德利克·法金(Federicao Faggin)发表关于创新的演讲。他说："创新与创造，如果仅仅有一个思想的话，不能称为创新，仅仅是创新的开始。""创新的核心是创造出价值，所以仅仅是为了新奇而产生的想法，还不能算是真正的创新，创新应包含你要做出不同的事情，你要创造出新的事物，要有冒险的精神，你要改变我们现在的一些困难和现状。"

本质上讲，创新就是利用你的思想来改变这个世界，让新的思想在这个世界扎根、发芽、结出果实。所以，创新包含着创造，包含着一种实用性的思想，其中创业是实

现创新价值的必经途径。

3.1.3 创新的分类与内容

3.1.3.1 按内容分类

创新涵盖众多领域，包括政治、军事、经济、社会、文化、科技等，每个领域、每个管理环节可能都存在创新。若按创新内容具体可以划分为知识创新、技术创新、工程创新、社会创新等。

(1)知识创新

知识创新，是指通过科学研究，包括基础研究和应用研究，获得新的基础科学和技术科学知识的过程。知识创新的目的是追求新发现、新规律，创立新学说，创造新方法，积累新知识。其中，科学研究是知识创新的主要途径和手段。

(2)技术创新

技术创新，属于经济范畴的概念，指企业应用创新知识和新技术、新工艺，采用新的生产方式和经营管理模式，提高产品质量，开发新产品，提供新服务，占据市场，实现市场价值。

(3)工程创新

工程创新，指技术要素层次的集成，其重要标志是"集成创新"，多个技术要素层次的集成，包括工程理念创新、工程设计创新、工程技术创新、工程管理创新、工程制度创新等环节。

(4)社会创新

社会创新，是指能够满足社会目的、取得实效的新想法、新创意。其中包括城市、国家政府以及企业通过新的更有效方法的设计与开发，应对城市扩张、交通堵塞、人口老龄化、慢性病等挑战的过程，主要侧重于社会保障层面。

3.1.3.2 按创新程度与创新中自我知识产权比重分类

按创新程度和创新中自我知识产权的比重分为自主创新和开放式创新。

(1)自主创新

自主创新，是指拥有自主知识产权的核心技术，以及在此基础上实现新产品价值的过程。即创新主体依靠自主的智慧和力量，开展的一种拥有自主知识产权的创新。自主创新成果，一般体现为新的科学发现以及拥有自主知识产权的技术、产品、品牌等。

自主创新，包括原始创新、集成创新、引进消化吸收再创新。其中，原始创新是指前所未有的重大科学发现、技术发明、原理性主导技术等创新成果。原始创新意味着在研究开发方面，特别是在基础研究和高技术研究领域取得独有的发现或发明，这是最根本的创新，是最能体现智慧的创新，是一个民族对人类文明进步做出贡献的重要体现。集成创新是指通过对各种现有技术的有效集成，形成有市场竞争力的产品或者新兴产业。引进消化吸收再创新，是指在引进国内外先进技术的基础上，学习、分析、借鉴，进行再创新，形成具有自主知识产权的新技术，这是提高自主创新能力的重要途径。例如，发展中国家通过向发达国家直接引进先进技术，尤其是通过利用外商直接投资方式获得国外先进技术，经过消化吸收实现自主创新，不仅大大缩短了创新时间，而且降低了创新风险。

(2)开放式创新

开放式创新概念，企业应把外部创意和外部市场化渠道的作用上升到和封闭式创新模式下的内部创意以及内部市场化渠道同样重要的地位，均衡协调内部和外部的资源进行创新，不仅仅把创新的目标寄托在传统的产品经营上，还积极寻找外部的合资、技术特许、委外研究、技术合伙、战略联盟或者风险投资等合适的商业模式，以实现更快速度、更低成本，把创新思想变为现实产品与利润。这样，企业不仅自己进行创新，也充分利用外界的创新；不仅充分实现自己的创新价值，也充分实现自己创新“副产品”的价值。开放式创新最终目标是获得更多的收益与更强的竞争力。它应用广泛，很多传统行业也开始应用开放式创新。

3.1.3.3 按创新过程分类

创新是一个周而复始、循环往复的过程。这个过程包括了开拓性创新、模仿性创新、适应性创新三种类型。

其中，找到一种原来没有的产品、生产方法、市场、原材料、组织结构等，都属于开拓性创新。开拓性创新一旦成功，必然占领100%的市场份额，取得超额利润。面对超额利润，必然有人进行模仿性创新，而模仿性创新多了，同行业必然进行适应性创新。适应性创新多了，又必然产生第二轮开拓性创新。如此循环往复，不断创新，推动社会经济发展。

以火腿肠为例，在20世纪80年代中期以前，中国市场并没有这种产品。火腿肠的出现缘于中国人在解决基本温饱之后，肥肉卖不出去了，这时洛阳肉联厂负责人通过到日本考察，引进中国第一条火腿肠生产线，生产出“春都”牌火腿肠，一炮打响，占领了100%的市场。但很快，邻近的漯河肉联厂也推出了“双汇”牌火腿肠生产线。漯河肉联厂是模仿性创新，而现在众多的火腿肠企业生产出各种不同的火腿肠，都属于适应性创新。从经济效益来说，模仿创新可取得最大的经济效益，因为它不需要支付创新成本，更不需要承担创新风险。模仿性创新最适合于中小型企业赶超行业老大，但当与行业巨头取得平等地位后，则必须进地开拓性创新，否则企业很难进一步发展。

3.2 创新思维

思维是人脑对客观现实的间接概括的反映，是人认识能力的核心，恩格斯称之为

“地球上最美丽的花朵”。创新思维是科学之舟在浩瀚海洋里航行的指南针，是引导创新活动走向成功的指路明灯。

创新思维主要体现人的创造力，即首创事物的能力。创新思维的过程，就是根据一定目的、任务，在头脑中创造出新事物的过程，包括勾画新思路、创作新艺术形象、设计新产品、发明新技术、设计新图样、制订新规划等。本质上，创新思维贵在“新”，创新思维以“奇”“异”制胜，离开“新”，就谈不上创造力。

3.2.1 创新思维溯源

有关创造性的论述可追溯到古希腊时期。那时的哲学家们就开始从不同角度对人类创造性活动和心理现象进行多样性的描述。苏格拉底曾提出：“有思考力的人是万物的准绳。”亚里士多德把“创造”定义为“产生前所未有的事物”。我国古代儒家经典《大学》也有“苟日新，日日新，又日新”之说。这是哲学家最早对创造、创新的描述。

历代哲学家对创造、创新的诠释往往从两种含义上展开：一是在想象、幻想的层面上；二是在理解力、逻辑思维的层面上。前者如近代哲学家伯格森，他在《创造的进行》一书中，从幻想的层面上对创造进行了阐述。他把创造力解释为“生命力的激发”，把幻想视为一种源于必然的、普遍的、任何人都具有的力量。在他看来，创新思维是人的本性力量。后者如近代哲学家笛卡尔和斯宾诺莎，他们把创造力与理解力、逻辑思维联系在一起，而不是与意象、创造性想象联系在一起。但大部分哲学家把创造、创新与想象、幻想相联系。尤其是在19世纪中叶，当心理学作为一门独立学科在哲学的母腹中孕育、形成之时，与创造力紧密关联的想象作为一种心理功能，在心理学中受到极大关注。在众多哲学家和心理学家视野里，想象、幻想作为创造力的本性，可视为创造性的源泉之一，也是创造原始本质的再现。

创新思维是科学创造的重要动力，是科学家从事科学研究的必然伴侣。因而，创新思维和创造力问题为历代科学家(心理学家、精神分析家、创造学家等思维科学家乃至自然科学家等)所关注。

3.2.2 创新思维内涵及特征

创新思维，是指人类在探索未知领域过程中，充分发挥认识的能动作用，突破固定的逻辑通道，以灵活、新颖的方式和多维视角探求事物运动内部机理的思维活动。

3.2.2.1 求异性

创新思维是一种求异思维，积极地求异，与众人、前人有所不同，独具卓识。只有敢于在认识过程中着力于发掘客观事物之间的差异性，发掘人们司空见惯、习以为常的事物背后的问题，对似乎是完美无缺的惯常的现象和已有的权威理论进行怀疑、批判，才能力破陈规，锐意进取，勇于创新。科学史上每一次科学革命都同科学怀疑紧密相关。科学怀疑是从反面进行思考、探索、研究的理性思维活动，是具有否定性、试探性、不确定性等特征的思维形式，科学怀疑既是科学思维的起点，又是科学思维发展的环节和手段，起着开拓思路、促进创新的重要作用。“怀疑因子”是构成求异性的关键。

除此之外，主动否定自己，打破“自我框框”的“自变性因子”以及敢于坚持真理，不怕外在压力的“抗压性因子”也是独创性的重要条件。

3.2.2.2 链动性

创新思维往往出自于举一反三、融会贯通，是由此及彼的思维能力。这种链动或表现为“纵向链动”，即发现一种现象后，立即向纵深挖掘，探究其内在机理；或表现为“逆向链动”，即看到一种现象后，立即联想到其反面；或表现为“横向链动”，即发现一种现象后，随即联想到特点与之相似、相关的事物。

3.2.2.3 发散性

要善于从不同角度思考问题，这也是创新思维一个基本要求。这种思维特性，或表现为“发散机智”，即在一个问题面前尽量提出多种设想、多种答案；或表现为“换元机智”，即灵活地置换影响事物质与量的若干因素，从而产生新的思路；或表现为“转向机智”，即在一个方向受阻时，不钻“牛角尖”，立即转向另一方向；或表现为“创优机智”，即在多种答案中努力探寻最优方案。多向性特点表明，创新思维是一种具有流畅性、灵活性的发散思维、置换思维和迂回思维。具有创新思维素质的人思路开阔，不受传统思想、观念、习惯的束缚，敢于从新角度去思考问题，善于从不同角度考虑问题，能“思如潮涌”“一气呵成”。思路越流畅，思考量越大，创新成功的可能性就越大。

3.2.2.4 跨越性

创新思维是一种突发性的非常规思维，无序性往往是其一个重要特征：其一，越出常规，超越一般的逻辑推导规则和通常的实践进程，走出新的路子；其二，跨越时间进度，省略思维步骤，加大思维的前进力度；其三，跨越转换角度，省略一事物转化为他事物的思维步骤，加大思维的跳跃性与灵活性。

3.2.2.5 统摄性

创新思维不是一种简单的平面化思维，而是一种复杂的立体化思维，其形成于大量概念、事实和观察材料的综合，形成于前人智慧的巧妙结合，形成于多种思维形式和方法的融合，其统摄了前人成果，统摄了多种思维形式和方法，具有智慧、智能杂交的特质。

在创新思维过程中，既有归纳、演绎、分析、综合等逻辑思维，又有超越经验材料的科学遐想；既有长期的积累和经久的沉思，又有短时间的突破和一时的顿悟；既有正向、逆向的线性思维和纵向、横向的平面思维，也有多维开阔的立体、空间思维和交叉、整体的思维。

简言之，创新思维是一种具有综合、统摄性的高级思维形态。既具有高度概括性，是建立在各种思维基础上的整体，是人类多方面智慧的综合体现；又极具深刻性，是各种思维的最后升华，是突破性的和质的飞跃。从这个意义上说，创新思维是人类思维的最美花朵。

3.2.2.6 无畏性

创新之路从来不是平坦的大道。在创新的漫漫征途中，充满着艰险，等待、失败、绝望，甚至付出生命代价，是创新路上经常的伴侣。因此，创新思维不仅需要超常的智力，而且需要非凡的勇气、笑对失败的气魄和顽强的毅力。

美国学者罗斯曼对710位获得发明专利的人做调查，要他们回答“成功的要素是什么”，70%的被调查者回答的是“坚持不懈”，是面对失败的勇气成就了他们的创新，甚至随时准备自我牺牲，要有献身的精神和勇气。科学史上许多创新者都是值得敬仰的勇士。美国毒蛇研究专家卡尔·施密特和海斯德为了体验蛇毒，勇敢地在自己身上注入蛇毒，用亲身体验写下了报告，卡尔·施密特的报告是在临终前忍着蛇毒的剧烈反应写下的。英国科学家罗吉尔·培根不畏宗教裁判所的严刑，监狱的高墙阻挡不了他科学创新的热情，写成了《大创作》这本记载他科学新思想的奇书。意大利科学家布鲁诺因坚信宇宙的无限性而触犯教廷，面对烈火吞噬而不放弃自己的新思想；伽利略因宣传并丰富了哥白尼的日心说而遭遇迫害，但他不屈服于宗教的淫威，在监狱中继续从事科学研究，写成《运动的法则》一书。

综上，创新思维的形成还需要不迷信权威、不盲从传统、敢于面对困难、勇于献身的大无畏精神。害怕真理的人，不敢坚持真理的人，是难以思维创新的，思维的创新与真理的追求是内在统一的。归结到底，“无畏性”体现了创新思维的人格基础。

3.2.3 创新思维的作用

在白天气温高达45℃，晚上又低至5℃的津巴布韦，能不能建造一座不用空调，但室内温度必须恒温在22℃的环保大厦？逻辑上这并不成立，无法做到，但运用创新思维就做到了。米克皮尔斯运用白蚁冢穴如何保持恒温而确保繁衍的原理建造了世界上第一座不用电、气设备（空调）而能确保室内恒温22℃的东关大厦，把不可能变成了令人惊叹的事实。可见，创新思维在其中发挥的重要作用。

3.2.3.1 创新思维有利于不断扩充人类知识的范围

创新思维因其对象的潜在特征，表明它是向着未知或不完全知的领域进军，不断扩大着人们的认识范围，不断地把未被认识的东西变为可以认识和已经认识的东西。科学上每一次的发现和创造，都增加着人类的知识总量。例如，计算机的发明，计算机科学与技术成为新的学科与知识，当今快速发展的移动互联网络技术也成为新的学科与知识，3D打印技术正在成为具有代表意义的人类新的制造技术。

3.2.3.2 创新思维可以不断地提高人类的认知能力

创新思维是一种高超的艺术，创新思维及其过程中的内在的东西是无法模仿的，这内在的东西即创新思维能力。这种能力的获得依赖于人们对历史和现状的深刻了解，依赖于敏锐的观察能力和分析问题的能力，依赖于平时知识积累与知识面的拓展。而每一次创新思维过程都是一次锻炼思维能力的过程，因为要想获得对未知世界的认识，人们就要不断地探索前人没有尝试过的角度与方法进行思维，独创性地解决问题，从而极大地提高了人类认识未知事物的能力。因此，人类认识能力的提高，离不开创新思维。

3.2.3.3 创新思维可以为实践打开新的局面

独创性与风险性特征，赋予了创新思维具有敢于探索和创新的精神。在这种精神支配下，人们不满于现状，不满足于已有知识和经验，总是力图探索客观世界中还未被认知的本质与规律，以此为指导进行开拓性的实践训练，不断开辟出人类实践的新领域。历史已经证明，三次工业革命的发生与推动，无不是创新思维在起着关键性的导向作用。尤其，目前世界范围内的新技术革命，全面的信息化、自动化，人工智能技术的推广与应用，把人从机械劳动和机器束缚中解放出来，使原来由人所从事的一些简单的、具有一定逻辑规则的思维活动，完全交给“人工智能”去完成。这样，人类就可能有充足的精力把自己的知识、智力用于创造性思维活动，不断把人类文明推向新高度。

3.2.3.4 创新思维是企业参与竞争的制胜法宝

创新思维是创新实践和创造力发挥的必要前提。20世纪30年代初，烟台啤酒在上海采取免费喝啤酒竞赛活动，喝啤酒大赛结果是，第一名喝了15瓶，第二、三名各喝12瓶。这一天总共喝了500箱×48瓶/箱。翌日，上海报纸几乎都以显著篇幅绘声绘色大肆报道这一盛况。时隔一个月，烟台啤酒又在上海半淤园举办了一次寻找烟台啤酒的活动，欢迎到半淤园内寻找该厂生产的一瓶“双头鸟啤酒”，找到者奖啤酒20箱。烟台啤酒厂还在每一万箱啤酒的利润中拿出一万元作为奖金。他们采取的发奖办法是在一些酒瓶盖的内面分别印上“中”“国”“啤”“酒”。打开啤酒后，发现有其中一个字的就可领奖：“中”字奖1元，“国”字奖2.5元，“啤”字奖5元，“酒”字奖10元。这样，不但广大顾客乐于购买烟台啤酒，同时也大大刺激了大、小餐厅服务员推销烟台啤酒的积极性。

由于敢于创新，不断推出一系列商业新点子，烟台啤酒很快驰名上海滩。后来，泰国、新加坡、马来西亚等东南亚国家的商家纷至沓来。在当今，商业竞争，更是靠特色、靠点子、靠创新思维制胜。

3.2.3.5 创新思维是高素质人才培养的根本原则

法国校长让打死小狗的学生“从十二个角度画十二张小狗的解剖图”的故事与我国近代中国著名教育家陶行知“三块糖奖励用泥块砸自己同学的学生”的故事家喻户晓，这些中外案例事实告诉我们，教育需要创新思维，创新思维的教育教学模式，对人才培养往往会起到独特作用，尤其对高素质人才更是至关重要，不可或缺。

3.2.4 创新思维形成途径与方法

创新思维形成于思维视角的拓展。换言之，创新也就是用不寻常视角去观察寻常的事物，从而使事物显示出某些不寻常的性质。这里所谓不寻常性质往往并非事物新产生的性质，而可能是一直存在于事物之中，只不过未发现发掘出来而已。首先转换视角发现这种性质，就构成了创新思维。有时，转换视角也就是转换看待事物的方法，把复杂的问题简单化，实现研究方法的创新。纵观人类发明的历史，创新的智慧往往来源于转换思维、拓展思维视角。有人把这种善于转换思维视角的方法称为“液态思维法”，即没有固定的形态，能随形就势地进行变通的创新思维法。

3.2.4.1 在“肯定与否定”的对立中拓展思维视角

唯物辩证法认为，任何事物都是肯定与否定的统一。创新思维往往来源于肯定视角与否定视角的辩证统一。

思维的肯定视角，指思考一种通常容易被否定的事物或观点时，首先设定它是正确的、好的、有益的、有价值的，然后沿着这种视角，找寻这种事物或观点的价值。思维的否定视角，则指思考一种通常容易被肯定的事物或观点时，反向思维，把它设定为错误的、坏的、有害的，由此出发寻找其对立面价值。许多新想法、新思路、新点子往往产生于这种肯定与否定思维视角互相转换的过程中。

古语说得好，“祸兮福之所倚，福兮祸之所伏。”对一件失败的事，可能只需转换一下视角，就是一件成功的事。失败往往可能包含着诸多成功因素。用肯定视角去发现隐藏在失败中的成功因素，就成为必须。

否定视角同样是引发创新的可贵思路。当众人都在肯定这一事物时，你如能持否定视角，表现出“反潮流”的思维品格，也可能高人一筹，提出创新。日本大企业都有专职“视察员”，他们的职责在于从否定的视角“专挑毛病”，时刻注视着那些错的、坏的、需要改进的东西，而恰恰正是这些“挑刺员”不断挑刺，进而推进了产品的创新。

创新思维往往需要将肯定视角与否定视角有机结合，思维学称之为“两面性思维”，即把对立两极统一起来进行思考的方式。牛痘的发现就是一个典型范例。英国乡村医生爱德华·琴纳一直为探寻治疗天花的方法而苦思冥想。一次，他在奶牛场了解到，牛也会感染天花，症状类似于人，并且会传染给人，但当牛身上的牛痘传染给人后，人就会产生免疫力，一辈子不会得天花。经过深入地试验研究，琴纳创造性地把牛痘嫁接到人身上，开创了免疫医学。在这一创新思维过程中，琴纳把牛痘致病和防病巧妙统一：为防止天花，先感染牛痘；以较轻的牛痘，避免严重的天花。在这种肯定与否定视角统一中，科学家找到了战胜天花的有效方法。

当然，对有些问题一时难以下结论时，不妨可暂时“搁置”，使我们的思维处于“待定”状态。“待定”状态可以让头脑放松，伺机待发。因为，创新思维形成往往需要一个酝酿过程，不到火候，新思维不会产生，待定正是一个思考、酝酿、等待时机的过程。

3.2.4.2 在“今日—往日—来日”的流变中拓展思维视角

任何事物都处于发展之中，没有一成不变的事物，我们必须学会用发展的眼光观察事物，创新思维离不开发展的眼光。在“今日—往日—来日”的流变中拓展思维视角，正是这种发展眼光的具体体现。

要在“今日—往日—来日”的流变中拓展思维视角，就要求我们突破只看到事物现状的静止视角，强化“往日视角”和“来日视角”。所谓“往日视角”，即注意把握事物和观念的起源、历史和发展规律。所谓来日视角，即思索事物和观念的未来发展，预测其发展方向和趋势，以实现思维创新。

在创新思维过程中，“来日视角”尤为重要。不少发明和创造都是从未来着眼、立足于发展的观点而构想出来的。20世纪60—70年代，日本丰田汽车厂预测中东将爆发战争，战争将引起石油涨价。于是，他们把“省油”作为开发研制小汽车的一个重要目标，并利用这个优势，最终打入国际汽车市场。“预则立，不预则废。”事实证明，缺少“来日视角”，就无法把握事物的未来发展，可能造成决策失误，从而失去发展、创新的机遇。1969年，瑞士设计出世界上第一只石英电子表，但因缺乏“来日视角”而误认为电子表没有发展前途。他们继续走机械表老路，不对产品结构做调整。而日本却从“来日视角”出发，看到了电子表的巨大潜力，投入大量人力、物力、财力进行研制。不久，日本生产的电子表涌入国际市场，在钟表竞争中遥遥领先、独占鳌头。当今时代科技创新速度越来越快，进入一个令人眼花缭乱的走马灯时代。当人们还陶醉在录音机、留声机的美妙旋律中时，CD光盘却横扫音乐市场，转眼间录音磁带和唱片被无情的市场淘汰；而当CD光盘畅销市场还没多长时间时，MP3、MP4又登上舞台，成为CD的竞争对手；进入网络时代，移动互联网络的成熟，将过去的一切统统淘汰在历史舞台上……可见，如果缺乏超前的“来日视角”思维，必将为时代所淘汰。

当然，“往日视角”在创新思维中也颇具价值。宋代科学家沈括曾用“往日视角”推断著名景区——雁荡山地貌产生的原因，地质学家李四光曾用“往日视角”在庐山找到了冰川活动痕迹，而考古学家更是从“往日视角”中探寻研究，呈现在他们眼前的，不是布满铜锈的青铜器具，也不是原古人类的断肢残骨，而是波澜壮阔的历史场景、栩栩如生的历史画面。其实，追溯历史起源、探寻事物源头，也是各学科新发现、新创造的必由之途。

3.2.4.3 由“自我”向“非我”的跨越中拓展视角

人类观察和思考问题，往往习惯于以“自我”为中心，用“我”之目的、需要、态度、价值观念、感情偏好、审美情趣等作为尺度去衡量外界事物。也就是说，每一个人都处于“自我”的围墙内，透过“自我”围墙的窗户去了解外部世界。他往往把“自我”摆在世界的中心位置，以“自我”的独特经验、感情和价值观念去观察、理解、判定外部世界。但“自我”的围墙容易禁锢头脑，框定思维，要有所创新，就要突破“自我”的思维框架，由“自我”向“非我”拓展。这里所说的“自我”，既指个人的小自我，也指“团体自我”乃至“民族自我”“人类自我”。

因此，由“自我”向“非我”的跨越是多层次的跨越。不仅要突破个人的狭隘眼界，也要突破小团体的狭隘眼界、民族的狭隘眼界乃至“人类中心主义”的狭隘眼界。也可把“自我”理解为自己的专业领域，思维的创新往往需要突破自己狭隘的专业领域。“他山之石，可以攻玉。”跳出自己的专业领域，巧妙地利用其他专业领域的成果，可以对本专业的创新产生极大启发。英国科学家李斯特创立消毒外科学的思维过程，就得益于法国微生物学家巴斯德的一篇论文。巴斯德在一篇讨论生命起源的论文中，通过实验证明，生命不是无中生有，而是来源于空气中的微生物。李斯特受到启发，他猜测，肉汤在空气中腐败，是因为空气中有微生物，那么，伤口发炎、化脓，也可能是基于同样的机理吧，循着这一思路，他创立了消毒外科学。

当然也要正确看待“自我”价值，善用“自我视角”反观自身，注意挖掘自身潜力，同样可激发思维创新。因此，在突破“自我”围墙而向“非我”跨越的同时，也不能忽略“自我”。一位哲人曾说，了解世界的捷径，就是了解你自己。就科学创造而言，最关键的还是科学家自身修养与知识基础。如果没有自身扎实专业功底，外界再大的启发作用也等于零。机遇只偏爱有准备的头脑，说的就是这个道理。在科学史上，由于自身原因而与已经到手的科学发现失之交臂的事例就清楚地说明了这点。德国化学家李比希曾想当然地误认已经发现的新元素为熟知的氧化碘，直至几年后法国青年波拉德发现这种新元素，称之为“溴”，并发表论文后，他才后悔不已。德国科学家维勒也因未仔细研究在一次实验中遇到的新元素(后取名“钒”)，想当然地做了错误断定而错过真理女神，把这次科学发现的机会拱手让给了瑞典化学家肖夫斯唐姆。小居里夫妇在一次实验中接触到一种把质子轰出来的物质粒子(以后才知道是他们一直致力于研究的“中子”)，但他们未对这一现象做深入研究，就主观判定为是一般的“伽马射线”，错失一次获得诺贝尔奖的机会。凡此种种，无不说明“自我”的因素在创新思维中起着至关重要的作用。

3.2.4.4 在“异同比较”中拓展思维视角

任何事物之间既有相同性又有差异性，只是有时相同性明显而差异性不明显，有时差异性明显而相同性不明显。敏捷思维往往能发现别人不注意的事物间的相同点或不同点，这就是思维创新之起点。

国外有一家烟草公司试制了一种新品牌卷烟，命名为“环球牌”。正准备大张旗鼓地宣传时，却逢全国开展禁烟活动。如何把禁烟活动与新品牌香烟的宣传这两件看来截然对立的事件结合起来呢？该公司用求同的思路构思出了一句绝妙的广告词“禁止吸烟，连环球牌也不例外”。在日本大阪南部，有一处著名温泉，四周是景色优美的青山翠谷，来这里观光的旅游者，既想泡一泡温泉，又想坐缆车观赏一下周围美景。但由于时间有限，有些游客只能二选其一，不能统统如愿。能否想出一个两全其美的游览计划呢？旅游公司运用求同思路，推出了一项具有创意的“空中浴池”服务项目：将10个温泉澡池装在电缆车上，让它们在崇山峻岭中来回滑行。游客可以怡然自得地泡在温泉池中，边洗温泉浴，边观赏山涧美景。这一富有创意的游览项目吸引了许多游客，旅游公司也因此生意兴隆，赢得高额利润。创造学中的组合创造法就是这种求同思路的运用，指在一个相同点上把不同事物加以组合，从而获得新的性质和功能，形成创新。

求异视角同样为思维创新所必须，许多科学发现和科学创造就源于求异视角。美国科学家谢皮罗在一次洗澡时观察到，放水时水流漩涡朝逆时针方向转。这一差异促使他思考其中缘由。经研究得出结论，地球自转是造成南北半球水流漩涡方向相反的原因。而且不光水流，就是气流也同样，他从而推测出台风的运动规律。

求同视角与求异视角的结合，即求合视角；广泛征求意见，就是求合视角。美国总统罗斯福在执政期间，每当遇到重大问题时，总是广泛听取不同助手意见，他总让每一个助手独立思考，形成独立意见，然后把每个人意见加以综合，最后做出决策。这是典型的“求合视角”。

3.2.4.5 在“有序与无序对比”中拓展思维视角

任何事物都是有序与无序统一。创新思维形成往往需要打破事物固定程序，包括种种既定法则、规律、定理、守则、常识等，需要思维者进行一番“混沌型”的“无序思考”。在许多情况下，无序更能激发人的创新思维。创新思维需要鼓励胡思乱想，不能拘泥于标准答案式的思维框框。有时，创新阻力就来自于头脑中先前所存在着的无形的条条框框。“哥伦布的鸡蛋”就是范例，众人为什么不能把鸡蛋竖立在桌子上，原因就是受“鸡蛋不能打破”这一条条框框束缚。而哥伦布不受这一束缚，因而非常简单地完成了把鸡蛋竖立在桌子上这一并不复杂的动作。其实，把鸡蛋竖立在桌子上的方法很多，只要我们不“作茧自缚”，就可以构想出许多方法，诸如：在桌面上挖一小坑；使用“万能胶”；在天花板上拴一根绳；使鸡蛋高速旋转而站立起来；用手扶着等。在此，无序视角的核心是破除头脑中先前预存的各种阻碍思维创新的条条框框。因此，应该鼓励发散，扩展联想，从而形成创新。

在肯定无序视角对创新思维的重要作用时，但也不能否认有序视角对创新思维的意义。有序视角，是严格按逻辑顺序思考问题，遵循事物发展规律，实事求是地对方案进行论证，透过现象，揭示本质，排除偶然性，认识必然性。有序逻辑思考法，也是形成创新思维的一条重要途径。科技史上，运用有序视角导致科学发现的案例不胜枚举。英国科学家哈雷对彗星运行规律的揭示就是一例。在历史上，彗星曾一度与人类的灾难联系在一起，人们对彗星充满了恐怖感，哈雷不这么想，他坚信同一切天文现象一样，彗星的运行也是有规律的。他从牛顿的力学理论中得到启发，认为彗星是沿着椭圆形轨道进行着周期性的运动。因而，它在地球的出现一定有一个固定的周期。他对 1628 年彗星出现之前的天文资料进行研究、计算，发现，1531 年、1607 年、1682 年先后出现的三颗彗星的轨道非常相似，它们好似同一颗彗星。以后，他又发现，1456 年也出现过相似的彗星。从中，他找出了彗星出现的周期为 75 年，发现了彗星运行规律。他预言，这颗彗星下次出现的时间为 1758 年年底或 1759 年年初。尽管他在 1742 年去世，但历史见证了他的预言，这颗彗星于 1758 年 12 月如期回归，人们把这颗慧星命名为哈雷彗星。

门捷列夫元素周期表的发现也是有序视角运用的典范。1867 年，俄国化学家门捷列夫被聘为彼得堡大学化学系教授。他在准备讲稿时思考着这样一个问题：在当时发现的 63 种元素中，应该先讲什么，后讲什么。他认为，在这些元素之间，肯定存在某种内在秩序，问题是，应该以什么为标准进行排列。从比重、导电性到磁性，他一个个地尝试，又一个个地否定，最后确定按原子量为元素进行排序：从氢元素或碱金属元素开始，经过一些过渡性元素，逐渐变成非金属元素，然后又返回到一个新的碱金属元素，如此周而复始，显得非常有规律。一些性质相似的元素恰巧排列在同一个系列里，组成了同一个族。例如，氯、溴、碘等排在同一个竖列里，组成卤族元素；锂、钠、钾、铷、铯等组成碱金属元素族等。门捷列夫在排列元素的过程中，在一些原子量跳跃较大的地方还为尚未发现的元素留下空白。门捷列夫这样做的指导思想就是坚信元素的内在有序性。当然，门捷列夫并非机械地按原子量对元素进行排序。在对碘和锑进行排序时，按其化学性质，把原子量较大的锑元素放在前，把原子量较小的碘放在后，因为锑元素与氧族元素的性质较一致，碘与卤族元素的性质较一致。这样排列，正好把锑归入氧族，把碘归入卤族。这样的排列恰恰符合更深层次的规律——同位素变化规律。

总之，创新思维形成，既需要无序视角，也需要有序视角，在有序与无序的对立中拓展视角，是创新思维形成的必经途径之一。

3.2.5 创新思维主要表现形式

(1) 辐射思维

以一个问题为中心，思维路线向四面八方扩散，探究尽可能多的领域，寻找尽可能多的答案，以增强创造性地解决问题的能力。例如，科学家在研究新理论时，思维的触角往往伸向多个领域进行探求。

(2) 多向思维

从不同的方向对一个事物进行思考，更注意从他人没有注意到的角度去思考，才能抓住思考对象的本质，发现他人不曾发现的规律。爱因斯坦创立“相对论”，就是在对事物用不同视角进行观察和分析后，对其相互之间的关系，做出自己的解释。

(3)换元思维

根据事物多种构成因素的特点，变换其中某一要素，以打开新思路与新途径。在自然科学领域，常常变换不同的材料和参数反复进行科学实验。

(4)转向思维

思维在一个方向停滞时，及时转换到另一个方向。在某专业研究未达到预期效果时，转向相关学科和边缘学科同样可以做出重大贡献。当今的学科发展日益呈现出既高度综合、又高度分化的趋势，各种交叉学科、边缘学科和横断性学科层出不穷，跨学科研究已成为一种趋势。

(5)对立思维

从对立的角度去思考，从而将二者有机地统一起来。从事物的对立面思考问题，能够更好地抓住事物的本质所在。

(6)反向思维

从相反的方向去思考，寻找突破的新途径。吸尘器的发明者，就是从“吹”灰尘的反向角度“吸”灰尘去思考，从而运用真空负压原理，制成了电动吸尘器。

(7)原点思维

从事物的原点出发，找出问题的答案。在探究事物时我们常常对百思不得其解的问题，回到问题的原点去重新思考，从而寻得答案。“解铃还需系铃人”，讲的就是这个道理。

(8)连动思维

由此及彼的连动思维，其方向有三种：一是纵向，看到一种现象就向纵深思考，探究其产生的原因与发展趋势；二是逆向，发现一种现象，则想到它的反面或对立面；三是横向，发现一种现象，能联想到与其相似或相关的事物。由浅入深，由此及彼，触类旁通，举一反三，从而获得新的认知。

3.3 商业创意及创意产业发展

创意是什么？许多人试图对该词进行解释。在西方，“创意”有不同的表达方式，如“Creative”有创造性的、有创造力的、创作的、产生的、引起的等含义，引申为“创意”。中国学者也有多种解释，如创意是创造性思维的产物；创意是超越常规的想法；创意是深度情感和理性的思考；创意是创造未来的过程；创意是旧有元素的重新排列与组合；创意是致富的知识货币等。

总体上讲，创意就是与众不同的、创造性的、新颖的想法，即构思、立意、点子等。随着市场经济的发展和人类可持续发展问题的提出，创意一词逐渐被引入商业领域，受到越来越多的学者和企业家们的关注。

3.3.1 创意与商业创意

3.3.1.1 创意的内涵

创意是创业策划的重要环节，也是创业的第一步。理解商业创意的含义需要把握以下几点：一是商业创意的产生需要运用创造性思维和方法；二是商业创意必须具有独特性、新颖性和价值性；三是商业创意是对产品形象、风格、意境等构思的过程。

一个创意的产生可能通过多种途径，它可能源于市场需求、新技术的出现、环境的变化、一个待破解的问题或困难，也可能产生于半夜做梦时的一个灵感。无论采取何种方法和途径，商业创意的产生，需要运用创造性思维，提出与众不同的新想法，通过创新最终为顾客创造可利用的产品和价值。因此，一个好的商业创意应该具有创造性、新颖性、适用性、价值性等特征。

创造不是天才的专利，创意是可学的，是普通人通过训练可以拥有的能力。一个好的创意能够改变人的命运，挽救一个企业。正如比尔·盖茨说过，好的创意才是价值之源。理查德·弗罗里达(Richard Florida)在其《创意经济》一书中断言，“哪里有创意，哪里就必定有技术创新与经济增长。”创意产业已经成为世界各国尤其是发达国家财富创造的最重要来源。

商业创意是指运用创造性思维和方法，把产品的形象、风格、意境等构思出来，形成有商业价值的独特、新颖的想法和方案。

3.3.1.2 对创意误解的澄清

人们可以从各种媒体看到很多企业家致富的绝妙创意和故事。但是，这些故事容易给人一种对伟大创意的错误印象。因此，研究创意的来源，先要澄清对创意的一些误解：

(1)创意产生于偶然

偶然可以产生灵感，但事实上，伟大的创意往往是以一种有组织的系统方式获得的，创业者通常不会花太多时间等待闪电般的偶然出现。就如爱迪生发明电灯泡一样，不知经过多少次的实验和材料的筛选与更换，才有了进入寻常百姓家的照明设备。

(2)顾客会告诉你一个新创意

尽管顾客可以提供尚未满足的需求信息，但让一个创意变得可行，还有许多事情要做，需要整理研究顾客意见，进行市场分析，进行产品的创意风暴。

(3)创意看起来都是可能实现的么

很多最初的创意看起来可能是不合逻辑的，甚至是可笑的。但是，有时看起来不可能的创意却是非常有效的。例如，GPS 卫星定位系统发明是起于异想天开、不可思议；发明光纤的高锟最初提出此想法时，人们觉得那怎么可能呢？谁又料到，正是这项伟大发明催生互联网的迅猛发展。

(4)坐着开会就能获得所需创意

开会讨论可以得到一些新想法和新灵感、新火花、新方案。但这些想法是否可行，还需要仔细筛选，并进行设计和尝试，才能变成实实在在的创意。

3.3.1.3 商业创意的功能

经济学家罗默(Rohmer，1986)指出，新创意会衍生出无穷的新产品、新市场和财富创造的新机会，所以新创意才是推动一国经济成长的原动力。从这个角度讲，商业创意对刺激经济活力具有不可替代的重要作用。

具体来讲，商业创意本身应该具有3个重要功能。

(1)吸引更多消费者

通过创意设计，可以使普通产品更加富有个性、美感，增强可使用性，只有满足了消费者多方面的需求，才可能吸引更多的消费者对产品的青睐。

(2)增加产品文化内涵

一件普通产品可能仅仅是由冷冰冰的物质材料构成的，但经过创意设计后，注入更多的文化内涵与时尚元素，大大丰富了产品的内容，而不仅止于产品的使用价值。

(3)提升产品经济价值

普通产品可能是依据它的成本定价，销售价格比较低廉，而创意产品由于具有独特性、新颖性和更多的知识、技术和文化内涵，深受消费者喜爱，自然提升了它的经济价值。正如某位企业家所讲："产品是种子，市场是土壤，政策是阳光，创意是水分，可以浇灌出有价值的美丽花朵。"也正是意识到了商业创意具有这些重要功能，创意产品才能为企业增加价值和提升持续发展的竞争力。企业注重创意产品设计与开发，成为一个新的发展潮流与趋势。

3.3.1.4 优秀创意产品的构成要素

从创意到产品需要很多要素，不同行业、企业的创意产品可能涉及的要素不同。但是，任何一个优秀创意产品的产生，都有它独特的思考逻辑和构成要素。通常情况下，一个创意产品的形成应该包括3个要素。

(1)构思概念

在充分调研的基础上，把创意产品的意境、形象、风格等构思出来。

(2)选择恰当的工具或素材

在产品意境、形象确定之后，就要寻找能够更好地表达这个形象或产品的工具或素材。例如，广告创意与工业创意产品所需要的工具可能是不同的，不同行业的创意产品所需要的素材可能也不同。

(3)表现技巧和方法

各种创意构思只有通过相应的工艺、技术和方法，才能把头脑中的创意变成现实的产品，巧妙地设计出深受消费者喜爱的创意产品。

根据创意产品的构成要素，人们设计了各种各样的创意产品。人们最熟悉的创意可能是文化创意，如动画、艺术作品、广告创意等。近几年，商业创意被广泛应用于工业产品设计，从绿色环保型创意房屋、创意汽车到小小的创意椅子、创意茶杯、创意牙签等，创意越来越贴近人们的生活。通过创意设计的产品，更受消费者喜爱，也大大提高了创意产品的附加值。随着科技对农业的贡献越来越大，创意农业随之产生，如番茄王国、南瓜餐具等，通过创意把文化艺术活动、农业技术与农耕活动以及市场需求有机结合起来，开拓了新的创意空间。到目前为止，人们吃的、穿的、玩的、使用的工具等都出现了各种各样的创意产品，如山东寿光的蔬菜博览会创意农业博览园、山西晋城的司徒小镇创意农业园，就是很好的创意农业产业的典范。总体看来，大致可以分为文化创意产品、工业创意产品和农业创意产品三大基本类型。

3.3.1.5 创意的来源

创意不一定要“眼里瞄着高科技，心里想着一夜暴富”，生活中有许多看来是小事的创意，也能解决大问题。一般来说，产品创意必须满足如下 3 个条件：创新需要知识和智慧，创新必须重要而有意义，创新必须以市场为导向。

创意到底从何而来？这是一个非常值得研究的问题。一些学者对此进行研究，发现创意来源是变化多样的。据调查得出，创意来源主要源于以下 5 种途径：

(1)个体兴趣爱好

兴趣是最好的老师，有些创业者喜欢工业设计，有些喜欢传统艺术，而另一些人的兴趣则可能是美味食品。人们会在兴趣引导下，设计出各种各样的创意产品。CCTV－10科技频道展示的许许多多的发明人矢志不渝，发明不辍，创造不止，靠的是兴趣爱好，正如古人云“好之者，不如乐之者”。

(2)直觉经验体悟

直觉是一个认知过程，在这个过程中，基于自己积累的知识和经验，潜意识地产生新的想法、新的点子。尽管，有组织的系统方法对形成创意至关重要，但最高明的方法可能就是把直觉和系统方法综合起来，先听从直觉——“内心的声音”，然后再使用更系统的方法对创意进行设计开发。

(3)工作经验积累

工作经验、知识和技能可能是比较普遍的创意来源。创业者从长期的工作中获得某一行业或市场的知识、技能和未来发展的信息，一旦看到某些需求或机会，就可能产生某种新的想法或创意。

(4)始于需要满足

很多创意案例表明，创业者在需要某种产品或服务，却购买不到的情况下，就产生了自己设计解决问题的新想法，从而达到自己所希望的状态和目的。

(5)环境动态变化

外在自然和社会环境的变化，如经济、政策、技术、人口、产业结构等因素的变化，自然环境变化等，都可能是催生各种创新产品的宝贵机遇，正如彼德·F·德鲁克所认为的，内外部某些环境的变化，是企业家的创新来源。

3.3.1.6 创意设计的原则

创意方法很多，常见方法有逆向思考法、组合创意法、自由联想法、强迫关系法、调查法、头脑风暴法、科技创意法、焦点小组法等，其他方法还有列举清单法、科学法、梦想法、价值分析法、启发法、属性列举法、集合笔记本法等。在进行创意设计时，创业者可能会根据需要选择多种方法。创意有法，但无定法，我们可提出一些创意设计的基本原则：

(1)破除思维定势，锁定创意方向

经验会受时间、空间条件的限制，创意思维必须走出思维定势。想象力是创意力的催化剂，它可以将脑中存在的感化能力、专业技能和生活经验，调配成精彩的想法。首先，寻找创意正确方向，紧紧锁定产品及主题，知道子弹要射向何处极其重要。其次，深刻地揣摩消费者的心态，创意才容易引起共鸣。正确的诉求才会改变和影响人的消费态度和行为。先求对，再求妙，最好的创意应该能不露痕迹地把产品、主题和点子三者有机结合。精彩的创意往往令人眼睛一亮，印象深刻。

(2)培养创意习惯，创建“创意库”

在日常生活与工作中，创业者要注意培养好奇心，养成创新思维的习惯，不要轻易否定，要坚持积累，构建属于自己的“创意库”(Idea Bank)，是一种挖掘创意潜力的有效方法，可以将自己每天想到的创意记录下来，以便收集、评估和保护创意。当潜在有价值的创意产生时，就应该及时采取行动，将创意变成一种可见的形式，并创造价值。

例如，亚洲首富孙正义的事业成功就来自于积极的创新思维和勤奋工作。上大学时，他每天将创意记录在一个小笔记本里，一年记录了200多个创意，最后经过评估，他选择了“多国语言翻译机”进行产品设计开发，获得100万元专利费，为后来事业发展奠定基础。

当有了好的创意之后，更重要的是采取行动。只有创意，没有行动，创意永远不会实现。其实，挖掘创意潜力，关键在于个人的态度、意志、勇气、力量和智慧等综合实力。

(3)树立质量意识，善于识别创意

并不是所有创意都具备获取商业成功的潜力，这取决于创意产生和筛选的质量。多构思一些好点子，再从中挑选、组合最好的点子，往往会有惊喜的收获。不管是设计一件家具，或是制作一部动画电影，一开始不能只抱着一个点子，至少应该有3个点子在脑袋中。同时想出若干个非常好的点子，好到自己都难以评判哪个是最好的，然后，再来决定去实现哪一个想法。如果全神贯注地只研究一个想法，后果是限制了自己的选择空间。因此，创业者应该考虑同时策划若干个好点子，去思考从来没有思考过的东西，必然会发现新大陆。一定要对创意认真推敲，一旦有了更棒的想法，就要重新设计。要有“别人也会想到的想法我不用”的骨气，目的在于激励自己超越平凡。推敲之间，才能摆脱平凡。创意人知道一个说法，“把写好的文案放进抽屉里隔天再看，就定会发现需要修改润色的地方”。修改创意时一定要兼顾“创意好或坏”以及“诉求正确还是错误”两个标准，缺一不可，将重点放在识别创意的适用性和高品位上。

3.3.2 创新、创意与创业

3.3.2.1 创新与创业实践

创新有不同形式和不同层次，但是如果创新的实现是在原有的企业框架之中，则这种创新不能属于创业的范畴；而如果创新的实现是通过创建新企业来实现的，则称为创业活动。

一方面，创业需要创新，创新是创业的源泉，也是创业的本质。如果没有创新，创业就失去了生命力。近几年时间，创业已经成为整个社会关注的话题，党中央、国务院提出“大众创业、万众创新”号召，创新创业在全社会蔚然成风，激发许多有志青年创新创业的巨大热情。实际上，创业不仅仅是“创建企业”的活动，还需要将新企业成功地市场化、产业化，这就需要通过一种前所未有的创新活动来进行，如微软提供了其他公司无法提供的软件；戴尔削减中间商环节，提供了其他公司没有提供的个性化服务。再如，开办一家熟食店或者墨西哥餐厅的只能称为创业者，而不能称为创业家，这是因为他们既没有创造出一种新产品来，也没有创造出新的消费需求，他们开办的虽是新企业，但他们并没有创新。

另一方面，创新也需要创业，创业是创新实现的一种组织保证。通过创业，可以实现创新成果的市场化、产业化、商品化，将创新价值转化为具体、现实的社会财富。如果没有创业，创新很有可能会半途而废，停留于研究阶段而得不到推广。据美国国家科学基金会和美国商业部等机构有关报告表明，第二次世界大战以后，美国创业型企业的创新占美国全部创新的一半以上和重大创新的95%。历史也表明，每次划时代的创新成果往往都是通过创业进入市场，进而催生出一个或若干个庞大的产业部门，为社会、企业带来巨大财富。例如，1876 年发明的电话，成就了全球通信产业和诺基亚、摩托罗拉、贝尔、朗讯等一大批跨国公司；1885 年发明的汽车造就了通用、福特、大众等一批世界级汽车业巨头；1903 年发明的飞机打造了波音、空中客机等公司的辉煌业绩；1946 年制造出来的第一台计算机成就了 IBM 和英特尔的霸业；1981 年 PC 机的诞生催生了微软、戴尔等巨头；1995 年后电子商务投入市场，又使亚马逊、阿里巴巴等一批新一代网络企业应运而生。

总之，创业与创新虽然有着各自明确的边界，但又有着密不可分的内在关联。

从创新到成功创业需要经过复杂的过程。一般认为，需要经过以下几个步骤：第一，要判断创新可为顾客创造的潜在价值；第二，要分析将创新产业化过程的困难及解决方案；第三，要分析创新市场化过程中的障碍及克服方案；第四，要预测获取收益的时间；第五，要进行风险分析；第六，要估算投资额及融资渠道；最后，需要对整个过程进行监控，以保证从创新思想到创业实践的转化。

3.3.2.2 创意与创业实践

创意与创业同样有着密切的关系。创意的产生，以人的丰富知识、创新精神和创造能力为基础，创意是对创业项目或产品的构思，创业是把创意变成现实的过程。所以，提出一个好的创意并不等于创业就能成功。人们通过创业把创意变成新产品，才能使创意产生应有的价值。

创业的过程是复杂的，提出一个好的创意只是创业的第一步，还有很长的路需要走。从创意到产品也需要一个过程，每个产品源于创新，起于创意，但并不是所有创意都具备获取经济或商业成功的潜力，这取决于创意产生和筛选的质量。创意产生是新产品开发过程中最低成本的阶段，需要将重点放在识别创意的适用性和质量方面。创意筛选过程的主要职能表现在两个方面：清除不能带来利润的创意；将可行的创意拓展到全部产品概念。

3.3.3 创意产业的兴起

创意产业(Creative Industries)，又称创意工业、创造性产业。1997年5月，英国首相布莱尔为振兴英国经济，提议并推动成立创意产业工作组(Creative Industry Task Force，简称CITF)，希望改变英国老工业帝国陈旧落后的形象。1998年，英国出台的《英国创意产业路径文件》中首次提出了创意产业概念，将创意产业定义为“源自个人创意、技巧与才华，通过知识产权的开发和运用，具有创造财富和就业潜力的行业”(CITF，1998)。根据这个定义，英国将广告、建筑、艺术和文物交易、工艺品、设计、时装设计、电影、互动休闲软件、音乐、表演艺术、出版、软件、电视广播等行业确认为创意产业。创意产业以创意为核心，向大众提供文化、艺术、精神、心理、娱乐等产品，并快速成为英国经济发展的重要角色和新兴产业。2006年，英国公布《英国创意产业竞争力报告》(*Comparative Analysis of the UK's Creative Industries*)，将创意产业分类为3个产业集群：生产性产业(Production Industries)；服务性产业(Service Industries)；艺术品及相关技术产业(Arts and Crafts Industries)。经过10多年的努力，如今创意产业在英国已成为与金融服务业相媲美的支柱性产业。

纵观全球，发达国家和地区相继提出了创意立国或以创意为基础的经济发展模式，发展创意产业已被提到发达国家或地区发展的战略层面。与此同时，西方理论界也率先掀起了一股研究创意经济的热潮。从研究“创意”本身，逐渐延伸到以创意为核心的产业组织和生产活动，即“创意产业”“创意资本”(Creative Capital)，又拓展到以创意为基本动力的经济形态和社会组织，即“创意经济”(Creative Economy)，逐渐聚焦在具有特别创造力的创意人力资本，即“创意阶层”(Creative Class)。

创意产业作为一个新的学术、政策和产业论述范畴，准确地捕捉到新经济企业、高新技术企业的最新发展动态与趋势。创意经济理论建立在内生增长理论基础之上，并声称找到了保证新经济可持续增长的发动机——知识、创意代替自然资源、有形劳动生产，成为财富创造和经济增长主要源泉(R. Florida，2005)。

总结目前对创意经济理论的研究，笔者尝试罗列创意产业的典型特征：①创意产业是知识密集型、高附加值产业；②创意工作者是能激发创意灵感的专门职业人员；③创意产品是现代技术与文化元素集成的新产物；④创意产业组织呈现集群化、网络化、灵活性特点；⑤创意产业发展呈现多元化立体化发展的新趋势。

3.4 互联网思维与实践

作为新型的创新思维，“互联网思维”已经成为各类企业共同的口头禅了。“互联网思维”一词最早的提及者是李彦宏，2011 年，李彦宏在一些演讲中就曾提到这一概念，意思是指要基于互联网的特征来思考。李彦宏在《中国互联网创业的三个新机会》中提到：“早晨我跟优卡网的 CEO 聊天，他把很多时尚杂志的内容集成到网站上，我就问他说，为什么这些时尚杂志不自己做一个网站呢？让你们去做呢？更主要的是他们没有互联网思维，这不是一个个案，这是在任何传统领域都存在的一个现象或者一个规律。”

3.4.1 互联网内涵与定义

3.4.1.1 互联网思维是相对于工业化思维而言的一种思维

一种技术从工具属性、应用层面到社会生活，往往需要经历很长的过程。珍妮纺纱机从一项新技术到改变纺织行业，再到后来被定义为工业革命的肇始，影响东、西方的经济格局，其跨度至少需要几十年。互联网也同样。互联网思维就是要对传统的工业思维进行颠覆，消费者已经反客为主，拥有了消费主权。在过去 2000 多年作为人类文明基石的思想体系将面临新的挑战，我们正要迎来消费平等、消费民主和消费自由的消费者主权时代，整个供应链条上的各大角色，如品牌商、分销商和零售商的权力在稀释、衰退甚至终结。在消费者主权的大时代下，消费信息越来越对称，价值链上的传统利益集团越来越难巩固自身的利益壁垒，传统的品牌霸权和零售霸权逐渐丧失发号施令的能力。话语权从零售商转移出来到了消费者手中，这是一个划时代的事件，未来全球消费者共同参与、共同分享的开放架构正在形成。这一权力重心的变化，赋予每个消费者改变世界的力量，必须主动邀请顾客参与到从创意、设计、生产到销售的整个价值链创造中来。

3.4.1.2　互联网思维是一种商业民主化思维

工业化时代标准思维模式是：大规模生产、大规模销售和大规模传播，这3个"大"可以称为工业化时代企业经营的主要特征。现在有3个明显的变化：第一，互联网时代，这3个基础被解构了，工业化时代稀缺的是资源和产品，资源和生产能力被当作企业的竞争力，现在不是了；第二，产品更多的是以信息的方式呈现的，渠道垄断很难实现；第三，也是最重要一点，媒介垄断被打破了，消费者同时成为媒介信息和内容的生产者和传播者，通过买通媒体单向度、广播式地制造热门商品诱导消费行为模式不成立了。

3.4.1.3　互联网思维是一种用户至上的思维

传统的企业也许会讲"用户至上、产品为王"，但这种口号要么是自我标榜，要么真的是出于企业主的道德自律。但在数字时代、消费者主权时代，用户至上是你不得不，或必须做出的选择，你得真心讨好用户。淘宝卖家"见面就是亲，有心就有爱"是真实的情绪，因为"好评"变成了有价资产。民主和专制之区别在于，前者是不得不对人民好，后者是出于道德自律。所以判断民主社会和专制社会的一大标准，就是两方是怎么对待道德这个事情的。移动互联网颠覆了现有商业价值坐标体系和参照物。过去，零售商和品牌商习惯了独唱，消费者没有参与。参与感是"粉丝经济"的血脉，极致的用户体验是产品和服务的终极追求。

3.4.1.4　互联网思维下的产品和服务是一个有机生命体

在功能都能被满足的情况下，消费者的需求是分散的、个性化的购买行为的背后除了对功能的追求之外，产品变成了他们展示品味的方式。这样，消费者需求就不像单纯的功能需求那样简单和直接。所以，对消费者需求的把握，就是一个测试的过程，要求你的产品是一个精益和迭代的过程，根据需求反馈而不断成长。小米手机每周迭代一次，微信第一年迭代开发了44次，就是这个道理。

随着互联网技术作为工具的逐步发展，越来越多商业形态受到互联网的冲击。当这种冲击不断加深和变革不断加剧的时候，互联网就不再仅仅是一种技术，而是逐渐演变成为一种思维范式，也就是当前大家热衷探讨的"互联网思维"。

综上可得出：互联网思维是指在移动互联网、大数据、云计算等新技术不断发展和日臻成熟的背景下，对市场、用户、产品，对企业价值链，乃至对整个商业生态进行重新审视的思维方式。其显著特征，就是"专注产品与服务的极致"+"优秀的社会化媒体营销"。需要强调的是，不是因为产生了互联网，才有了互联网思维，而是因为互联网的催化，使这些思维得以集中爆发。

3.4.2 互联网思维具体表现形式

3.4.2.1 用户思维

用户思维指对经营理念和消费者的理解。在“以用户为中心”的互联网时代，消费者的话语权日益增大，并且影响着企业各环节决策，以小米为代表的新经济企业，使得用户越来越广泛地参与到产品研发和品牌建设环节之中。互联网时代，企业经营就是要真的以用户为中心，商业价值一定要建立在用户价值之上。例如，以往在百度搜索一些问题答案的需求，都没有很好地被满足。因为很多用户的问题，搜索收录的网站上并没有完整的信息。搜索产品经理了解以后，百度就做了一款产品，互联网上没有现成的答案，就让大家帮助大家，通过“知道专家”的运营，让各个领域都有专业人士回答本领域的问题，从而让整个百度搜索结果充满高质量答案，这反过来对百度搜索用户体验提升也有很大的帮助。

用户思维是所有互联网思维的核心，其他各种思维都是围绕用户思维在不同层面的展开。没有用户思维，也就不可能领悟好其他思维。“以用户为中心”的用户思维，不仅仅体现在做品牌的层面，还体现在市场定位、品牌规划、产品研发、生产销售、售后服务、组织设计等各个环节。产品也好，服务也好，都要围绕一个核心——用户，要投其所好。用户要什么你就给什么，用户什么时候想要你就什么时候给，用户没想到的你要替他想到。

3.4.2.2 简约思维

简约思维对品牌和产品规划的理解。在用户思维指导下，品牌和产品该如何规划？以往品牌厂商多习惯大而全，产品线显得冗长，产品包装也恨不得全列上产品卖点。而苹果、小米这类互联网思维下的企业，给人的感受往往是极简元素。

互联网时代，大众审美观在追求简单化，不用多费脑子思考的娱乐综艺节目、更直白的互联网沟通平台、直来直去省略中间环节的购物模式等成为一种新趋势。简约成为物联网时代重要的商业逻辑。简约思维，就是“一切从简”，即看起来简洁，用起来简化，说起来简单。简约但不仅仅是简单，而是专注、做减法、少就是多。专注就是少做点事，或者说只做一件事，专注于一件事情，将力量集中于一点，将一件事情做到极致，“越专注，越专业”。在当今互联网时代，谁能用简单方法让用户简单、简便、快捷地应用产品或者获得服务，谁就可以在未来的竞争中获得主动。

大道至简。越简单的东西越容易传播，越简单的东西越容易让用户上手，专注才有力量，专注才能把东西做到极致。简约就是美，产品设计方面要做到简约，包括两方面：外在部分，外观要足够简洁；内在部分，操作流程要足够简化。我们人性里都是懒惰的，你能让我少一步，我就更愿意用这个产品。微信摇一摇为什么流行？单说摇一摇的产品界面，就足够简约，没有任何的按钮和菜单，也没有任何其他的入口，只有一张图片，这个图片只需要用户做一个动作，就是“摇一摇”，这个动作非常简单，不用做任何学习，不用在界面里做任何功能的文字介绍，谁不会“摇”？

3.4.2.3 极致思维

极致思维指对产品和服务体验的理解，极致就是把产品和服务做到最好，超越用户预期，只有极致思维，才有极致的产品，要打造让用户尖叫的产品和服务。互联网时代的竞争，只有产品和服务给消费者带来的体验足够好，才可能真正地抓住消费者，真正赢得人心，这就是极致思维的体现。

互联网时代是一个过剩的时代，是一个消费者主权的时代，互联网打破了信息在时间和空间层面的不对称，使得用户转移成本非常低，只有好的体验才能真正黏住用户。IM(即时通信)工具是互联网最重要的应用之一，腾讯的即时通信工具QQ是造就腾讯帝国的基石。MSN曾一度是全球最大的IM工具，具有微软的高贵血统，是高富帅的象征，白领人群使用MSN，高端大气上档次，而QQ在商务中使用则通常会被鄙视。日光荏苒，2012年11月，微软公司对外宣布，将于2013年第一季度在全球范围内以Skype全面替代MSN，并称鉴于中国内地的特殊性，MSN产品将不会发生迁徙。但是现在还有多少人再用MSN呢？它已经被QQ打败。这是互联网时代的残酷生态。

3.4.2.4 迭代思维

迭代思维指对创新流程的理解。快速迭代在互联网领域非常重要。所谓迭代，其实就是相关产品开发出一个初级版本后即上线交由用户使用，了解用户反馈后再完善修改，这个修改的过程就是迭代。互联网企业的产品开发采用迭代方式，即产品虽然到了用户手中，但是厂家客户观察到用户使用的数据和喜好，在与用户不断地碰撞中把握用户需求，在线上直接对产品进行升级，进而完善产品，让产品在用户参与中得以完善。互联网的快速迭代可以做到月甚至是周或者天。例如，百度的搜索产品，每个人都可以使用，但是百度可以随时调整和完善，百度调整完善的基础就是每天可以观察到用户的搜索行为，哪些地方满足了，哪些地方没满足，百度动态地收集用户的反馈，这样的产品不再是研发人员的闭门造车，而是大众智慧的产物，所以会越来越好用，越来越受欢迎。

迭代思维体现在两个层面，一个是“微”，小处着眼，微创新；一个是“快”，天下武功，唯快不破。微创新，也就是渐进式创新，众多的微创新可以引起质变，形成变革式创新。以微信为例，从2011年1月推出到2011年年底，微信在一年的时间内更新了11个版本，平均每个月迭代一个版本。1.0版本只有聊天功能，1.1版本增加了对手机通讯录的读取，1.2版本打通腾讯微博，2.0版本加入语音对讲功能。直到这个时候，腾讯才完成了对竞争对手的模仿和追赶，开始创新之路。2.5版本率先引进查看附近的人，正是这个功能的推出，实现了对主要对手米聊的技术创新和用户大爆炸式增长。微信3.0版本率先增加漂流瓶和摇一摇功能。3.5版本增加英文界面，全面进军海外市场。这个时候的国际市场上，日本的Line同时崛起，并且更早一步开始了对东南亚市场的占领。而美国的社交巨头 Facebook 仍在梦中，What's App 仍在延续当年 ICQ 的软件思维，向用户收取服务费。微信 4.0 版本率先推出相册和朋友圈功能。4.3 版本增加语音搜索功能。4.5 版本增加多人实时聊天、语音提醒和根据对方发来的位置进行导航的功能。微信的社交平台功能日趋完善，并且一步步向移动智能助手的角色发展。在视频聊天和智能语音搜索上，微信比 Line 更早了一步，产品体验开始领先。微信 5.0 版本增加了表情商店和游戏中心，扫一扫功能全新升级，可以扫街景、扫条码、扫二维码、扫单词翻译、扫封面，微信支付体系打通，一个移动商业帝国的框架已经基本搭建完毕。

设想一下，如果微信按照以往软件设计研发模式，先做半年用户需求调研，之后通过两年设计与研发，上市后一次性把完整功能交给用户，任何人都能得出结论——这样的研发模式一定无法造就现在的微信帝国。因为两年前的调研和之后的用户需求可能会相去甚远，市场会给你两年的时间等着你吗？快速迭代的好处就是不断地改进，而这种改进是在客户使用和反馈基础上进行的。领先一步的产品始终是市场的宠儿，所以不会失去市场。

3.4.2.5　流量思维

流量思维指对业务运营的理解。互联网最重要的是连接，互联网的价值是从人被连接开始的。互联网的人流就是流量，对一些商家来说就是潜在用户。互联网企业都有很典型的流量思维，“流量即入口”“流量就是金钱”等理念推动着互联网企业流量为先的策略。流量思维也许是互联网最重要的思维方式，也是互联网商业模式创新的基础。其背后实际上是经济学的供需原理，在一个供需之间隔着时间、空间、信息、信任、能力差距的市场，或者在一个供远大于需的市场，帮助供方找到需方，帮助供方克服时间、空间、信任、能力等方面差距的一个平台，对供方是非常有价值的。

免费是获取流量的典型方式，免费是为了更好地收费，免费是为了获取流量。我们经常把工业化时代称为原子时代，把信息化时代称为比特时代。建立在物理原子基础上的经济学是稀缺经济学，因为实物的边际成本是上升的。建立在比特字节基础上的经济学，边际成本趋于零，可以看作丰饶经济学。对于互联网产品来说，免费往往成了获取流量的首要策略，互联网产品大多不向用户直接收费，而是用免费策略极力争取用户、锁定用户。淘宝、百度、QQ、360 都是依托免费起家的。

360 最开始做杀毒的时候，采用了免费的模式，给整个杀毒软件市场来了个大搅局。所有人都盯着 360，看 360 怎么养活自己，但是 360 没有停留在只做杀毒软件上，而是拓展了安全浏览器市场。360 的免费杀毒为其带来了中国 90% 的用户，高达几亿，这就是巨大的流量。这些用户要下载各种手机游戏、手机软件，有相当大的比例也是用 360 浏览器，有了浏览器，就可以有搜索、有导航，这就是广告模式。很多人用浏览器玩游戏，360 在浏览器里给大家推介一些网游，向用户收费，这就是 360 的增值服务和商业模式。当360凭借免费的杀毒软件拿到了几亿用户开始做浏览器的时候，360才开始了后来的盈利之路。真正的免费是实现了费用承担者的转换，你要想法创造出新的价值链条来覆盖你的成本和盈利。微信不收你的通信费，大家每天都用微信，对腾讯来说是巨大的用户群，但是腾讯只要在微信里给大家推广游戏，给大家推荐商品，就能轻松赚到比中国移动每年收的短信费还要多的钱。

3.4.2.6 大数据思维

大数据思维指对企业资产、核心竞争力的理解。大数据成为企业的核心资产，数据挖掘与分析成为企业关键竞争力乃至核心竞争力。大数据思维同样贯穿在企业经营的整个价值链条上。大数据核心不在大，而在于数据挖掘和预测，理解数据的价值，通过数据处理，创造商业价值。

3.4.2.7 平台思维

平台思维指对商业模式、组织形态的理解。互联网三大巨头分别构建了搜索、商务、社交3个领域的生态体系，分别成为各自领域的平台组织。

传统企业的驱动力就是美国企业史学家钱德勒所说的规模经济和范围经济。规模经济是什么？就是做到最大。范围经济是什么？就是做到最广。这即是传统发展模式里提的“做大做强”。但互联网时代的驱动力不再依赖这个驱动力，它的驱动力是平台。就商业模式而言，平台型公司正在大行其道。淘宝、百度、苹果、京东等大企业几乎都在以平台模式横扫各产业。全球500强里的前100强企业，有60%都是平台型企业。

“平台”是指在平等基础上，由多主体共建的、资源共享的、能够实现共赢的、开放的一种商业生态系统。平台模式的精髓，在于打造一个多主体共赢互利的生态圈。阿里巴巴就是在运营一个生态系统，首先做的就是底层的基础设施：信用体系、支付体系、交易体系、物流体系。按照马云所说，阿里巴巴其实就是4块主要业务：第一块是阿里巴巴电子商务，包括B2B业务、淘宝、天猫；第二块是阿里金融；第三块是数据业务；第四块是在外面一起做的物流体系。这4个业务模块，每一个都是一类平台，各个平台互动共生，又形成了一个庞大的电子商务生态。

3.4.2.8 跨界思维

跨界思维指的是对产业边界、创新的理解。随着互联网和新科技的发展，纯物理经济与纯虚拟经济开始融洽，很多产业的边界变得模糊，互联网企业的触角已经无孔不入。对产业的界定变得困难，很难讲阿里巴巴是一家处于什么产业的企业。掌握了用户和数据资产，就可以参与到跨界竞争，跨界变得越来越普遍。

跨界思维意味着我们要敢于超越之前思维的局限，突破传统工业时代那套讲究精准、严密、控制的思维模式，寻找到专业与人文、理性与感性、传统与创新的交叉点，甚至重新审视自我，完成自我的颠覆和重塑。

产业层面的跨界，可能来自临近产业，也可能来自看似毫不相干的产业，这样的例子不胜枚举。曾经稳坐手机产业大佬位置的诺基亚、摩托罗拉等想都没有想到会被毫不相关的产业(苹果、谷歌)所颠覆。电信、联通和移动三大电信运营商估计也不会想到会被一个叫微信的 App 搅得天翻地覆。原本的产业竞争格局，已经被互联网所带来的跨界整合所打破。

互联网思维成为一种新的商业创意思维与经营智慧。未来所有的商业行为，都要以互联网思维为起点。中国互联网元老田溯宁说："未来的企业要互联网化，每家企业都要有互联网的思维。在未来不用互联网方式来思考问题，就没办法在社会展开竞争。""互联网 +"已经成为国家经济决策层面的关键词，那么"互联网 +"究竟是什么呢？通俗来说，"互联网 +"就是"互联网 + 各个传统行业"，但这并不是简单的两者相加，而是利用信息通信技术以及互联网平台，让互联网与传统行业进行深度融合，然后在效率、效能提升方面发生催化作用，创造新的发展生态。关于"互联网 +"特征，可以用"跨界融合、创新驱动、重塑结构、尊重人性、开放生态、连接一切"来概括，可以说，"互联网 +"代表了一种能力和趋势，也是一种外在资源和环境，是对这个行业的一种整体提升。

第4章　创业学基本理论

学习目标：掌握创业动机的各种观点；把握创业能力的构成要素；理解创业精神的内涵；了解创业的基本类型；理解创业对经济、社会的重要作用。

关 键 词：创业动机　创业能力　创业精神

4.1　创业动机

4.1.1　创业动机的概念

关于创业动机的概念，各国学者根据各自不同的研究背景和目的，对之给出了各自不同的定义。Vroom(1964)将动机用函数的形式表示出来，即动机是效价、期望和手段三者的乘积。Ryan 和 Deci(2000)认为创业动机是生物、认知和社会规范的核心，它与创业意向一样也包含着能量、方向和持久的激励。Robichaud，McGraw 和 Roger(2001)把创业动机看作是创业家通过经营所属的企业来寻求达到的目标，创业家的目标决定了其行为模式，进而决定了创业是否成功。Baum 和 Locke(2004)认为，创业动机是创业者在追求成就的过程中，在头脑中形成的一种内部驱动力，有目标导向和自我效能感两个衡量指标。Shane，Locke 和 Collins(2003)认为创业动机是个体的一种意愿和一种自发性，这种意愿会影响人们去发现机会、获取资源以及开展创业的活动。Carsrud 和 Brannback(2011)认为创业动机是将创业认知和创业意向转换成创业行为的"火花"和关键。何志聪(2004)则认为创业动机不是一个抽象的概念，而是内化为创业者个体的目标，激励创业者的行为，激励创业者去寻找机会，把握机会，并最终实现创业成功的动力。

总的来说，创业动机意即引起和维持个体从事创业活动，并使活动朝向某些目标的内部动力。它是个体在环境的影响下，将自己的创业意向付诸具体行动的一种特殊心理状态。

4.1.2　关于企业家的创业动机观

为什么有人想当企业家呢？谁也无法否认"赚钱"这一动机。说到底，赚不赚钱、赚多少钱是衡量一个企业家成功与否最重要的尺度，可是，赚钱似乎又不是企业家的唯一目的。关于企业家的创业动机，大致有5种观点。

4.1.2.1 企业家的动机多是“雄心壮志”

关于“雄心壮志”说，熊彼特的论述最令人信服。如果企业家的动机只是赚钱而后享乐，那么很多企业家的行业简直是非理性的。熊彼特对创业动机在精神层面上进行了剖析，归结为“建设私人王国、对胜利的热情、创造的喜悦”。除了赚钱以外，人们想做企业家是因为梦想建立一个私人王国。在现代社会，取得像中世纪时的爵位并在特定的范围内唯我独尊已经不可能了，取得商业上的成功是达到近似地位的最佳捷径。企业家动机还包括征服的愿望、战斗的冲动、证明自己比别人强的心理。从这种角度来看，企业家之间的较量和拳击、赛跑等是一样的，就是想拿个冠军，冠军是最高的奖赏，而真正的奖品(财富)反倒成了附加的。再者，企业家的动机还包括追求创造的喜悦，享受做事情所带来的愉快，寻求改变世界而带来的满足感，体验冒险的刺激。从这一角度看，企业家又像是登山运动。

4.1.2.2 经济需要与社会需要

由于个体的需要不同，创业动机是很复杂的。根据马斯洛需要层次论，创业者创业动机的激发因素可以归结为经济需要和社会需要。经济需要指生理和安全需要，如衣、食、住、行、健康等基本需要，解决这类需要的办法是经济手段，即创业动机源于经济利益的驱动；社会需要主要指受人尊重和自我实现的需要，如地位、赞赏、尊重、独立、成就、价值等，这类需要是在基本需要得到满足后衍生出来的需要。

在现实中，创业者的创业动机是会发生变化的，创业初期可能是经济型动机起主导作用，追求的主要目标是尽快获得经济回报；在经济需求得到满足之后，社会需要逐步成为驱动创业的主导力量。

4.1.2.3 机会拉动型与生存推动型

机会拉动型创业动机是指创业者具有抓住现在机会和实现创业理想的强烈愿望，在出现的商业机会可能带来的巨大利润与抓住机会的强烈愿望的共同作用下，创业者会承担一定的风险，并表现出超常的进取心和创业行动。在这种创业动机驱动下，创业活动成为个人偏好，并将其作为实现某种目标(如实现自我价值、追求理想等)的手段。

生存推动型的创业动机是基于不得不从事创业活动来解决其所面临的生存困难。对于创业者来说，创业机会的存在与否不是其进行创业活动的关键因素，而是别无其他选择。这种生存推动型创业动机的核心在于创业活动是一种生存需求的被迫选择，而不是个人把握机会的主动自愿选择。

4.1.2.4 满足个人成就感

根据Cooper和Lybrand(1991)的观点，在美国小企业创业动力的排序中，排在前两位的分别是“个人成就感”和“按自己的方式做事”，安全感排在第4位，最后才是给子女留下产业，如图4-1所示。这似乎与中国人的创业动机有所不同，值得去分析思考。

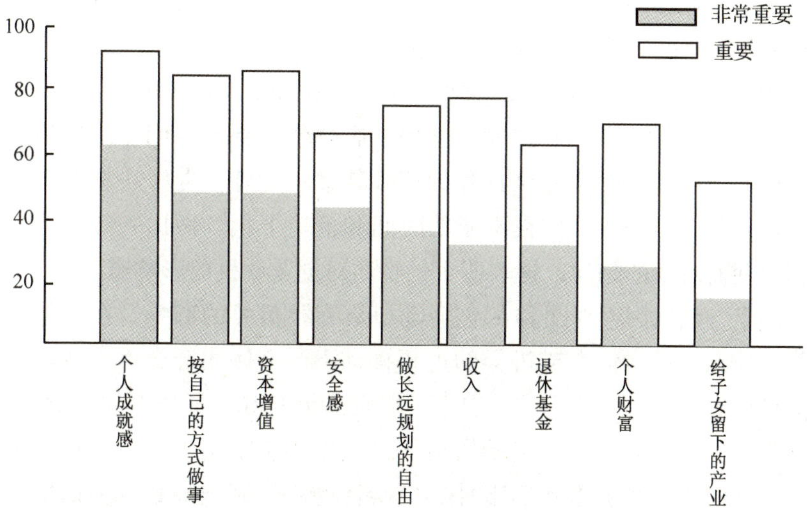

图4-1 美国小企业创业动力排序

4.1.2.5 分享幸福的创业动机

创业者的价值观不同会产生不同的创业动机。“人的美德的荣誉比他的财富的荣誉不知大多少倍。”2010年6月，股神沃伦·巴菲特和前世界首富比尔·盖茨共同倡议发起“捐赠誓言”活动，号召富豪们在一生中或死后将自己一半的财富捐给慈善机构。截至2010年年底，已有近60位亿万富翁加入了“捐赠誓言”活动。2011年2月，沃伦·巴菲特荣获了美国2010年度总统自由勋章。接受记者采访时，巴菲特说，“创造财富的目的是为了分享”“一个人如果想幸福，必须先让别人幸福”。他把自己的财富的99%捐给慈善基金，自己只留下1%，并号召全世界的富人要捐出自己的财富的50%，去帮助那些需要帮助的人，使资金产生更大的社会价值，也许这才是企业家最主要的创业动机。

4.1.3 创业动机的影响因素

创业动机是个体创业行为的驱动力，是一个非常复杂的心理现象，受着有机体内外多种因素的影响。而且个体创业的动因或驱动力往往不是单一的，往往是多种动因共同促进与发挥作用的。创业动机的影响因素可分为两大类：个体因素和环境因素。个体因素包括先天因素和后天发展因素，而环境因素则包括创业氛围和创业政策因素。

4.1.3.1 个体因素

创业动机的个体影响因素主要涉及先天因素与后天发展因素。先天因素包括人口学变量、人格特质因素，后天发展因素则包括认知因素、能力特征与个人心理特征。

①人口学变量　个体自身的性别（男女差异）、经济条件、教育程度，父母的价值观、文化程度、职业种类等都会影响创业道路的选择。男性比女性更倾向选择自主创业，家庭经济较差者受物质追求的驱动选择创业，而家庭经济条件较好者则更多受成就动机和自我实现的要求选择创业。父母创业，则孩子更倾向于创业。

②人格特质因素　人格特质在创业过程中影响创业者是否创业的决策制定。外向性特质、开放性特质都是创业应该具备的个性特征，此外，责任认真性与个体创业倾向也存在显著差异。但是，个体在不同的时间和情境下很少做出一致的行为，个体特质有随时间改变而改变的趋向，这表明个性特质对创业动机的影响有限。

③认知因素　认知因素对个体的创业动机具有很重要的影响。在个体获取信息或机会并且能够识别、辨认信息或机会的过程推动下，个体才会产生创业的动机。在缺少时间、信息或者信息加工能力的情况下，启发式策略减少了加工的关键信息的总数，并且能够产生充分的、通常可以接受的结果。创业企业家比普通企业管理者更依赖于启发式，因为他们要面对更多不确定性和复杂性的决策制定场景。类似地，认知策略偏向启发式的个体更容易选择创业的角色，而其他个体会感觉创业活动成为负担，而不考虑创业。但是，在高信息负荷、不确定场景、情绪紧张或者时间压力下，使用启发式可能会带来认知偏差，影响创业者的决策或者影响对风险的认知，进而造成对风险的误判。

④能力特征　能力特征指潜在创业者具备的知识和技能会影响他是否创业以及创业动机的强度。欧洲国家的政策制定者想通过教育，特别是创业教育，来增加创业者的数量和质量。他们认为个体获得创业相关的知识越多，越能促进创业。影响个体创业动机的能力具体指发现、识别机会的能力。具有发现并辨认机会的能力，个体就更能发现潜在的商业价值，进而产生创业意图，促进创业活动的开展。

⑤心理特征　心理特征指自我效能感。自我效能感是指个体对自己是否有能力完成某一行为所进行的推测与判断。自我效能感的概念被创业研究领域引入后，成为预测创业行为的重要变量，被重新定义为“创业自我效能感”。创业自我效能感不只反映了过去的经验和成就，更重要的是，它能给个体提供自己能够胜任的结论，因此，创业自我效能感对创业过程很重要，它涉及个体有信心执行一项任务并且有信心获得结果，它提供了有能力的感觉，所以在创业企业家高不确定结果的背景下，它是预测行为的一个有利的指标。如果个体认为自己具有必备的创业企业家能力，如风险承担，那么他就更倾向于选择创业。

4.1.3.2　环境因素

即使是当一个人拥有创业的想法，而且具备了创业家的个性特质，但是他们还需要来自他人的支持，以鼓励他们去实现自己的理想。社会和企业家网络对创业者的决策制定过程起着重要作用，他们为创业者提供了创业入门支持和专业的技术指导。社会网络技能和策略会给创业者以新的见解，同时也提供促进创业成功的其他因素，如金融资本、信息、潜在的雇员、接近客户的机会、情感理解、鼓励等一切可以提供的帮助。有研究发现，社会支持网络对于创业者而言不仅是其获得宝贵资源的首要渠道，同时也是保证创业者旺盛创业精神的重要变量。

家庭一直以来是创业者开展创业活动的影响因素。父母的职业、社会地位、出生的顺序、与父母的关系(支持程度)等都对孩子的创业发生着一定程度的影响。有研究者发现，家庭网络无论是对机会型还是生存型创业者来说，都具有积极的影响，但这种影响的积极效应对于机会型创业者来说要比对生存型创业者来说更加明显，机会型创业者比生存型创业者更可能拥有一种家庭角色模式。

国家经济政策也影响着创业活动，进而影响经济的增长。创业政策是“关于激励企业家(创业者)及其创业精神的政策措施”，包含3方面内容：创业政策对象是发展前期、起步和后起步阶段的企业(42个月之内的企业)；创业政策的设施和实施涉及3个领域，即动机、机会和技能；创业政策的目的就是为企业家从事创新与创业活动降低创业壁垒，营造良好的环境和氛围，促进创业活动，达到推动经济增长的目的。制度，特别是管理制度对潜在创业者的影响更大，当国家的自由程度增加时，个体自己创业的意愿更强烈。

4.2 创业能力

创业存在着风险。每一个创业者都渴望成功，创业能力直接关系到创业的成功。创业能力在心理学上被称为“创业力”，是指成功创业的能力或力量。尽管影响创业成功的因素很多，在市场环境一定的情况下，关键是看创业者的资源运作能力、创新能力和风险管理能力及创业企业运作的制度与文化环境。

4.2.1 创业力的特征

4.2.1.1 创业力的第一要素是创业理念

创业力首先源于创业者的创业理念。根据行为学和心理学理论，人的行为遵循这样的规律：需求—动机—行为。创业行为源于创业需求，创业需求即为创业者的赚钱的欲望、大发展的欲望，为了满足欲望，创业者从众多的动机中选择通过自身的创业活动来满足欲望的动机(即最强烈的动机)，从而产生创业行为。在这个过程中，创业需求的产生、创业动机的形成及创业行为的产生，内在的影响因素就是创业者本身的创业理念，即创新精神、成功欲望、冒风险的勇气。这种创业理念越扎实，创业的欲望和动机就越强烈，对创业者的行为越会产生积极影响。因此，制度和创业文化的建立，为创业力的提升提供了不竭的动力之源。

4.2.1.2 创业力体现在创业管理过程中

创业力直接影响创业活动的成效，创业活动包括创业机会的发现和识别、创业风险的识别和评估、创业商业计划的制订、创业资源的整合、创业企业的经营管理等，创业力则体现在这些活动的管理中。每一项具体的活动出现问题，都会直接影响创业的成功可能性。因此，探讨创业力，必须与创业活动过程紧密结合起来，从创业活动的有效开展出发，去识别、归纳创业力的影响因素。

4.2.1.3 创业力的基础是创业资源条件

创业需要资源，从广义来看，即从创业企业的内外条件来看，创业资源包括创业者、人才、技术、资本、信息、市场、关系、营销网络甚至网络；从狭义来看，即从创业企业的内部条件来看，创业资源包括人力资源、财力资源、技术资源、信息资源。无论从广义还是狭义来看，创业资源都是创业成功的基本保证，是创业力的重要组成部分。

4.2.1.4 创业力的本质是一种综合能力

根据创业理论，创业的一般过程包含4个阶段：第一阶段是识别与评估市场机会；第二阶段是准备并撰写经营计划；第三阶段是确定并获得创业资源；第四阶段是管理新创企业。创业力就体现在创业的4个阶段中，来源于识别市场机会能力、策划能力、资源获取能力、管理新企业能力、创新能力、风险管理能力等。因此，创业力本质上是一种综合能力，要提高创业力，必须以综合能力培养为核心。

4.2.2 创业力的构成要素

创业力的形成机理是什么呢？根据创业理论及创业力的含义，可以认为创业力的构成包括三部分：创业者的价值观；创业行为能力；创业资源条件(图4-2)。

可见，创业力的形成，三者缺一不可，创业价值观是源创业力，属于意识形态范

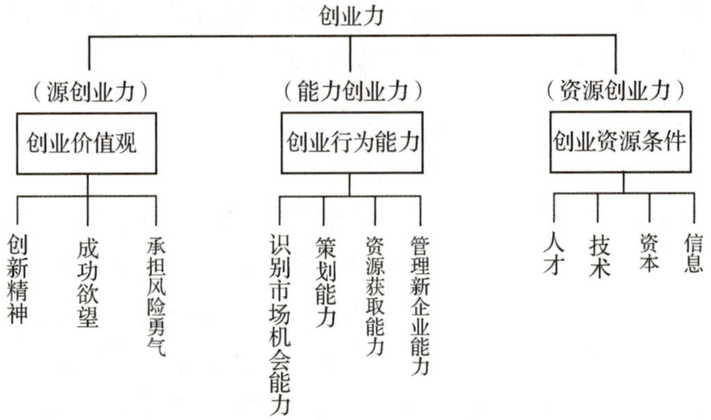

图4-2 创业力的构成要素

畴，是创业力形成的核心要素：创业行为能力是创业者创业的能力条件，是创业力形成的基础要素；创业资源条件是创业者创业的物质条件，是创业力形成的关键要素。创业者要提升创业力，必须从以上三方面着手，全面策划，系统安排。除此而外，资源是创业成功的基本保证。

4.2.3 创业力的提升途径

4.2.3.1 建立企业创业文化

企业文化是一个企业长期经营实践中所形成的一种文化氛围、企业价值观、企业精神、经营境界和广大员工所认同的道德规范和行为方式。企业文化具有凝聚力、激励力、约束力、导向力、辐射力，在企业发展中越来越重要。创业需要一种创业文化环境，在一个创业文化环境中，组织成员自然而然拥有创业的价值观，有创业精神、成功的欲望和承担风险的勇气，这是创业的动力源。

建立创业文化，首先，需要有超常规发展的观念、变革观念，才可能有创业者，才可能有创业的强烈欲望；其次，创业文化需要系统管理，创业文化不仅表现为一种观念，更重要的表现为一种机制。具体来说，创业文化更多地表现为对创业的态度、创业行为、创业的激励制度、创业的硬件条件建设与提供等方面。因此，必须要进行系统的创业文化管理，形成统一鲜明富有感染力的创业文化。

4.2.3.2 提高创业团队的素质和能力

素质和能力是创业成功的基础。没有一支过硬的队伍，再强的创业愿望都是很难实现的。新创企业把创意变成产品，把产品市场化、产业化是一个艰苦的过程，必须有一个富有战斗力的创业团队，这就要求创业团队成员具有一定的素质和能力。老企业更是应该提高全员素质和能力：首先，提高全员素质和能力可以产生更多的创意；其次，提高全员素质和能力，可以更好地开展创新和研制活动，缩短产品的研制时间，提高创新的成功率，降低创新成本；再次，全员素质和能力提高，可使新创事业或企业能开展经营管理活动，使新事业或新企业获得持续的发展。提高全员素质和能力的途径很多，对于新创企业，重点在于选聘合适的人员；对于老企业，重点在于建立良好的培训机制，通过对人力资源状况全面清查，有计划地从基础知识、专业技能、管理思维等方面对不同员工进行针对性培训。

4.2.3.3 建立创新机制

创业是实现创新的过程，而创新是创业的本质和手段。提升创业力，必须要建立创新机制。根据近几十年的研究，国际上已总结出了一些被认为是创新成功的关键性的过程因素，主要包括：建立良好的内部沟通交流，与外部科学源和技术诀窍有效地连接，接受和购买外部新构思；将创新看成是整个企业的任务，从创新早期阶段开始，集中所有部门一体化参与创新；对项目实行有效的管理和控制，对新项目进行公开筛选，定期评价项目；强烈的市场导向，强调满足用户需要，尽可能让潜在用户参与或设计开发过程；根据技术创新的不同阶段，配备适当的人选，主要包括能够产生创新构思的科学家或工程师、技术创新的倡导者或企业家、执行项目的管理者、信息部门人员等；高质量的项目管理。

因此，企业建立创新机制，可从上述几方面着手，制定创新的组织体系、激励和管理制度，切实提高企业创新的积极性和成功率。

4.2.3.4 资源的整合利用

资源是创业力的重要构成部分。创业资源是有限的，创业成功必须要合理计划和利用好有限资源。在资源的利用上要走出一个误区，即为了使企业创业成功，首先必须让所有的资源到位，尤其是资金必须到位。这一观点是错误的。当一支强有力的管理团队构思出一个有高潜力的商机，并推动商机的实现时，资金自然而然就跟着来了。因此，在资源问题上，关键在于资源的整合，成功的创业者一般都为利用和控制资源设计了创意精巧、用资谨慎的战略。在资源投入中，技术是关键，一个成功的创业者在创业中，必须要有一个好创意或优秀技术，特别是在知识时代的创业，更需要投入合理先进的技术资源。

4.3 创业精神

创业精神既是创业的动力源泉，也是创业的精神支柱，是成功创业的前提。江泽民同志曾经指出：我们社会主义现代化建设还处在创业时期，伟大的创业实践，需要有伟大的创业精神来支持和鼓舞。解放思想、实事求是、积极探索、勇于创新、艰苦奋斗、知难而进、学习外国、自强不息、谦虚谨慎、不骄不躁、同心同德、顾全大局、勤俭节约、清正廉洁、励精图治、无私奉献，这些都应该成为新时期推进现代化建设所要大力倡导和发扬的创业精神。

4.3.1 创业精神的概念

“创业精神”的概念最早出现于18世纪，其含义一直在不断深化。大多数经济学家普遍认为，创业精神的含义非常宽泛。对某些经济学家来说，创业者是指在有盈利机会的情况下自愿承担风险创业的人；另一些经济学家则强调，创业者是一个推销自己新产品的创新者；还有一些经济学家认为，创业者是那种将有市场需求却尚无供应的新产品和新工艺开发出来的人。

20世纪的经济学家熊彼特专门研究了创业者创新和求进步的积极性所导致的动荡和变化，认为创业精神是一股“创造性的破坏”力量。创业者采用的“新组合”使旧产业遭到淘汰，原有的经营方式被新的、更好的方式所摧毁。管理学专家彼得·德鲁克将这一理念更推进了一步。在《创新与创业精神》一书中，德鲁克指出，创业精神是一种

“超经济”的事物，它既对经济有着深远的影响，又能控制其发展，但它本身并非是经济的一部分。要解释创业精神如此有效的原因，也许并非存在于经济事件本身，很有可能存在于价值、认识及其态度之中，也可能是因为人口统计资料机构以及教育的改变。事实上，创业精神并不是一种“自然现象”，也不是一种创举，而是一种踏踏实实的工作。从这一点来看，任何一家企业都能获取创业精神及从事创新。要实现这个目标，必须经过有意识的努力。诚然，创业精神和创新可以通过学习而获得。创业型企业将创业精神视为一种责任，他们重视创业精神，致力于创业精神，实践创业精神。

综合以上观点，创业精神是指创业者所具有的开创性的思想、观念、个性、意志、作风、品质等，是从事创业活动的心理基础。它是由多种精神特质构成的，如创新精神、开拓精神、进取精神等，表现为敢于打破常规，想前人未曾想过、做过的事情，如产品创新、市场创新、方法创新、技术创新等。创业精神是产生创业理想的原动力，是创业实践的精神基础，也是创业成功的重要保证。创业精神具有以下鲜明的特征：①高度的综合性，创业精神是由多种精神特质综合作用形成的，如创新精神、拼搏精神、进取精神、合作精神等，都是形成创业精神的特质精神；②三维整体性，无论是创业精神的产生、形成和内化，还是创业精神的外显、展现和外化，都是由哲学层次的创业思想和创业观念、心理学层次的创业个性和创业意志、行为学层次的创业作风和创业品质3个层面所构成的整个，缺少其中任何1个层面，都无法构成创业精神；③超越历史的先进性，创业精神的最终体现就是开创前无古人的事业，创业精神本身必然具有超越历史的先进性；④鲜明的时代特征，不同时代的人们面对着不同的物质生活和精神生活条件，创业精神的物质基础和精神营养也就各不相同，创业精神的具体内涵也就不同。

4.3.2 创业精神动态演进的一般规律

4.3.2.1 创业精神的动态演进

从内涵看，创业精神呈现不断变化和丰富的趋势：从最初的赚取利润差，到获取承担风险的收益，到破坏性总线，到系统创新(开创新市场和新需求的创新活动等)。人们对创业精神的认识和理解，已不限于企业家个人特质方面，而认识到创业精神可识别、学习和传播的特征。

随着企业不断成长，企业在规模和效益增长的同时，创业精神也在发生变化。个体企业家的创业精神逐渐发展为以群体为主体的公司创业精神。企业在成立初期，面临的是能否突出重围、能否生存下来的问题。当企业发展到一定阶段，具备一定实力，这时的创业精神就要赋予新的含义。创业精神会随着企业的发展历程而赋予不同的责任，企业正是由于根据不同的发展阶段不断丰富和发展创业精神，才得以在激烈的市场竞争中保持健康的发展势头，实现着自我的不断超越。

4.3.2.2 创业精神与企业家个人生命周期的关系

许多企业随着创业者的年龄增大，逐渐失去创业阶段的朝气与追求创新的活力而逐渐衰亡。因为根据生命周期理论，产品、企业、产业都存在一定的运行规律，有自身的生命周期。而作为经营企业、产品的企业家，本身就是一个生命体，也应该遵循生命周期的规律。有研究表明CEO或总裁有其自身发展规律。美国哥伦比亚大学的汉布瑞克和福克托玛1991年在艾特森和耶特曼的基础上，对总裁任职期间领导能力的变化规律进行研究，提出较完整的总裁生命周期五阶段假说，即受命上任、探索改革、形成风格、全面强化、僵化阻碍。每个总裁上任时都会给企业带来他们已经形成的关于产品、市场、企业、技术、产业等一系列问题的基本看法，带着既成的认知模式。而这种认知模式具有周期性，表现为刚开始时一般比较强，按照其固有模式进行运作；然后进入试验探索期，并形成自己独特的管理风格；随着任职时间延长以及周围环境对总裁特有认知模式不断强化的预期心理，固化这种风格，最终僵化继而变成企业发展的阻碍。因此，创业精神的延续和发展需要在必要时刻对企业家的职权做出调整。

4.3.2.3 中国企业家创业精神的动态演进

创业精神要求企业家具备一定的素质，同时它又是在企业家群体产生的基础上培育的。30多年来，我国的创业精神伴随着我国企业家的不断成长而不断演进。改革开放之初，我国企业和企业家的创业精神表现为大胆、冒险，只要敢于突破禁区，有胆量，敢于尝试别人不曾涉足的领域，一般都能成功，因为那时不缺创业机遇，缺的是把握机遇的敢冒风险的人。这一时期，冒险家就是企业家的代名词。而随着改革开放的深入发展，越来越多的人认识到创业成功带来的满足和喜悦，于是复制、模仿、跟随等创业行为成为创业的主流，相继而来的是暴利机会的减少和平均利润率的下降。这时企业家更趋于理性，资本和实力开始占有重要的地位。在今天，单纯靠大胆、冒险和资本实力已很难再取得成功，还需要靠知识，靠协作精神。因此，过去单打独斗的精神需要由团结协作、勤奋向上、积极进取、不断学习的新的企业家精神所替代。

4.3.2.4 创业精神与地区环境、人口、文化等关系

一个地区的创业精神的形成与其自然环境、人口、环境有着密切的关系。卓勇良认为，历史上由于番薯的引入和在浙江的大量种植以及战争的影响，使得温州人口压力大大高于浙江的其他地区。加上独特的气候，促使浙江农民在人与自然的积极的理性博弈中，通过精细农业、多样化农业和商品农业、人的流动性，形成了勤于劳作、精于计算、敏于创新、勇于开拓的地区文化和企业家素质。闽浙地区在我国应该是个体创业精神体现最强烈的地区。这些地区的创业精神也存在一定的缺陷，如以温州为代表的浙商注重模仿，缺乏创新；目前的浙商70%以上只有初中以下学历，近80%出身于农民；他们的产业大多属较低层次，他们的规模较小；多是家族制；浙商大多比较谨慎，趋于保守；他们的管理像风筝一样牢牢地抓在手里；他们从事的多是传统产

业，很少有高新技术。这就需要创新和发展其创业精神，包括完善管理机制，加大创新力度等。

4.3.3 创业精神的培育

创业精神是推动创业型经济发展的持续动力。大量事实表明，创业精神是可以通过教育培育的。创业者具有先天素质，并可以在后天被塑造得更好，某些态度和行为是可以通过学习、开发、实践而被提炼出来。以处于全球创业教育领先地位的美国百森商学院接触创业者学会的第一批21位学员为例，这21位著名的创业者在谈及获得成功的原因时都提到的3种品质是“对挑战做出正面反应以及从错误中学习的能力”“个人创造”和“极大的恒心和决心”。这些重要的态度和行为表明，创业者可以学习和教育对一些重要的创业素质进行培养和实践。

“创业教育将成为21世纪现代人的第三本教育护照。”联合国教科文组织“面向21世纪教育国际研讨会”指出，21世纪的青年除了接受传统意义上的艺术教育和职业教育外，还应拥有“第三本教育护照”——创业教育。

高等学校作为创业精神的培养基地和高素质创新人才的培养基地，更应承担起实施创新创业教育的重任。它能使学生将被动的就业观念转变为主动的创业观念，将自己的专业技能和兴趣特长相结合，创造出自己所期望的价值。创业教育不仅是高等学校创新教育与素质教育的重要体现，更是改革传统人才培养模式，为社会创造新的就业机会和就业岗位和重要途径，对于缓解大学生就业的巨大压力，解决社会矛盾，保障经济和社会稳定，都有着极为重要的现实意义和深远的社会影响。

对创业教育而言，首先要改变创业就是创建企业的狭隘观念。创业首先是一种理念、一种精神，一种不满足于现状，敢于创新并承担风险的精神，是一种在不同考虑资源约束的情况下把握机会创造价值的认识，是一种做人的态度，给人以积极向上的感觉。创业教育要培养学生树立用创业精神开展工作的意识。创业教育是促使学生强化终身学习的意识和习惯。创业行为普遍存在于各种组织和各种经营活动中，运用创业精神开展工作是取得成绩和进步的前提。创业教育就是培养和打造学生的创业精神，锻炼和强化学生的创业技能，理应成为现代高等教育的重要内容。

第5章　创业环境与机会

学习目标： 重点掌握创业环境的概念、特征及因素；掌握创业环境的构成；掌握创业机会的概念、特点与分类；了解创业机会的识别过程和方法；掌握创业机会的主要来源；掌握创业机会的评价准则与评价方法。

关 键 词： 创业环境　创业机会　创业机会识别　创业机会来源　创业机会评价　创业机会选择

5.1　创业环境分析

创业环境分析是创业战略、策略制定的首要步骤，创业环境分析结果从根本上决定着创业活动的成败。

5.1.1　创业环境概述

5.1.1.1　创业环境的含义与构成

生态学中，环境是指某一特定生物体或生物群体以外的空间，以及直接或间接影响该生物体或生物体生存的一切事物的总和。可以看出，环境是一个相对的概念，总是针对某一特定主题或中心而言的，所以我们所指的创业环境是指以创业活动为中心，并对创业者思想的形成和创业行为的开展产生影响和发生作用的各种因素和条件的总和。创业环境的构成，首先是政治法律环境、经济环境、技术环境、社会文化环境、自然环境等宏观因素，这些因素对一个新企业的创办、生存和发展有着间接但重要的影响，对创业者的投资产业决策起着较大作用；其次是产业环境，即竞争环境，包括购买者的讨价议价能力、供应商的讨价议价能力、相关替代者的威胁、产业内的新进入者的威胁以及现存企业之间的竞争程度等方面，它们从根本上决定了产业的吸引力水平；再次是创业企业自身资源与能力构成的微观环境，与产业环境一起，对创业者的创业决策产生着直接影响。

一般情况下，以上创业环境的各个组成部分及各部分所包含的具体创业环境因素都具备以下共同的特征。

5.1.1.2 创业环境的特征

(1)客观性

企业总是在特定的社会经济和其他外界环境条件下生存与发展的。环境作为企业外在的不以创业者意志为转移的因素，对企业创业活动的影响具有强制性和不可控制性。尽管企业难以按照自身的要求和意愿随意改变创业环境，特别是宏观环境(如一个国家的政治法律制度、人口增长以及社会文化习俗等)，但可以通过不断调整其策略去主动适应环境的变化。企业发展与环境变化的关系是：适者生存，不适者淘汰。因此，善于适应环境变化的创业企业就能生存并发展下去，不能适应环境变化的创业企业则难免被淘汰。

(2)差异性

创业环境的差异性不仅表现在不同的创业企业受不同环境的影响，而且同样一种环境因素的变化对不同创业企业的影响也不尽相同。例如，不同的国家、民族、地区之间在人口、经济、社会文化、政治、法律、自然地理等各方面存在着广泛的差异性，这些差异对创业活动的影响显然是不同的。由于外界环境因素的差异，创业企业应根据环境变化的趋势和特点，采取相应且适当的创业方式。

(3)相关性

在创业环境系统中，某一环境因素的变化往往会引起其他因素的变化，形成新的创业环境。例如，宏观环境中的政治法律因素或经济政策的变动，会引起产业竞争环境的变动，从而形成新的产业竞争格局。

(4)多变性

创业环境是企业创业活动的基础和条件，但这并不意味着它是一成不变的、静止的。事实上，创业环境是一个动态系统。构成创业环境的每一因素都受其他许多因素的影响，它们都随着社会经济的发展而不断变化。如我国消费者的消费倾向已从追求物质的数量化转向追求物质的质量及个性化，也就是说，消费者的消费心理正趋于成熟，这无疑会对企业创业活动产生最直接的影响。

当然，创业环境的变化，既会给企业提供机会，也会给企业带来威胁，因此，有效识别动态创业环境为企业带来的机会与威胁是创业成功的首要条件。

5.1.2 创业环境因素

如前文所述，创业环境主要包括对一个新企业的创办、生存和发展产生着间接但重要的影响的宏观环境；根本上决定了产业的吸引力水平的竞争环境；对创业者的创业决策产生着直接影响的企业自身的微观环境。

5.1.2.1 创业宏观环境因素

创业宏观环境指对企业创业活动带来市场机会和威胁的主要社会力量，包括人口、经济、自然、技术、文化等因素。创业企业及其所处的产业环境的参与者，无不处于宏观环境之中。一个国家或地区的市场开放程度、政府的国际地位、信誉和工作效率、金融市场和劳动力市场资源配置的有效性、法律制度的完善性和公平性等都会对创业企业的生存和发展产生重要影响。此外，宏观环境中产生的某种趋势也会创造许多创业机会，从而激发创业活动。

(1)人口环境

人口是构成市场的第一位因素。市场是由有购买欲望同时又有支付能力的人构成的，人口的多少直接影响市场的潜在容量。人口规模、增长率、年龄分布、民族组合、教育水平、家庭类型等都会影响市场需求的产生和变化。随着人口地理迁移的便利和越来越多的人在追求个性化需求，大众市场日益转变为更加分散的，具有年龄、性别、地理、生活方式、民族、教育等差异特征的小众市场。创业者对于这些差异的深刻认识和有效把握很可能会创造出新的创业机会。从影响市场需求的角度，对人口因素可做如下分析：

①人口总量　一个国家或地区的总人口数量多少，是衡量市场潜在容量的重要因素。目前，世界人口环境正发生明显的变化，主要趋势是：全球人口持续增长，人口增长意味着人民生活必需品的需求增加；美国等发达国家人口出生率下降，而发展中国家出生率上升，90%的新增人口在发展中国家。

②年龄结构　随着社会经济的发展、科学技术的进步，以及生活条件和医疗条件的改善，人们的平均寿命大大延长。人口年龄结构变化的主要趋势是：首先，许多国家人口老龄化加速；其次，出生率下降，如美国等发达国家人口出生率下降，出生婴儿和学龄前儿童减少，给儿童食品、童装、玩具等生产经营者带来威胁，但同时也使年轻夫妇有更多的闲暇时间用于旅游、娱乐和在外用餐。

③地理分布　人口在地区上的分布，关系市场需求的异同。居住在不同地区的人群，由于地理环境、气候条件、自然资源、风俗习惯不同，需求的内容和数量也存在差异。

④家庭组成　指一个以家长为代表的家庭生活的全过程，也称家庭生命周期。按年龄、婚姻、子女等状况的不同可以判断不同家庭所处的相应生命周期阶段，所处阶段不同，需求的内容和特点以及购买决策的过程、消费行为模式都会不同。

⑤人口性别　性别差异给市场需求带来差异，购买习惯与购买行为也有差别。一般来说，在一个国家或地区，男、女人口总数相差并不大。但在一个较小的地区，如矿区、林区、较大的工地，往往是男性占较大比重，而在某些女职工占极大比重的产业集中区，则女性人口又可能较多。

(2)经济环境

经济环境一般指影响企业创业方式与规模的经济因素，如消费者收入与支出状况、储蓄与信贷状况、经济发展状况等。创业机会不仅需要人口带来的需求，还需要人口的购买力。实际购买力取决于可支配收入、储蓄、债务和信贷等。经济环境会直接影响家庭的收入分配，从而影响人们的消费支出能力。消费者的支出还受到消费者储蓄、债务和信贷适用性的影响。例如，在高储蓄国家和地区，创业企业相对容易获得资本，也能以较低的资金成本来开展创业活动。

①收入状况　市场需求指人们有支付能力的需求。仅仅有消费欲望，却没有消费能力，并不能创造市场；只有既有消费欲望，又有购买力，才具有现实意义。

在研究收入对需求的影响时，常应用以下概念：

A. 个人收入：指城乡居民从各种来源所得到的收入。各地区居民收入总额，可用以衡量当地消费市场的容量，人均收入多少，反映了购买力水平的高低。

B. 个人可支配收入：指从个人收入中，减除缴纳税收和其他经常性转移支出后，所余下的实际收入，即能够用以作为个人消费或储蓄的数额。

C. 可任意支配收入：只有在可支配收入中减去维持生活的必需支出，才是个人可任意支配收入，这是影响市场需求变化的最活跃的因素。

②支出状况　主要指消费者支出模式和消费结构。收入在很大程度上影响着消费者支出模式与消费结构。随着消费者收入的变化，支出模式与消费结构也会发生相应变化。研究表明，消费者支出模式与消费结构，不仅与消费者收入有关，而且受以下因素影响：家庭生命周期所处的阶段；家庭所在地址与消费品生产、供应状况；城市化水平；商品化水平；劳务社会化水平；食物价格指数与消费品价格指数变动是否一致等。

③储蓄与信贷状况　储蓄指城乡居民将可任意支配收入的一部分储存待用。储蓄的形式，可以是银行存款，可以是购买债券，也可以是手持现金。较高储蓄率会推迟现实的消费支出，加大潜在的购买力。

信贷指金融或商业机构向有一定支付能力的消费者融通资金的行为。主要形式有短期赊销、分期付款、消费贷款等。消费信贷的规模与期限在一定程度上影响着某一时限内现实购买力的大小，也影响着提供信贷的商品的销售量。如购买住宅、汽车及其他昂贵消费品，消费信贷可提前实现这些商品的销售。

④经济发展状况　企业的创业活动要受到一个国家或地区经济发展状况的制约，在经济全球化的条件下，国际经济形势也是企业创业活动的重要影响因素。

美国学者罗斯托的经济成长阶段理论，把世界各国经济发展归纳为5种类型：传统经济社会、经济起飞前的准备阶段、经济起飞阶段、迈向经济成熟阶段及大量消费阶段。凡属前3个阶段的国家称为发展中国家，而处于后2个阶段的国家称为发达国家，经济发展阶段的高低直接决定着创业环境特征。

我国在1988—2010年的22年间，GDP年均增长9.8%，人均GDP年均增长8.0%。经济的高速发展，极大地增强了我国的综合国力，显著地改善了人民生活。同时，国内经济生活中，也还存在一些困难和问题，如经济发展不平衡、产业结构不尽合理、就业问题压力很大等。所有这些国际、国内经济形势，国家、地区乃至全球的经济繁荣与萧条，对创业企业都有重要的影响。问题还在于，国际或国内经济形势都是复杂多变的，机遇与挑战并存，企业必须认真研究，力求正确认识与判断，相应制定创业战略与计划。

(3)自然环境

自然环境主要指创业者所需要或受创业活动所影响的自然资源，即在一定的时间、地点条件下，存在于自然界，能为创业者利用的自然条件。创业活动要受自然环境的影响，也对自然环境的变化负有责任。创业管理者当前应注意自然环境面临的难题和趋势，如很多资源短缺、环境污染严重、能源成本上升等环境问题。自然环境通常包括矿物资源、土地资源、水资源、气候资源与生物资源等。它同创业者有着密切联系，既是创业者赖以生存的重要基础，又是创业公司生产活动的原料、燃料来源和生产布局的必要条件与场所。企业自然环境的发展变化也会给企业带来市场机会或环境威胁。自然环境的破坏往往是不可弥补的，创业战略中实行生态创业、绿色创业等，都是维护全社会的长期福利的创业行为。因此，对自然环境的变化也应该加以密切关注。

(4)政治、法律、政策环境

政治、法律、政策环境是由法律、政府机构和社会上对各种组织和个人施加影响和制约的压力集团组成的。政府制定的税收优惠政策、贸易政策、金融政策、福利政策等都会直接影响企业的选择，也会直接影响创业者的决策。

①政治环境　包括国内政治环境和国际政治环境。

A. 国内政治环境：包括党和政府的各项方针、路线、政策的制定和调整对创业的影响。创业企业要认真地进行研究，领会其实质，了解和接受国家的宏观管理，而且还要随时了解和研究各个不同阶段的各项具体的方针和政策及其变化的趋势。

B. 国际政治环境：一般分为“政治权力”和“政治冲突”两部分。随着经济的全球化发展，我国企业对国际创业环境的研究将越来越重要。政治权力指一国政府通过正式手段对外来企业权利予以约束，包括进口限制、外汇控制、劳工限制、国有化等方面。政治冲突主要指国际上重大政治事件和突发性政治事件。

②法律环境　指国家或地方政府颁布的各项法规、法令和条例等。法律环境对市场需求的形成和实现具有一定的调节作用。企业研究并熟悉法律环境，既可保证自身严格依法管理和经营，也可运用法律手段保障自身的权益。

③政策环境　指的是党和国家制定的相关政策，可以分为大的政策环境和小的政策环境。前者是针对所有创业者而言的，后者则是针对某一特定人群，如大学生创业者。对于具体的创业者不仅要了解大的政策环境，还要了解小的政策环境。下面以大学生创业者为例：

A. 大的政策环境：即对所有创业者创业行为产生影响的政策，主要有以下几个方面：

第一，民营企业的地位转变。非公有制企业特别是民营企业的地位发生了很大改变，非公有制经济已发展为国民经济的重要组成部分。

第二，大力扶持高新技术企业。我国政府对科研机构、高等院校研究开发高新技术并将其转化为科技成果提供了如下税收优惠政策：科研机构和高等院校的技术转让收入免征营业税；科研机构和高等院校服务于各行业的技术成果转让、技术培训、技术咨询、技术服务、技术承包所取得的科技性服务收入暂免征收企业所得税；科研机构和高等院校转化科技成果以股份或出资比例等股权形式给予个人奖励，获奖人在取得股份、出资比例时，暂不缴纳个人所得税（取得按股份、出资比例分红或转让股权、出资比例所得时，应依法缴纳个人所得税）。另外，我国还规定，被评为高新技术企业即可享有多方面的优惠，如在按一般规定企业所得税减免期满后，高新技术企业可延长三年减半缴纳企业所得税；优先提供生产经受营所需的水、电、运输和通信设施；按照当地国有企业收费标准计收费用，生产和流通过程中需要借贷的短期周转资金，以及其他必需的信贷资金，经中国人民银行审核后，优先贷放等。

第三，税收优惠政策向西部倾斜。为配合西部大开发战略，积极引导和鼓励西部地区个体、私营等非公有制经济加快发展，国家将在税收政策上对西部实行倾斜。

第四，促进中小型民营企业的发展。2003 年 1 月 1 日起，我国实行《中华人民共和国中小企业促进法》，建立中小企业发展基金，帮助其发展。在具体政策上，则有放宽中小企业进入领域，取消对中小企业贷款、融资、股票上市的歧视性规定，简化中小企业投资的审批手续等。

B. 小的政策环境：国家和各级政府为鼓励支持大学生自主创业，相继出台了一系列有利于大学生自主创业的政策，这为有志于成就一番事业的大学生提供了一个发挥其聪明才智的广阔空间和活动的平台。小的政策环境可分为中央政策和地方政策两大类。中央政策在全国通用，地方政策为各地政府所制定，在当地适用。

(5)科学技术环境

科学技术环境指科学技术的进步以及新技术手段的应用对社会进步所产生的推动作用。科学技术是改变人类命运最富戏剧性的因素之一，在新材料、生物工程、计算机技术和信息技术等方面，将是那些掌握知识资本创业者驾驭的领域。科学技术是第一生产力，通过技术创新和技术进步来推动经济的发展已成为一种世界性的潮流，科学技术变化对组织机构、管理思想、合作方式等都产生了直接的影响。创业者要保持自身的竞争力，就必须关注科学技术环境的变化，及时采取应对措施。谁能够找到和利用新的技术，满足市场新的需求，那么谁就能在市场中立于不败之地。反之，如果企业墨守成规、闭门造车，必将被市场淘汰，所以创业者必须特别注意国内外最新的科技发展变化及发展趋势。例如，一种新技术的应用，可以使创业企业创造一个明星产品，产生巨的经济效益；同时，新技术的应用，也会影响企业创业策略的制定等。创业企业在进行科技环境分析研究时应注意：①新技术出现的影响力及对创业活动可能造成的直接和间接的冲击；②了解和学习新技术及发展动向，以便采用新技术，开发产品以求生存和发展；③利用新技术改善服务，提高企业的服务质量和效率；④利用新技术对企业进行管理，提高管理水平和企业创业活动效率；⑤新技术的出现为人民生活方式带来的变化及其对企业创业活动可能造成的影响。

(6)社会文化环境

社会文化主要指一个国家、地区的民族特征、价值观念、生活方式、风俗习惯、宗教信仰、伦理道德、教育水平、语言文字等的总和。主体文化是占据支配地位的，起凝聚整个国家和民族的作用，历经千百年的历史所形成的文化，包括价值观、人生观等；次级文化是在主体文化支配下所形成的分支，包括种族、地域、宗教等。文化对创业参与者的影响是多层次、全方位、渗透性的。它不仅影响企业创业组合，而且影响消费心理、消费习惯等，这些影响多半是通过间接的、潜移默化的方式来进行的。社会文化环境主要包括教育水平、宗教信仰、消费习俗、消费流行与亚文化群等几个方面。人们几乎是不自觉地接受了规定着他们与自己、与其他人、与组织、与社会、与自然和宇宙之间关系的世界观。不同的社会与文化环境，影响着消费者的生活方式和消费方式，产生了不同地区、不同群体的消费需求，产生了不同的市场。因此，社会文化环境也是影响创业选择的重要因素。

文化环境对创业者创业行为的产生有一定的促进或阻碍作用，同时它又调节和决定着消费者的购买行为，以致形成人们的社会生活方式和行为准则。长期以来，某些根深蒂固的保守思想影响着人们的行为。与美国“鼓励冒险，宽容失败”的文化有所不同，我国的传统观念是“出头的椽子先烂”“枪打出头鸟”；与美国文化强调独立有所不同，我国是崇祖思想和家长作风盛行的国家之一，家长们的约束常常也会成为大学生创业活动的一种阻力。当然，近年来，我国政府在鼓励创业方面的积极宣传、优惠政策以及一批批成功创业者的示范效应都使得传统保守思想的负面影响大为减少。从整体上看，随着我国民众思想的不断解放，创业的文化环境还将不断得到改善。

5.1.2.2 创业产业环境因素

产业环境分析的目的是对产业的吸引力水平进行评价，同时确定产业中的哪一部分是最有吸引力的。该分析会表明创业企业应该采用的合适的竞争战略类型以及应该获取和开发的资源。

决定产业的吸引力水平的综合分析工具是五力竞争分析模型，如图 5-1 所示。该模型描述了产业内决定价格、成本关系，及决定产业利润水平的五种力量。

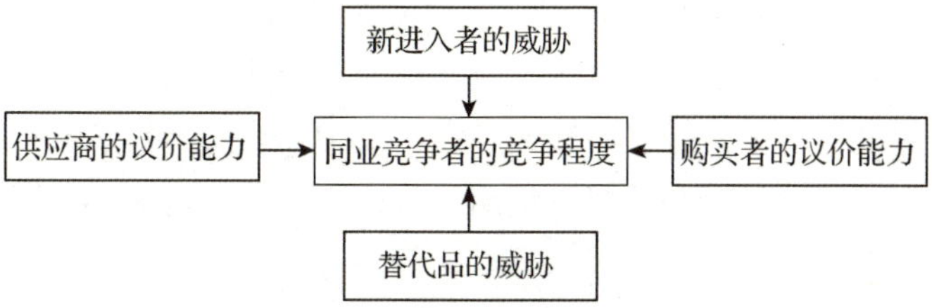

图 5-1　五力竞争分析模型

(1)供应商的议价能力

供方力量的强弱主要取决于他们所提供给买方的是什么投入要素，当供方所提供的投入要素价值构成了买方产品总成本的较大比例、对买方产品生产过程非常重要或者严重影响卖方产品的质量时，供方对于买方的潜在讨价还价力量就大大增强。一般来说，满足如下条件的供方集团会具有比较强大的讨价还价力量：第一，供方产业为一些具有比较稳固的市场地位、不受市场激烈竞争困扰的企业所控制，其产品的买方很多，以至于每一单个买方都不可能成为供方的重要客户；第二，供方各企业的产品各具有一定特色，以至于买方难以转换或转换成本太高，或者很难找到可与供方企业产品相竞争的替代品；第三，供方能够方便地实行前向联合或一体化，而买方难以进行后向联合或一体化。

(2)购买者的议价能力

购买者主要通过其压价与要求提供较高的产品或服务质量的能力，来影响产业中现有企业的盈利能力。一般来说，满足如下条件的购买者可能具有较强的讨价还价力量：第一，卖方的购买者的总数较少，而每个购买者的购买量较大，占了卖方销售量的很大比例；第二，卖方产业由大量相对来说规模较小的企业所组成；第三，购买者所购买的基本上是一种标准化产品，同时向多个卖方购买产品在经济上也完全可行；第四，购买者有能力实现后向一体化，而卖方不可能实现前向一体化。

(3)新进入者的威胁

新进入者在给产业带来新生产能力、新资源的同时，也希望在已被现有企业瓜分完毕的市场中赢得一席之地，这就有可能会与现有企业发生原材料与市场份额的竞争，最终导致产业中现有企业盈利水平降低，严重的话还有可能危及这些企业的生存。竞争性进入威胁的严重程度取决于两方面的因素，这就是进入新领域的障碍大小与预期现有企业对于新进入者的反应情况。

进入障碍主要包括规模经济、产品差异、资本需要、转换成本、销售渠道开拓、政府行为与政策(如国家综合平衡统一建设的石化企业)、不受规模支配的成本劣势(如商业秘密、产供销关系等)、自然资源(如冶金业对矿产的拥有)、地理环境(如造船厂只能建在海滨城市）等方面，这其中有些障碍是很难借助复制或仿造的方式来突破的。

预期现有企业对进入者的反应情况，主要是采取报复行动的可能性大小，这取决于有关厂商的财力情况、报复记录、固定资产规模、产业增长速度等。

总之，新企业进入一个产业的可能性大小，取决于进入者主观估计进入所能带来的潜在利益、所需花费的代价与所要承担的风险这三者的相对大小情况。

（4）替代品的威胁

两个处于同产业或不同产业中的企业，可能会由于所生产的产品是互为替代品，从而在它们之间产生相互竞争行为，这种源自替代品的竞争会以各种形式影响产业中现有企业的竞争战略。首先，现有企业产品售价以及获利潜力的提高，将由于存在着能被用户方便接受的替代品而受到限制；其次，由于替代品生产者的侵入，使得现有企业必须提高产品质量，或者通过降低成本来降低售价，或者使其产品具有特色，否则其销量与利润增长的目标就有可能受挫；最后，源自替代品生产者的竞争强度，受产品买方转换成本高低的影响。总之，替代品价格越低、质量越好、用户转换成本越低，其所能产生的竞争压力就强，而这种来自替代品生产者的竞争压力的强度，可以具体通过考察替代品销售增长率、替代品厂家生产能力与盈利扩张情况来加以描述。

（5）同业竞争者的竞争程度

大部分产业中的企业，相互之间的利益都是紧密联系在一起的，作为企业整体战略一部分的各企业竞争战略，其目标都在于使得自己的企业获得相对于竞争对手的优势，所以，在实施中就必然会产生冲突与对抗现象，这些冲突与对抗就构成了现有企业之间的竞争。现有企业之间的竞争常常表现在价格、广告、产品介绍、售后服务等方面，其竞争强度与许多因素有关。

一般来说，出现下述情况将意味着产业中现有企业之间竞争的加剧：产业进入障碍较低，势均力敌的竞争对手较多，竞争参与者范围广泛；市场趋于成熟，产品需求增长缓慢；竞争者企图采用降价等手段促销；竞争者提供几乎相同的产品或服务，用户转换成本很低；产业外部实力强大的公司在接收了产业中实力薄弱企业后，发起进攻性行动，结果使得刚被接收的企业成为市场的主要竞争者；退出障碍较高，即退出竞争要比继续参与竞争代价更高。在这里，退出障碍主要受经济、战略、感情以及社会政治关系等方面的影响，具体包括资产的专用性、退出的固定费用、战略上的相互牵制、情绪上的难以接受、政府和社会的各种限制等。

产业中的每一个企业以及欲进入某个产业的新企业或多或少都必须应对以上各种力量构成的威胁，而客户也必须面对产业中的每一个竞争者的举动。根据上面对于5种竞争力量的讨论，创业企业可以采取尽可能地将自身的经营与主导竞争力量隔绝开来，努力从自身优势出发影响产业竞争规则，先占领有利的市场地位再发起进攻性竞争行动等手段来应对5种竞争力量，以逐步建立并增强自己的竞争实力。

当然，除了大的宏观环境以及周遭的产业环境对创业公司的创业活动产生着直接或间接的影响，创业企业自身的微观环境因素也是决定创业经营活动能否顺利开展的关键因素。

5.1.2.3 创业微观环境因素

(1)企业资源

创业者在整个创业过程中所依赖的创业资源可以分为有形资源和无形资源。

①有形资源　指那些能看见、能量化的资产。有形资源不仅容易被识别，而且也容易被估算出来，如厂房、设备、资金等。许多有形资源的价值可以通过财务报表予以反映。有形资源包括4类：财务资源、组织资源、实物资源、人力资源。

②无形资源　指那些根植于企业历史的、长期以来积累下来的、不容易辨识和量化的资产，如企业的创新能力、产品和服务的声誉、专利、版权、商标、专有知识、商业机密等均属无形资源。无形资源一般分为两大类：技术资源和声誉资源。

企业资源分析旨在确定企业资源的状态、企业在资源上表现出的优势和劣势以及对未来战略目标存在的资源缺口等。企业的成功源于对资源的成功开发和利用，因此，必须做好企业资源分析工作。

(2)企业能力

企业的能力指的是企业分配资源的效率，通过能力的运用，企业能够将资源有目的地整合在一起，从而达到一种预想的最终状态。反过来，企业的能力也在有形资源与无形资源的不断整合中产生。一般来说，企业能力应该建立在发展、积累信息和知识以及在企业内部员工之间交流信息与知识的基础上。只有这样，企业能力才能在不断重复和实践中变得越来越有价值。

在信息时代，人力资本所拥有的知识是企业最重要的能力，也是企业所有竞争优势的来源。这一点对于创业活动来说尤为重要。相对于较为匮乏的其他资源和能力，人才是创业中最可贵的因素。

(3)企业核心竞争力

企业的核心竞争力指的是能为企业带来超越竞争对手的竞争优势的资源和能力。尽管企业核心竞争力的主要来源是资源和能力，但是并非所有的资源和能力都能成为企业的核心竞争力。因而，如何合理利用资源和能力建立自己的核心竞争力是企业必须解决的重要问题。为了分析何种资源能够构成企业的核心竞争力，企业可以采用以下3个标准来判断。

①有价值的能力　指那些被顾客所重视的价值创造能力。普拉哈拉德和哈默认为，核心能力给顾客带来的价值应是核心的价值。企业在确定其核心能力时，必须判断该项能力是否对顾客看重的价值起重要作用。

②独特的能力　它是指其他企业不能轻易模仿建立的能力。一般能力是可以被竞

争对手模仿的，只有那些不易模仿的能力和技能才是有价值的核心能力。决定企业能力难以模仿的条件，一方面，指的是企业的历史性，即企业基于特定的历史条件而发展起来的独特而有价值的组织文化和品牌是其竞争对手很难进行模仿的；另一方面，也包括那些社会关系层面的能力，如企业内部的人际关系，以及企业在供应商和客户之间的信誉等。

③不可替代的能力　它是指那些不具有战略对等资源的能力。如果两种不同的企业资源和能力在执行相同战略的情况下能分别产生价值，那么它们就称作战略对等资源。总的来说，一种能力越难被替代，它所产生的战略价值就越高。能力越不可见，就越难找到它的替代能力，竞争对手就越难以模仿。

综上所述，只有符合有价值的、独特的和不可替代的三项标准的能力才是核心能力，只有核心能力才能帮助企业获得持久的竞争优势。

5.2　创业机会识别

5.2.1　创业机会概述

创业机会识别是创业领域的关键问题之一，是创业的起点。创业是围绕机会进行识别、开发、利用以及创造价值的过程。虽然创业机会识别在很大程度上依赖创业者的个体特质，但是，创业机会本身确实具有一些客观特征，不依赖创业者的主观特质而存在，这些客观特征是创业者需要格外注意的。

5.2.1.1　创业机会的概念

对于创业机会的理解存在不同的视角。很多研究从静态角度考察创业机会。例如，柯兹纳(Kirzner)认为，机会的最初状态是“未精确定义的市场需求，或未得到充分利用的资源和能力”。后者可能包括基本的技术、未找准市场的发明创造，或新产品、新服务的创意；蒂蒙斯(Timmons)认为，一个创业机会“其特征是具有吸引力、持久性和适时性，并且伴随着可以为购买者或使用者创造或增加使用价值的产品或服务”；赫尔伯特(Hulbert)等人认为创业机会是一种亟待满足的市场需求，是技术、经济、政治、社会以及人口环境发生变化，使得新产品、新服务、新原材料和新的组织方式可能出现的情境。如果这种潜在的市场需求十分旺盛，那么实现这种需求的商业活动必然是有利可图的。

从动态视角分析创业机会的概念内涵，则是在创业机会的识别中加入了许多主观因素，强调了创业者的努力在机会识别中的重要性。例如，谢恩(Shane)和维卡塔拉曼(Venkatara-men)认为，创业机会实际上是新产品、新服务、新材料，甚至是一种新的组织形式，它能够被引入生产并且以高于成本的方式实现销售。机会无需高科技的支持，既可以是技术或组织结构的创新，也可以是对现有的组织框架进行调整。

综上所述，创业机会指能够通过一种创造性的资源融合，进而契合市场需求来实现附加值的恰当时机，是对未成型事业通过一段时间演变为成型事业的过程描述。

5.2.1.2 创业机会的分类

(1)阿迪奇维利分类法

阿迪奇维利(Ardichvili)等人根据创业机会的来源和发展情况，对创业机会进行了分类。他们首先构建了一个创业机会矩阵，该矩阵有两个维度：横轴以探寻到的价值为坐标，表示创业机会的潜在价值明确程度；纵轴以创业者创造价值的能力为坐标，表示创业者是否能够有效开发并利用这一创业机会。然后，以矩阵的4个象限分别表示四种类型的创业机会(图5-2)。

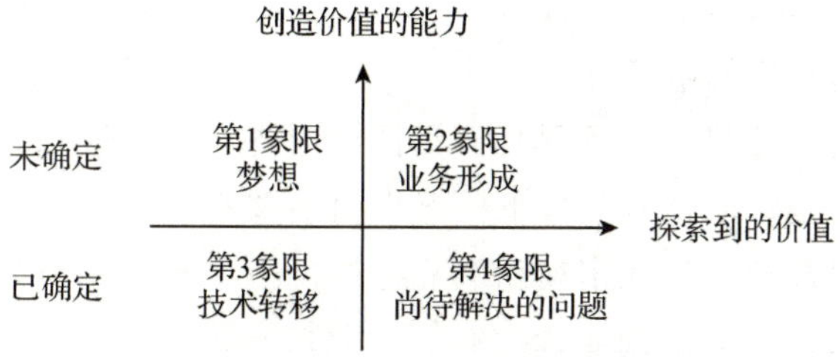

图5-2 阿迪奇维利的创业机会矩阵

①第1象限——梦想 在该象限中，机会的潜在市场价值不明确，而且创业者的价值创造能力也不能确定。在这种情况下，机会只是一个"梦想"。市场需求未得到识别且资源和能力不确定(问题及其解决方法都未知)——表现的是艺术家、梦想家、设计师和发明家的创造性，他们感兴趣的是将知识的发展推向一个新方向和使技术突破现有限制。

②第2象限——业务形成 在该象限中，机会的潜在市场价值和价值创造能力都已确定，这时可以将市场需求与现有的资源进行匹配，形成可以创造并传递价值的新企业，称之为"业务或企业形成"。

③第3象限——技术转移 在该象限中，创业者的价值创造能力已经确定，但机会的潜在市场价值却不明确。在这种情况下，创业机会应侧重于寻求技术的应用而不是发展产品或服务，称之为"技术转移"。

④第4象限——尚待解决的问题 在该象限中，机会的潜在市场价值已经明确，但是创业者的价值创造能力尚未确定。在这种情况下，创业机会就是要设计出具体的产品或服务以适应市场需求，称之为"尚待解决的问题"。它描述了有条理地搜集信息并解决问题的情况。在这种情况下，机会开发的目标往往是设计一个具体的产品/服务以适应市场需求。

阿迪奇维利认为，比起"业务形成"的创业机会，"尚待解决的问题"市场机会成功的可能性不大。

(2)目的手段关系分类法

根据目的手段关系的明确程度，可以将创业机会划分为识别型机会、发现型机会和创造型机会3种类型。

①识别型机会　是指市场中的目的手段关系十分明显，创业者可通过目的手段关系的连接来辨识机会。例如，当供求之间出现矛盾或冲突，供给不能有效地满足需求或者根本无法实现这一要求时，辨别出新的机会。

②发现型机会　是指目的或手段中的任意一方状况未知，等待创业者去发掘机会。如一项技术被开发出来，但尚未有具体的商业化产品出现，因此，需要通过不断尝试来挖掘市场机会。

③创造型机会　是指目的和手段皆不明确，这时，创业者只有比他人更具先见之明，才可能创造出有价值的市场机会。

上述3种类型的创业机会并不排斥，可能同时并存。一般来说，识别型机会多处于供需尚未均衡的市场，创新程度较低，这类机会并不需要复杂的辨别过程，只要拥有较多的资源，就可以较快进入市场获利。把握创造型机会相对来说比较困难，它依赖于新的目的手段关系，由于创业者拥有的专业技术、信息、资源规模往往都相当有限，所以，更需要创业者的创造性资源整合能力和敏锐的洞察力，同时还必须承担巨大的风险。发现型机会则是最为常见的创业机会，也是目前大多数创业研究的对象。

5.2.1.3　创业机会的特点

(1)可行性

看到机会、产生创意并发展成清晰的商业概念意味着创业者识别到机会。一些未经系统论证调查的或偶然发现的机会给人们带来了初步的创业想法，至于发展出的商业概念是否值得投入资源开发，是否能成为有价值的创业机会，还需要对机会的可行性加以论证。

(2)“机会窗口”性

机会窗口是指市场中存在的、能够使创业者在一定时段中创立企业，并获得投资回报的时间、空间。创业者必须善于识别并准确把握机会窗口。若竞争者已经有了同样的思想，并已把产品推向市场，那么机会之窗也就关闭了。由于创业机会存在于一个动态的、发展变化的背景下，创业机会通常被形象地比作“窗口”，这说明了创业机会的适时性很重要，窗户打开的时间长度有限，能否在窗户关闭之前把握和抓住机会。如图5-3所示，第一个阶段是机会窗口尚未开启的阶段，第二个阶段是机会窗口开启到关闭的阶段，第三个阶段市场已基本成熟，机会窗口基本关闭了。

机会窗口对创业者主要有以下几点启示：第一，创业者在机会窗口的哪个阶段进入市场，在很大程度上决定了创业的成败，创业者最好在机会窗口敞开时开展创业活动，才能够增加创业成功的可能性；第二，市场规模和机会窗口敞开时间的长短对于

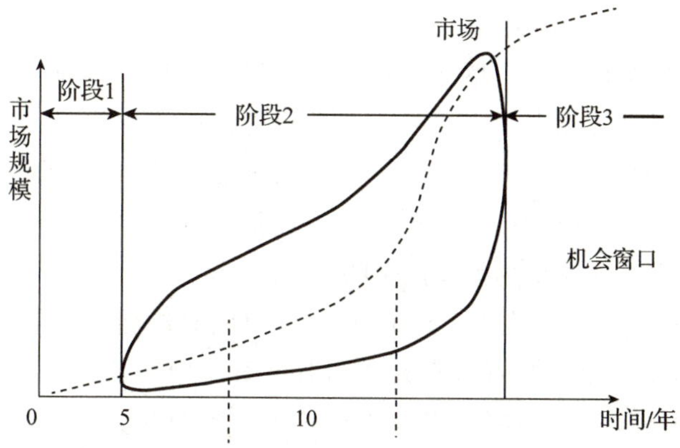

图5-3 机会窗口

创业成功有关键作用，一般而言，市场规模越大，特定机会的时间跨度越大，市场的成长性越好；第三，创业者需要具备前瞻性的市场判断能力，如果创业者一定要等到“天时、地利、人和”各种条件都具备的时候再开展创业实践，之前的商机可能已经不复存在，适度的前瞻性以及对市场变化趋势的判断力是创业者必需的素质。

(3)可开发性

多数创业机会具有很强的不确定性，其潜在价值依赖创业者的开发活动，即创业机会不是被发现的，而是被开发出来的。在实际创业活动中，创业机会价值大小取决于创业者掌握的和能整合到的资源，以及对资源的利用能力。创业者资源可分为内部及外部资源。内部资源主要是指创业者个人的能力，包括自身的专业知识、技能、职业资格、社会声誉等资源；外部资源主要是指人脉资源，及其所拥有的社会人际网络或社会资本。只有创业者所拥有的资源、战略开发方案与创业机会能够做到良好匹配，创业机会的价值才能得到最大提升。

(4)可盈利性

创业机会的可盈利性是指机会对创业者具有的价值性。创业者可以利用它谋取利益，得到足够的利润回报，体现在提供产品或服务，为购买者和最终使用者创造和增加价值的基础之上，满足需求的成本必须低于人们所期望的价格，需求的规模同时必须达到一定水平。

5.2.2 创业机会的识别

5.2.2.1 创业机会的识别过程

创业过程开始于创业者对创业机会的把握，创业者从成千上万繁杂的创意中选择了他心目中的创业机会，随后不断持续开发这一机会，使之成为真正的企业，直至最终收获成功。这一过程中，机会的潜在预期价值以及创业者的自身能力得到反复的权衡，创业者对创业机会的战略定位也越来越明确，这一过程称为机会的识别(Opportunity Identification）和开发（Opportunity Development）过程。

有些学者认为机会识别是个体的内在的识别过程，强调企业家在机会识别过程中的能动性。阿迪奇维利等提出了一个基于企业家能力的识别模型，认为创业者警觉性越高，创业机会识别与开发的成功率就越高，而企业家的高警觉则与企业家个人特质如创造力和乐观等相关；成功的创业机会识别有赖于社会网络的运用，而企业家特别的爱好以及市场知识是成功识别创业机会的关键。

齐默勒（Zimmerer）和斯卡伯勒（Scarborough）把创业机会的识别分为五大步骤：第一步，判断新产品或服务将如何为购买者创造价值及使用新产品或服务的潜在障碍，根据对产品或服务使用的潜在障碍以及市场认可度的分析，得出新产品的潜在需求、早期使用者的行为特征以及产品达到创造收益的预期时间；第二步，分析产品在目标市场投放的技术风险、财务风险并进行机会之窗分析；第三步，在产品的制造过程中是否能保证足够的生产批量和可以接受的产品质量；第四步，估算新产品项目的初始投资额，使用何种融资渠道；第五步，在更大范围内考虑风险程度以及如何控制和管理那些风险因素。

应当注意到，这一机会识别过程实际上应当是一种广义的识别过程，因为它事实上囊括了大部分研究中提到的机会发现、机会鉴别、机会评价等创业活动。琳赛（Lindsay）和克雷格（Craig）将这一过程概括成 3 个阶段，并且给出了一个简单的框架，如图 5-4 所示。

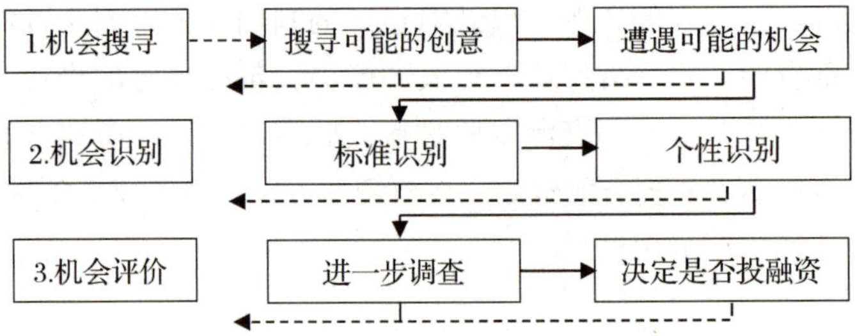

图 5-4　机会识别过程的三阶段模型

阶段 1：机会的搜寻（Opportunity Searching）。这一阶段创业者对整个经济系统中可能的创意展开搜索，如果创业者意识到某一创意可能是潜在的商业机会，具有潜在的发展价值，就将进入机会识别的下一阶段。

阶段 2：机会的识别（Opportunity Recognition）。相对整体意义上的机会识别过程，这里的机会识别应当是狭义上的识别，即从创意中筛选合适的机会。这一过程包括两个步骤：第一步是通过对整体的市场环境以及一般的行业分析来判断该机会是否在广泛意义上属于有利的商业机会，诺埃尔（Noel）和克雷格（Craig）称之为机会的标准化识别阶段（Normative Opportunity Recognition Phase）；第二步是考察对于特定的创业者和投资者来说，这一机会是否有价值，也就是个性化的机会识别阶段。

阶段3：机会的评价（Opportunity Evaluation）。实际上这里的机会评价已经带有部分“尽职调查”的含义，相对比较正式，考察的内容主要是各项财务指标，创业团队的构成等。通过机会的评价，创业者决定是否正式组建企业，吸引投资。

事实上，在一些研究中，机会识别和机会评价是共同存在的，创业者在对创业机会识别时也在有意无意地进行评价活动。创业者在机会开发中的每一步，都需要进行评价，也就是说，机会评价伴随于整个机会识别的过程中。在机会识别的初始阶段，创业者可以非正式地调查市场的需求，所需的资源，直到断定这个机会值得考虑或是进一步深入开发；在机会开发的后期，这种评价变得较为规范，并且主要集中于考察这些资源的特定组合是否能够创造出足够的商业价值。

5.2.2.2 创业机会识别的影响因素

创业机会识别是一个不断调整、反复均衡的过程，不同的创业者可能愿意关注不同的创业机会，即使是同一个创业机会，不同的人，对其评价也往往不同。因此，机会识别的影响因素也成为研究重点之一。在影响机会识别的各项因素中，主要可以分为以下几个方面：

（1）机会的自然属性

机会的自然属性是影响人们是否对之进行评价的基本因素。创业者选择这项机会是因为相信其能够产生足够的价值来弥补投入的成本，创业机会的自然属性很大程度上决定了创业者对其未来价值的预期，因而对创业者的机会评价产生重大影响。蒂蒙斯（Timmons）提供了几个用于筛选商机的指标，包括市场需求、市场结构和规模以及市场利润指标，每一指标下还各设若干分指标用于机会评价。

（2）创业者的个人特征

对于机会识别来说，更重要的因素应当来自创业者的个人因素，这是因为从本质上说，机会识别是一种主观色彩相当浓厚的行为。事实上，即使某一机会已经表现出较好的预期价值，但是并非每个人都能从事这一机会的开发，并且坚持到最后的成功，因此，创业者的个人特征对于机会识别来说更为重要。

谢恩和维卡塔拉曼总结并提出在创业机会识别中个人差异（Individual Difference）包括如下基本特征：警觉性、个人基本特质、自我效能/信念、先验知识、认知学习能力、创业动机、资源禀赋，以下分别加以陈述：

①警觉性　柯兹纳第一次提出了创业者警觉性（Entrepreneurial Alertness）的概念并揭示了警觉性对于机会识别的影响。凯申（Kaish）和基拉（Gilal）通过实证检验发现，创业者比一般的经理人更加渴望信息，更倾向于在信息搜索上花更多的时间，搜索方式也有所不同。

②个人基本特质　包括创业者的背景（如性别、年龄、受教育程度、民族、家庭成

长环境等)及潜质方面的特征(如创造性、风险感知能力等)。

③自我效能/信念　成功的创业者需要有执着的信念以及行为能力的预制，并且能够坚持他们的事业直至最后成功。

④先验知识　谢恩和维卡塔拉曼通过对创业者的特质研究，认为创业者个人的先验知识和对信息的处理能力对其识别机会具有重要作用。先验知识分为3种类型，即对市场的先验知识、对于服务市场方式的先验知识，以及对于顾客问题的先验知识，而此三者对于机会的发现皆有重要影响。

⑤认知学习能力　机会识别是一个动态的过程，而机会认知是机会识别的首个步骤，机会认知就是感知和认识到机会。机会由模糊到清晰，由初始的发现到创业的决策，也是一个学习的过程，即机会的认知识别过程。机会的认知学习能力对机会的识别具有重要作用，创业者可以从创业模范中学习相关创业行为。大多数的创业者还属于初次创业，因此，如何间接地学习创业能力，尤其是机会识别的能力显得尤为重要。

⑥创业动机　按创业动机分类，创业分为机会型创业和生存型创业。在不同的创业动机下，机会识别的方式可能有所不同，如拉动式或推动式识别。

⑦资源禀赋　指创业者在创业时期所拥有的资源。学术界将创业者的资源禀赋一般分为人力资本、物质资本、技术资本、金融资本、社会资本等方面。其中，人力资本(Human Capital)指创业者个体所拥有的知识、智慧、判断力、洞察力、理解力、价值观和信念；物质资本(Physical Capital)指创业者所拥有的有形资产；技术资本(Technical Capital)指创业者所拥有的生产经验和各种工艺、操作方法与技能；金融资本(Financial Capital)指创业者所能利用的所有不同来源的货币；社会资本(Social Capital)指创业者的社会网络联系以及网络中流动着的资源。

由于人类行为认知的局限性，以及资源和能力的相对匮乏，创业者必须要借助其现有稳定社会关系网络中的企业家社会资本，对创业机会仔细考虑，然后融入创业活动，开创新企业或新事业。因此，企业家资源禀赋的差异就导致了企业家不同的创业行为预期，产生了不同创业动机，最终外化为不同的创业行为。企业家资源禀赋越丰富，就越容易感知到创业机会，并且更有能力抓住机会应对不确定性并获得高收益。

值得注意的是，这些个人因素并非彼此独立存在，在某种程度上，它们彼此之间也存在一定的相关性，这种交互作用使得单纯研究某一因素和机会识别之间的关系存在着一定缺陷，这也说明需要开发更加切合实际的理论框架来解释这些因素和机会识别之间的关系。

(3)社会网络

社会网络可界定为“特定的个人之间的一组独特的联系”。创业者的个人社会网络是产生创办新企业思路和影响机会识别的关键因素。

(4)环境因素

已有研究成果认为，机会识别是一个受许多环境因素影响的过程，如外界环境中情景因素、大部分重要资源的可用性及个体的创新性等，影响机会识别有4个环境维度：技术、市场、社会价值和政府的政策法规。它们的变动酝酿大量的机会，是产生机会的源泉。

5.2.2.3 创业机会识别的科学方法

(1)市场信息的收集与研究

创业者必须要先进行市场研究。从广义上来讲，市场研究包括收集有关产品的市场信息以确定潜在的市场规模，进而确定创业计划在市场方面的可行性。

创业机会信息的收集是使创意变为现实的创业机会的基础工作。首先，根据创意明确研究的目的或目标。其次，从已有数据或第二手资料中收集信息。这些信息主要来自于商贸杂志、图书馆、政府机构、大学或专门的咨询机构以及互联网等。最后，从第一手资料中收集信息。收集第一手资料包括数据收集过程，如观察、上网、访谈、集中小组试验以及问卷等。该种信息的获得一般来说成本都比较高，但却能够获得更有意义的信息，可以更好地识别创业机会。

(2)环境分析

创业环境在创业过程中扮演着非常重要的角色，因此，创业者准备创业计划之前，有必要对其进行研究分析，主要包括技术环境分析、市场环境分析和政策环境分析。

①技术环境分析　创业者应对所涉及行业的技术变化趋势有所了解和把握，应考虑因政府投入可能带来的技术发展。

②市场环境分析　市场环境分析可以从宏观、中观和微观3个层次来进行。在宏观上，主要是对经济因素、文化因素的分析；在中观上，主要是对行业需求的分析；在微观上，根据波特的竞争模型，潜在的进入者、行业内现有竞争者、替代品的生产者、供应者和购买者是主要的竞争力量。

③政策环境分析　政府的政策规定、法律法规等都可能直接或间接影响创业的活动。如美国政府在20世纪80年代对电信和航空业进入限制的放松，就导致了大量新公司的组建。

在做完市场信息收集和研究、环境分析之后，根据分析结果，形成创业机会。一般来说，有关市场特征、竞争者等的可获数据，常常反过来与一个创业机会中真正的潜力相联系，也就是说，如果市场数据已经可以获得，如果数据清晰显示出重要的潜力，那么大量的竞争者就会进入该市场，该市场中的创业机会就会随之减少。因此，对收集的信息进行结果评价和分析，识别真正的创业机会是重要的一步。一般而言，单纯地对问题答案的总结，可以给出一些初步印象；接着对这些数据信息交叉制表进行分析，则可以获得更加有意义的结果。也就是说，对创业者来说，搜集必要的信息，发现可能性，将别人看来仅仅是一片混乱的事物联系起来以发现真正的创业机会，这是非常重要的。

(3)功能分析

创业机会的识别和设计创新是密不可分的。具体到产品中，设计的创新包括以下几个方面：形式的创新、材料的创新、结构的创新以及功能的创新。产品的功能是产品存在的根本目的，也是产品创新的核心内容。产品设计的目的是创造一种新的、合理的、和谐的生活方式或行为方式，对产品功能的分析是设计找寻新的突破点的有效手段，进而识别商机。功能分析的方法主要包括功能扩展法、功能联想法、功能组合法、功能削减法和功能定义法。这 5 种方法都是建立在对使用者需求的充分了解和掌握的基础之上的，同时对于产品的使用功能、指示功能、审美功能、象征功能和教育功能要进行系统的分析，确定它们在某一产品中的地位和作用。

①功能扩展法　指对现有产品的功能进行一定程度的相关扩展，主要应用在产品的实用性功能上。产品的功能从重要程度的角度划分，可以分为主要功能与附属功能。功能扩展法的目的在于在产品的主要功能顺畅实现的基础上，研究这一产品可能隐藏着的附属功能，并把附属功能用合理有效的形式加以确定。

②功能联想法　是对产品功能进行相关的联想，进而在产品语义的角度对产品进行创造性的设计。一方面，可以从产品的指示性入手，把产品的内在功能用直观的形态表现出来；另一方面，可以从产品的象征性、趣味性和主题性入手。

③功能组合法　应该考虑的是功能的合理配置性和结构的节约性。可持续发展是当前工业设计的一个主要方向，“绿色设计”是作为一种设计理念来实现其社会作用的。组合设计可以看作是绿色设计的一个分支，它的作用是对资源的有效利用和延长产品整体的寿命周期。另外，将普通功能巧妙地相互组合，则更容易产生商机。

④功能削减法　和功能组合法是相对应的两种方法，功能削减法一方面可以看作是绿色设计的延伸，是从设计理念的角度实现功能与形式的合理配置；另一方面，是功能的一种细化，能够更大限度地满足不同使用者的需求。

⑤功能定义法　是创造性思维训练的一个重要方法。打破原有对产品的命名也就是要打破产品在我们头脑中的固有形象。把功能从产品形态中分离出来，再对功能进行重新的定义，根据新的产品命名来进行创造性设计，这样就去除了对已有产品形成的习惯性思维的干扰。

通过功能分析进行产品创新，可以充分考虑到设计中人的因素，对于发现市场机会、增加产品的附加价值和增强企业的竞争力都会发挥重要的作用。

总之，机会识别一半是艺术，一半是科学。创业者既要具备敏锐的直觉，也必须依靠有目的的行动和分析技能。

5.2.3 创业机会的来源

按照创业机会发现观，典型的创业过程包括发现、评价和开发创业机会等一系列活动，创业者在这个过程中不断获取资源、选择组织方式和制定创业战略。然而，创业者所采取的具体行动和对创业资源的配置取决于创业机会的来源和特征。在企业家从事创业的过程中，创新是展现企业家精神的特定工具，是赋予资源一种新的能力，使之成为创造财富的活动。

创业机会大多产生于不断变化的市场环境中，环境变化了，市场需求、市场结构必然发生变化。变化将带来产业结构的变动、消费结构升级、城市化加速、人们思想观念变化、政府改革变化、人口结构变化、居民收入水平提高、全球化趋势等诸多变化。

我们认为可以从以下3个方面分析创业机会的来源。

5.2.3.1 技术革新

技术变化带来的创业机会主要源自新的科技突破和社会的科技进步。新技术与知识的出现导致企业出现了新的生产过程、新产品、新市场，甚至是对资源新的组织方式，这些变化为企业带来了创业机会。具体表现在以下3方面：第一，新技术替代旧技术。当某一领域出现了新的科技突破和技术，并且它们足以替代某些旧技术时，创业的机会就来了。第二，实现新功能、创造新产品的新技术的出现。这无疑会给创业者带来新的商机。第三，新技术带来的新问题。多数技术的出现对人类都有既利又弊的两面性，即在给人类带来新的利益的同时，也会给人类带来某些新的灾难。这就会迫使人们为了消除新技术的某些弊端，再去开发下一个新的技术并使其商业化，于是就带来了新的创业机会。

5.2.3.2 产业与市场结构变化

产业与市场结构的变化可以为企业带来成长机会。产业中的市场机会是受产业生命周期中的5种竞争作用力变化影响的。这5种竞争作用力就是波特提出的：潜在入侵者、供给方、需求方、现有企业间的竞争者和替代品。产业的生命周期理论告诉我们一个产业要经历4个阶段：导入期、成长期、成熟期和衰退期。不同的产业阶段意味着具有不同的市场结构和5种不同的竞争作用力结构，这就创造了不同的市场机会。市场就像一张大网，市场主体(个人或企业)就是网上的一个个节点，由市场主体的交易把这些节点联系起来。但是由于分工在带来专业化优势的同时也带来了市场知识的分散化，它使得许多交易在市场上得不到实现，这恰如蛛网上的断点，每个断点之间的一系列联结就是企业家活动的机会(Kiben-stein，1968)。市场交易的断点与价格机制缺陷创造了很多创业机会，也成就了许多企业。

市场机会即市场变化产生的创业机会。一般来看，主要有以下4类：

第一，市场上出现了与经济发展阶段有关的新需求。相应地，就需要有企业去满足这些新的需求，这同样是创业者可以利用的商业机会。

第二，当期市场供给缺陷产生的新的商业机会。非均衡经济学认为，市场是不可能真正“清”——供求平衡的，总有一些供给不能实现其价值。因此，创业者如果能发现这些供给的结构性缺陷，同样可以找到可以利用并创业的商业机会。

第三，先进国家(或地区)产业转移带来的市场机会。从历史上看，世界各国各地的发展进程是有快有慢的。即便在同一国家，不同区域的发展进程也不尽相同。这样，在先进国家或地区与落后国家或地区之间，就有一个发展的“势差”。当这“势差”大到一定程度，由于国家或地区之间存在“成本差异”，再加上经济发展到一定程度时，环保问题往往会被先进国家或地区率先提到议事日程上，所以，先进国家或地区就会将某些产业向外转移，这就可能为落后国家或地区的创业者提供创业的商业机会。

第四，从中外比较中寻找差距，差距中往往隐含着某种商机。通过与先进国家或地区比较，看看别人已有的哪些东西我们还没有，这“没有的”就是差距，其中即可能发现某种商业机会。

5.2.3.3 宏观环境变化

宏观环境变化包括企业所面对的政治、经济、文化等环境的变化。随着经济发展、科技变革等，政府必然也要不断调整自己的政策，而政府政策的某些变化，就可能给创业者带来新的商业机会。政治上对经济管制的放松往往会带给其他企业更大的市场空间，例如，美国对航空业管制的取消带给西南航空公司极大的成长相会；又如，中国国有企业从一些领域的退出给民营企业发展带来了机会。我们可以从表 5-1 来比较管制与非管制的区别。

表 5-1 市场的政府管制与非管制的区别

因素	管制	非管制
企业数目受到控制	是	不是
市场份额受到控制	是	不是
市场进入受到限制	是	不是
价格与利润受到控制	是	不是
竞争受到限制	是	不是
运营权利受到限制	是	不是

表 5-1 显示表明了一个产业由政府管制转向非管制可以为企业创业带来更多的市场机会。当政府对某些领域的管制逐步放松的时候，就会出现一些成功把握机会的企业，如我国天然气行业的新奥燃气、华桑燃气，电信行业的 UT 斯达康、亚信以及刘捷音的奥凯航空。

5.2.4 创业机会的评价

对创业者而言，迅速发现创业机会、评价创业机会存在的商业潜力的能力是至关重要的。这是因为发现创业机会并不意味着要创业，更不意味着成功就在眼前。创业活动是创业者与创业机会的结合，并非所有的创业机会都有足够大的价值潜力来填补为把握机会所付出的成本，也并非所有机会都适合每个人。尽管在整个创业过程中，评价创业机会非常短暂，但它非常重要，它是创业者发现创业机会之后做出是否创业决策的重要依据。

首先需要明确有价值的创业机会应该是什么样子的。所以，我们有必要认识清楚具有价值的创业机会的特点。一般地，我们认为有价值的创业机会应具备以下特征：有吸引力、持久性、及时性，依附于为买者或终端用户创造或增加价值的产品、服务或业务。

时间对创业者来说，既可以是朋友，也可以是敌人。如果想要通过深刻细致的方法来评价创业机会，1 个季度可能不够，1 年不一定够，甚至 10 年都不一定够，这就是残酷的现实。而在这个现实中最困难的一点就是：创业者必须找到能把好的思路付诸实施的最佳时机，并准确把握住这个时机。对创业者来说，关键在于如何能够从众多机会中找寻出有价值的创业机会，并采取快速行动来把握机会。

5.2.4.1 创业机会的评价框架

美国百森商学院的蒂蒙斯(Timmons)教授总结概括了一个评价创业机会的框架(表5-2)，其中涉及行业和市场、经济因素、收获条件、竞争优势、管理团队、致命缺陷问题、创业者的个人标准、理想与现实的战略差异 8 类 53 项指标。尽管蒂蒙斯也承认，现实中有成千上万适合创业者的特定行业未必能与这个评价框架相契合，但他的这个框架是目前包含评价指标比较完全的一个体系。

表 5-2 Timmons 创业机会评估框架

行业和市场	(1)市场容易识别，可以带来持续收入 (2)顾客可以接受产品或服务，愿意为此付费 (3)产品的附加价值高 (4)产品对市场的影响力大 (5)将要开发的产品生命周期长 (6)项目所在的行业是新兴行业，竞争不完善 (7)市场规模大，销售潜力达到 1000 万~10 亿 (8)市场成长率在 30%~50% 之间甚至更高 (9)现有厂商的生产能力几乎完全饱和 (10)在 5 年内能占据市场的领导地位，市场占有率达到 20% 以上 (11)拥有低成本的供货商，具有成本优势

（续）

经济因素	(1)达到盈亏平衡点所需要的时间在1.5~2年以内 (2)盈亏平衡点不会逐渐提高 (3)投资回报率在25%以上 (4)项目对资金的要求不是很大，能够获得融资 (5)销售额的年增长率高于15% (6)有良好的现金流量，能占到销售额的20%~30% (7)能获得持久的毛利，毛利率要达到40%以上 (8)能获得持久的税后利润，税后利润率要超过10% (9)资产集中程度低 (10)运营资金不多，需求量是逐渐增加的 (11)研究开发工作对资金的要求不高
收获条件	(1)项目带来的附加价值具有较高的战略意义 (2)存在现有的或可预料的退出方式 (3)资本市场环境有利，可以实现资本的流动
竞争优势	(1)固定成本和可变成本低 (2)对成本、价格和销售的控制较高 (3)已经获得或可以获得对专利所有权的保护 (4)竞争对手尚未觉醒，竞争较弱 (5)拥有专利或具有某种独占性 (6)拥有发展良好的网络关系，容易获得合同 (7)拥有杰出的关键人员和管理团队
管理团队	(1)创业者团队是一个优秀管理者的组合 (2)行业和技术经验达到了本行业内的最高水平 (3)管理团队的政治廉洁程度能达到最高水准 (4)管理团队知道自己缺乏哪方面的知识
致命缺陷问题	不存在任何致命缺陷问题
创业者的个人标准	(1)个人目标与创业活动相符合 (2)创业者可以做到在有限的风险下实现成功 (3)创业者能接受薪水减少等损失 (4)创业者渴望进行创业这种生活方式，而不只是为了赚大钱 (5)创业者可以承受适当的风险 (6)创业者在压力下状态依然良好
理想与现实的战略差异	(1)理想与现实情况相吻合 (2)管理团队已经是最好的 (3)在客户服务管理方面有很好的服务理念 (4)所创办的事业顺应时代潮流 (5)所采取的技术具有突破性，不存在许多替代品或竞争对手 (6)具备灵活的适应能力，能快速地进行取舍 (7)始终在寻找新的机会 (8)定价与市场领先者几乎持平 (9)能够获得销售渠道，或已经拥有现成的网络 (10)能够允许失败

注：引自《创业机会评估重要指标序列的实证研究》(姜彦福，邱琼，2004)。

另一些学者提出了更为简单的评价方法，其中刘常勇教授的评价方法最具代表性，他从市场和回报两个方面给出了评价创业机会的框架(表 5-3)。

表 5-3　刘常勇的创业机会评估框架

市场评估	(1)是否具有市场定位，专注于具体顾客需求，能为顾客带来新的价值 (2)依据波特的五力模型进行创业机会的市场结构评估 (3)分析创业机会所面临市场的规模大小 (4)评估创业机会的市场渗透力 (5)预测可能取得的市场占有率 (6)分析产品成本结构
回报评估	(1)税后利润至少高于 5% (2)达到盈亏平衡的时间应该低于 2 年 (3)投资回报率应高于 25% (4)资本需求量较低 (5)毛利率应该高于 40% (6)能否创造新企业在市场上的战略价值 (7)资本市场的活跃程度 (8)退出和收获回报的难易程度

注：引自《创业管理的 12 堂课》(刘常勇，2002)。

由于创业本身就是一件具有高度风险的活动，没有一个创业机会是完美的，也没有任何创业者是在把握完全适合自己的条件下开展创业活动的，因此，在评价创业机会之后是否决定投入创业，仍然是一件比较主观的决策。

对于创业投资者而言，创业机会的甄别类似于投资项目的评价，这对投资者取得收益十分重要，也帮助创业者从另一角度来分析其创意是否具有继续发展成为一个企业的实际价值。事实上，有 60%~70% 的创业计划在其最初阶段就被否决，就是因为这些计划不能满足创业投资者的这些评价准则。以成功的企业家、私人投资者以及风险资本家们多年所运用的良好的企业经营和市场竞争意识为基础，一组经过挑选并得到广泛认可的创业机会的评价准则已经形成(表 5-4)。

表 5-4　创业机会评价标准

行业和市场	市场基本情况、市场结构、市场规模、市场增长率、可达到的市场份额、5 年内成本结构
资本与获利能力	毛利、税后利润、所需要的时间、投资回报潜力、价值、资本需求、退出机制
竞争优势	固定和可变成本、对成本和价格与分销渠道的控制力、进入壁垒
管理团队	创业团队、行业和技术经验、整体性、知识上的诚实度、致命缺陷
个人标准	目标适合度、上限 + 下限问题、机会成本、愿望、风险 + 收益承受力、压力承受力
战略性差别	适合程度、团队等级、服务管理、时机、技术、柔性、商机导向、定价、分销渠道、错误容忍空间

一般来说，具有好的创业机会的企业将在所列准则的大部分中表现出其巨大的潜力，或者将在一个或几个准则中拥有其竞争者望尘莫及的压倒性优势。

5.2.4.2 创业机会的评价方法

(1)标准打分矩阵

通过选择对创业机会成功有重要影响的因素，并由专家小组对每一个因素进行最好(30%)、好(20%)、一般(10%)3个等级的打分，最后求出每个因素在各个创业机会下的加权平均分，可以对不同的创业机会进行比较。表5-5列出了其中10项主要的评价因素，在实际使用时可以根据具体情况选择其中的全部或者部分因素来进行评价。

表5-5 标准打分矩阵

标 准	专家评分			
	最好(30%)	好(20%)	一般(10%)	加权平均分
易操作性	8	2	0	2.8
质量和易维护性	6	2	2	2.4
市场接受度	7	2	1	2.6
增加资本的能力	5	1	4	2.1
投资回报	6	3	1	2.5
专利权状况	9	1	0	2.9
市场的大小	8	1	1	2.7
制造的简单性	7	2	1	2.6
广告潜力	6	2	2	2.4
成长的潜力	9	1	0	2.9

(2)Westinghouse法

Westinghouse法实际上是计算和比较各个机会的优先级。其公式如下：

机会优先级=[技术成功概率×商业成功概率×(价格-成本)×投资生命周期收入]/总成本

在该公式中，技术和商业的成功概率以百分比表示(0~100%)，成本以单位产品成本计算，投资生命周期收入是指可以预期的所有收入，总成本包括研究、设计、制造和营销各个环节的成本之和。将不同创业机会的具体数值代入计算，特定机会的优先级越高，该机会就越有可能成功。

(3)Potentionmeter法

Potentionmeter法可以通过让创业者填写针对不同因素的不同情况、预先设定好权值的选项式问卷方法，来快捷地得到特定创业机会的成功潜力指标。对于每个因素来说，不同选项的得分可以从-2~+2分中进行选择，通过对所有因素得分的加总得到最后的总分，总分越高说明特定创业机会成功的潜力越大。只有那些最后得分高于15分的创业机会才值得创业者进行下一步的策划，低于15分的都应被淘汰(表5-6)。

表 5-6　Potentionmeter 法

对税前投资回报率的贡献 预期的年销售额 生命周期中预期的成长阶段 从创业到销售额高度增长的预期时间 投资回报期 占有领先着地位的潜力	商业周期的影响 为产品制定高价的潜力 进入市场的容易程度 市场试验的时间范围 销售人员的要求

(4)Baty 的选择因素法

Baty 的选择因素法通过对 11 个选择因素的设定来对创业机会进行判断。如果某个创业机会只符合其中的 6 个或者更少，这个创业机会就很可能不可取；相反，如果某个创业机会符合其中的 7 个或者更多，那么这个创业机会将大有希望(表 5-7)。

表 5-7　Baty 的选择因素法

因素	是	否
这个创业机会在现阶段是否只有你一个人发现了	□	□
初始的产品生产成本是否可以承受	□	□
初始的市场开发成本是否可以承受	□	□
产品是否具有高利润回报的潜力	□	□
是否可以预期产品投放市场和达到盈亏平衡点的时间	□	□
潜在市场是否巨大	□	□
你的产品是不是一个高速成长的产品家族中的第一个成员	□	□
你是否拥有一些现成的初始用户	□	□
是否可以预期产品的开发成本和开发周期	□	□
是否处于一个成长中的行业	□	□
金融界能否理解你的产品和顾客对它的需求	□	□

5.2.4.3　创业机会的评价内容

下面针对如何评价创业机会，提出一套包括市场、效益、创业团队、个人、竞争优势及策略特色的六大要素的评价准则，并说明各准则因素的内涵，其目的是使创业者与投资家能够对创业机会做出科学、合理的评价，进而更好地做出科学的投资决策。

(1)市场层面的评价准则

①市场基础　一个好的创业机会必然是具有特定市场基础，专注于满足顾客需求，同时能带来创造顾客价值的效果的。因此，评价创业机会的时候，可由市场定位是否明确、顾客需求分析是否清晰、顾客接触途径是否流畅、产品线是否可以持续衍生等准则来判断创业机会可能创造的市场价值。若能带给顾客更高的顾客价值，则创业成功的机会也会越高。

②市场结构　针对创业机会的市场结构可进行 6 方面分析，包括市场进入障碍、上游厂商、顾客、渠道商的谈判力量、替代性竞争产品的威胁以及市场内部竞争的激

烈程度。由市场结构分析可以得知新创企业未来在市场中的地位以及可能遭遇竞争对手反击的程度。

③市场规模　市场规模大小与成长速度也是影响创业成败的重要因素。一般而言，市场规模大者，进入障碍相对较低，市场竞争激烈程度也会略有下降。如果要进入的是一个十分成熟的市场，那么纵然市场规模很大，由于已经不再成长，利润空间必然很小，因此，这项创业恐怕就不值得投入。反之，一个正在成长的市场，通常也会是一个充满商机的市场，所谓水涨船高，只要进入时机正确，必然会有获利的空间。

④市场渗透力　对于一个具有庞大市场潜力的创业机会，市场渗透力（市场机会实现的过程）评价将会是一项非常重要的影响因素。聪明的创业者往往会选择在最佳时机进入市场，也就是当市场需求正要大幅增长之际进入。

⑤市场占有率　创业机会预期可达成的市场占有率目标可以显示这家新创公司未来的市场竞争力。一般而言，要成为市场的领导厂商，最少需要拥有20%以上的市场占有率。但如果市场占有率低于5%，则这一创业机会带来的市场竞争力显然不高，自然也会影响企业未来上市的价值。尤其处在具有赢家通吃特质的高科技产业，创业机会必须要能够形成让创业企业市场份额位居前几名的能力，这样的创业机会才具有较高的投资价值。

⑥产品的成本结构　产品的成本结构也可以反应该项创业的前景是否亮丽。例如，由物料与人工成本所占比例之高低、变动成本与固定成本的比例以及规模经济的产量大小可以判断这项创业能够创造附加价值的幅度以及未来可能的获利空间。

（2）效益层面的评价准则

①合理的税后净利　一般而言，具有吸引力的创业机会至少能够创造15%以上的税后净利。如果创业预期的税后净利是在5%以下，那么这就不是一个好的投资机会。

②达到损益平衡所需的时间　合理的损益平衡时间应该在两年以内，但如果三年还达不到损益平衡，这恐怕就不是一个值得投入的创业机会。不过有的创业机会确实需要经过比较长的耕耘时间，并经由这些前期投入创造进入障碍，从而保证后期的持续获利。在这种情况下，可以将前期投入视为一种投资，此时较长的损益平衡时间就可以获得容忍。

③投资回报率（ROI）　考虑到创业开发可能面临的各项风险，合理的ROI应该在25%以上。一般而言，ROI在15%以下的不是一个值得考虑的创业机会。

④资金需求　资金需求量较低的创业机会一般会比较受到投资者的欢迎。事实上，许多个案显示，资金额过高其实并不利于创业成功，有时还会带来稀释投资报酬率的负面效果。通常，越是知识密集的创业机会，对于资金的需求量越低，投资报酬反而会越高。

⑤毛利率　毛利率高的创业机会相对风险较低，也比较容易达成损益平衡。反之，

毛利率低的创业机会，风险则较高，遇到决策失误或市场产生较大变化的时候，企业很容易就遭受损失。一般而言，理想的毛利率是40%。当毛利率低于20%的时候，这个创业机会就不值得再予考虑。

⑥策略性价值　能否创造创业在市场上的策略性价值，也是一项重要的评价指标。一般而言，策略性价值与产业网络规模、利益机制及竞争程度密切相关，而创业机会对于产业价值链所能创造的附加价值效果，也与所采用的经营策略与经营模式密切相关。

⑦资本市场活力　当创业处在一个具有高度活力的资本市场，它的获利回报机会相对也会比较高。不过资本市场的变化幅度极大，因此，在市场高点时投入，资金成本较低，筹资相对容易。在资本市场低点时，投资创业开发的诱因较低，好的创业机会也相对较少。不过对投资者而言，市场低点的获得成本较低，有的时候反而投资报酬会更高。一般而言，新创企业在活络的资本市场比较容易创造增值效果，因此，资本市场活力也是一项可以被用来评价创业机会的外部环境指标。

⑧退出机制与策略　退出机制与策略是评价创业机会的重要指针。企业的价值一般也要由具有客观鉴价能力的交易市场来决定，而这种交易机制的完善程度也会影响创业退出机制的弹性。由于退出的困难度普遍要高于进入，一个具有吸引力的创业机会，应该要为所有投资者考虑退出机制以及退出的策略规划。

(3)创业团队层面的评价准则

①最佳团队组合　由声誉卓著的创业者领军，结合一群各具专业背景成员，再加上紧密的组织内聚力和共同的价值观分享，这种所谓最佳团队组合可以被视为创业成功的最佳保证。因此，评价创业机会绝对不可忽视创业团队组合的成分以及团队整体能够对外发挥的作用程度。

②产业经验与专业背景　创业者与他的团队成员，对所要投入产业的相关经验和了解程度多寡，也会影响创业能否获得成功的概率。一般可以经由产业内专家对创业团队成员的背景经验及专业能力的评价来获得这项信息。再好的创业机会，如果创业团队不具备相关产业经验或专业背景，则对于投资者恐怕也不会具有任何吸引力。

③诚信正直的人格　创业者的人格特质也是一项会影响创业成败的关键因素，尤其是创业者的人品与道德观。在业界具有良好声誉，重视诚信、正直、无私、公平等基本做人处事原则的创业者，对评价创业机会通常都具有显著加分的效果。许多绝佳的创业机会，最后都是因为内部争权夺利而导致功败垂成，这也突显了领导者人格特质对创业成功的重要性。

④专业坦诚　一个好的创业者与他的团队成员，在各项经营管理与技术专业工作上，通常能够以理性客观的态度坦诚面对各种问题，不刻意欺骗客户和投资者，不逃避事实，不否认自己的不足，并且创业团队成员也知道应该如何去做才能克服自己的

缺失。但在许多创业失败的个案中，我们总能看到创业团队生怕别人看穿自己的缺失，强烈防御他人质疑，一味掩饰问题以及推诿责任，不但没有面对错误的勇气，也没有解决问题的智慧。精明的投资者经常可由访谈的过程判断创业团队的专业坦诚度，并以此作为是否支持该创业者的重要决策参考。

(4)个人层面的评价准则

①与个人目标契合程度　创业过程中会遇到的困难与风险很大，因此，有必要了解创业者的创业动机，以利于判断他愿意为创业活动付出代价的程度。一般认为，创业机会与个人目标的契合程度越高，则创业者投入意愿与风险承受意愿自然也会越大，创业目标最后获得实现的概率也相对较高。因此，一个具有吸引力的创业机会一定是与创业者个人目标充分契合的。

②机会成本　一个人一生的黄金岁月大约只有30年光景，期间可分为学习、发展与收获等不同阶段。而为了这项创业机会，你将需要放弃什么？可以由其中获得什么？得失的评价如何？在决定进行创业之前，所有参与创业的成员都需要仔细思考创业所要付出的机会成本。必须经由机会成本的客观判断，他们才可以得知创业机会是否真的对于个人生涯发展具有吸引力。

③对于失败的底线　古人云，留得青山在，不怕没柴烧。创业必然需要面对可能失败的风险，但创业者也不宜将个人声誉和全部资源都压在一次创业活动上。理性的创业者必须要自己设定承认失败的底线，以便保留下次可以东山再起的机会。因此，在评价创业机会时，也要了解有关创业团队对于失败底线的看法。通常铤而走险与成王败寇的创业构想也不会被投资者视为是一个好的创业机会。

④个人偏好　评价创业机会的时候，也需要考虑创业的内容与进行方式能否符合创业者的个人偏好，包括工作地点、生活习惯、个人嗜好等。

⑤风险承受度　由于每个人的风险承受度可能各不相同，因此，这也将成为影响创业机会评价的重要因素。一般而言，风险承受度太高或太低均不利于创业的发展。风险承受度太低的创业者，由于决策过于保守，相对拥有的创新机会也会比较少；但风险承受度过高的创业家，也会因为孤注一掷的举动，而常将企业陷入险境。一个能以理性面对风险的人，才是比较理想的创业者，由他来执行的创业机会相对才会更具吸引力。

⑥负荷承受度　创业团队的耐压性与负荷承受度也是考量创业机会的一项重要指标。一般来说，由负荷承受度较低的创业团队所提出的创业构想，成功的概率也一定会较低。

(5)竞争优势层面的评价准则

①成本竞争力　一个好的创业计划方案，通常都有可以通过持续降低成本来创造竞争优势的能力。除了以发挥规模经济性来降低成本外，良好的管理品质、高效率的

生产管理、优越的采购能力、快速的产品设计及比较高的自制率等，都是有助于降低成本的有效手段。因此，一项具有吸引力的创业机会，应该能够对物料成本、制造成本、营销成本等拥有掌控与持续降低成本的能力。总之，创业机会所呈现的成本竞争力，将是评价这项创业最后能否获得成功的重要指标。

②市场控制力　对产品的市场价格、客户、渠道及零件价格的控制力攸关企业的竞争优势，因此，市场领导厂商通常都具有比较高的市场控制力。一个缺乏市场控制力的创业机会，它的投资吸引力也一定会比较低。如果一个创业对关键零件来源与价格缺乏控制力，对经销渠道与经销商也缺乏控制力，同时订单几乎完全依赖少数一两个客户，那么这个创业面临的经营风险一定很高，要想持续获利也会非常困难。不过，如果创业进程具有持续推进产品创新的能力，就有机会摆脱这种为他人所控制的市场困局。

③进入障碍　进入障碍高的市场，对于创业开发相对不具有吸引力。同样，创业如果无法制造进入障碍，也不是一个好的投资机会。制造进入障碍的方式包括专利、核心能力、规模经济、商誉、高品质低成本、掌握稀有资源、掌握通路、快速创新以缩短生命周期等。在一个处处存在障碍的市场中，通常很难发掘好的创业机会。不过缺乏进入障碍的新市场往往容易吸引大量的竞争者，因而使毛利快速下降。因此，所谓具有吸引力的创业机会，进入的应该是一个障碍还不太高的新市场，但进去以后就需要具备制造进入障碍的能力，以用来保护自身的市场利益。

(6)策略特色层面的评价准则

一个具有吸引力的创业机会通常都需要具有某些特色，而这些特色往往能够成为未来成功创业的策略性影响因子。以下列举可能影响创业机会成功的10点策略特色，而发掘创业是否具有这些特色，也是创业机会评价不可或缺的工作。

①创业模式组合　主要考量创业在创业者、创业团队、创业机会及创业资源四者间能否形成良好的搭配组合，也就是说这项创业活动是否在因缘际会与天时、地利、人和的情况下形成，并且能够在人、资源与机会之间形成最佳的结合。

②团队优势　主要考量创业团队的专业能力、产业经验、道德意识、管理能力、决策能力等之组合，也就是发掘创业团队组成与运作能否为创业带来特定的优势。

③服务品质　由于顾客服务品质攸关企业的市场竞争力，因此，新创企业能否在服务品质方面形成差异化特色，并且能够带来明显的竞争优势，也是创业机会评价时的重要考量要素。

④定价策略　一个好的定价策略是采取略低于市场领导厂商产品的价格，而不是以过低的价格进行市场竞争。以低价位低毛利抢占市场，通常不是一种可取的竞争策略。因此，在进行创业机会评价时，也需要评量它的定价策略是否具有能够创造优势的特色。

⑤策略弹性　成熟大型企业的最大弱点就是决策缓慢，尤其在需要调整策略方向的时候，往往要经过长期的内部折中。反之，新创企业组织的包袱较少，决策速度相对较快、弹性相对较大，因此，策略弹性将成为创业企业发展的竞争优势。对于一项创业机会的评价，当然也要看它在面临经营环境变化之际，其经营决策方面能做出怎样快速弹性的应对。

⑥技术优势　创业拥有的技术领先程度、技术专利、技术授权、技术联盟关系等，都可能成为一种可以创造优势的策略特色。

⑦进入时机　能掌握市场机会窗口打开的时机，采取适当的进入策略，则创业成功的概率自然也会大幅提升。因此，对于市场进入时机的判断水准，也将成为一项重要的策略特色。

⑧机会导向　一般而言，凡是自动上门的机会，品质通常不高，而自己主动发掘的机会，才比较可能带来好的收获。因此，凡是能够密切注意市场变化、主动发掘并实时掌握创业机会的创业团队，他们创业成功的概率也一定会相对更高些。

⑨销售渠道　渠道经常是一个被忽略的议题，但渠道却是可能对创业发展产生致命影响的因素之一。技术背景创业者通常会有一种错误的认知，他们以为只要产品精良，自然顾客就会上门。但实际上，许多优秀的产品竟从来没有接触消费者的机会，其原因就是它们缺乏适当的销售渠道。所以，创业是否在销售渠道规划方面具有一定程度的创新优势与策略特色，也应该是评价创业机会不可忽视的重点。

⑩误差承受力　由于所有的创业规划都属于预估，因此，未来的实况必定与假设情境有很大的出入。创业规划误差承受力是指在实现创业目标的前提下，执行创业计划的弹性以及创业团队与创业资源能够承受变动的程度。一项创业如果对于未来情境预测误差能有较高的承受力量，则也应该被视为是一项具有策略特色的创业机会。

虽然前面针对创业机会提出了许多的评价准则，但由于创业本身就是一件具有高度风险特质的活动，没有一个创业机会是完美的，因此，是否决定投入创业，仍然还是一件比较主观的决策。我们看到许多后来获得重大成功的创业机会都曾历经无数次的闭门羹。显然，“伯乐相千里马”也是一种主观性的决策。

5.2.5　大学生创业机会的选择

5.2.5.1　大学生创业者存在的问题

首先，大学生的创业环境具有一定的特殊性，表现为：在诸如社会文化、创业教育、创业政策、税收和科技园区政策等方面，大学生创业环境更为宽松；大学生创业环境不仅包括校外环境，还包括校内环境。良好的创业环境为大学生创业者带来了很多创业机会。

但大学生创业者的社会身份和成长经历又决定了其自身存在不少问题，主要表现为以下几点：

(1)大学生缺乏创业素质

一是缺乏创业意识，表现为安于现状、等待、依赖的心态。一部分大学生甚至缺乏应有的社会责任感、社会使命感。二是缺乏创业个性，表现为意志薄弱、情感脆弱，缺乏自信、独立性、敢为性、适应性、坚持性等心理品质。三是创业能力不强，表现为缺乏经营管理能力，特别是综合性的能力，如社交能力，搜集信息、处理信息的能力，发现机会、利用机会、创造机会的能力等。

(2)大学生知识结构不完善

通过高等教育的学习，专业知识的积累是创业成功的充分条件。虽然大学生的主修专业为大学生创业提供了进入与之相关产业的基本专业知识，但是由于其他方面的限制，我国大多数大学生创业者并没有选择自己的专业领域作为创业领域，这与大学生另外一种专业知识——创业相关理论的缺乏有关。由于我国创业教育发展较为薄弱，多数大学生在创业意识、创业方法和创业能力等方面缺乏系统的理论学习，这导致我国大学生在创业过程中创新能力不足，不能有效将自身的知识结构与所从事产业充分结合，学以致用。

(3)大学生缺乏实践经验

大学生虽然有理想与抱负，但大多“眼高手低”，在创业过程中除了能“纸上谈兵”之外，对具体的市场开拓缺乏经验与相关的知识。具体表现为缺乏对企业的管理经验和市场的销售渠道和营销经验。一个企业能够正常运行，不仅要有好的项目、资金保证，还必须有一批高素质的企业管理者。这批管理者不仅是在书本上学过企业管理和经营，更重要的是要投身于企业管理的实践。

因此，大学生必须尽早着手，注重创业素质的自我培养。

5.2.5.2 大学生创业机会的产业选择

一般情况下，从大学生自身条件、成长经历与社会背景的角度出发，以下产业宜为创业初入产业。

(1)高科技成果聚集产业

大学是科研成果和科技人才聚集的地方，在高科技领域创业有得天独厚的优势。作为大学生，如果在某一领域有自己的科技成果，则可以利用自己的专业背景、专利成果走科技创业的道路。常见的大学生高科技创业领域包括互联网应用开发、建立电子商务网站、生物制药、新能源技术开发及应用、软件开发等。高科技领域创业要将科技成果转化成商品，这是考量利用科技成果创业是否成功的一个重要因素。应当注意的是，一些研究成果在从理论到实际投入生产、包装上市的整个过程中需要投入大量人力和物力，这有赖于该项目能否吸引到风险投资和其他一些创业基金支持，而创业投资者更看重的是创业计划真正的技术含量有多高，在多大程度上是不可复制的，以及市场盈利的潜力有多大。

(2)智力服务

大学生创业应发扬自己的知识储备优势，选择一些需要专业知识的智力服务，如翻译、家教培训、活动策划、设计工作室等。

(3)创新创意产业

创意产业指那些从个人的创造力、技能和天分中获取发展动力的知识密集型产业，以及那些通过对知识产权的开发和创造潜在财富和就业机会的活动。创新创意领域的创业机会主要包括个性产品定制、创意设计、互联网社会化媒介制作、表演艺术、出版等。大学生拥有更多的创造性和创意激情，同时掌握一定的人文知识和现代科技知识，这些特征使高校毕业生能够更好地适应于创新创意产业。

5. 2. 5. 3 大学生创业机会的选择策略

作为一名有创业意愿的大学生，需要做好哪些准备？需要从哪做起？大学生创业机会的选择一般应遵循以下几个基本策略：

第一，扬己之长，避己之短。不与产业强者展开硬碰硬的直接竞争，集中优势做强自身的特色。

第二，选择机会应发挥兴趣主导的优势，将兴趣爱好发展成为具有商业可行性的创业项目。

第三，在新技术研发报道、专利公告等信息面前做一个有心人。新技术的出现、新产品的研制意味着生产及生活条件的改善，随之而来是人们行为和生活方式的改变，这其中都可能蕴含着大量未被开发的商机。

第四，选择过程谨慎论证、大胆实践。前期做好充足的调研论证工作，抓住机会并将想法付诸实践，在实干中摸索，逐步确定发展方向。

第五，挖掘缝隙市场，查找他人创业项目之不足，思考如何改进。善于从别人的忽视之处下手，以此做到“见缝插针，标新立异”。

第六，关注政府的相关产业发展引导举措。政府为了更好地贯彻其产业政策，促进相应的产业健康发展，通常会对相关的产业采取相应的优惠政策，大学生在做创业选择时可以充分考虑这些优惠政策，关注国家政策优先支持的相关领域。

第6章 创业素质

学习目标： 重点掌握创业素质的基本内容和创业者素质养成的基本途径；熟悉创业素质基本要素、测评思路；了解大学生创业素质培养的意义。

关 键 词： 创业素质　大学生　创业素质要素　创新能力　合作能力

大学生创业已引起了社会各方面的关注，国家不断推出针对大学生就业的各种优惠政策，鼓励和支持大学生自主创业。各地政府部门也都推出了针对大学生的创业园区、创业教育培训中心等，以此鼓励大学生自主创业。部分高校也创立了自己的创业园，为学生创业提供支持。然而，大学生创业的主体因素在于创业者自身具备的素质，创业所需要的基本素质是其创业成功的关键。大学生群体具有怎样的基本特征？创业需要哪些素质？这些素质如何测评以确定个体适合创业或已准备好创业？如何培养大学生的这些素质？本章将就以上问题进行阐述。

6.1 大学生群体基本特征

目前的在校大学生主要为“90后”，“90后”大学生面临着高校扩招直接引发的“就业难”问题，国家政策倡导“大众创业、万众创新”，对其创业能力提出了新要求。与此同时，“90后”的思维方式和行为特点呈现多元化。“90后”成长于信息时代，对各种信息的了解和掌握更为充分、全面，其运用信息的能力突出，创新意识和创新能力相对更强一些。整体表现出开放的思想、开阔的思维，对新鲜事物表现出强烈的好奇心，具有独立的个性化追求，富于创造力。整体而言，“90后”大学生群体具有如下特征：

(1)关注社会动态，价值取向实用

“90后”大学生接受社会主流思想和价值观，关注国家与社会动态，对社会有一定程度的认知，也存在着一定的历史使命感。由于受社会大环境的影响，他们对传统道德和文化缺乏热情和理性，对崇高理想信仰的追求淡漠，具有更能体现个性目标、也更为现实的价值取向。他们对人生意义、价值观等抽象的人性问题思考较少，而过早地把注意力投注在应对就业、谋发展等具体的、实际的事情上，把生活理想、职业理想优于社会理想、道德理想考虑，希望能尽早在一定经济基础支撑下获得物质享受和精神满足。

(2)认知能力较强，心理素质较差

随着经济条件的改善和人民生活水平的提高，“90后”大学生在身体素质等个人生理机能方面有了显著的发展，随之其智力水平也普遍提高，具有较强的知识接受能力。并且随着社会观念的开放、网络技术的革命，成长于信息爆炸时代的“90后”大学生有着更为广泛的信息获取渠道以及更强、更快地接受新鲜事物及知识的能力。据调查，“90后”大学生通过计算机及手机使用网络的首要动机是了解社会、学习知识、放松自我。“网络代生存”是“90后”大学生的生存特征。网络的低成本和便捷，使其迅速掌握了利用网络获取信息和知识的本领，接受信息的渠道方式趋向多元化，因此，扩大了知识面，开阔了视野，极大地丰富了信息量，提高了认知能力和创造能力。但互联网作为一把双刃剑，也给“90后”大学生带来了一定的弊端，导致部分大学生形成网络依赖症，道德认知迷失、情感冷漠和行为失范，甚至导致大学生政治观念模糊。“90后”大学生普遍的智力因素得到提高，然而相应的非智力因素却越来越显得薄弱。从小受束缚、听管教，在家听父母的话、在校执行老师的命令，而一旦进入自我管理空间较大的高校，随着其自我意识的不断增强，尤其受网络的影响，则易沉溺于游戏，甚至不惜旷课、逃学，自由散漫等现象严重。当遇到学业、生活、感情、就业等方面问题时，部分大学生无所适从，感到失去了生活的依靠，甚至怀疑人生，承受挫折的能力差。大学生对就业创业的期望较高，当面对现实与理想较大的差距时，一部分学生感到巨大的落差和失落，表现出较为脆弱的心理。

(3)综合素质全面，适应能力较弱

随着社会对人才认知多元化，“90后”这一代大学生的家长在子女的教育上更注重早期的教育和培养，尽管在应试教育的体制下仍然是重学习，但也不再“唯学习论”和“唯书本论”，而是在其学习压力较小的早期让其接受音乐或者体育项目的培训，从而使“90后”大学生普遍爱好广泛、多才多艺。然而与之相背离的则是因为从小在父母和老师的呵护下过于专注于知识和素养的提升，而忽视了可迁移技能诸如适应能力的培养。在学习上，当以填鸭和灌输为主要方式的高中教育不再适用于大学学习，而代之以学分制下自主选课、自主学习为主的学习方式时，部分同学放松了课程学习，难以适应以自我为主体和自我管理为主要方式的大学学习，久而久之，甚至产生了焦虑、抑郁以及自我否定的情绪。在父母的安排与庇护下长大的他们往往人生目标迷茫、缺少社会责任感，不知道自己究竟想要些什么、做些什么，缺少担当。

(4)成才欲望强烈，职业认知程度高

“90后”大学生生活在知识经济时代，面临方方面面的竞争与筛选，自身成长经历决定了其有着强烈的求知欲与对成功的渴求。他们出生在一个信息时代，信息素养相对较高，能够运用网络获取相关信息，处理各种事务。同时，他们又面临着高校毕业生前所未有的严峻就业形势，较早开始考虑自身未来的职业方向，有一定的职业发展规划，多数希望学好自己的专业，找到一份合适的工作。在国家大力倡导“大众创业、万众创新”的大背景下，萌发创业想法、开始创业实践的学生越来越多。事实上，一些学生毕业后甚至在校期间就开始了自己的创业生涯，取得了一定的成就。宽松自由的成长氛围，使他们对问题的认识更为深刻，不会轻信盲从，学会更加辩证、全面地想问题。这使他们更加自信，自我意识得到前所未有的肯定，也使他们较早拥有了明确的个人成长计划。

综上所述，当代大学生关注社会动态，关心国家政策，自主创业意识较强，对创业有着浓厚的兴趣，渴望成功，充满生命活力，有创业的激情和梦想，希望通过创业展示自我生命的价值和才能，为社会和自己创造财富。同时，当代大学生有较好的文化素养和创业潜能，在人际交往、协调沟通、团队合作、组织管理等方面表现出较强的才华和活力，在非智力因素和创业心理素质方面有较大的优势。然而依然存在创业积极主动性不够、对自身创业能力缺乏客观评价、对创业难度预计不足等问题，需要进行相应的创业素质培养。

6.2 创业者的基本素质

素质是一个非常宽泛的概念，其本意指生命有机体天生所具有的生理特性，主要包括神经系统和大脑的特性以及感觉器官和运动器官的特性。在更宽泛的意义上，素质指人的思想与行动的潜在要素并外化表现为各种认识世界和改造世界的能力。对于创业这种较复杂的工作而言，常常要求的是一种综合性的素质，即创业行动所需要的全部要素的总和。

1999 年 6 月《中共中央国务院关于深化教育改革，全面推进素质教育的决定》提出，高等教育要重视培养大学生的创新能力、实践能力和创业精神，普遍提高大学生的人文素质和科学素养。联合国教科文组织于 1998 年 10 月 5 日在巴黎总部举行题为“21 世纪的高等教育：展望与行动”的世界高等教育大会，大会通过的《面向二十一世纪高等教育宣言：观念与行动》指出：“开发创业的能力和精神，必须成为高等教育的主要任务，以便促进毕业生就业，使他们不再是求职者，而应成为就业机会的创造者。”2015 年国务院办公厅《关于深化高等学校创新创业教育改革的实施意见》提到：“使创新精神、创业意识和创新创业能力成为评价人才培养质量的重要指标。”大学生作为社会中最富有朝气和活力、最富有创造性的群体，无疑将在方兴未艾的创业大潮中勇挑大梁，成为创业的中坚力量。大学生创业素质的高低决定了创业的总体水平和创业成功的概率，良好的创业素质如同创业大厦的基石，可以奠定创业基础、支撑创业人生。

6.2.1 创业素质概述

创业是一项颇具挑战性的事业，不仅对专业知识要求很高，而且对人的要求也很高。创业素质是创业者成功创业的基础和前提，大学生只有具备了一定的创业素质，才有可能成功创业。

6.2.1.1 创业素质

由于创业概念本身的综合性和复杂性，对于创业素质的内涵国内外学者说法不一。国外比较有代表性的观点有：创业家马丁·J·格伦德认为成功创业者应该具备的“九大素质”，即选择一个爱好、制定一个目标、拿着薪水学习、与成功者为伍、相信自己、以己之长发财致富、敢于提问、不循规蹈矩、不墨守成规和努力工作；威廉·D·拜格雷夫认为优秀创业者的基本素质应包括10个“D”，即理想(Dream)、果断(Decisiveness)、实干(Doers)、决心(Determination)、奉献(Dedication)、热爱(Devotion)、周详(Details)、命运(Destiny)、金钱(Dollar)和分享(Distribute)。国内有代表性的定义有：“创业素质是人的素质的重要组成部分。创业素质包括创业意识、创业精神、创业心理品质、创业知识、创业技能等，它融汇在人的其他素质之中，是人生获得创业成功的关键。”原武汉大学校长刘道玉在其著作《创业与人生设计》中提到，创业素质分为个性素质、智力素质、文化素质、心理素质、身体素质5种素质。

创业素质是指在人的心理素质和社会文化素质基础上、在环境和教育影响下形成和发展起来的，在社会实践活动中全面地较稳定地表现出来并发生作用的身心组织要素结构及其技术水平。它是知识经济社会人才素质的重要内容，是制约创业实践活动最终达到创业目标的不可或缺的主体因素。

6.2.1.2 创业素质要素

由于创业素质内涵的综合性与广泛性且对于不同的人群其侧重点有所不同，通过对相关理论的整理分析发现，大学生的创业素质主要包含创业意识、创业心理、创业知识、创业能力和创业精神几个方面的要素。

(1)良好的创业意识

创业意识是创业实践的原动力，指在创业实践活动中对人起动力作用的个性心理倾向，包括需要、动力、兴趣、思想、信念和世界观等心理成分。它支配着创业者对创业活动的态度和行为，集中表现为自强、自立、注重学习等。

(2)健康的创业心理

健康的创业心理主要表现为良好的心态和坚韧的毅力。创业毅力体现为一种信念，还体现为一种韧劲，需要创业者能够吃苦耐劳、能应对挫折或困境。

(3)丰富的创业知识

专业知识是创业成功的基本条件，没有丰富的专业知识，就难以把握商机和经营之道。而非专业知识，包括经营管理知识、法律知识、营销学知识、社会知识、方法论等综合知识，也对成功创业起着至关重要的作用。

(4)出色的创业能力

创业能力包括创新能力、分析创业判断能力、交流与合作能力等。在目前许多高校教学中已经构建起理论与实际教学相互融合的教学体系。理论与实践“零距离”、毕业与上岗“零过渡”已成为一些学校教学中的新理念。同时，还必须学会妥善处理人与人、人与组织、人与社会之间的关系，培养优秀的团队合作能力、良好的沟通能力和人际交往能力。

(5)务实的创业精神

创业精神是一个过程，即某个人或者某个群体通过有组织的努力，以创新的和独特的方式追求机会，创造价值和谋求增长，不管手中是否拥有资源。创业精神包括发现机会和调度资源去开发这些机会。哈佛大学商学院将创业精神定义为“追求超越现有资源控制下的机会的行为”。他们认为，创业精神代表一种突破资源限制、通过创新来创造机会的行为。创业精神隐含的是一种创新行为，而不是一个特别的经济现象或个人的特质表现。大学生创业精神主要有：坚定的创业信念、顽强的创业意志、积极的创业心态、鲜明的创业个性等品质。

这5个要素是相互联系的有机整体，每一项要素均有其独立的地位和功能。创业意识是动力，缺乏创业意识，无此方面的想法与要求，不可能有创业的举动，创业将成为一句空话。创业心理和创业精神是条件和保障，起调节作用，对创业中可能出现的各种困难挫折，必须有正确的态度。良好的心理品质会直接影响创业的成效。创业能力是核心，它是人们进行创业活动的关键因素，直接关系到创业活动的成败和效率的提高。创业知识是基础，只有掌握创业知识，创业活动才能顺利开展。

6.2.2 创业素质的具体内容

大学生是社会重要的人才资源，也是社会建设和发展的重要后备力量。随着经济的发展、时代的变革，社会要求有更多的主动创业者而不是被动就业者。在这一现实的需求下，部分高校毕业生积极创业，做出了一定成绩，起到了带头作用。然而事实证明，大学生创业群体的整体素质不高，为了进一步提高大学生创业素质，有必要阐述清楚大学生应该具有哪些方面的创业素质。

(1)适度成就动机

成就动机是人们期望成功的一种想法或信念。对成就动机的探讨是创业特质研究中最重要的内容之一。默里早在20世纪30年代就开始系统地研究成就动机。他认为成就动机这一特质指控制、操纵或组织客体、个人或观念来克服障碍，达到一个新的高度，从而超越自我、竞争对手和其他人，并通过这一成功体验来增强自尊。成就动机是一种内在固有的对更有趣和更富有挑战性任务的渴望与追求，具有较强的内隐性。也有一些观点认为成就动机是人要求获得高成就的欲望，包括三重含义：①不断努力以达到所渴望目标的内在动力；②从事某种工作时，个人自我投入、精益求精的倾向；③在不利情境中，冲破障碍克服困难、努力追求目标的内在倾向。

许多创业心理研究的结果已经表明，个体成就动机的高低与个体创业行为之间存在某种程度的关系，个体对成功的渴望越强烈，其创业意愿也越强烈，创业行为也越有可能出现。关于创业行为、创业意愿与成就动机之间的关系，根据心理学家麦克利兰的观点，成就动机与个体参与创业活动的意愿间存在紧密关系，在诸多影响创业意愿的人格特质中，成就动机是创业意愿最稳定的预测特质。但根据动机理论的解释，对创业而言，人的成就动机不是越高越好，中等程度的动机是最佳的，否则会产生焦虑等消极情绪反应，反而不利于创业行为。国内学者王重鸣、范巍的研究表明，在中国文化背景下，个体创业意向的结构维度包括创业需求性和创业可行性两大部分。其中创业需求性包括创新导向、成就导向和自我尊重；创业可行性包括个人控制和责任意识。可见，创业成就动机是中国企业家创业意向的组成部分之一。

个体的成就动机与个人的背景资料有关，这些背景资料包括个体的性别、专业、父母职业等。其中，在中国的成长过程中受家族背景的影响最深。譬如，父母的职业、家族的经济状况、家族形式，可能对个人成就动机有所影响，父母是创业家的个体更有可能会选择自主创业。中国人的成就动机主要以家庭的成就为目标。创业是一项具有创新性和风险性的活动，同时也是一项自我挑战和跨越的活动。缺少成就动机、缺少对成功的渴望和追求将首先从心理上使个体远离创业。因此，在高校的创业教育中，应该通过各种途径和方法增加学生的成功体验，激发学生的成就动机，提高学生超越自我的内在动力。

(2)内在控制源

控制源理论是由美国社会学习理论家朱利安·罗特(Julian Bernard Rotter)提出的。心理控制源是指人们对行为或事件结局的一般看法，这种一般性看法包括两种成分，一是外在性，二是内在性。心理控制源的内在性指的是人们相信自己应对事情结果负责，即个人的行为、个性和能力是事情发展的决定因素；而心理控制源的外在性则指人们认为事件结局主要由外部因素所影响，如运气、社会背景和其他人。内在控制源被许多学者认为是创业者应该具备的特质之一，许多成功的创业家都表现出内控性特点。创业是成功与失败交替出现的一种行为。如果个体把成功和失败均归于外在的原因，如运气，那么个体就失去了对自我和环境的控制。可想而知，创业也不会成功。

在大学生群体中，内控者和外控者的比例基本接近。有些学生遇到挫折和失败总是怨天尤人，责怪机遇不好，责怪任务太难，总是不会从自己身上寻找原因；有些学生有相似的经历时，会冷静地分析自己身上存在的问题、总结原因，以避免以后犯类似的错误。对创业这样一项极具挑战性的活动，内在控制源是必须具备的一项特质。

(3)风险承担倾向

风险承担倾向预示着面对风险情境时，个体如何做出抉择。从某种意义上看，创业与风险等同，创业意味着风险。准确地说，当机会出现的时候，伴随而来的首先是两样东西：机遇和风险。只有敢于冒险的人，才能坚牢地抓住机会。风险承担倾向往往在面临抉择的时刻起关键作用，这种抉择将伴随创业活动始终。例如，在创业前期准备过程中，有些大学生会花费大量时间思考以下问题：创业活动会为我带来多少利润？创业过程不像预先想象得顺利怎么办？我放弃就业机会进行自主创业值不值得？归根结底，这些行为均是对风险的一种评估，这种评估会使得个体在创业中对无法预料的风险产生抗拒和排斥。然而，没有风险的创业是不存在的，或者更进一步说，创业就是为了追求风险。

曾经有一名已经自主创业的大学生在谈到风险承担问题时说："作为一名大学生创业者，我不是在等待风险的降临，而是在主动寻求风险。因为寻求风险的过程，就是寻求机会的过程。"这名创业者的观点充分表明了风险承担倾向这一人格特质对创业的重要性。但同样值得强调的是，风险承担倾向并不是越高越好，它的最佳点应该保持在中间水平，适度即最佳。创业者需要个体承担风险，在风险面前不退缩；反之，若这种倾向过高，可能会转化成一种鲁莽，明知不可为而为之，将注定失败。因此，创业者所需要的风险承担倾向适度即可。

(4)问题解决能力

创业者同样非常关注个体的问题解决能力。问题解决能力很难用一个统一的定义进行界定，它更多地是指一种综合能力。问题导向的个体通常把困难的、不熟悉的、较糟糕的任务视为可解决的。具有较强问题解决能力的个体拥有较强的领悟能力和较快速的信息处理能力，不愿在工作过程中经常接受他人的帮助。他们一般依据目标导向的问题解决策略找到一些创造性的方法解决问题。独创性、敏感性、对问题的重新界定，这些品质是个体在不利环境中成功解决问题的关键因素。

在中国改革的浪潮中，"巨人"史玉柱无疑是最具传奇色彩的大人物之一。1989年，以40000元借债起家，短短5年位居福布斯"大陆富行榜"第8位，顷刻间财富又灰飞烟灭，沦落为负债2.5亿元的"中国首穷"。几年后卷土重来，还清巨债，又一次身家几亿，胜过当年的鼎盛时期。很多人戏称他为中国"最著名的失败者"，但他同样也是"最著名的成功者"。他现在的成功与他在不利环境中的优异问题解决能力有很大关系，他能够以独特和敏锐的视角重新界定问题，在不利环境中成功解决问题。

(5)自动坚持自己

自动坚持和肯定自己也是创业者应该具备的特质之一。在创业的创立阶段及随后的经营阶段，在与客户、合作伙伴及金融人员的交往沟通过程中，创业者需要一种支配性的和不妥协的态度方式。与风险承担倾向相类似，自动坚持自己的程度保持中等水平即可。一方面，我们很难想象，个体若过度依赖他人的意见，对自己的观点不自信、不坚持，能够成功地创业且经营企业；另一方面，创业成功通常依赖与顾客或合作者进行协作，缺乏妥协会严重破坏创业的成功。事实上，自动坚持自己可以包括很多种人格特质，如自信、执著。执著同样也是意志品质的体现。无论是面对成功或失败，如何坚定地选择，坚定不移地开创新的局面，是每一个创业者都应该考虑的。

(6)不确定容忍性

不确定容忍性指个体在不确定的环境中组织信息的方式。它是忍受矛盾、不屈不挠地解决各种复杂的问题，在复杂环境中生存的能力。较高的不确定容忍性是创业人格特质的一个独特构成部分。事实上，创业活动本身就是一项具有不确定性的活动，它是一项考验人意志的活动。不确定、不一致、不完整、模糊性、矛盾性等情况在创业过程中均有可能出现。个体能否承受这种不确定、如何承受这种不确定，将会成为创业成功的关键。当不确定的情境出现时，有些个体承受不住这种不确定所带来的压力，草率地处理和解决问题；也有一些个体会以一种耐心的态度，等待情境明朗化再做出决定，即对不确定情境有更强的容忍度。一些研究表明，与管理者相比较，创业者具有更强的不确定容忍性。

(7)情绪稳定性

一个人若很容易烦恼和焦虑或者经常被失败的恐惧折磨，将很不适合管理一个公司或企业。情绪稳定性对工作绩效有显著的影响，尤其是对一些压力较大的工作。拥有高情绪稳定性的个体更能从积极的角度思考问题并对自己的生活感到满意，很少会感到气馁。低情绪稳定性的个体则表现为焦虑、不安、悲哀和喜怒无常。高情绪稳定性是创业者的优势所在。

如何管理好自己的情绪是现代人非常关注的一个问题。我国古代思想家老子认为人应该“无惊”，面对任何情况都不应该有太大的情绪发应。我国文学家王蒙在谈到老子的思想时，提到人很难一下子达到“无惊”，而应该是一个渐进的过程，从大惊到小惊到无惊。无论是本应该无惊，还是逐渐达到无惊，一种好的情绪状态应该是宠辱不惊，而这种情绪品质也是创业者所应该具备的特质之一。刚刚起步且处于青春期的大学生人生阅历比较简单，遇到问题的时候情绪很容易受影响，起伏较大。在高校创业教育中，如何引导学生妥善管理自己的情绪、做情绪的主人也是创业教育的一个重要内容。

（8）创新能力

创新性或创新能力主要指发现新问题、提出新方法、建立新理论、发明新技术的能力，是创新型人才必须具备的基本能力，包括创新思维能力、动手操作和实践活动能力及解决问题能力。创业能力则是指能够顺利实现创业目标的特殊能力，包括专业技术能力、经营管理能力、社交沟通能力、分析和解决实际问题的能力、把握机会和创造机会的能力等。创新能力的大小会影响创业能力的强弱。

基本上所有的企业家都认识到创新是企业生存和发展的基本所在，固定资产近亿元的中国工业电器龙头企业浙江正泰集团董事长南存辉在总结企业发展时说："一个优秀企业的发展，是不断打胜对手和超越自我的结果。创新与卓越同在，创新是企业的生存之本。正泰的创新，就在于技术创新、制度创新和管理创新。"李克强总理强调，创新是引领发展的第一动力。对于大学生而言，其创新创业能力的培养重在创新实践和动手能力的训练。

（9）团队合作能力

对于大多数创业者来说，不可避免地要谈到创业合作伙伴和创业团队的问题。的确，单枪匹马创业的大有人在，但是，更多见的是与人合作的创业，所以对于创业者而言，团队或小组合作能力也是其应该具备的特质之一。

一个成功的创业团队所应该具备的特质包括内聚力与一体感、团队利益第一、坚守基本经营原则、对企业的长期承诺、成员愿意牺牲短期利益来获取长期的成功果实、全心致力于创业新事业的价值、合作的股权配置、公平弹性的利益分配机制、经营成果的合理分享及事业能力的完美搭配。这些特征同样也是团队合作能力的体现。

当代大学生基本出生于20世纪90代以后，受我国计划生育政策的影响，以独生子女居多。独生子女受其成长环境的影响，较多表现出自我的特点，更容易从自己的角度出发思考问题，而缺乏同伴合作能力。因此，团队合作能力和小组合作能力同样是高校创业教育应该重视的内容。

6.3 基本素质测评

创业者如何判断自己是否具备创业素质呢？这依赖于对创业素质的测评，我们可以将创业者的主要素质分类成不同层级，通过这种分类，找到测评和识别的方法。

（1）设定目标

如前所述，成就动机是人要求获得高成就的欲望。人的活动总是指向一定的目标，总是力图在某些方面取得成就。高成就动机的人倾向于设定挑战性的目标，并试图通过努力追求达到目标。创业是一项自我挑战和超越自我的活动，缺少成就动机的个体通常不会选择创业，高成就动机者具有更强的创业意愿，更有可能在理性分析创业需求性和创业可行性之后选择创业。创业者一定要有自己创业的梦想和目标，否则创业就无从谈起。创业梦想越强烈，创业目标越远大，其创业成就可能会越巨大。优秀创业人才的第一类评价指标是目标。可以将具有强烈的创业梦想和目标，作为评价是否是创业人才的关键指标，设定目标这一指标可以分成5个层级(表6-1)。

(2)计划能力

创业对创业者的要求不仅仅是具有远大并且明确的目标，还要求创业者能够针对目标制订相应的计划，具体的计划要点包括：必要和充分条件分析，创造必要和充分条件的技术路线、方法和工具，系统性、关键性问题分析及其解决方案。可以将计划能力分成5个层级(表6-2)。

表6-1　设定目标的5个层级及其特征

层级	相应特征描述
第一层级	有目标，模糊不敢讲
第二层级	有目标，较模糊，敢讲，当遇到困难和挫折时，会退缩而半途而废
第三层级	有目标，较明确，敢讲，不怕困难和挫折
第四层级	有远大目标且目标可行，敢讲，不怕困难和挫折
第五层级	有远大目标且目标可行，敢讲，不怕困难和挫折，并且形成一种坚定的信仰

表6-2　计划能力的5个层级及其特征

层级	相应特征描述
第一层级	创业之前没有考虑成功所需要具备的必要和充分条件，凭创业激情，走一步算一步
第二层级	创业之前考虑成功所需要具备的必要和充分条件，但是没有想清楚创造这些必要和充分条件的技术路线、方法和工具没有考虑系统性、关键问题
第三层级	创业之前考虑成功所需要具备的必要和充分条件，并且想清楚创造这些必要和充分条件的技术路线、方法和工具，但是对系统性和关键问题考虑不够
第四层级	创业之前考虑成功所需要具备的必要和充分条件，并且想清楚创造这些必要和充分条件的技术路线、方法和工具，系统性、关键问题，但是，对关键问题的解决方案准备不够
第五层级	创业之前考虑成功所需要具备的必要和充分条件，并且想清楚创造这些必要和充分条件的技术路线、方法和工具，系统性、关键问题，对关键问题的解决方案准备充分

严格来讲，任何人都无法准确判断具体某项目创业成功所需要具备的必要和充分条件，以及创造这些必要和充分条件的技术路线、方法和工具，还有系统性、关键问题等。因此，计划的可行性指标具有隐性特征，可以用一些辅助办法进行近似判断。

(3)思维能力

目标和计划的可行性与制定者的思维能力有关，思维能力越强的人，其制订的目标和计划可行性越强。因此，可以从判断创业者的思维能力来进行辅助的判断。

思维能力是指一个人根据已有的经验、知识积累和对事实的掌握情况，而做出对某种规律的理解。在很多时候，一个人已有的经验、知识积累和对事实的掌握情况是不完整的，因此往往无法对事物规律及其未来做出准确判断，实际上只是一种基于理解基础上的判断。可以通过个体的一系列习惯对其思维能力进行近似判断。

a. 静下心来的习惯

现实工作和生活中，往往会有很多干扰人心境的事情。一个人如果能够做到做任何事情都不受干扰，能够静下心来，做到“心如止水”，就有可能做到“心如明镜”。可以从 3 个方面观察创业者是否具有静下心来的习惯：①自我反省；②专注；③勤思考。

b. 倾听、阅读和调查的习惯

认真倾听别人的话，并认真思考别人话中之义，不急于发表自己的意见。这种习惯可以使人在别人思想的基础上考虑问题，使人考虑更加全面。因此，一个有很好倾听习惯的人，往往是理解问题比较全面的人。同样的，有阅读习惯，能够阅读别人的相关思考和总结材料的人，往往是理解问题比较全面的人。仅靠倾听和阅读别人所讲和所想的内容，可能导致对问题理解有偏颇，调查可以使人对问题理解更加全面。

c. 动笔的习惯

绝大多数人没有动笔总结的习惯，总是将思考的问题放在脑子里，今天在脑子里想的，明天可能又回到原点，甚至忘了，或者还没有今天想得周全，往往难以做到全面和系统。动笔可以使人对问题的理解更深刻。有动笔习惯的人，比没有动笔习惯的人思考问题更全面和系统。当你动笔写下第一次思考的内容，第二次再在此基础上思考时，就会发现又进了一步。不断动笔会使人理解更加全面和深刻。一个人如果能够动笔写出工作目标和计划，并且能够不断完善和改进其内容，通常具有勤思考的习惯。

d. 换位思考的习惯

很多人没有换位思考的习惯。总是习惯站在自己的立场，对问题的理解想当然。很多人觉得自己已经理解了，实际上可能是盲人摸象。换位思考，可以让人的理解更全面。

e. 分类思维的习惯

通常，人在遇到很多人和事情的时候，往往分不清主次。有分类思维习惯的人，往往思维能力较强。

不同的人，对创业者的重要性程度是不同的；不同的人，其知识积累和思维能力是不同的；不同的人之间，其信任程度是不同的。创业者如果有一个好的分类，就会有相应合适的对待方法。

如果创业者找某人办事情，首先，要考虑的是对方对他的信任程度；其次，需要考虑的是对方对问题的理解程度。如果没有信任基础，需要建立信任基础；如果对方对问题理解不透彻，需要考虑相应有效的表达方法和程序。创业团队的组建需要在对人进行分类的基础上进行选择，选择高信任程度的合作伙伴，同时明确做事的目标。

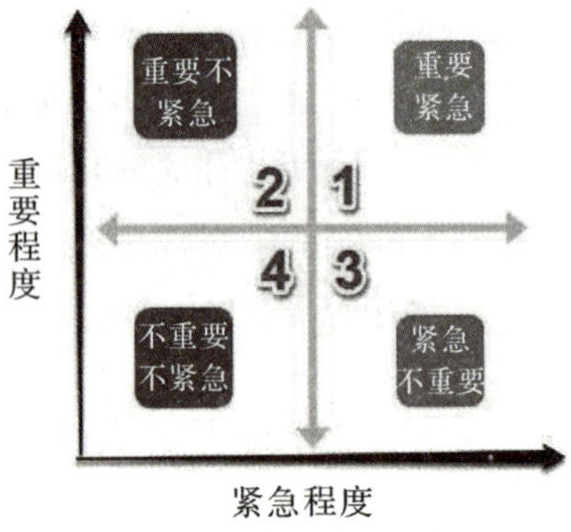

图 6-1 对事情的分类方法

大多数事情均可以按轻重缓急程度分到相应的 4 个区(图 6-1)。在时间安排上，遇到 1 区或者 4 区内的事情，大家往往会显而易见，不会搞错。常常搞错的可能是 2 区和 3 区的事情。很多人将 2 区的事情忽略成是 4 区的事情。明明是重要的事情，甚至是最重要的事情，因为不急，所以当成了不重要的事情。重要的事情，往往并非需要很多时间，贵在坚持。如果坚持做这些重要而不急的事情，它可能会水到渠成。如果将它们误解成是 4 区的事情，而不坚持，它们将可能演变成 1 区内的事情，成了急迫的事情以后，可能就来不及了。很多人也往往将 3 区的事情误解成是 1 区的事情。明明是不重要的事情，甚至是无关紧要的事，当成了重要的事情。有些人成天忙忙碌碌，最后身体也忙垮了，事业上却一事无成。其原因是将太多 3 区的事情误解成是 1 区的事情。人的精力是有限的，创业过程是繁忙的，只有分清楚主次，才能有效运用时间。

(4)表达能力

表达的目的是为了对方理解，而不仅仅是将话讲清楚或者用文字表达清楚。表达能力必须考虑听者的接受程度与水平，就好像给只有小学水平的人上高等数学的课程，尽管讲得很清楚，对方也肯定不能理解。表达需要有正确程序，如果让只有小学水平的人听懂高等数学课程，则需要先上初中和高中的数学课程。再进一步讲，表达的对象即使理解了表达者的意思，也不一定接受表达者的观点。所以，表达的时机和场景必须合适，应该从对方立场考虑问题。

表达能力的重要性，可以体现在两个方面：①表达能力越强的人，对外可以很好地销售其产品或服务，对内可以很好地调动员工的积极性。表达能力的最高境界是：创业者能够说服客户消费其产品或服务。如果创业者有这种能力，他的创业就有可能成功。②表达和理解的关系，具有某种“镜像”关系。理解越准确，其表达也一定越准确的；反过来，表达越准确，其理解程度也一定越深透。因此，表达能力是判断创业者成就程度所不可或缺的指标。通过对其表达能力的判断，既可以判断其销售能力，也可以判断其组织管理能力，还可以判断其思维能力。

综上所述，可以将表达能力分成 7 个层级(表 6-3)。

表 6-3　表达能力的七个层级及其特征

层级	相应特征描述
第一层级	口齿清楚，言能达意
第二层级	口齿清楚，言能达意，思路清晰
第三层级	有如下 3 种情况之一者： ①口齿清楚，言能达意，思路清晰，并能够根据场景和时机把握表达的内容和方式 ②口齿清楚，言能达意，思路清晰，并能够做到言行一致 ③口齿清楚，言能达意，思路清晰，并能够用文字表达其口头表达的内容
第四层级	具备第三境界中的两种情况
第五层级	同时具备第三境界 3 种情况
第六层级	掌握表达程序和艺术
第七层级	正确的心态(此指标可以间接测度创业者的世界观和行为准则)

(5)怀疑能力

不同的人，往往受各自环境的熏陶及以往经验的影响，对同一问题有不同的理解。绝大多数人往往只理解一些表象。怀疑是做到真正理解的基础之一。怀疑能力既可以作为间接指标来判断思维能力，又是创业者成功所不可或缺的指标。例如，在商场上往往会有很多口头承诺，口头承诺难以受到法律保护，从口头承诺到兑现有很大距离，很多失败往往是因为轻信别人的口头承诺。有时候，客户承诺一个订单，创业者如果不继续做足功课，就可能会成为泡影。

历史在演变，环境在变化，客观条件也在变化，一成不变地照搬以往的经验可能就会导致失败，以往自己失败的事情或者别人失败的事情也未必就走不通。创业者需要怀疑的方面包括：①自己以往成功的经验；②他人以往成功的经验；③他人的承诺；④约定俗成的习惯及被自己或者他人认定的真理。很多创业者在开始时可能做得很成功，一时的成功，往往会使他(她)的自信心盲目膨胀，认为自己没有什么做不到的事情，因此，可能在企业人才储备不足的情况下，进行盲目扩张，因而导致现金流危机而失败。自己以往的成功或者他人以往的成功均是在一定环境和条件下完成的，环境和条件总是在变化的，以往做法的成功不等于以后仿效也能成功。当然，过于多疑并非好事，要带着辩证观点进行怀疑，对于成功的经验要认真总结，对于失败的教训也要认真地总结。

怀疑能力可分解为 4 个层级，见表 6-4。

表 6-4　怀疑能力的 4 个层级及其特征

层级	相应特征描述
第一层级	在行动之前，不会对习惯的思想和观点作进一步思考确认
第二层级	在行动之前，对习惯的思想和观点作进一步思考确认
第三层级	在行动之前，对习惯的思想和观点作进一步思考确认，如果是重大的问题，还会作集体讨论
第四层级	在行动之前，对习惯的思想和观点作进一步思考确认，如果是重大的问题，还会作集体讨论，并且作进一步调查确认

（6）创新能力

创新意味着创业者在理解某一问题上有一个质的突破。之所以有创新，就是因为突破了普通人的理解境界。因此，创新能力可以间接判断创业者的思维能力。创新能力并不完全代表思维能力，它还包括一种钻研的精神和能力。具有钻研精神和能力的人，总是能够将事情越做越好，而越做越好的过程是一种创新和钻研的过程。

创新能力是创业者成功不可或缺的指标。在商场上竞争，如果大家都用一样的方法，最终往往陷入价格战，形成鱼死网破的格局。最终胜出者，一定是有别人所不知道（或不曾使用）的技术路线、方法或工具。正如表达和理解的关系，具有某种“镜像”关系一样。怀疑和创新，也同样具有某种“镜像”关系。有怀疑能力的人，表明他有创新能力；反过来，有创新能力的人，也具有怀疑能力。创新能力可以分成5个层级（表6-5）。

表6-5　创新能力的5个层级及其特征

层级	相应特征描述
第一层级	遇到问题，找不到解决办法
第二层级	能够解决一般问题，但是缺乏钻研精神，因此，其能力基本停留在某个水平上，难以突破
第三层级	思维活跃，遇到难题，总是会想出几种解决办法，并且通过权衡，从中选出一种办法
第四层级	思维活跃，遇到难题，总是会想出几种解决办法，并且通过权衡，从中选出一种办法；并且不满足于现状，会不断思考和改进实施方法
第五层级	思维活跃，遇到难题，总是会想出几种解决办法，并且通过权衡，从中选出一种办法；不满于现状，会不断思考和实施改进方法；有钻研精神，遇到难题，会一直钻研下去，直至解决难题

（7）人生观

一个人无论有多大成绩，不可能做到无所不能，总有需要别人的时候。有的人始终拥有感恩心态，总是会善待他人，当其遇到问题时，就会有人愿意帮助；有的人将别人为他做的事情，认为是理所当然的，久而久之，在遇到问题时，没有任何人愿意帮助，总是孤家寡人一个。究其原因，就是他的人生观在起关键性作用。人生观决定其行为准则。看重功名利禄的人生观，行动准则也是急功近利的。成功的创业人才，在时机和条件不成熟的时候，应该耐得住寂寞，潜心学习和修炼，谋定而后动，不要急功冒进。

人生观可以分成7个层级（表6-6）。

表6-6　人生观的7个层级及其特征

层级	相应特征描述
第一层级	①朋友或者认识的人进步了，他感到不快乐，朋友或者认识的人出现了问题和困难，他反而感到快乐；②总是觉得别人欠多还少；③只考虑自己收入，而不考虑贡献与收入之间的关系，认为没有贡献，却得到报酬也是理所当然的

（续）

层级	相应特征描述
第二层级	①朋友或者认识的人进步了，或者出现了问题和困难，他不会有不快乐或者快乐的感觉；②不会觉得别人欠多还少；③能较客观地考虑贡献与收入之间的关系
第三层级	①朋友或者认识的人进步了，他感到到快乐；朋友或者认识的人出现了问题和困难，他为之担忧；②考虑贡献与收入之间的关系，知道得到回报就需要付出；③有感恩心态；④一般情况下，不会轻易改变自己的承诺
第四层级	具备第三境界①和②的素质；③有感恩心态，并能付诸行动；④会争取兑现自己的承诺
第五层级	具备第四境界①②和③的素质；④会努力兑现自己的承诺；⑤有济世的心态
第六层级	具备第五境界①②③和④的素质；⑤有济世的心态，并能付诸行动
第七层级	具备第六境界①②③④和⑤的素质；⑥已经看明白和荣誉皆身外之物

(8)合作能力

显然，有了正确的人生观，就能够团结人才，与他人合作。合作能力可以分成5个境界(表6-7)。

表6-7　合作能力的5个境界及其特征

境界	相应特征描述
第一境界	总是看到别人的缺点和不足，而看不到别人的优点
第二境界	会看到别人的部分优点
第三境界	①会看到别人的部分优点，有协作精神；②有团队意识，但是一个人在创业，有吸引新的合伙人加入创业团队的想法，但是找不到合适的人选
第四境界	①会看到别人人的优点，有协作精神；②已有一支创业团队，但团队内部的合作性还不够
第五境界	①会善于发现别人的优点，包容别人的缺点和不足，有很强的协作精神；②已有一支创业团队，并且团队从成员具备如下精神：遇重大决策事项时相互商量；相互认同、相互包容、取长补短；不计个人得失，服从大局；相互帮助；自我表扬和表扬，自我批评和批评；团队经得起时间的检验

(9)坚持自己

持功利人生观的人，在遇到“过程中出现的、事先没有考虑到的、棘手的、甚至是致命的问题”时，会失去冷静，会被挫折吓倒，会将失败看得很重。然而，创业需要创业者在遇到重重困难时，依然坚信自己，想办法解决问题，努力前行。坚持自己也可以称之为定力，可以分成7个境界(表6-8)。

表6-8　定力的7个境界及其特征

境界	相应特征描述
第一境界	①瞻前顾后，不敢付诸行动；②遇事不冷静
第二境界	①能够将所想付诸实际行动；②遇事不冷静；③当遇到一般难题时，会退缩而半途放弃
第三境界	①能够将所想付诸实际行动；②遇事冷静；③能解决一般难题；④当遇到困难时，就会退缩而半途放弃

（续）

境界	相应特征描述
第四境界	具备第三境界①②和③的素质；④能克服遇到一般困难；⑤当遇到挫折时，就会退缩而半途放弃
第五境界	具备第四境界①②③和④的素质；⑤能承受挫折；⑥当遇到暂时的失败时，就会退缩而半途放弃
第六境界	具备第五境界①②③和④的素质；⑤能承受挫折和暂时失败；⑥但当第一次创业失失败后，不敢第二次创业了
第七境界	具备第六境界①②③④和⑤的素质；⑥即使第一次创业失败，一旦有机会还能进行下一次的创业

需要说明的是，完全具备上述素质并达到最高境界的人通常是很少的。即使已经取得巨大成功的人，在创业之初也可能不完全具备这些素质。创业者只要具备了其中的必备素质，再通过后天的学习与努力，就可以实现素质的不断提升。团队的集体力量会决定事业上的成败。同时，在个体并不具备上述最高境界素质的情况下，要积极组建一个整体具备上述最高境界素质的创业团队。

第 7 章　创业经济学

学习目标： 重点掌握创业经济与传统管理型经济的区别与联系，理解创业企业的常见盈利模式及创业成本、收益和利润分析方法，熟悉创业生态模型，了解当前宏观环境对创业生态的影响及当前我国创业经济的基本特征。

关 键 词： 创业经济　创业生态　盈利模式　创业投资

7.1　创业经济概述

7.1.1　创业经济的概念与特征

创业经济（Entrepreneurial Economy）的概念是在 20 世纪 80 年代由著名管理学大师彼得·德鲁克在《创新与创业精神》一书中作为“新经济”提出的，并认为正是美国经济体系从“管理型经济”向“创业经济”的转型才得以改变其 20 世纪本已转向危机的结局。创业经济是以创新与创业活动为基础，将创新创业精神与知识、技术、管理、资本融为一体，保持经济持续创新发展的一种经济发展模式。创业经济包含两层意思，一方面，新创中小企业为经济发展提供动力；另一方面，创业经济为中小企业的不断创新与发展营造环境。其本质是拥有一种创新与创业文化和高水平的创业活动的经济形态，创业经济体系的特质是能够对知识加以创新、应用，这里的知识涵盖范围要远远超过所谓的高科技知识发展与有效应用，是社会发展、经济持续增长的主要驱动力；劳动力、土地、资本、创业家与创业精神是驱动经济增长的主要因素，其中劳动力、土地、资本属于生产要素，而创业家的主要功能则在于推动企业创新，而创新与创业精神正是形成创业经济体系的动力。

在创业经济中，创新成为经济发展的基础力量，高水平的创业活动成为经济增长的动力来源，生产组织形式灵活多样，知识和技术更新速度快。与传统的管理型经济表现出不同的特征，从基础力量、政府政策、企业运营方式和外部环境 4 个方面对比见表 7-1。

表 7-1　创业经济与管理型经济基本构成要素的比较

分类	创业经济	管理型经济
基础力量	地方化 激进的创新 就业和高工资	全球化 渐进的创新 就业或高工资
政府政策	鼓励和推动 投入目标化 地方性政策	限制和约束 产出目标化 全国性政策
企业运营方式	激励 市场交换 竞争与合作互为补充 灵活性	控制 企业交易 竞争与合作互为代替 规模
外部环境	不稳定性 多样性 异质性	稳定 专业化 同质化

创业经济是一种以创新、创业、创造为核心的全新经济形态，它不仅可以带动经济的发展，而且还可以在创业中实现就业的增长，成为经济、社会全面发展的重要推动力。创业经济具有以下鲜明的特征。

第一，企业家精神成为经济中的核心生产要素。在创业经济中，知识、创意和技术作为新的生产要素进入生产和服务过程，而这三者与传统生产要素(土地、劳动力、资本)不同，它们具有市场风险高、信息不对称、交易费用高等特点。这就要求创业者对市场有准确的把握，敢于承担风险，这正是企业家精神的体现。创业经济中，创业者发挥着更为核心和持续的作用，企业家精神能够配置到生产性活动上面，从而促进经济良好增长。

第二，创业经济的本质特征是创新。创业经济强调变化性，并在变化的基础上引发创新，相对于管理型经济中稳定的创新，这是一种激进的创新，这种创新不是对现有技术领域的追随，而是对企业原有核心能力和技术轨道的一种超越性拓展，是根本性的创新。激进的创新使得创新成为创业经济中的一种常态，不仅能够创造新的产品，还能形成新的产业，创造新的需求。

第三，创业经济的微观基础是中小型创业企业。一方面，随着信息和通信技术的发展，创业经济中生产要素的流动性成本大为降低，市场需求逐渐由标准化产品向个性化产品分散，企业的外部环境不稳定，信息、技术和企业家精神等因素逐渐成为企业竞争优势的源泉；另一方面，创业不仅仅是创办新企业，更是对当前有限资源的捕捉和利用的过程，是创业精神与创业机会的融合，是开创新事业。中小型企业应变迅速、开放、经济自组织能力强、企业网络发达等特点使得创业型经济具有很强的竞争力。

第四，创业经济的经济增长以知识溢出和扩大竞争为途径。管理型经济关注的是如何激励知识生产，而创业经济关注的是如何通过创业活动使得知识转化为收益。新企业的诞生加剧了同类企业的竞争，而竞争有利于专注于新产品开发的新企业进入市场。这都比管理型经济下的地区垄断更有利于促进经济增长。

综上所述，作为创新的集聚点，创业企业本身具有很高的创新率，能迅速引入产业创新和企业创新，形成新的产业，创造新的需求。创业企业的形成与发展过程，与新产品或新技术的产业化、规模化、普及化的过程交织在一起。创业企业的形成与成长不仅包括新产品、新技术的产生、推广、应用，还包括与之相应的产业资本的形成与成长，以及制度创新的不断深化。通过创新实现的资源整合，推动着资源配置方式的不断演进和财富的快速增长。无论是新技术的产生、推广、应用，还是与之相应的产业资本的形成、成长，都离不开产业创新、企业创新和制度创新。产业创新通过对原有产业技术、分工、组织、管理生产过程的创新而促使新兴产业分离出来。企业创新则通过将各种生产要素进行新组合的行为，包括产品创新、技术创新、市场创新、管理创新、组织创新而直接引起新兴产业形成，或引起产业创新进而在一定条件下引起新兴产业形成。创业经济中创新的内涵并非许多创新行为的简单堆砌，而是整个经济生活围绕创新来进行改组、改造甚至是重新定向。各种创新活动的不断涌现只是创新型经济的一种表征。

7.1.2 创业经济的意义

首先，能够促进就业。发展创业经济，可以带来就业的倍增效应。因为劳动者在创业的时候，不但解决了自己的就业问题，还可以通过合伙创业、组建公司、个体经营等方式带动更多的人就业，培养和造就更多的创业主体。David Bireh (1981) 曾证实，美国超过 80% 的新工作岗位是由中小企业而非大企业提供的。Balje 和 Waasdorp 的研究显示，1997—1998 年间，澳大利亚 45% 的新工作是由新创公司创造的；1994—1998 年间，荷兰新创立企业和高速增长公司创造了新工作的 80%。中国 20 世纪 90 年代中后期，由于企业改制重组，导致了许多工人下岗，但是在这些失业人员中，很多人不是等着国家或企业给自己重新分配工作，而是勇敢地走出去，艰苦创业，不但自己当上了创业者，还带动和帮助和自己一样失业的职工实现了再就业。

其次，实现科技进步。进入 21 世纪，各国的竞争聚焦在创业与创新水平上。创业是高新技术最终转化为现实生产力的桥梁，是经济发展的引擎和日益重要的推动力。而经济发展又会在更高层次上促进科技进步。创业经济作为一种社会经济形态，表现为以创新为基础创业活动的全方位发展。创业型经济更依赖于创新、更易引发创新，创新是创业活动的本质，创新是创业型经济的基础力量。随着新经济时代知识研发与传播方式的更新，创新成为更普遍、更深入的活动。更多的人投入到创业活动中来，更多的现有企业通过内部创业活动开拓了新的事业。创业型经济作为一种经济运行方式，从微观到宏观形成促进有效创业的推进机制。从微观上看，在多样性、异质性、变动性的市场环境中，创业者为了促进盈利商业模型打造中成功率的提升，不断增强创业中的回应性、适应性、创造性；从宏观上看，企业适应市场环境的组织能力不断增强，行会组织、商会组织的作用也不断加大、大大提升了创业的组织水平；此外，政府在创业中的推动机制不断完善，相关政策也从如何规制转向如何鼓励和推动创业。这样，企业、社会、国家相互协同，形成创业活动有效的促进机制，体现市场自组织性和政府重要作用的创业推进机制已经成长起来。经济与科技的良好循环的系统得以建立。

创业经济发展，创新是必不可少的，无论是初级创业还是企业中的二次创业，都必须在现有技术或产品上有所改进，开发出新的技术或新的产品，才能在激烈的市场竞争中得以生存。因此，这就要求企业密切关注科技发展动态，鼓励和支持创新，及时掌握高新技术，并有效转化为生产力，给企业带来经济效益。所以说，创业是将科研成果转化为现实生产力的桥梁，同时也是促进新一轮自主创新的催化剂。

第三，有助于经济发展。创业的过程，也是优化资源配置的过程，创业推动了经济发展。麦克米伦(McMillan)和伍德拉夫(Woodruff)认为，创业在从计划经济向市场经济过渡中扮演着中心角色，决定着改革的成败。全球创业观察(GEM)的研究表明，GDP 增长差距的大约 30% 可以归因于创业活动水平的差异，美国经济取得成功的秘密是其拥有一种创新与创业的文化，创业精神与创业活动是美国经济最重要的战略优势，其中制造业生产率增长中 20%~25% 来自于企业的进入和退出活动，也就是说，企业进入和退出推动公司分布和部门生产率的提高，尤其是那些由大量小公司主导的部门。

尽管目前中国的经济处于较稳、较快的发展中，但是有限的资源和环境支撑能力难以维持经济的高速增长，资源紧缺将会成为束缚中国经济发展的瓶颈。为了把握科技发展的时代趋势，并及时调整创新的经济引擎，国家做出了走自主创新之路，建设创新型国家的战略决策。这是实现中国经济增长方式和发展战略转变的有效措施之一。而创业的本质就是创新，成功的创业往往发端于创新，也常常会导致自主创新，因此，发展创业经济是提高企业自主创新能力、建设创新型国家的重要保障。

7.2 创业经济学基本模型

创业成功是各种相关因素共同作用下的结果，对于影响创业各个环境因素的研究也在生态学理论基础上得到发展。结合自然生态学知识体系，一般认为地区经济发展是一个复杂的过程，需要把相关要素联系起来综合考虑，关注创业生态系统的发展不能仅仅关注地区企业的数量，更要关注基础设施、公共结构以及相互匹配关系，将创业生态系统描述为在一定区域内的相关主体对创业活动发挥决定作用的环境。创业生态系统由在一定区域内相互作用的创业群落构成，包含各种相互依赖的参与者(创业者、政府机构等)和影响因素(市场、基础设施、支撑环境和创业文化等)。因此，创业生态系统可以界定为：以创业者为中心，连接政策引导、金融服务、中介服务、科研院所、创业教育、基础设施等机构，协同作用于创业者，通过交互式共生演化来提高创业质量，促进区域统筹发展。对创业经济学研究，常见的模型有以下几种。

7.2.1 蒂蒙斯创业模型

美国百森商学院的蒂蒙斯(Timmons)教授于1999年在其著名的*New Venture Creation*一书中提出了一个由机会、资源、团队三要素构成的创业过程模型。他认为，创业是一个动态调整的过程，创业者必须能恰当地搭配机会、资源和团队三要素，并且要随着企业的发展不断对其进行调配、整合和平衡(图7-1)。

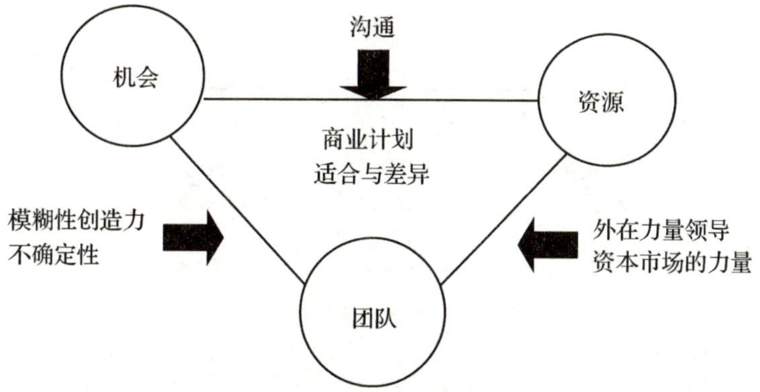

图7-1 蒂蒙斯创业模型

资料来源：Timmons J. A. 2004. New Venture Creation. 6 ed

此模型认为，机会、资源、团队是创业最重要的驱动因素，其中，机会是创业的起点与关键，创业源于对机会的识别和把握，进而利用机会实施创业，因此，发掘和考量市场机会对创业成功起着重要作用；资源是创业的支持与依托，如何巧妙获取和合理配置现有和潜在资源成为创业的一大难点，需要创业者精心设计新创企业的发展和经营战略，以实现对资源的最有效利用；创业团队是新创企业的关键组织要素，为适应环境的变化，团队要灵活，富有柔性。蒂蒙斯指出创业领袖和创业团队要具备以下基本素质：较强的抗挫折力、突出的学习能力、高度的创造力、较强的沟通和领导能力、正直诚实的品德。

该模型强调创业过程的动态性与调整性。在创业前期，发现与识别机会最为关键；创业初期的重点在于团队的构建；当新事业顺利启动后，对资源的需求才会增加。

蒂蒙斯认为随着时空变迁，外在环境的变动性、市场的不确定性、机会的模糊性以及资本市场的高风险性等特点，都会对创业活动产生影响，使机会、资源、团队三因素发生变化而产生失衡。此时，创业者必须依靠自身或团队的沟通力、创造力和领导力来发现问题，不断探求更大的商业机会，进行资源的合理运用，及时对这些要素进行调整，使之均衡发展，使创业活动重新获得平衡，使新事业能够顺利进行。

机会、资源、团队三者不断调整，最终实现了动态均衡，这就是新创企业发展的实际过程。蒂蒙斯模型始终坚持三要素间的动态性、连续性和互动性。

7.2.2 加纳创业模型

加纳(William B. Gartner)于1985年在*A conceptual framework for describing the phenomenon of new venture creation*一文中提出了一个关于个人、组织、环境和过程四要素相互作用的创业模型(图7-2)。

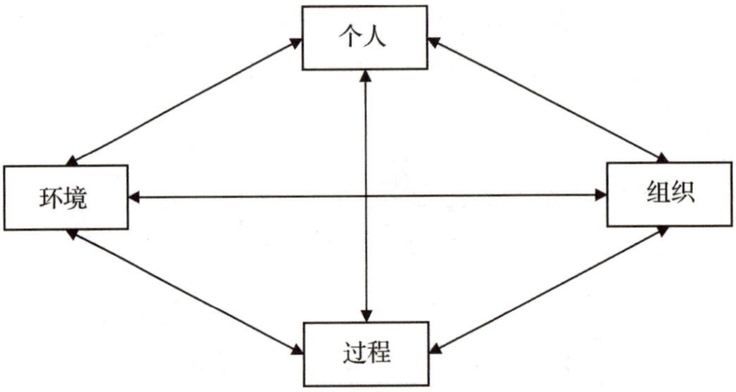

图7-2 加纳创业模型

资料来源：William B. Gartner. 1985. A conceptual framework for describing the phenomenon of new venture creation.

加纳认为，创业就是创建新组织的过程，是创业者为了取得预期的理想结果，按照一定的结构顺序对原本独立的各个行为要素进行组合。他主张从4个维度来构建新企业的创业模型：新企业的创立者——个人，新企业的类型——组织，新企业的创办过程以及新企业所处环境。这4个要素的相互作用导致了新企业的创建。其中，创业者应该具备高度的成就渴望、富于冒险精神、具有丰富经验等特质；创业组织包括组织结构的构建和组织的战略选择等内容；创业过程主要包括创业者识别创业机会、整合内外资源、构建组织结构，进而进行产品的生产或服务的提供来回报社会等步骤；创业环境主要包括内外部环境因素，如政策因素、经济因素、市场因素、技术因素等。只有深入研究这4个变量，并探讨每个变量的维度及其与其他变量各维度的相互作用关系，才能够全面揭示新企业创建过程的特性。

加纳创业模型不仅描述了新企业的创建过程，也适用于单个创业者的创业行为，该模型并不是专门回答“新企业是如何创建的”这一问题，而是为新企业的创业提出了可供参考的发展模型，这一创业模型也是动态的。

7.2.3 威克姆创业模型

威克姆(Wickham)于1998年在*Strategic Entrepreneurship*一文中提出了一个基于学习过程的创业模型(图7-3)。

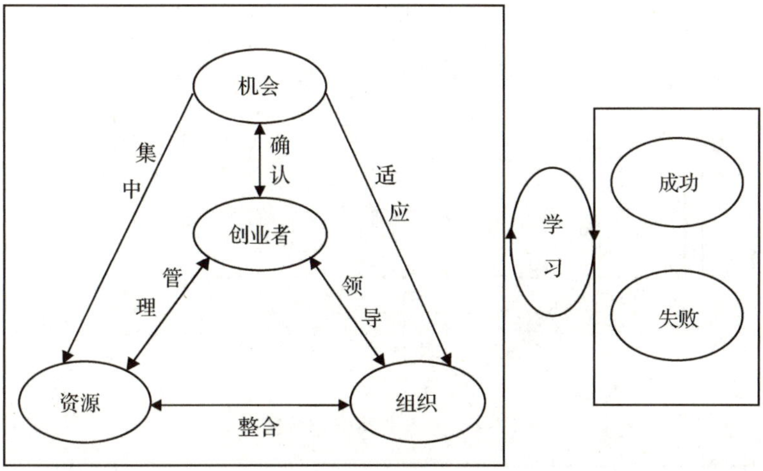

图7-3 威克姆创业模型

资料来源：P. A. Wickham. 1998，Strategic Entrepreneurship.

该模型的内容主要有以下3个方面：第一，创业过程包括4个互相关联、彼此依赖的要素，即创业者、机会、资源和组织；第二，创业者处于创业活动的中心，是该模型中唯一具有主观能动性的要素，其职能在于有效处理和整合机会、资源、组织三者间的关系，即对商业机会的确认、对创业组织的领导、对创业资源的管理，进而达到各要素间的调和与匹配；第三，强调学习对于创业实施的重要意义，该模型的目标在于追求各要素之间的均衡，为此，创业者及整个组织要通过不断学习，变换要素间的关系，实现动态性平衡，成功完成创业。

值得强调的是，在威克姆模型中，创业型组织实际上也是学习型组织。在创业活动开展的整个过程当中，为应对内外部环境的变化，组织必须不断学习，及时对挑战和机会做出反应，依据反应的结果来调整与修正未来的行为，随着组织的发展不断完善和优化组织的结构、程序、资产和文化等，并在成功和失败中获得持续锻炼与提高，为获取更大的成功积蓄力量。

威克姆创业模型的特点表现在，将创业者作为整个创业活动的重心，通过机会确认、资源管理和团队带领，调节三者之间的关系，使创业活动得以顺利实施。在此过程中，创业者和整个组织不断加强学习，使其能够根据机会来集中资源，使组织适应机会变化，进而实现成功创业。

7.2.4 克里斯蒂安创业模型

克里斯蒂安(Christian)于2000年提出一个基于创业者和新事业之间互动的创业模型(图7-4)。

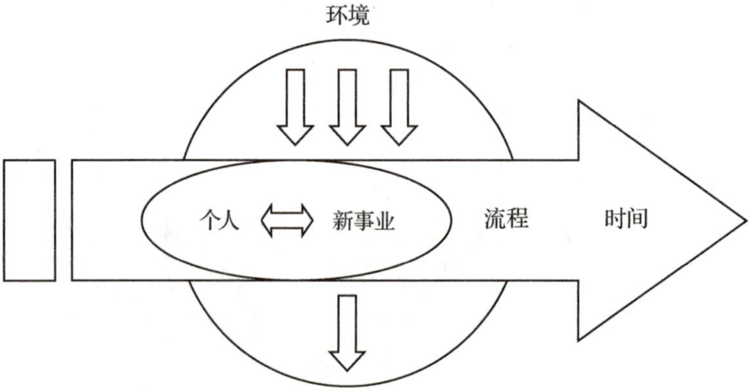

图7-4 克里斯蒂安创业模型

资料来源：Christian B. & P. A. Julien. 2000. Defining the field of research in entrepreneurship.

克里斯蒂安创业模型中的3个核心议题分别为：新事业的建立(New Venture Creation)、创业流程管理(New Venture Process Management)、外部环境网络(Environmental Networking)。其中，新事业与个人之间是互动关系，创业流程管理要随着时间的变化而变化，外部环境网络会对整个创业活动产生影响。

克里斯蒂安创业模型非常强调创业者的作用，视创业者为创业活动的灵魂与推手，认为创业者个人能力随着环境的变化和创业过程的进行而不断地动态调整，新企业的创建是创业者创业能力动态变化的结果。

克里斯蒂安创业模型与蒂蒙斯创业模型的相似之处在于，都认为创业者的能力可以经由教育培训加以提升。虽然有人说创业者的冒险精神和积极开创等个性属于先天的人格特质，很难在后天上加以培养，但克里斯蒂安创业模型所强调的"创业者与新事业互动的能力"以及蒂蒙斯创业模型所强调的"创业者随环境变迁而动态调整创业模式的能力"，都与人格特质的关联性不高，也可说明创业者的能力确实可以经由系统的创业实践和教育加以培育。

7.2.5 萨尔曼创业模型

萨尔曼(Sahlman)在*Some Thoughts on Business Plan*，*The Entrepreneurial Venture*一书中提出了自己的创业模型。这一模型中包括4个关键创业要素：人和资源、机会、交易行为、环境。创业过程是这4个关键要素相互协调、相互促进的过程(图7-5)。

该模型强调了环境的重要性，认为其他3个创业因素受环境影响并且会反过来影响环境。另外，该模型考虑了交易行为因素，交易行为指创业者和资源供应者之间的

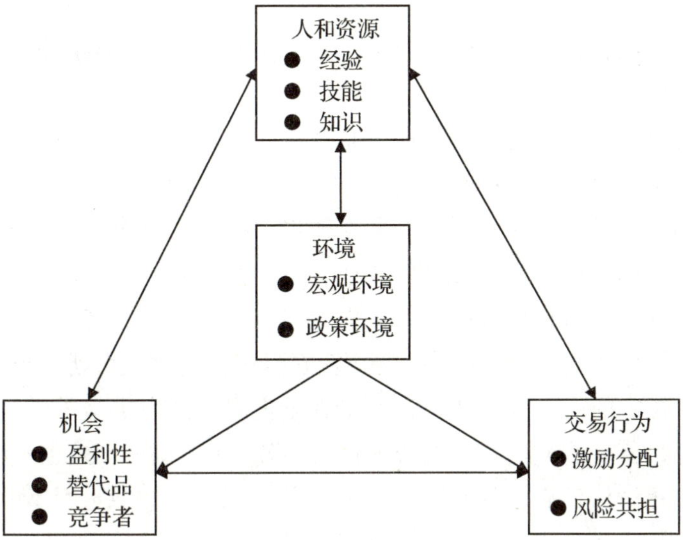

图7-5 萨尔曼创业模型

资料来源：Sahlman W. A. 1999. Some Thoughts on Business Plan，The Entrepreneurial Venture.

直接或间接的关系，即与各利益相关者之间的关系，所以说，萨尔曼的这一创业模型明确指出了社会网络对创业的重要性。

萨尔曼创业模型强调了要素之间的协调性，也就是人和资源、机会、交易行为与外部环境必须互相适应、互相协调，才能促进创业成功。同时，该模型扩大了创业要素的外延，更具实践指导意义，为创业过程研究开辟了新视野。

7.3 我国当前创业经济的特征分析

新时期背景下，我国经济正从高速增长转向中高速增长；经济发展方式正从规模速度型粗放增长转向质量效率型集约增长；经济结构正从增量扩能为主转向调整增量、做优增量并存的深度调整，经济进入“新常态”。国家大力推行创新驱动发展战略，发挥“大众创业、万众创新”的创业经济效应。创业经济是一种新型经济发展模式，与传统的经济相比，创业经济更注重创业者的创新、创意与创业活动，创业者是创业经济的灵魂，创新与创业是创业经济的动力，创业型企业是创业型经济的主体，其基本特征如下：

7.3.1 创业在经济增长和就业中的作用日渐凸显

创业在经济中的作用尤其是对经济增长和就业的影响从二战开始得到了相当大的发展。大规模运营中，建立在实物资本基础上的经济活动被最有效地组织起来。在实物资本经济中，创业企业和小型企业几乎没有分别，至少都不是经济增长的主要动力。小型企业最多能被社会和政治价值所包容，而紧接着与小规模生产相关的低效率也被当成非经济目标的成本而被忍受。

随着知识经济的发展，人们认为知识是经济发展的最主要推动力。但事实却并非完全如此，实际上，20 世纪 90 年代小型企业和创业的出现对于经济增长非常重要。这种认识部分来自于在没有创业的情况下从新知识的投资中获得对知识产出的投入，并不能带来经济的持续增长和就业的持续增加。人们对所谓的“欧洲悖论”作了很多研究，在悖论中私有企业、公共研究机构和大学都存在着对新知识的高水平投资。如从研发费用占国内生产总值的比重来看，瑞典等国家在科研投资方面均处于领先地位。同样，瑞典和欧洲许多国家的人力资本和教育水平在全世界范围内也是最高的。然而，整个 20 世纪 90 年代直到 21 世纪，它的增长率仍旧停滞不前，就业创造也发展缓慢。

所以，人们逐渐认识到，仅有新经济知识投资并不能确保经济增长和就业创造。关键在于对知识投资通过外溢和商业化行到传播并使之转变为经济知识，也就是创业方面的制度机制才是经济增长和就业增加必不可少的。创业是经济增长的主要推动力，因为它是知识外溢和商业化的一个重要渠道。因此，当知识作为生产的一个要素变得越来越重要时，知识外溢作为经济增长的源泉其重要性也日益显著。创业在知识经济中呈现出新的重要性，因为它推动形成了一个重要机制，一个组织内产生的知识通过这一机制在一个新企业中被商业化，从而对经济增长、就业和激发经济活力做出贡献。创业型经济主体结构是持续的创新型产业。

经济增长方式是经济模式最重要的标志。按照马克思的观点，经济增长方式可归纳为扩大再生产是单纯依靠增加生产资料和劳动力的数量，以及扩大再生产。外延的扩大再生产是单纯依靠增加生产资料和劳动力的数量，以及扩大再生产场所来扩大原有的生产规模。而内涵的扩大再生产则是依靠生产技术的规模。相对于创业经济而言，管理型经济强调规模经济，经济增长主要靠特质投入和规模的不断扩大。这种生产一般除需要大量资本投入，还需要耗费大量自然资源、能源，造成严重的环境污染。而在创业经济中，由于生产耗费的知识、信息和创业家享赋等无污染、可持续的绿色生产要素，这些知识和创意通过互联网等现代手段迅速传播，即可实现低能耗、高技术、低污染的内涵式经济增长方式。创业经济中的产品一般都是创新性产品，可能引致新需求的不断产生。而创新的不断涌现，可以提高人类对不同资源的开发和整合能力。熊彼特认为“资本主义在本质上是经济变动的一种形式或方法，它从来不是静止的”。他借用生物学上的术语，把那种所谓“不断地从内部革新经济结构，即不断地创造新的结构”的过程，称为“产业突变”，并认为“这种创造性的破坏是指那些能够让更多的人享受到这种破坏的好处，而破坏了既有技术根基”。例如，MSN 等网络通讯手段的产生，对传统的电信产业就是一种创造性的破坏，而在创业经济中，这种创造性的破坏层出不穷。

7.3.2 创业经济催生了很多新的行业

创业经济的发展，不仅带来了前所未有的物质财富，而且催生了很多新的行业。在新科技革命迅猛发展和商业竞争不断加剧的情况下，科学技术转化为现实生产力的速度空前加快。创业一代不仅创建了一些杰出公司，还创建并领导了全新的行业，这些新行业在一定程度上改变或改善了经济状态。第二次世界大战以来，美国一半的创新、95%的根本性的创新是由小型的创业公司完成的，小型创业企业的研究开发比大型公司更有效率：小型创业企业在研究开发上每花1美元，就可以产生2倍于巨型公司的革新项目。熊彼特最先表述了老行业的消亡、新行业的诞生的过程，而佰奇则描述了该过程是如何从20世纪60年代到90年代期间加速发展的。表7-2描述了20世纪开始出现的一些新型产业。

表7-2 创业一代开创的新产业

个人计算机	语音邮件信息技术服务
生物技术	手机服务
无线闭路电视	CD-ROM
数字媒体与娱乐	网络出版与网上购物
快速换油	虚拟成像技术
PC软件	快餐、超市
手控设备	数字媒体与娱乐
桌面信息	宠物护理服务
电子传呼	保健生活用品

资料来源：Timmons，Spinelli. 创业学.

7.3.3 创业经济有独特的运行机制和文化土壤

在管理型经济模式下，大工业生产的关键在于管理水平的高低和生产规模的大小。在由管理而形成的系统社会和雇员社会中，一切都必须按照严格的、规范的管理制度，按部就班地进行。这是由于大工业和传统生产方式的需要，在保证质量和安全中发挥了重要的作用，但是它同时也束缚了人们的创造性，不利于各种创新的实现。近年来，世界各国的创业活动日趋活跃，为了适应这种创业活动的不断发展，管理的内容不断深化。德鲁克认为，同管理良好的大型机构相比，小型企业可能更需要管理，而且管理对它的影响也更大。最重要的是，管理对于新企业和正在不断发展且注重管理的现有企业所能做的贡献是一样多的。为适应这种情况，创业企业和新成立的各种管理机构都建立了扁平化的、服务型的管理机制，一切围绕着促进创业、创新、创造和科技转化。文化环境对于包括创业活动在内的人类活动具有不容忽视的重要作用。创业经济一定伴随着创业型的文化，因此，一个先进的、开放式的创业文化是发展创业经济的重要保障之一。一个有利于创业的社会文化能有效地影响创业者、创业组织、社会群体的人格，进而形成一个有利于创业的、既有竞争又有合作的“和谐”的社会文化大环境。在一种有益于新企业的社会环境中，顾客和资源提供者并不会过多地追问创业家的背景，尽管人们可能存在对违约的容忍。但这并不表明对违约的绝对容忍可以带来有利于新企业的社会环境，鼓励大多数人在大多数时间内诚实守信是创业社会的道德标准。在计划经济条件下和管理型经济模式下，人们习惯于按部就班、严格规范、循规蹈矩，缺乏足够的创新、创造、创业能力。一旦失业就会呼天抢地，等待国家救济或者是谋生式的被动就业。创业经济模式下，人们的生活状态以及人生理念发生了根本的变化，转化为创造型、自立型、主动型、激情型生活状态。以创业带动就业，社会风貌和精神状态将会发生根本变化。

7.4 宏观经济环境对创业生态的主要影响

7.4.1 国家宏观政策对创业机会的影响

近年来，我国出台了很多影响创业机会的政策，如营业税改征增值税、出口退税政策的调整、对外商投资的产业限制、能源法和节能减排政策等。随着各项政策的不断出台，我国创业者机遇与挑战并存。

一方面，一些宏观政策使得市场竞争环境得到改善，提供了形成创业机会的空间。《中华人民共和国物权法》从法律上为创业成功的成果提供了保障；《中华人民共和国反垄断法》的出台将有助于保护公平竞争、规范市场经济秩序；《中华人民共和国企业所得税法》的“四个统一”政策为内资企业提供了较以往更公平的市场竞争环境，这些都有利于创业机会的形成。

另一方面，一些宏观政策向技术含量高、能耗少、附加值高的产业倾斜，增加了这些行业的创业机会。①《中华人民共和国企业所得税法》规定税收优惠主要面向高新技术行业、创业投资型行业、节能环保行业；②新的出口退税政策对于资源性、高能耗的产品调低出口退税率甚至取消退税，限制其出口，同时鼓励机电及高新技术产品出口；③严格限制外商投资高耗能、高污染、低水平产业，鼓励外商投资高新技术产业、装备制造业、新材料等产业；④《中华人民共和国节约能源法》鼓励开发和利用可再生能源与新能源，对高耗能、高污染的企业和产品加以限制。

总之，新近出台的这一系列政策，一方面，有利于为企业和创业者打造一个公平、统一的竞争环境，从而促进创业机会的出现；另一方面，它们大都倾向于技术含量高、能耗少、附加值高的行业，而这些领域的创业基本上都属于机会型创业，因此，新的政策将有利于机会型创业，抑制生存型创业。

7.4.2 宏观经济环境变化对创业者的影响

由于大学毕业生不断增加和农村劳动力向城镇转移，我国就业形势一向比较严峻。如今，随着经济环境的变化，大量中小企业面临生存危机，企业用工也越来越谨慎，这将进一步增加我国的就业压力。由于生存的需要，就业难使得越来越多的人有创业的意愿。政府也将“以创业带动就业”作为一项重要政策。显然，这一类人主要是属于生存型创业者，包括失地农民、下岗职工、找不到理想工作的大学生等。我们近三年的持续跟踪了解发现，我国当前在校大学生有创业意愿的大部分是出于找不到理想工作。

从影响创业者是否从事创业活动的关键因素来分析。首先，对创业者来说，创业所面临的巨大风险是阻碍他们付诸行动的关键因素之一。如果创业的风险能够被创业成功所获得的预期收益所补偿，人们或许能够接受创业的风险。根据前面的分析可知，在当前宏观经济环境下开展生存型创业的风险很大、收益空间有限，而这些失地农民、下岗工人等弱势群体恰恰又是属于保守型、不偏好风险的一类群体。其次，国内创业的隐性成本很高，如手续繁多、办理效率慢等，这将大大提高企业的初创成本。再者，政府掌控的优惠资源和便利倾向于有实力的企业，而社会上更广大的“弱势群体”却在机会和资源的获得上受到“排挤”，这些都将大大减弱潜在创业者的创业动机。

需要指出的是，生存型创业者与机会型创业者的产生机制是不同的，前者受外部环境和经济周期的波动影响大，后者的人群分布相对比较稳定，更多地由其内在的意识、素质和能力决定。

总之，受当前宏观经济环境的影响，我国潜在创业者人数不断增加，但增加的主要是生存型创业者，政府政策是导致实际创业者少以及创业成功率低的一个主要因素。

7.4.3 宏观经济环境变化对创业生态影响的综合分析

从我国当前一系列的宏观政策来看，政府的决策思维是经济增长优先，虽然部分政策有追求公平和促进就业的考虑，但这些政策的平衡性却值得反思。尤其是在开放的全球经济环境下，政策的传导机制更加复杂，很可能使某些政策出现事与愿违的结果。

当前，我国经济工作的另一个目标是转变发展方式，这也是最困难的任务。关于转变发展方式，从创业的角度来看，就是希望通过强化机会型创业来促进经济的持续增长和竞争力的提高。然而，在创业与就业的复杂机制作用下，经济转型导向的政策最终加剧了就业压力。

而且，我国当前为了追求经济转型而采取的措施手段很可能事与愿违。根据国内外的经验，一种有活力的经济体，其创新的主体应该是中小企业、民营企业，而我国现有的政策却直接打压了这一类企业的生存和发展。尽管政府政策的主观意愿是希望涌现更多的机会型创业者开展创业，但这一类创业者的产生是难以迅速实现的，因为受制于创业者自身的素质和技能，而素质和技能的改变是一个渐变的过程。

总之，在当前宏观经济环境下，潜在创业者的人数不断增加，但是他们的主体却属于生存型创业者，而国内创业机会的分布却偏向于机会型创业，二者失去平衡；另外，宏观经济环境的变化导致创业资源的获取成本大幅度提高，使得民间的机会型创业难以实施。这些因素叠加的结果，表明创业机会、创业资源和创业者（创业团队）三要素之间已经严重失去平衡，机会型创业的有利因素在很大程度上被不利因素所抵消，机会型创业与生存型创业的结构矛盾却更加突出，使蒂蒙斯三要素模型的三角形格局趋于萎缩，即在整体上抑制了创业经济的形成。经济环境的不确定性将更进一步加剧这种不平衡。

7.5 盈利模式

按照创业者在投资经营过程中表现出的侧重点不同，创业企业常见的盈利模式分为以下几种：以项目识别为核心的盈利模式、以企业设计为核心的盈利模式、以资源获取为核心的盈利模式。

7.5.1 以项目识别为核心的盈利模式

该种类型的创业投资企业的运作核心是项目，从创业投资家到企业的一般员工形成的共识是：寻找优质项目，项目决定成败。该类企业往往拥有大量的市场人才，他们会把大量的时间用于项目识别上，去寻找和发现具有巨大成长空间和发展潜力的优质项目。该类创业投资企业会花费大量的时间去分析和研究行业，然后到具有巨大利润空间的行业中去寻找项目，该类企业的创业投资家往往对一些行业有独到的见解和超人的眼光，往往能够准确把握行业的方向；企业雇员的一般员工也往往是跑业务出身，经常到外面去寻找项目。该类企业有一套完整的项目识别程序：“项目方提出—投资申请—项目接收—项目立项—项目预审—尽职调查（一般分三轮）—答辩论证—项目核准—公司出资、对项目监管—投资管理及提供服务—退出”。从而确保所选择的项目具有投资价值。这类创业投资企业往往具有一定的信息平台优势，包括网络平台、宽泛的人际关系、政府资源等方面的优势，从而能够获得足够多的项目资源。其盈利的关键点在于发现有价值的项目，即通过自己企业在识别项目方面的优势寻找到优质项目，要么自己投资，要么和别的创业投资企业结成联盟共同投资，要么完全地推荐给别的创业投资企业，自己从中收益。因此，又具体可以分为两种盈利模式，项目推荐模式和项目投资模式。

①项目推荐模式　该类创业投资企业通过自己在项目识别方面的优势，拥有大量的项目资源，可能由于自身实力有限，或者创业投资家不愿冒较大的风险，或者项目

与所熟悉的领域不一致等原因，往往自己仅仅投资很少的几个短、平、快的项目，而将大量具有巨大潜力的项目推荐给同行业的其他创业投资企业，或者自己只对项目进行不超过10%的股权投资。该类企业从诸多项目信息中，发现具有一定价值的项目，通过对项目商业计划书的阅读，对项目进行初步的筛选，然后组织专人对项目进行多轮的尽职调查，最后从诸多项目中甄选出优质项目，并确定自己是否对该项目进行投资以及投资的比例，如若不投资或自己投资的比例较小，开始对该项目的商业计划书重新进行专业化撰写，同时寻找适合对该项目进行投资的同行业创业投资企业，最终把优质的项目推荐给合适的创业投资企业，自己从中获得相应的中介费或较少部分的股份。在目前我国创业投资业刚刚起步，创业投资家经验有限的情况下，大部分创业投资企业往往只投资自己熟悉的行业，而将大量优质的项目推荐给热衷于该行业的创业投资企业。

②项目投资模式　该类创业投资企业同样把项目放在企业运营的核心地位，但不同的是，他们不会花大量的时间去寻找项目。该类创业投资企业往往拥有雄厚的资金，他们通常掌控着一定规模的基金、丰富的投资经验，能够经得住长期的、投资额巨大的投资。他们的投资领域相对宽泛，习惯于通过组合投资来分散风险。该类企业的盈利模式主要是通过对一些新兴的行业的优质项目进行大额度的投资，推动项目迅速成长，最后通过股权出让获得收益。该类创业投资企业对项目有一整套相对规范的监控手段，他们选择优秀的创业者，而不会对创业投资进行过多的干预，他们盈利主要是依赖于自身的雄厚资金，和分散组合投资。目前，由于国外的创业投资业发展得较早，相对成熟，因此，国外大多数创业投资机构属于该种类型。而由于国内创业投资业起步较晚，发展程度有限，而且国内的创业投资企业资金规模较小，实力有限，国内这样的创业投资企业相对较少。

7.5.2　以企业设计为核心的盈利模式

该种类型的创业投资企业的运作核心是企业设计，他们拥有的是大量的管理和运营人才，而对市场的把握力度不够。他们不会花大量的精力去寻找项目，而是把大量的时间和精力用于对项目的管理和扶持之上，对所投资的项目不仅给予资金上的投资，更多地是通过创业投资家及其团队的管理才能、社会资源、领导能力等方面的经验与优势对所投资的创业企业进行支持，通过自己的增值服务使所投企业快速地成长壮大。他们获得项目往往由政府部门所推荐或同行业创业投资企业所推荐的。其盈利的模式主要是通过对创业企业的增值服务使得创业企业价值增值，并通过股权转让、IPO、股权回购的方式退出，进而实现创业投资企业自身的价值增值。该类创业投资企业具体又可以分为企业设计再造模式和企业设计整合模式。

①企业设计再造模式　这类创业投资企业是对所投资的创业企业现有的经营管理模式进行重新设计或创业投资企业自身重新构建一种新的企业运营方式。该类创业投

资企业一般是集管理、市场、金融、财务和相关专业知识于一体的管理团队，团队一般具有较高的执行力和企业运营能力，他们能够根据具体项目的特点重新设计出新的企业运营模式，使得新项目能够以最短的时间和最少的成本商品化、市场化、产业化。这类创业投资企业对项目的投资重在创新，一方面，他们会对新投资项目的业务流程进行再造，从所投资的创业企业的资本结构、治理结构、企业战略，到企业的产品开发、市场推广等进行全面的重新设计，通过所投资项目的迅速增值而达到创业投资企业自身盈利的目的；另一方面，这类创业投资企业甚至会通过一种全新的运作模式而不需要借助项目去盈利，如通过举办会议、举办各类比赛等各种活动去盈利。

②企业设计整合模式　这类创业投资企业只是对所投资的创业企业原有的企业设计进行整合，而并不进行重新的企业设计。这种类型的创业投资企业往往会去寻找那些由于资金短缺、管理不到位、或市场开发不够等原因，同时又具有巨大发展潜力或拥有潜在的资源优势的创业企业进行投资。通过对这些创业企业原有的资源进行有效地整合，使得其快速地步入良性运行轨道，条件成熟的话会扶持其上市，并通过出售股权退出获得较高的回报。

7.5.3　以资源获取为核心的盈利模式

该种类型的创业投资企业的运作核心是资源，他们会花费大量的时间和精力去寻找资源，并千方百计地去拥有资源，当他们拥有了具有某一方面的资源优势的项目时，他们会对其进行投资，并获得高额收益。资源优势作为现代企业核心竞争力的重要构成要素，对企业的发展来说是至关重要的，拥有了一定的资源优势，企业就在一定程度上确立了相对的竞争优势，因此，几乎所有的企业都会去寻找资源，创业投资企业也不例外。但是，拥有资源优势的企业毕竟是有限的，对于一些创业投资企业来说，他们会通过对资源开发的价值链进行细分，从而逐步进入资源开发链的某一环节并盈利。可分为资源依托模式和价值链模式。

①资源依托模式　这类创业投资企业的设立往往是由于已经拥有了具有某种资源优势的项目。从创业投资企业的设立开始，资源对创业投资企业的成败起着至关重要的作用，一旦拥有了具有巨大资源优势的项目，资金对于创业投资企业来说已不是什么问题，他们有足够的能力去融到项目开发所需要的资金。随着科学技术的飞速发展，资源所包含的内容也更为宽广，不仅仅局限于传统意义上的土地、矿藏、技术等资源，信息、人力资本等在很大程度上也是具有一定价值的资源，并能给投资者带来巨大的收益。目前，已经有大量的创业投资企业开始把投资的重点转移到新兴的行业之上，特别是一些具有独占优势的行业之上，虽然投资这类项目的风险是巨大的，但是一旦项目获得成功，其回报也是相当可观的。该种创业投资企业通过对资源的依托，实现资本与资源的有效结合并盈利。

②价值链模式　这类创业投资企业也对资源具有重要的依赖，不同的是它们往往

不具备拥有资源优势的项目，但是它们善于对现有的资源行业的产业链进行细分，并能发现现有行业中的战略控制点和利润区，通过投资于为行业做配套的项目，进入这一行业，并分享行业利润。具体又可以表现为四种：价值链分拆模式（在原有资源行业价值链细分的基础上，专注于价值链的某个环节，并实现对其控制）；价值链压缩模式（通过一体化，削弱价值链上下游参与者的力量，通过自己更好的商业运作，实现对价值链的控制）；强化价值链的薄弱环节模式（改善那些创造价值业绩较差的上下游企业）；价值链重新整合模式（重新整合价值链，捕捉系统中的盈利点）。

7.6 创业的成本、收益和利润

7.6.1 创业的成本分析

成本是人们从事某一经济活动的总用度，是对象化了的费用，一般包括会计成本、机会成本和边际成本。创业者在决定创业时，要选择一个项目，并且围绕这个项目投入劳动、资本、智力成果，购买一定的设备，租赁办公用房，支付工资等。创业成本又可以分为硬成本和软成本两种：硬成本，也称要素成本或直接成本，包括土地成本、劳动力成本、财产购置成本（买房或租房成本、汽车购置成本）、交通通信及用水成本（电信费、交通费、电费、水费）等；软成本，是生产经营中为所需公共环境而支付的交易费用，也称间接成本，通常包括交易成本与运输成本等，前者主要受政府服务效率与水平、政府政策（如税率政策）和市场化程度等因素的影响，包括税负、行政性收费、政府的效率、公务员素质、个人权益保护、商业诉讼、市场的规范程度、中介服务、进出壁垒、产业的配套能力、社会的治安状况、地区的文化氛围等；后者主要受区位条件、基本设施、物流市场的规范性与开放性等影响。

创业者所创办的企业在向社会提供产品或服务的过程中必须支付的实际用度构成了会计成本。创业者放弃原有职业，失去原有收入来源，这种由于创业丧失从事其他固定职业可能挣得的收入就是创业的机会成本。当企业增加一单位的产量随即而产生的成本增加量即边际成本。当企业增加一个单位产量所增加的收入（单位产量售价）高于边际成本时，生产是合算的；反之，就是不合算的。所以，任何增加一个单位产量的收入不能低于边际成本，否则必然会出现亏损；只要增加一个产量的收入能高于边际成本，即使高于总的平均单位成本，也会增加利润或减少亏损。因此，计算边际成本对制订产品决策具有重要的作用。微观经济学理论指出，当产量增至边际成本等于边际收入时，为企业获得其最大利润的产量。

图7-6描述了创业企业盈亏平衡分布。

创业企业可以通过以下两种方式赚取超额利润：①开发出与众不同的产品（或服务），并且消费者愿意为此支付高价，从而赢得利润；②如果企业的产品和竞争对手的

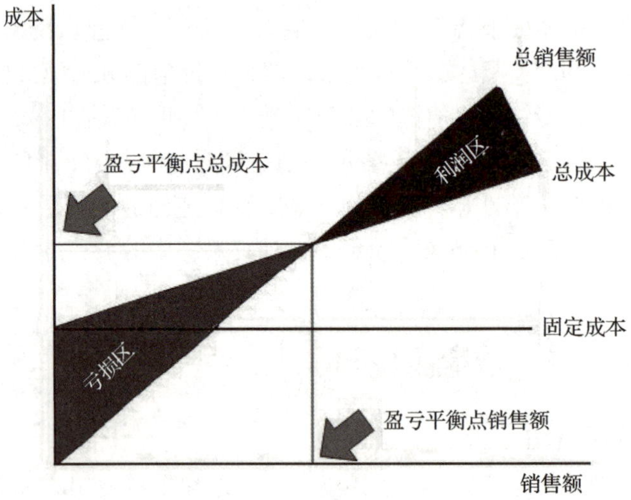

图 7-6　创业企业盈亏平衡分析图

产品相同，创业企业能够以较低的成本生产该产品，从而赢得利润。这两种方式通常被称为差异化战略和低成本战略，当企业在某一细分市场上（与一般市场相对应）追求别具一格或者成本领先时，这种战略称为聚焦战略。

7.6.2　创业的收益分析

7.6.2.1　创业者的预期收益

创业的收益是指创业者投入资源后的实际产出核减会计成本后的剩余部分。一般来说，创业者投入越大，产出越高，创业的实际收益也越高。预期收益是创业者进行创业的主要动因，按照经济学理性预期学派的观点，基于经济人的假设，创业者一定会设法规避风险、追求利益最大化。在做出创业决策之前，必然会搜寻相关信息，进行合理的预测，来形成对创业收入的理性预期，这种预期尽管是主观的，但却是创业者进行创业抉择的客观基础，可以相信这种预测的客观概率分布的期望值等于主观概率分布的期望值。不同的创业项目和行业、不同的资源收入，给创业者带来的收入是不同的，同时创业者所在的环境中其他创业者的示范效应也影响创业者的预期收入，其他创业者的成功概率、财富状况，客观上会左右着创业者对收入的预期。因此，好的创业环境是提高预期收入、促进创业活动的要素。

7.6.2.2　创业企业的主要收益来源

创业企业的主要收益来源主要采用新产品或新服务、类似竞争、特许经营这三种主要竞争优势资源中的一种或多种。

（1）新产品或者新服务

新产品或者新服务是一种有效进入资源。新产品或者新服务具有稀缺性，在使用新技术的基础上会具有难以复制的特点。一般情况下，新产品的失败率要比新服务的失败率低，这是因为大多数服务性行业的进入壁垒较低，而且那些依据新服务的创业的企业往往也提供一种或者几种相关产品；利用新产品创业的企业往往具备较强的资金或者技术优势，一旦进入该行业就能构筑起较强的行业壁垒，从而能够迅速地开拓市场并且能够有效地避免模仿和复制。

这种新产品或者新服务的资源优势能使初创企业在现有产业或者新建产业里取得持久的领先地位，也称企业具备先发优势。

(2)类似竞争

类似竞争是一种基于利基市场竞争的战略类型，通过对已被广泛接受和充分理解的产品或者服务进行细微的创新和改进，从而得以进入相应的行业或市场。这种资源优势的产生往往使创业者察觉到消费者对现有市场存在的产品和服务并不满意，通过对原有产品进行改良就能使初创企业迅速打开市场。

以零售行业为例，大多数零售企业都会凭借类似竞争的资源优势进入市场，零售经营的唯一区别就在于不同的地理位置选择和不同的营销方式。零售商店基本都是从同样的供应商购进同样或类似的产品，占据市场份额也相差无几。这类产业进入壁垒很低，基本是以低销售、低利润的方式运营，因而竞争也很激烈。但是这类企业拥有一些与众不同的竞争力，他们就会在很长的时间里产生稳定的收入和利润。正如沃尔玛作为全球知名的零售商，通过全球供应链协作来控制成本，与其他零售商相比，能提供更为低廉的价格并能更好地契合顾客的需求。

(3)特许经营

特许经营指的是特许经营权的所有者以合同约定的方式，允许被特许经营者有偿使用其名称、商标、专有技术、产品及运作管理经验等从事经营活动的商业经营模式。创业者可以是特许经营者也可以是被特许经营者。作为特许经营者的创业者通过有效利用特许经营这类优势资源使用他人资金、时间、销售渠道，从而达到迅速开拓市场的目的；作为被特许经营者的创业者通过支付相应的特许加盟费用来获取特许人的专长、知识、扶持(培训、营销、运营)和经验，从而减少创业失败的风险。因而，特许经营是初创企业进入市场的最好方式，也是已有企业进行企业内创业的最佳选择。

麦当劳自创立开始就采取特许经营方式快速成长。目前，麦当劳公司通过土地和建筑投资，购地自建或租赁房地产以租给特许经营加盟店，与加盟商签订特许经营协议。通过这样的方式，麦当劳在全球拥有 3 万多家店铺，其中 80% 以上属于特许经营店铺。

除上述 3 种主要的创业者收益来源，还可以利用局部推动力、客户支持、母公司扶持以及政府扶持进入市场，这些资源称之为次要优势资源。

7.6.3 创业利润

(1)创业利润的定义

创业利润是指股份公司的创办人通过发行股票所取得的收入，它是发行股票的出售价格总额与实际投入企业的资本总额之间的差额。资本家创办新的股份企业，或者把若干独立企业改组为股份企业，以及原有股份企业扩大营业、增发股票，都有可能获得这笔额外收益。

(2)创业利润形成的原因

创业利润通常是通过商品交换获取差价以及通过创新获取附加值超额利润，或者通过服务获取等价的服务费或超额的服务费。

创业利润形成的原因在于股份公司所支付的股息与银行现行利息率之间存在着差别，因此股票可以高于自己的票面金额出售，使股份公司创办人获得一笔额外收益。例如，股份公司集资100万元，每股股票的票面价值为100元，股息率为10%，银行利息率为5%，根据“股票价格＝股息/利息率”这一公式，每股票面金额为100元的股票，就能以200元出卖。这样，100万元的股票，就可以卖200万元。出卖股票的收入与实际投入企业的资本之间的差额100万元，就形成创业利润。

此外，股份公司创办人还可通过其他形式取得创业利润。其中最常见的一种形式就是资本掺水。在股份资本并未实际增加的情况下，由于预期利润的增长，可以为更多的股票发放原定的股息，因此就可以发行更多的股票，夸大公司的财产，使名义财产额掺水膨胀。这种多发股票而取得的收入，也是一种创业利润。资本掺水甚至可以在企业盈利额不变的情况下进行。如公司管理处采取降低股息的措施，也可以发行更多的股票。这样，尽管每股股票的市场价格会下降，但可以从增发的股票中取得更多的收入。攫取创业利润的另一种形式是发行不同类型的股票：带有固定股息的优先股票和带有可变股息的普通股票。股份公司往往先把优先股票发售，把普通股票留在手里，当公司利润趋向上升时，由于普通股票股息提高，其价格就会上升，这时再把普通股票出售，由此产生的收入也形成创业利润。除此之外，股份公司还可以通过组织空头公司，进行股票行市投机等形式获得创业利润。

创业利润是资本主义利润的一种特殊形式，从表面上看它表现为不等价交换，是财产再分配的结果，掩盖了它与剩余价值的联系。其实，创业利润的真正来源仍然是剩余价值。如果把一些非本质的、偶然的情况除外，创业利润的规模，终究要依存于企业的预期的或实际的盈利率。企业越盈利，其股票价格就越高，在其他条件不变的情况下，创业利润也就越大。所以，获得创业利润之后，股份企业就必须组织好生产，把盈利率维持在应有的水平上。否则它就可能亏损，甚至破产。在这种情况下，它就会失去过去获得的部分或全部创业利润。创业利润的大小，归根结底是以企业所创造的利润的大小为转移，它不过是企业利润的一种转化形式。企业利润决定它所能提供的股息的水平，而在其他条件不变的前提下，股息的水平又决定股票的市场价格，创业利润既然是股票价格总额超过实际投资总额而形成的那部分收入，所以，创业利润最后仍依存于企业利润。正像股票价格是资本化的股息一样，创业利润可以看成是资本化的企业利润。

创业利润的源泉是：①本企业职工所创造的剩余价值；②过去劳动所创造的、体现在已积累起来的资本中的一部分剩余价值；③过去劳动所创造的、存在于其他社会阶层手中的一部分货币财富。

(3)创业利润的计量

创业利润的源泉是创业者的产业资本收益率与货币资本收益率的差别，在前者高于后者的条件下，企业价值会大于企业的净资产(其含义是企业资本的实际价值大于企业的名义资本值)，二者的差额就是创业利润。由于企业净资产是一个确定的数值，所以创业利润的计量就转化为企业价值的计量。设货币资本基准收益率为 R_0，发起人企业的净资产收益率(产业资本收益率)为 R_1，那么企业价值(企业资本实值)和创业利润可用如下公式计量：

$$\begin{aligned}\text{企业价值或企业的资本实值} &= \frac{\text{企业的年盈利额}}{\text{货币资本基准收益率}(R_0)}\\ &= \frac{\text{企业净资产}\times\text{净资产收益率}(R_1)}{\text{货币资本基准收益率}(R_0)}\\ &= \text{企业净资产}\times\frac{\text{净资产收益率}(R_1)}{\text{货币资本基准收益率}(R_0)}\end{aligned}$$

$$\text{创业利润} = \text{企业价值} - \text{企业净资产}$$

由上式可知，净资产收益率与资本基准收益率的比值 R_1/R_0是企业价值和创业利润的决定因素。当 $R_1/R_0>1$ 时，企业价值大于企业净资产，创业利润为正值；当 $R_1/R_0=1$时，企业价值等于企业净资产，净资产直接等价于货币资本，创业利润为零；当 $R_1/R_0<1$ 时，企业价值小于企业净资产，创业利润为负值。

企业价值(企业资本实值)之所以等于企业净资产(企业名义资本)与 R_1/R_0的乘积，其暗含的理论是：当净资产收益率(R_1)高出货币资本基准收益率(R_0) x 倍时，每 1 元企业净资产在盈利能力上相当于 x 元货币资本，从而可以把 1 元净资产(名义资产)的实际资本价值(资本实值)估价为 x 元货币资本。这一理论是收益资本化评估法的灵魂。因此，只要收益资本化评估法是科学的，上述计量企业价值和创业利润的公式就是科学的。

公式中的“货币资本基准收益率”如何界定，是一个必须讨论的问题。是存款利率、贷款利率、企业债券利率还是产业资本的平均利润率？首先，这里既不是讨论企业与企业之间的关系，也不是讨论平均利润与超额利润的问题，所以 R_0不应该是产业资本的平均利润率。这里讨论的是企业创始人或先人股东与新人股东之间的利益关系。由于新人股东用货币资本入股企业，其风险至少不低于购买企业债券的风险，所以，新入股东入股企业的机会成本，不是银行存款利率，而是包含风险收益的企业债券收益率。所以，R_0的值应取平均企业债券利率。如果企业债券利率为5%，那么，新人股东若投资100万参股某企业，他的资本收益预期值也应该不低于5万(不低于他放弃购买企业债券时的机会成本)。因此，创始人的企业资源，在与新人股东对应时也应该用企业债券利率折算成“投入企业的货币资本”，而不应用存款利率折算为“存入银行的货币资本”。如果一个净资产为400万元的企业每年能带来60万元利润收益(净资产收益率为15%)，那么该企业资源就可以折算为1200万元“投入企业的货币资本”(400万×15%/5%，或60万/5%)。

用这种方法把创始人的企业价值折算为“投入企业的货币资本”后，创始人贡献的企业资源就和新人股东贡献的货币资本同质了。在这个前提下，二者的利益平衡问题就好解决了。

从上面的论述可得出结论：创业者企业的净资产收益率R_1高于货币资本基准收益率R_0时，企业价值大于净资产，其差额构成创业利润的来源；创业利润的实现途径是先人股东的每一股份支付的货币资本多于创业者或先人股东的每股净资产；若新人股东为每一股份支付的货币资本恰等于创业者每一股份的企业价值时，则创业者获得正当的创业利润，两类股东的利润平衡得到实现；若创业者获得过度的创业利润，其结果与资本掺水无异。

7.7 “第一桶金”的掘取

“第一桶金”是指创业者在创业过程中获得的第一笔财富，其中除了金钱以外，还包括人脉资源、社会地位等一切有可能改变创业者生活品质、满足其向往的生活环境并且能对将来的拓展起到关键作用的物质总和。创业过程中，每个创业者都会去主动地寻找商机，迫切地想赚取自己的“第一桶金”，实现资本积累，然而面对纷繁复杂的市场信息和商业机会，创业者如何把握进一步做出理想的决策是每个创业者应该思考的问题。

在中国，“第一桶金”的说法是随着沙叶新的作品《第一桶金》在1997年4月17日《文汇报》上刊登而逐渐流行起来的。此前，“第一桶金”的见报率几乎为零。词典上也查寻不到“第一桶金”这个四字短语，它是从美国引进的。美国有这样一句格言：“人生最重要的是第一桶金。”近年来，无论在报刊上，还是在电视、网络上，“第一桶金”如春风吹拂的野草，遍布四方，用“第一桶金”命名的网站、栏目或电视节目数不胜数，激励着人们创业的积极性。

“第一桶金”既是对你能力的肯定，又是成功的标志，也是创业实践的奖赏与回报，还是继续前进的最大助动力。它可以使你眼界宽广，可以使你站得高看得远，可以使你坚定方向底气十足，开启了你的事业之门。“宝剑锋从磨砺出，梅花香自苦寒来”，第一桶金预示着美好的未来。有了“第一桶金”，我们就会有第二桶，第三桶，甚至更多，但是“第一桶金”是起着最基础的作用，所谓万事开头难，它对个人以后的发展创业的激励作用是无与伦比的。

要把握时代趋势掘金。“要创业，首先要会解析这个时代的趋势。”陈朝益认为在众多的条件之中，审时度势是年轻人最要做好的基础性功课。“全球化与地区化的交融、科技力量的提升、新兴市场的蓬勃发展，是当今世界前进的重要因素。我们创业就要紧紧跟上世界前行的主流。特别是当今的科学包含了太多前沿技术，且又在不断地更替翻新，诸如4G、Web 2.0、GPS等，都在与时俱进地发生着改变，这其中必然也会蕴藏着巨大的商机。”他举了个很简单的例子，计算机在中国发展到今天，普及程度已有目共睹，但仍只是处于起步阶段，网络数字化时代的到来，必定会席卷这个世界中的所有人。那么，广阔的农村市场岂不是拥有了巨大的商机？

学会寻找机会、把握机会掘金。机会的得来绝不是靠守株待兔，每个创业者都应该主动地去寻找机会。往往机会的来源可极大地促成创业的成功。第一，要了解客户的需求，什么是他们的消费痛苦点、甜蜜点和盲点。只有了解了顾客承受的极限以及心理认识的盲区，才能给自己的产品比较准确地定价。第二，善于理解政府的新政策和行业的新标准，这同样能较好地指导大学生去选择正确的创业方向。拥有敏锐社会嗅觉的经济人，往往能够取得好的回报。第三，要懂得技术转型。“一个学IT的人在IT界算不上什么凤毛麟角的人物，但如果一个扎根于医学界的IT人就不得了！”不要让专业出身限制住自己的发展，领域的转变，跨界发展，不要拘泥于热门行业，传统行业发展也可能会产生意想不到的效果。

第8章　创业动力论

学习目标： 掌握创业动力概念、分类，了解其影响因素，熟悉动力机制与动力演变规律。

关 键 词： 内源动力　外源动力　逆境　顺境　创业动力机制　动力演变

我国目前正处于社会、经济转型期，创新型社会的建立、中国梦的实现，无不需要高质量的创业活动，大学生被赋予了时代使命和重任。激发更多大学毕业生走上创业之路显得特别重要，现有1%左右的大学生创业比例明显与社会发展要求相去甚远。因此，研究大学生从创业意愿到实际创业行为的动力机理具有重要现实意义。

8.1　创业动力的概念

创业动力可以界定为：推动创业者进行创业活动的个体内在要求（如本能、需要等）与行为的外在诱因（如政策、激励、舆论引导等）的总和，形成激发、维持创业行为的因素，创业动力是一种心理学概念，它指的是在某种或多种的心绪情况下所产生的某一种行为的心理推动力。根据其来源不同，创业动力可以分为：内源创业动力、外源创业动力和群体创业动力。

8.1.1　内源创业动力

内源动力是发源于个人内心的行为推动力，本能的驱力，驱力源于需求。“为钱创业”初看起来有些俗，“为梦想所驱动”则又感觉不食人间烟火，但这都是创业的内源动力之一。为钱、为获得尊重与地位、满足个人欲望而创业属于初级创业，追求社会价值则属于高品质创业、而高品质的创业，是新一代年轻人的社会责任感的体现，它的产品与服务是基于社会广大受众的需求，既需要穿透浮夸现象的洞察，也需要力挽狂澜的坚毅，更需要面向全社会的合作，这些品质的炼成，只能来自于内心深处的理想，只能是有着炽热梦想的青年，源于内心强大的动力，推动创业行为的实践。

8.1.2　外源创业动力

外源动力来源于个人外部的环境、社会等外因的激发力与行为推动力，所以又称助动力。外源创业动力涉及良好的国家、地区或单位创业扶持政策、创业教育、榜样的作用、环境氛围、鞭策与激励、新闻舆论引导、特殊训练等，群体创业动力属于外源创业动力的一种表现形式。

8.1.3 群体创业动力

群体创业动力是指群体组织中人和环境的诸多因素的整体合力、群体动力、群体文化、整体效应所形成的创业氛围，推动一个区域的创新创业的规模化效益的大力发展。如群体规模、区域经济活力、群体压力、群体决策、群体凝聚力、群体沟通、群体士气、群体领导方式、专制或民主的内部机制、群体组织形式、群体结构性质、人际关系与互相作用的过程所形成的向心力等。群体创业动力揭示了人们内在动力和群体行为所产生的相互制约与相互促进的关系；从群体成员间的关系以及整个群体氛围中把握群体行为的变化过程；使个体、群体和社会三位一体的关系得到充分和谐统一；促进群体与个体的高度一致形成巨大的创业合力。群体创业动力也是团体动力、团队动力、集团动力，是群体气氛、群体成员间的关系、领导作风对群体性质的影响所形成的群体动力，它既是个体的存在，也是团体的存在；而环境既是物理的、心理的，也是社会的。群体动力不是孤立的个体属性的机械相加，它是在一定的生活空间与组织形态下形成的合力系统。所以团体绝不是各个互不相干的个体的集合，而是有着联系的个体间的纵横叠加。团体合力既取决于各个个体的特征，也取决于团体成员相互依存的内在的关系。由此认为，团体的创业动力决定于个体素质与团队管理的运行机制。

一个地区的经济活力、经济规模、创业活跃程度，是衡量该地区发展水准、增长质量的重要指标，即创业活动指数（TEA 指数），它反映了一个地区的经济状况，也反映了创业环境的优劣程度。

创业带来的技术创新和组织创新是社会经济发展的主要动力之一，创业为地区的经济腾飞做出了巨大贡献，形成了区域优势、创业优势、产业优势等。全世界经济发展的事实已经证明：全球新兴产业以及新的经济增长点都是由创业行为推动的。创业型企业是美国经济的主要力量，创业可以增加就业机会、减少失业率。卡特等人的研究认为，新型经济中创业对经济增长的贡献占 1/4 到 1/3。英国政府白皮书这样描述创新与创业："创业与创新是推动经济增长的核心，它们能提高生产力并且增加就业机会。"

8.2 创业动力影响因素

8.2.1 内源创业动力影响因素

（1）需求动机

人的基本需要是由美国心理学家亚伯拉罕·马斯洛 1943 年提出来的。

①生理需要　指维持人类自身生命的基本需要。

②安全需要　指人们希望避免人身危险和不受丧失职业、财物等威胁方面的需要。

③社交需要　希望与别人交往，避免孤独，与同事和睦相处、关系融洽的欲望。

④尊重的需要　人们追求受到尊重，包括自尊与受人尊重两个方面。

⑤自我实现的需要　是指人能最大限度地发挥潜能，实现自我理想和抱负的欲望，是一种最高层次的需要，是无止境的。

目前大学生大多数处于第三层级需求，少数处于第四层级，达不到四、五层级需求的是没有创业欲望的，不会有创业动力。

(2)成就动机

根据大卫(David C. Mcclelland)的社会成就动机理论，他把人的成就动机分为权利需要、关系需要和成就需要：权利需要是指影响和控制他人的需要；关系需要是指与社会中的其他人建立友好、亲密关系的需要；成就需要是指期望事业做得更好并争取成功的需要。

成就动机是个体在完成某种任务时力图取得成功的动机，是个体努力克服障碍、施展才能、力求又快又好地解决某一问题的愿望或趋势。它在人的成就需要的基础上产生，是激励个体乐于从事自己认为重要的或有价值的工作，并力求获得成功的一种内在驱动力。成就动机是人类所独有的，它是后天获得的具有社会意义的执行力动机。

一个人在一个领域里努力工作往往是为了取得成就而并非为了报酬，这就是成就的需要。由于成就需要的主观能动性，有些人努力工作，有些人则消极应付。如果一个人的趋向成功倾向大于避免失败的倾向，他就敢于去冒险，希望在冒险中获得成功。相反，如果避免失败的倾向大于趋向成功的倾向，他就比较保守、消极，害怕失败，往往避难就易，不敢去激进努力。同时，趋向成功的倾向较高的人，如果成功了，这种成功便可能降低他的成就动机；如果失败了，就可能产生更大的成就动机。避免失败的倾向较高的人，如果成功了，就可能进一步提高自信心，提高成就动机；如果失败了，就会更加消极悲观，更进一步降低成就动机。

大多数学者将内源创业动力从3个方面来衡量：一是获得更多的经济收入；二是取得较高的社会地位；三是成就一番事业，实现自身价值。人在生活中的行为总是会受到外部环境的影响。对于大学生来说，社会上的成功创业者的偶像作用、家庭中的创业氛围以及创业政策环境都会对其创业意愿产生直接或间接的影响，抑制或促进大学生创业动力的产生。

(3)创富动机

全球创业观察的调查把创业意愿的形成归结为贫穷推动和商业机会拉动两种类型，认为追逐财富才是“非常重要”的创业动机。每个人都有享乐的欲望，都希望得到物质享受和精神欢乐。我们不仅不反对正当的、正常的、合理的享乐，而且还会随着社会生产的发展，创造条件满足人们的享乐欲望，这也是符合社会主义生产目的的。社会主义社会尊重人正当的享乐需要，尽量满足人合理的享乐欲望，而且随着社会生产的发展，不断为人们提供新的享乐资料和享乐场所，创造新的享乐内容和享乐方式，使人们享乐活动逐步实现现代化。

我们反对那种把追求物质享受作为人生目的和全部内容的享乐主义。享乐主义只讲享受，不讲创造，物欲横流是低级需求。

(4)创业能力

创业能力是创业者具备的隐性知识和关键技能，是一种智力资本，其中包含个性特征、知识和技能，被视为创业者能实现成功创业的整体能力，有能力才能有动力，所以创业能力是创业动力的基础。钱德勒(Chandler)等认为创业者要具备以下几方面的能力：一是识别获利机会的能力，这需要个体自发的努力与长期积累相关知识与信息；二是有开拓能力和运营管理能力，驱动企业完成从创建到获利的整个过程；三是协调组织内所有资源的能力，能够组织、协调、激励成员一起工作；四是提升地位、建立合适的内部人际关系与外部社会人脉的能力；五是使用特定领域内技术的能力，有时还需要成为某行业的专家。

(5)自我效能感的判断

“自我效能感”这一概念是美国心理学家艾伯特(Albert Bandura)在《自我效能：关于行为变化的综合理论》一文中首次提出的。艾伯特认为，自我效能感是指个人在特定背景下对自己是否有能力去操作行为的主观判断。它包括两个成分，结果期待和效能期待。结果期待是指人对自己做出某一行为会导致某一结果的推测，效能期待是指人对自己能否做出某一行为的推测或判断。艾伯特此后在自我效能感领域进行了深入研究，在其巨著《思想与行为的社会基础》中进一步指出，自我效能感涉及的不是技能本身，而是个体对自己所拥有能力能否完成工作的自信。艾伯特发现，即使个体知道某种行为会产生某种结果，但也不一定去从事这种行为，而是首先要判断自己有没有实施这一行为的能力，这个判断的过程，就是自我效能感的表现。技能水平高的人自我效能感不一定高，自我效能感高的人通常比较自信，勇于面对困难并相信自己能克服困难，从而在执行任务时往往能使自己的能力得到超常的发挥，增大成功的概率。当今，国内外的研究已经证明：自我效能感在改善工作态度、增强工作动机、强化执行力、提高工作绩效等方面有十分重要的内在动力意义。

(6)心理、情绪因素的影响

内源动力的多样性表现在一切影响人类心理、心情、情感、情绪的因素均对创业者的行为产生正面或负面作用，如顺境逆境、潜意识的力量、兴趣爱好、理想信念、希望梦想、自我激励、执着毅力等因素，可以驱使人发愤图强，激发内在动力，全身心投入创业实践，当然不良心情也有可能抵消或减弱创业动力。

第一，顺境与逆境。

顺境即顺利的境遇，指优越的环境条件、安定的社会环境、良好的家庭背景，以及个人的行为得到社会的肯定、赏识、奖励等有利于个人发展的工作生活环境。也就是人们常说的正能量，顺境一般能使人积极向上，超常发挥，形成无比的精力与顺境动力投入创业之中。连续的顺境使得人才更加完美，但是容易使人骄傲、目空一切、忘乎所以。

逆境即不顺利的境遇，如在工作生活中遇到困难与挫折或家庭亲人的突然变故等，也就是人生的低谷。人生中的无数艰难困苦成了你人生道路上的障碍物，挫折就是俗话说的“碰钉子”，专指有目标活动受到阻碍时而产生的消极情绪反应，也包括我们在创业过程中遇到的困难与波折。遭遇挫折是每个人一生必经的坎，当挫折来临的时候，我们没有选择，只能接受、面对与克服，不可避免与逃避。对人生来说也许就是背水一战，只能成功不能失败，不在逆境中消沉就在逆境中崛起。

逆境可以丰富一个人的阅历，一个人在逆境中往往要比在顺境下看得更广泛，思考得更深刻；逆境可以塑造一个人的性格，环境越是恶劣越能激励人奋发上进，产生巨大的逆境动力，促进人去改变生存环境，进而使人产生“人十之，己百之”的上进心。历经磨难的人适应性很强，不畏艰险，知难而进，能应付各种突如其来的事变。摩顶放踵，披荆斩棘，百折不挠，“虽九死其犹未悔”，直至成功。

真正出类拔萃的，大都是那些历尽艰辛，在逆境中磨炼出坚强意志的人们。逆境造就的人才坚忍不拔、机智果敢、沉着冷静，对事业的忠诚度极高，逆境出人才、逆境出大才，堪为大用，有些人提出了“挫折教育”，其实质不言而喻。中外历史上，一帆风顺而有大成就的人实属少见，人生波浪式发展才是正常规律，否则一切顺利而遭遇滑铁卢将再无翻身的可能。

孟子也曾说过：“天将降大任于斯人也，必先苦其心志，劳其筋骨，饿其体肤，空乏其身。”一个人，只有经过逆境的洗礼，大风大浪的陶冶，才能完成人生涅槃，达到光辉的顶点。

逆境可以激发一个人的潜力，人的潜力是无限的。有科学研究表明，人类大脑的开发尚未达到10%，无法想象，人的潜力能是多么的巨大，而逆境，正是最好的释放潜能的环境。

“古之立大事者，不惟有超上之才，亦必有坚忍不拔之志。”这正是成功经验的高度概括，对生活失去信心的人，永远也享受不到与逆境抗争的乐趣，面对困难、不幸，能给自己以信心和力量去勇敢面对，这才是人生的意义，只有强大的心理承受能力与打不垮的精神状态才能有逆境动力，才能永远立于不败之地。

顺境与逆境或许都能成就人才，但逆境中更能体味人生的千姿百态，更能磨炼人生的意志，更能造就强者。山感恩地，方成其高峻；海感恩溪，方成其博大；天感恩鸟，方成其壮阔；人则感恩逆境，方成其大业。正如《钢铁是怎样炼成的》一书中所写："一个人的生命应当这样度过：当他回首往事时，他不因虚度年华而悔恨，也不因碌碌无为而羞愧。这样，在临死的时候，他能够说：'我整个的生命和全部精力，都已献给世界上最壮丽的事业……'"这是生命的热情，这是奋斗的感慨，这是成功者无憾的感言。

第二，潜意识的力量。

约瑟夫·墨菲博士1963出版了《潜意识的力量》一书，他鼓励人们挖掘自己内心深处的潜意识力量，达到心想事成的境界，实现自己的梦想人生。半个世纪以来，这一理念影响了美国好几个世代的励志作家与演说家，并成为了《秘密》《吸引力法则》等书的思想源头。作为影响人类进步的50部自励经典之一，这本书改变了数百万人的思考方式。

潜意识是心理学术语，指人类心理活动中，不能认知或没有认知到的部分，是人们"已经发生但并未达到意识状态的心理活动过程"。潜意识蕴藏着我们一生有意无意、感知认知的信息，又能自动地排列组合分类，并产生一些新意念，它的能量巨大，是显意识力量的3万倍以上。所以我们可以给它指令，把我们成功的梦想，所碰到的难题化成清晰的指令经由意识转到潜意识中，通过听觉刺激、视觉刺激，然后放松自己等待它的答案。放松时最容易进入潜意识，也许灵感就是潜意识的表象，吸引力法则也许是意念、思想能量、脑电波、意识与潜意识的思维共振。创业的过程中，随着时间的延续，悟性的强化，潜意识的调动，必然会出现超能的发挥、事半功倍的效应。

8.2.2 外源创业动力(助动力)影响因素

(1)创业政策环境

大学生创业扶持政策的目的是通过培养大学生创业精神提高大学生创业能力，以促进大学生创业活动的开展。因此，大学生创业政策可以定义为，政府通过制定的一系列政策措施和办法给大学生创造创业条件、提高创业成功率以促进大学生创业顺利发展。我国现阶段的大学生创业政策主要有税收及规章制度、环境政策、金融支持政策和创业服务政策。

(2)创业教育

我国现阶段的创业教育主要通过两种方式开展，一是组织开展多种形式的创业大赛，鼓励大学生进行创业。例如，全国大学生创业大赛、挑战杯大学生创业大赛以及中国科学院青年创业大赛，为大学生创业提供创业实践平台，促进大学生形成创新和创业意识。二是在全国高校普及创业教育。2010年5月，教育部在《关于大力推进高等学校创新创业教育和大学生自主创业工作的意见》中指出，要加强创业教育课程体系、实践活动和师资队伍建设，大力推进高等学校创新创业教育工作。

(3)创业氛围

创业氛围包括创业文化，以及同学、朋友、家庭、社会营造的创业氛围等。创业文化是一个国家和地区的一种特殊文化。包括人们在创造价值、追求财富、促进发展过程中所形成的价值取向和思想观念。创业文化主导着人们的思维方法和行为模式。积极的创业文化鼓励创新，崇尚合作，宽容失败，是一个国家和地区发展的深层动力。除了地区应具有浓厚的创业文化外，高等院校应广泛开展创新创业教育和创业活动的宣传，激发学生的创业热情，引导学生树立积极的创业观、就业观、成才观。学生的家长应支持和鼓励大学生创业，在家庭里创造浓厚的创业氛围，改变传统的铁饭碗就业的理念，在经济、精神方面积极支持大学生发展自己的事业、开辟自己的阵地、实现自己的梦想、留下自己的人生印记。

倡导全民创业，就是要最大限度地调动全社会每个成员的积极性，最大限度地发挥每个社会成员的聪明才智，让每个社会成员真正做到有钱出钱、有力出力，使每个人找到自己最佳的发展空间，实现自己最大的人生价值。

创业型经济鼓励全民创业，全民创业的能力也就是全民创造财富的能力，它不仅仅体现在个人能力上，也表现在一个区域的创业经济的规模化程度、企业数量、企业的生产制造能力上，在自主创新能力普遍缺乏的工业化初期，企业间的产品替代性通常较大，在供大于求的条件下，创造财富的能力更多地体现在企业占有的市场份额上，体现在企业实现的销售收入与利润中。在工业化初期，让大量中小企业在市场上单打独斗是不可能取得一地经济快速发展的，政府提供的创业孵化器、众创空间等均有利于创业企业的互相学习，联合作战，形成合力才能提高创业经济对区域经济的贡献率。

(4)鞭策与激励

激励是以需要为基础，通过某种内部和外部的刺激，激发人的行为动机，使人产生一股内在的动力，从而调动其积极性、主动性和创造性，朝着期望的目标前进的心理活动和行为过程。表现为鼓励、激发工作热情和情绪，激发人的潜能，提高工作绩效，调动人的行为积极性。

实施过程：一个行为(好行为)之后，紧随着奖励，能够增加这种行为出现的频率——行为正强化、增强；一个行为(不良行为)之后，紧随着处罚，能够减少这一行为出现的频率——行为的负强化、减弱。

行为与奖励之间设置筹码，筹码就获得了影响行为(增加或减少行为发生)的价值。

根据强化理论，运用筹码就可以设计一套有效的奖励体系，社会存在着显在、潜在的激励系统：精神激励有各种奖状、毕业证、学位证书、职务、职称、荣誉证书、名誉顾问、荣誉称号、兼职教授等；物质激励有股票期权激励、年薪激励等；过程激励有进行中的成绩、阶段性的成果、其他人的鼓励与加油鼓劲等；感情激励有融洽和谐的上下关系、健康愉悦的团体氛围、典型模范的榜样激励等。

(5)区域创业活动指数(TEA 指数)

区域创业活动指数(TEA 指数)反映创业群体动力,也是外在创业动力的氛围因素,反映的是个人、群体、区域的创业动力的大小程度。创业活动指数,主要用于衡量一个地区的创业活跃程度,是衡量该地区发展水准、经济活力、增长质量的重要指标。

(6)创业榜样的作用

对个人来说,榜样有引导、典型示范作用,对群体来说有拉动作用、牵引作用。学校请创业成功的校友介绍成功的经验,使在校生确立发展方向。有榜样的力量、校友的带动、群体的拉动、学校的推动,必将形成一个强大的创业动力,当一个高校有几十个甚至几百个校友能成为成功的企业家,就是名副其实的创业型高校了,榜样所带来的宣传效应、捐款效应、社会效应无可限量。

8.3 创业动力机制

8.3.1 创业动力机制的基本理论

创业动力受到内源创业动力和外源创业动力共同作用。当内源创业动力在外源动力的推动下,动力加速度发展,当创业动力推高到临界点时,触发主体创业行为,实施创业实践。

创业动力是一个逐渐增强变化、逐渐累加积累的过程,当实际创业动力在过程中累加达到某一创业动力临界点(Mp)才可能有质的改变,才会有实际行动,建立函数模型(图8-1):Y 为创业动力累加值,X 为时间,M 为创业动力,Q 为创业意愿,$M(s)$为初期创业动力,$M(p)$动力临界点。

$$创业动力函数:Y = Q\sum_{s-p}^{x} M。$$

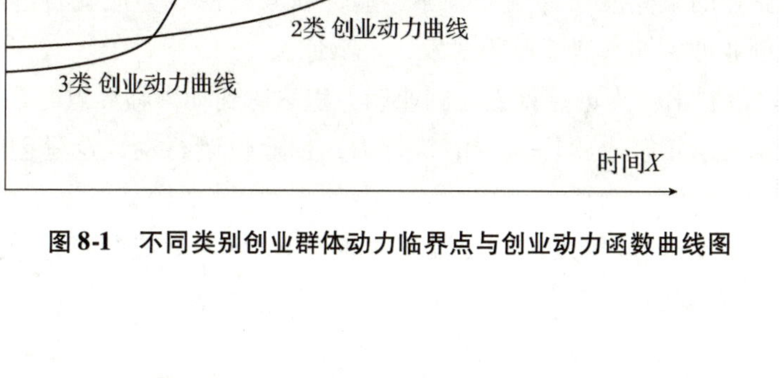

图8-1 不同类别创业群体动力临界点与创业动力函数曲线图

动力临界点是创业者付诸行动的最低动力阈值，其大小反映了创业者的意愿强弱与动力大小，也反映了创业者的创业目标的高低水准。动力临界点的大小决定于创业者的教育水平、技术能力、期望值高低、创业资源等因素，是个人创业动力的自我综合评价指标。一般来说，学历高的大学生研究生其目标高远，期望值高，动力临界点自然也就高，创业意愿强烈，创业的思想准备与物质条件准备期长，创业起步时间推后，比较容易先追求公务员、稳定工作，当然由于近几年就业难、找一个合适的工作更难，高学历者分化明显，以追求、创立自己的事业而果断创业者大有人在，形成了大学生创业热。而学历低的创业者，一般来说，期望值较低，动力临界点较低，创业准备期短，较为果断，创业成功率较高。而一个逆境中的创业者，由于特殊的境遇创业目标较低，动力临界点更低，力求迅速成功，提高了创业成功率。当然还有一些创业者由于受到家庭学校社会等环境的影响，很早就有自己的非常明确的发展方向，这样的人目标明确，动力临界点确切，创业准备期有可能很早，创业成功率一般很高。

依据创业动力强弱划分有以下 3 类创业群体：

①创业意愿和创业动力较强的创业者　这种情形通常指大学生在上学期间就有强烈的创业意愿和欲望，其无论是个性特质、创业技能还是自我效能感都处于较高水平，以创立事业作为职业追求和倾向，也是创业者深思熟虑的结果，此类学生的创业过程始终围绕创业目标，其执着的信念最终把创业意愿推高到临界点，从而实践创业。个人发展方向明确的创业者也符合此类创业群体。

②创业意愿和创业动力一般的创业者　这种情形通常指大学生个体在上学期间有创业意愿，但并不稳定且意愿并不强烈，这种意愿源于自我评价个性特质、自我效能或者创业技能较弱，其创业条件和时机并不成熟。创业外源动力的强烈触发或创业意愿的强化才有可能迅速导致其创业意愿达到临界点，从而推动了创业活动的开始。

③创业意愿和创业动力较弱的创业者　这种情形通常指大学生个体在上学期间内心仅有较弱的创业意愿，这往往是其自我评价创业所需的特质禀赋欠缺，自我效能欠佳或创业所需条件完全不具备等原因造成的。其表现大都是毕业后按部就班工作、成家等，但在过程中如果发生对其生活处境影响较大的“变故”事件，如失业、家庭重大变化等，“变故”驱动个体创业意愿快速上升，从而触发其创业活动的开始，这样的创业行为带有随机性和偶发性。也有大学生个人发展目标明确，但由于条件的原因毕业后先就业，而就业的目标就是为创业积累经验，积累资源，为成就自己未来的事业而奋斗，延长了创业准备期，属于厚积薄发，一鸣惊人。

从图 8-1 可以看出，当创业意愿与创业动力积累达到动力临界点时，形成了量变到质变的飞跃，暴发出年轻人雷厉风行的执行力，创业付诸行动，这是创业的核心和关键所在。

创业动力三维度(时间维度、心理维度、能力维度)告诉我们，起步在个体成长的阶段不是很重要，而准备阶段的各种积累对未来发展至关重要，尤其心理准备将对未来发展的广度与高度影响深远，而能力的准备往往仅有些人理解为知识的学习，而实际是知识、见识、历史、社会常识以及应用能力的综合表现。从创业动力函数曲线图可以看出，心理意愿包括你的格局、胸怀、目标、悟性等的内在激发，还包括个人的能力准备诸如决策能力、宏观把控能力、资源组织能力等；加上外在动力的推动，包括家庭、学校、社会等环境的影响；再加上时间因素，时间可以让个人走向成熟，时间也可以让你的项目更加完善，时间还可以积累创业动力直至暴发之日。

时间维度：起步阶段含中小学、大学、研究生、进入社会等阶段。时间维度的延展性是创业方向持续考虑琢磨的时间长短，时间越长收集的相关信息越多，精准程度越高，成功率越高。

心理维度：包括心理宽度、心理高度、心理深度和心理广度。心理宽度体现在个人的心理格局是胸怀天下还是只图自己，当然，随着事业发展、规模的扩大，其格局与胸怀自然也会放大。一个大老板的社会属性更加明显，人站得高看得远。心理高度体现在创业目标的层级水平，这与个人的教育、生活背景密切相关，个人目标定位与项目行业定位基准决定了未来发展的不同路径，心理高度决定了项目选择的大小、技术高度、投资规模等。心理深度体现在只停留在知识层面上的学习是肤浅的，只有从知识中悟出来的东西才能指导你的行为，心理深度决定了你的思维细度、理解问题的深度。心理广度体现在战略上藐视战术上重视，没有高远的志向、没有大境界是不可能做到战略上的藐视。

能力维度：包括宏观把握能力、果断决策能力、趋势判断能力、概念综合能力、资源组织能力、市场调研与分析能力、战略策划能力和诚信实践能力。

8.3.2 创业动力的四因素结构模型

四因素结构模型理论包括：①外部激励，主要是通过财物的形式，如个人财富的追求、现代化产品的诱惑、个人收入的增加；②内部激励，指个体的内部需要，包括控制需要和成就需要，如得到公众的认可、接受挑战、个人的成长、证明自己的能力、享受一种激情；③独立与自我控制，指通过自己做老板的途径来满足，个人自由、老板的自我成就感、满足了控制欲权力欲，掌握自己的命运；④家庭保障，指创业者通过创业为自己和家庭提供保障，如子女的未来、建立一个家族式企业可以延续自己的事业。

8.3.3 不同创业竞争维度与机遇维度下的动力策略

社会学家认为，创业者的社会文化特征（如文化背景）会对创业者行为产生决定性影响，创业意识是决定创业者是否会进行创业活动的关键。直观推断理论（Baron，1998）揭示了创业意识形成的实质，该理论认为风险倾向并不是形成创业意识的主要因素，而是基于有限理性的直观推断和偏见简化了对复杂创业环境的判断，导致创业行为的发生。因此，创业教育要从引导大学生由分析创业环境入手，以改善自然人有限理性导致的认知偏见为教学目标，为他们形成正确创业意识的直观推断奠定基础。

但大量创业研究表明，合理、有效地利用资源是创业活动成功的关键。充分利用大学生的竞争优势，创造性地利用当前全球变革的机遇是大学生创业成功的最佳选择。

创业是一个跨学科的、多层面的复杂现象，涵盖经济学、管理学、金融学、社会学、心理学、教育学、法学、商业伦理学、公共政策学等多门学科，涉及变革、创新、技术与环境的变化、新产品开发、小企业管理、企业与创业家个体和产业发展等问题。所以涉及的因素有：竞争与机会，竞争维度与机遇维度。竞争维度有竞争优势与竞争劣势，机遇维度有机会与威胁。

竞争优势(Strength)表现为：性格开朗，随和，勇于拼搏，具有冒险精神，挑战新事物，富有创新；自我学习能力强，适应发展，实干，吃苦耐劳，独立，坚强，积极；盈利模式选择判断正确，市场调研充分，适合自己才能有持续发展的动力。

竞争劣势(Weakness)表现为：坚强坚韧，调整适应慢；做事踏实，防范意识薄弱；死板，不够灵活；创业选择的行业面窄，创业方式单一，创业的常识社会常识少；急于求成、眼高手低、创业技能缺乏。

机会(Opportunity)表现为：政策环境优势，国家政策支持和帮助大学生就业和创业；全球现在正处于变革时期，区域经济发展到一定程度需进行转型，国家需要人才，尤其是专业技术型人才、懂技术的管理人才。

威胁(Threat)表现：大学毕业生越来越多，竞争压力大；就业岗位越来越注重社会经验，毕业生得不到完全信任；经济发展速度较快，技术日新月异，压力大。

通过以上分析大学生创业，既存在竞争优势也存在劣势，既有机遇也有挑战，其对应的策略有动力强劲型策略、谨慎型策略和保守型策略(图 8-2)。

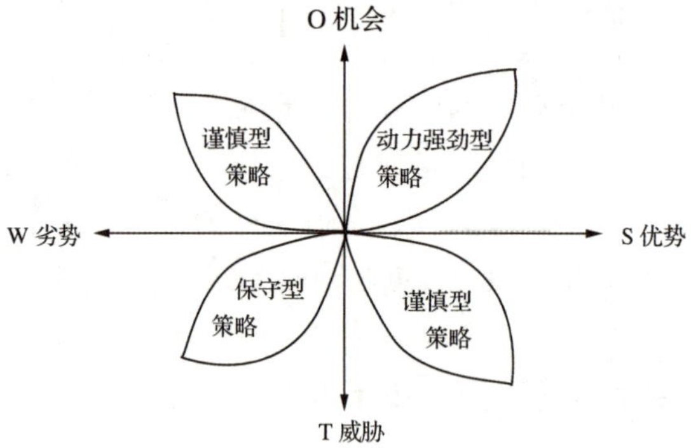

图 8-2　竞争维度与机遇维度下的动力策略

（1）动力强劲型策略

这种策略是抓住机遇、发挥优势为主的进攻型全力应对策略，看重规模与效益，更要关注长远性与可持续性，更要看重速度与高度。符合此策略的大学生既有很强的开拓精神，又有自身优势，在创业过程中能充分发挥自身冒险精神、创新精神和扎实的专业知识等优势条件，借助国家的优惠政策，调动各种资源，开足马力全力以赴进行创业。

（2）谨慎型策略

这种策略是抓住机遇、面对问题（克服弱点）发挥优势、抗拒威胁（迎接挑战）的策略。看到机遇的同时，充分认识到自身的不足；或在看到自身优势的同时，能感到外部环境的威胁。在创业过程中，要充分认识到自身的劣势，并根据实际情况不断进行调整以弥补自身的不足，抓住机遇，充分利用各种社会资源与相关政策，选择对自己有利和行业进行创业，尽量规避不利外部环境导致的创业风险，充分发挥自身扎实的专业知识和突出的创新能力，以实现成功创业的梦想。

（3）保守型策略

这种策略是把外部威胁和内部弱点看得较重，对环境带来的机遇和自身优势并不看好，而采取退避三舍的保守型策略。符合此策略的大学生自身存在很多不足，同时外部环境存在威胁。因此，要积极进行自我规划，尽量克服自身劣势，规避外部环境的风险和威胁，通过多种方式（如先就业再创业模式）先积累经验、知识和才干，积极寻找机遇实现自己占领某个领域或阵地的梦想。

8.4 创业动力的动态演变

在创业的不同阶段，由于创业者自身认识的变化和环境的影响，创业的动力也会有所变化，有些因素表现为比较明显的暂时性和阶段性，而一些因素也有可能表现为较强的持续性，成为创业的持久动力。实际上，在创业过程中，随着企业的发展，创业者能否与时俱进，将暂时性的创业动力转化为持续性的创业动力，不断调整自己的创业目标，激发自己的创业热情，成为创业能否成功的重要原因。

8.4.1 创业动力的暂时性和阶段性

不少人都曾拥有过创业的愿望，但是由于各种主客观因素的限制，这种想法可能转瞬即逝，表现在创业动力的暂时性，而真正进行创业实践的仅仅是少数，获得创业成功的更是凤毛麟角。同时，创业初期的目标一旦实现之后，创业者的原有动力可能会消失，如果不确定新的、更高的创业目标以激发出新的动力，创业者就可能会迷失方向、满足现状、不思进取，在激烈的市场竞争中处于不利的地位，最终导致创业企业夭折。创业者要走向成功，就应该不断地超越自我，向新的、更高的目标努力，表现在创业动力的阶段性，在新形势下必须要有所发展。是哪些因素推动创业动力不断演变呢?

①创业企业不断发展的需要　创业者和创业企业处在一个激烈竞争的市场环境中，面临着极大的压力，创业者和创业企业不可能在这种环境中维持在原来的状态，只有不断地创新和发展，保持其竞争地位并不断开创新的领域，才能在市场中立于不败之地。

②强烈的事业心和获得更大成功的欲望　随着创业企业规模的扩大以及物质利益的巨大满足之后，推动创业者不断奋斗的动力往往来自于对企业或产业的责任、对事业发展的追求以及希望获得更大成功的愿望，他们往往希望自己的企业能够成为“百年老店”，为此不断地吸收新知识、技能和观念，进而激发出新的创业动力。

③声誉的激励　随着创业的进行，创业者会引起政府和人们的广泛关注，各级政府为推动经济发展会以各种方式对创业者的行为和成就给予鼓励和支持，也会得到社会舆论的赞誉并获得较高的社会地位，甚至不少创业者会被吸收到各级组织和社会团体之中，这些都会使创业者的创业动力得到强化和升华。

④自身素质的提高　在创业过程中，通过不断地学习，创业者的素质不断提高，对创业会产生更多的感悟，对创业和人生会有更深的理解。产业报国、追求自我价值以及更好地回报社会将成为成熟的创业者的更高的追求。

8.4.2　创业动力的持续性

创业初步成功后，企业步入持续发展阶段，这个时期需要有持续的创新方法、创新模式、创新技术等维持创业企业的可持续发展，这个时期自然需要有稳定的可持续性动力支持企业走向辉煌。

①社会责任驱动　当企业发展到一定规模后，广大员工的利益与企业利益紧密联系，社会责任驱使企业必须要发展，以保证他们的就业，这是自然的反应，是群体生存的驱动。所以当企业达到一定规模后就会产生社会责任大于个人利益的驱动力。

②股东或所有权人的利益驱动　在创业过程中，创业动力的表现形态可能是多种多样的，并且处于不断的变化之中，但是处于核心地位的或发挥内在作用的还是创业股东或所有权人的利益驱动。因为在社会主义市场经济条件下，创业作为一种经济行为，企业作为创业活动的载体，创业者作为创业活动的推动者，创业利益是创业活动得以进行的经济保障。没有创业利益，创业者的一些活动将失去存在的基础。同时，创业利益也是考察和评价创业活动的最重要的指标之一。当然，创业者在获得巨大的个人利益的同时，也为社会创造了巨大的财富和更多的就业机会。

③激励驱动　创业者需要与自己人生的知己、事业的掌舵人、调度者，定期商谈，校准方向，防止走偏。当然这个掌舵者需要有远见卓识，或是你的导师，有着丰富的

社会阅历，他不仅是大方向的导师，还是你在创业过程中的激励者、鞭策者，遇到困难时的加油站。这个人可能是你的父母、老师、先辈，他的意义非同小可，是事业可持续性的后盾。“鞭策者”必须精力充沛、善于交际、充满活力、信息源广泛、有所成就、敢作敢为、具有一定的示范效应，以言传身教、树立榜样、鼓舞士气。

8.4.3 创业动力的终结

我们研究创业主要看重的是初创时期，阶段性成功后也可以是二次创业。当一个公司发展到相当规模后，实际上就是企业管理与经营问题了，此时需要二次创业，规模或业务的扩张与日常的经营管理交织在一起。但是，由于种种原因，如创业者年老萌生退意、经营不善转卖或转股、不可抗拒原因的倒闭清算等，没有了再造辉煌的原动力，没有一个力挽狂澜的创业者的结果是可想而知的，创业动力的终结必然导致企业的终结或者失去企业的控制权。

8.5 创业动力的多源性

8.5.1 坚定的理想信念，不竭的精神动力

理想，是对未来事物的美好想象和希望，也是对某事物臻于最完善境界的观念，是人们在实践过程中形成的、有实现可能性的、关于未来社会和自身发展的向往与追求，是人们的世界观、人生观和在奋斗目标上的集中体现。不满足于眼前的物质和精神条件，憧憬未来的生活目标，期盼实现梦想，并对未来不懈追求，是理想形成的动力和源泉。

信念是人们在一定的认识基础上，对某种思想理论、学说和理想所抱的坚定不移的观念和真诚信服与坚决执行的态度。信念是人类引导自我前行的本因，是一种精神追求，是一种心理机能，以实现与基本要求、欲望和信仰相应的行为志向，它左右我们信念思维的活动过程，并以某种模式规范着自我的思考方式，形成了思维情感的框架格局。信念是认识、情感和意志的融合和统一，是知识和情感的升华，也是知识转化为行动的中介和动力。信念强调的不是认识的正确性，而是情感的倾向性和意志的坚定性，它超出单纯的知识范围，有着更为丰富的内涵，是一种综合的精神状态。

信念的力量在于即使身处逆境，也能帮助你鼓起前进的船帆；信念的魅力在于即使遇到挑战，也能召唤你鼓起生活的勇气。信念是自我超越自己，走向成功的不竭动力。

信念的特征有：稳定性，信念形成后难以改变，即使以后在认知层面上对信念产生疑惑，情感上强烈的认同也会在相当程度上支持既定的信念；多样性，不同的人，由于社会环境、思想观念、阶级利益需要和个人具体经历等不同，会形成不同的乃至截然相反的信念；亲和性，所谓“志同道合”即信念亲和性的表现。

当前社会上的浮夸风盛行、物欲横流绝非是发展主流，当代大学生应当顺应社会趋势，站在风口浪尖处引导社会发展潮流，引导行业发展方向，历史的责任落在当代大学生身上，若信念发生偏差将影响深远，当你追求事业的同时既满足了个人需求，又贡献于社会，时间会告诉你追求事业的可持续发展是英明的。

当代大学生思考问题往往着眼于全局，理想远大，对社会的影响更加深远，思维更加深刻，观察世界时关注战略的意义。你们注重的是大格局而非一时一事，拥有远大的理想而非短暂的得与失，为追求理想而经得起折腾和磨难，认准目标谋大事而可以承受委屈，你们勇于担负责任而竭尽全力，是影响未来的一代人，有抱负的一代人，希望就在你们身上。

8.5.2 成功需要一定“野心”

在生活中，如果你形容一个人有“雄心”，那就表示他很有抱负，他会很高兴。如果你形容一个人有“野心”，那就表示这个人占有欲很强，好像要抢走别人的东西似的，他会很不高兴。自古以来，“野心”在多数情况下是个贬义词。不过，现在有心理专家研究表明，“野心”是成功的关键因素。

“野心”到底靠什么建立，为什么在对待事业上，有些人充满“野心”和活力，而有些人则没有？“野心”是如何形成的？美国《时代》杂志加拿大版日前刊文提到，美国加利福尼亚大学的心理学家迪安·斯曼特研究发现，“野心”是人类行为的推动力，人类通过拥有“野心”，可以有力量攫取更多的资源。

从家庭出身来讲，出生在穷人家的孩子，要为生存而忧虑，可能与生俱来就有“野心”，但也不排除悲观失望，不思进取者。在富裕家庭长大的孩子，可以获得的东西虽然很多，但也有懒惰、挥霍无度的人。总之，研究表明，上流社会之所以有相当大比例的人有“野心”，有钱不是主要原因，家庭影响和父母对孩子成功理念的灌输起着重要作用。

社会大环境也对人的“野心”有很大影响。这和家庭有些类似，即当一个人与社会环境相接触时，如果他总是遇到有“野心”的人，那他也会不自觉地产生一些想做事业的想法；如果他身边都是一些没有理想，没有“野心”，得过且过之辈，即使他有“野心”，也会被人讥笑为疯子，久而久之则打消念头。

在遗传方面，斯曼特说：“‘野心’可能是会遗传的。”这意味着，如果你的家族很有“野心”，你可能天生就具备这份素质。

人的性格也会影响“野心”。有些人总对自己的事业和生活不满，他们总有一种忧患意识，正是这种意识让他们产生焦虑感。焦虑或在孩童时有被剥夺感的人，容易在生活中寻求过度补偿而显得“野心”勃勃。

在对待“野心”这个问题上，如何做到既促成事业进步，又不伤害别人的利益和自身健康？那就是保持适度。

为了做好事业，我们一定要怀有“野心”，对于未来要抱有良好的愿景，只要可能，都不妨尝试，这样才能更好地发展自己。

但如果这种“野心”是以挖别人墙脚为前提，或者通过损人而利己，那就要把这种“野心”放在道德和法律的规定范围内，懂得控制自己，要对“野心”进行引导。在“零和”环境中，你多一点，别人就少一点，所以“野心”始终不受欢迎。而现在飞速发展的社会，创造了双赢的模式，你的“野心”对于开疆拓土、探索未来领域，有不可或缺的作用。在那里，有“野心”的人是英雄。

8.5.3 冲动是创业的原动力

冲动多指做事鲁莽、不考虑后果，感情特别强烈、理性控制很薄弱的心理现象。冲动可表现为行为上的，也可表现为思想意识上的。读书人会增加理性而少了冲动，使得读书人降低了某些方面成功的概率，究其根本原因就是知识的积累减弱了人类本能性的冲动。人们通常认为冲动是负面的动力，当冲动的行为带来了好的结果时，人们便不再称之为冲动，取而代之的是赞扬的说法，如“反应迅速”“当机立断”等。实际上，冲动是生命的一种特性，是与生俱来的，是蕴藏在人类基因中的财富。在最原始、最深层的刺激下，人类才能使生理和心理上的各种基本需求转换为本能的冲动。

冲动是创业的原动力，少了冲动，即缺少放手一搏、临门一脚的动力。但在冲动的原动力下，创业要成功，还是要按部就班，按照科学的步骤稳扎稳打，才能提高创业成功的机率。

8.5.4 事业心、执行力、责任感缺一不可

事业心，是一种高尚的品德，是人们对自己所从事的职业充满着热爱、珍惜和敬重，不惜忘我地为之付出和奉献，从而获得一种荣誉感和成就感的思想品质。敬业意识强，体现了一种事业追求和思想境界，体现了一种勤恳态度和精神风貌，更体现了一种可贵的事业心和责任感。

事业心与责任感，作为一种精神面貌、工作姿态、思想境界，是从事任何工作、成就任何事业的基础。既讲敬业，又讲精业；履行新的历史使命，敬业是基本要求，而精业更能体现先进性。衡量一个人是否具有强烈的事业心责任感，必须把有没有精业的本领作为一个重要砝码。有了事业心，才能顾全大局；有了事业心，才能不畏艰难险阻；有了事业心，才会把“小我”融入到整个企业和社会当中成就“大我”；也只有有了事业心，才能够真正体现生存的价值以及生命的意义。因此，从这个意义上来讲，事业心可以说是执行力的最高境界，强烈的事业心可以自觉提高执行力。在头脑中形成积极向上的责任意识，就会对执行力产生巨大的推动力。

执行力将人的行为、价值观念固化在头脑当中，责任心让人积极主动地去挖掘自己的潜力，而事业心把“小我”融入到企业和社会发展当中。三者的相互促进、相辅相成，造就了勤奋工作、勇担责任、成就价值的无悔人生。

现代社会由于互联网的发展，甘露滋润的同时也泥沙俱下，如果大学生没有免疫力，就会沦为互联网的俘虏，被网络牵着鼻子走，可能崇尚享乐人生，向往玩世不恭。当代大学生应当有历史的责任感与使命感，责任感可以使我们变得无比强大，责任感可以激发我们超强的能量，既能使我们成为社会的建设者，又能成为社会潮流的引导者，当代大学生责无旁贷，为真理、为信仰、为志向、为事业执着前行，一定能赢得社会的尊重，经得起后世的品议。

8.5.5　压力就是动力

面对人生压力，竞争是生物进化法则注入人类血脉的一种本能。

优胜劣汰，适者生存。竞争对人能起到激励的作用。竞争能产生压力，压力又变为动力，在动力的推动下，竞争双方都得到了能力的提高。当代大学生要敢于进行健康有益、互相促进、互相提高的竞争。

压力转换成动力是一种化学反应，当压力进入到身体里，大脑神经被激发了，变成了动力。火山爆发的宏伟壮丽，是岩浆将地壳给它痛苦的压力转变成了无穷的动力。成功时，不要忘了对你成长有贡献的人，包括你的竞争对手，给你压力的人，甚至讽刺过、欺负过你的人，是他们让你成功的。除了人的压力，还有环境的压力，如就业的压力，面对种种压力要学会换一种方式竞争，懂得将压力转换成为动力。

目标所给予我们的就是我们所背负的压力，没有了目标就没有了压力，也就没有了所谓的动力。压力所赐予我们的还有紧迫感和压抑感。这种紧迫感可以激发我们内在的潜能与斗志，这便是我们所说的动力。而一个潜能和斗志被激发出来的人自然要比一个随遇而安的、无压力的人更加的具有动力。压力不仅仅存在于人的本身，更存在于整个社会：人与人之间的竞争是压力，这份压力逼迫我们不断地完善自我；公司与公司之间的较量是压力，这份压力逼迫他们不断地更新技术，不断地为顾客提供力所能及的服务从而最终胜出；国与国之间的比拼更是压力，无论是 GDP 的比拼还是军事实力的比拼，都体现了一个国家的尊严与人民的尊严，这份尊严的压力更是给予我们无穷的动力来建设自己的国家，使其屹立于世界强国之林。压力就是动力是自然界的普遍规律，而且被世间万物所遵守，水需要重力给予的压力才会流淌，船没有动力不可能逆水行舟。压力能让徘徊者迈出坚定的步伐；能让失败者鼓起再战的勇气；能让落后者奋起；能让成功者警惕。压力不是鼓励人成功，而是逼人成功。

8.5.6　有毅力者事竟成

每个人都有自己的理想，每个人心中都渴望成功。然而前进的道路不可能是一帆风顺的，总会遇到困难的阻挡，而到这时，你是选择畏缩退避还是勇往直前呢？而让你一直走下去的法宝是什么呢？那就是毅力！美国小说家狄更斯说过：“顽强的毅力可以征服世界上任何一座高峰。”

居里夫人曾经说过：“人要有毅力，否则将一事无成。”毅力和壮志是事业的双翼，两者缺一不可，如果你没有坚韧的毅力，你的事业会像雄鹰断了一个翅膀一样，不可能展翅飞翔，不可能遨游出你的一片天空，所以毅力是你事业成功的根本保证。

毅力也叫意志力，是人们为达到预定的目标而自觉克服困难、努力实现的一种意志品质；毅力，是人的一种“心理忍耐力”，是一个人完成学习、工作、事业的“持久力”，是创业持续的原动力。毅力就是坚持，毅力就是努力。当它与人的期望、目标结合起来后，它会发挥巨大的作用。毅力是一个人敢不敢自信、会不会专注、是不是果断、能不能自制和可不可忍受挫折的晶核。

毅力会帮助你克服恐惧、沮丧和冷漠；会不断地增加你应付、解决各种困难问题的能力；会将偶然来的机遇转变为现实。毅力是实现理想的桥梁，是驶往成才的渡船，是攀上成功的阶梯。

心不专者，不会有毅力。唐人张文成在《游仙窟》中曰：“心欲专，凿可穿。”可是有的人就是做不到这一点，不专一，目标太多，期望值有无数个，好高骛远。一个目标还没有达到，就想到了另一个，这山望着那山高，什么都是三心二意。虽很努力，却是竹篮打水一场空。因为缺乏恒心，结果什么事情都办不了，什么事情都办不好。

不自信者，不会有毅力。缺乏信心，不相信自己的力量，事情还没有办，考虑的却是个人的患得患失，失败了怎么办？如何向领导交代？往往是进一步，退两步，结果呢？因为没有自信，夸大了自己弱势，让弱势遮住了自己的强势，自己就显得毫无力量。

办事不果断者，不会有毅力。这类人独立性差，没有主见，干工作缺乏办法，没有气派，优柔寡断，前怕狼、后怕虎，容易接受他人暗示和影响，因而经常改变自己的初衷。有生理原因，也有调研不够充分、目标相关积累与判断错误等原因。

不能自制者，不会有毅力。这类人不能压抑欲望，随心所欲，想怎么干就怎么干，好情绪，好冲动，不能顺从理性，不知道如何克制自己，因而一心本是属于可敬可赞的雄心壮志，常被那些卑小的欲望所干扰，将事情搞得一败涂地。

不能忍受挫折者，不会有毅力。为什么有的人大落之后能东山再起？就在于他能忍受得住挫折、失败、考验和痛苦，坚持信念，不停顿地前进、拼搏、奋斗。

毅力能够决定我们在面对困难、失败、诱惑时的态度，看看我们是倒了下去还是屹立不动。如果你想重振事业、如果你想把任何事做到底，单单靠着一时的热劲是不成的，你一定得具备毅力方能成事，因为那是你产生行动的动力源头，能把你推向任何想追求的目标。具备毅力的人，他的行动必然前后一致，不达目标绝不罢休。

8.5.7 创新的动力

创新技术可以实现低成本、高附加值，创新模式与方法可以实现超常的发展速度与意想不到的效果，模式方法创新不亚于技术创新所带来的经济效益与社会效益，现在是一个创新的时代、发展的时代、变革的时代。发展是永恒的旋律，变革是永恒的主题，创新是社会进步的原动力，是一个民族进步的灵魂。创业是执行力，创新与创业相伴而生，所带来的冲击力与创造力势不可挡，“唯创新者进，唯创新者强，唯创新者胜。”

新一轮科技革命和产业变革的浪潮扑面而来，以“互联网＋”、分享经济等为代表的新经济、新业态蓬勃兴起，正深刻影响着中国经济与社会的发展。对广大创业者来说，这意味着新机遇、新元素、新方式、新课题、新挑战，对传统行业将是颠覆性的，倒逼传统行业的变革创新，所以创业项目可以是互联网、智能机器人，也可以是传统行业项目，技术的互相渗透、跨界发展将会产生更多的创新领域。

8.5.8 承诺的动力

承诺是一种重要心理动力，有人请教美国罗斯福总统第一次戒烟很快就成功的秘诀，罗斯福总统说：“这很简单，我告诉我的家人、下属和朋友，说我要戒烟了。这样我就真的不好意思再吸烟了。”罗斯福是用公开承诺的办法，借众人的监督来实现戒烟。这就是承诺的威力。

公开的承诺把它变成一种对自己也对他人的一种责任，借由自己内心的良知和他人的监督来促使自己事业的成功，这就是承诺的力量。马云在成功之前的狂言就是一种承诺，马云的狂言推动他的创业，又不断推动他的创新与发展，他说：“创业是一个证明的过程，是一个不断告诉别人我的想法是正确的过程。”

8.5.9 感恩的动力

感恩，是一个永恒的话题，一个中华五千年文化传承下来的美德。“谁言寸草心，报得三春晖”是游子对慈母养育之情的感恩；“鞠躬尽瘁，死而后已”是诸葛孔明对刘备三顾茅庐的知遇之恩；“乌鸦有反哺之义，羔羊有跪乳之情”是动物的感恩。感恩是孙悟空西行路上千辛万苦克服重重困难帮助玄奘走向成功的动力之源，实现了双赢甚至是多赢。生活中没有谁会一帆风顺，没有谁时时都是春风得意。我们总会遇到这样或那样的困难，而在这当中终会有好心人、组织、社会帮助我们。人的一生，无论成败，都会得到太多人的帮助：父母的养育，老师的教诲，朋友的帮助，大自然的恩赐，时代的赋予。我们成长的每一步，都有人指点；我们生活的每一天，都有人帮助。正因为这样，我们才度过一个个难关，一步步走向成功，创造并享受着美好生活，提升个人生存价值。“滴水之恩，当涌泉相报”，感恩永植于心，成为我们前进的动力，感恩动力是引发、激励和驱使我们创业的行为，推动我们克服困难，走向成功，回报社会。

第9章　创业分类与目标选定

学习目标： 掌握创业分类、行业分类、创业方向选择与项目选定的方法。

关 键 词： 创业分类　创业模式　创业方向　创业项目　创业目标

9.1　创业分类与模式分析

综合各类学者的研究成果，创业分类方法很多，可以从不同角度分类，如可以按照创业形式、模式、技术、创业者或创客等分类。

9.1.1　基于价值创造的分类

克里斯汀(Christian)等人依照创业对市场和个人的影响程度，基于价值创造或创业者的创业绩效对创业进行分类，是一种常见的分类形式。将创业区分为四种类型，即复制型创业、模仿型创业、安定型创业和冒险型创业。

①复制型创业(Entrepreneurial Reproduction)　指在现有经营模式基础上的简单复制的一种创业模式。复制型创业是较为传统、在近年来的创业实践中被大量应用的创业模式。

②模仿型创业(Entrepreneurial Imitation)　指创业者看到他人创业成功后，采取模仿和学习而进行的创业活动。模仿型创业具有投资少，见效快，迅速进入市场等特点。这种形式的创业，对于市场来说虽然也无法带来新价值的创造，创新的成分也很低，但与复制型创业的不同之处在于，创业过程对于创业者而言还是具有很大的冒险成分。创业者如果具有适合的创业人格特性，经过系统的创业管理培训，掌握正确的市场进入时机，还是有很大机会可以获得成功。模仿型创业也是较为传统、在近年来的创业实践中被大量应用的创业模式。

③安定型创业(Entrepreneurial Valorization)　也称居家型创业，主要特点是为了生活为而创业，设定目标不高，只为养家糊口，一般选择风险小、容易成功的项目，此类创业传统项目居多，创新内容少，属于保守型创业。

④冒险型创业(Entrepreneurial Venture)　指一种难度很高，有较高的失败率，但成功所得的报酬也很惊人的创业类型。冒险型创业属于机会型创业中的一种，在这种创

业活动中创业者在实现商业机会的同时，追求高利润回报，承担较多的风险。经济利润的刺激同实现商业机会的欲望，对于创业者来说同样具有吸引力。冒险型创业模式，将极大地改变个人命运。从事一项全新的产品经营，个人前途的不确定性也很大。同时，由于是创造新价值的活动，因此将面临较高的失败的可能性。尽管如此，由于这种创业预期的报酬较高，对那些充满创新精神、勇于冒险的人来说仍富有极大的诱惑力。

冒险型创业也是革命性的创业：有无与伦比的、富有野心的创业计划；往往有行业创新性、引导性、前瞻性改革；财富与企业家精神集于一身；大量的资金需求；大量的前期投资；集中全力吸引少数大的顾客，成功后会成为行业的某一方面的领导者，行业规则或消费规则的制定者。创业者的超强能力确保创业计划的成功，技术或生产经营过程方面实现巨大创新，向顾客提供超额价值的产品或服务。

9.1.2 依据创业动机的分类

GEM(全球创业观察)在2001年的报告中第一次提出了生存型创业和机会型创业的概念，是依据创业动机对创业所作的一种分类。机会型创业和生存型创业不是创业者的主观选择的结果，而是由创业者面临的环境和能力决定的。创业环境指的是总的宏观因素，需要政府和社会有意识和有计划地改善；而创业能力特别是开创新市场的能力可以通过教育来提高。当然，创业能力中所包含的创业意识一定程度上也是一种天赋，既有自主选择的一面，也有被迫选择的可能。

创业者个人特征是影响创业动机的主要因素，对机会型创业与生存型创业的区分起显著影响。一般来说，年龄在25~44岁之间的人更有可能进行机会型创业，而年龄在45~54岁的创业者，生存型创业的比例明显高于机会型创业。另外，学历高低与机会型创业比重正相关，与生存型创业比重负相关。

①生存型创业(Necessity-Push Entrepreneurship)　简单地说就是为生存而创业，或是指那些由于没有其他就业选择或对其他就业选择不满意而从事创业的创业活动。生存型创业者期望较低的风险，更多地受到创业资金、受教育程度、技术、人脉等资源的限制，关注起点较低、成功率较高、风险小的行业和项目。

生存型创业的特征有：生存型创业在现有市场中捕捉机会，表现出创业市场的现实性；生存型创业从事的是技术壁垒低、不需要很高技能的行业；生存型创业受生活所迫，物质资源贫乏，从事低成本、低门槛、低风险、低利润的创业，往往无力用工。

我国生存型创业的特点：在我国，生存型创业所占比重较大，在所有创业活动中占比重大约在60%左右；创业起点较低，生存型创业者由于社会资源少，所选创业项目也主要集中在利润中等的餐饮行业以及副食、百货等微利行业，创业目的大多仅仅是为了养家糊口，补贴家用；社会效应明显，它不仅能解决自身的就业问题，经营状况较好的还能聘请员工，带动他人就业。

②机会型创业（Opportunity-Pull Entrepreneurship） 为了追求一个商业机会而从事创业的创业活动。机会型创业者往往敢于面对较高的风险和期望较高的投资回报。机会型创业者拥有更多的创业资金与社会资源，更关注新的市场机会，选择的行业无论是从资金壁垒还是技术壁垒上，都远远高于生存型创业者。机会型创业者能获得更多的贷款资金和政府支持。机会型创业由于起点高，着眼于新的市场机会，拥有更高的技术含量，有可能创造更大的经济效益，规模可能较大，不仅能解决自己的就业问题，而且能解决更多人的就业问题。从缓解就业压力和改善经济结构的目的出发，政府和社会都应该更加关注机会型创业，大力倡导机会型创业。促进机会型创业的重点目标人群是中青年高学历者，应针对他们采取更有力的扶持措施。

9.1.3 根据创新形式的分类

①传统型创业 主要指劳动力密集型的、以制造加工为主的行业。有时间空间概念，即时间是以特定时期划分的传统与现代，空间是指地域或指以本地为主的创业。传统行业也称为传统产业，是一个历史相对概念，即相对于IT业、新材料产业等新兴工业而言的。在传统产业创业即为传统型创业，较明显的非传统行业或新兴行业是指节能环保、新一代信息技术、生物、高端装备制造、新能源、新材料和新能源汽车7个产业。《国务院关于加快培育和发展战略性新兴产业的决定》将这7个产业列为现阶段的重点发展对象，但电子行业、汽车、纺织、轻工、制鞋、制衣、光学、机械、制造业、餐饮等传统行业，若与高新技术结合，就又是另一种局面，有可能是未来的明星产业。所以传统行业主要指劳动力密集型的、以制造加工为主的行业。

在当前经济发展方式转变、社会转型的重大转折过渡时期，传统产业面临着产业进步，面临着前所未有的机遇和挑战，应该逐步实现从传统型向创新型的模式转变。所以要求我们的大学生要跨界创业，善于挑战，也许今天的传统产业明天就会在你自己的手里成为转型产业、融合新技术的创新型产业。

②创新型创业 指创业者建立新的市场和顾客群，突破传统的经营理念，通过自身的创造性活动引导新市场的开发和形成，通过培育市场来营造商机，不断满足顾客的现有需求及开发其潜在需求，逐步建立起顾客的忠诚度和对企业的依赖，对经济社会的全面进步提供巨大的原动力的一类创业模式。

创新和创业是过去一个世纪以来最令人瞩目的研究领域之一，国内外诸多学者从管理学、经济学、社会学等不同学科角度进行了大量的、卓有成效的研究。

创新型创业是创业难度和风险较大，但潜在收益最大的一类创业。创新型创业是指创业者突破传统的经营理念，通过自身的创造性活动引导新市场的开发和形成，通过培育市场来营造商机，可以分为技术驱动型创业和创意驱动型创业。

创新型创业可以是自有技术、成果或专利，或者转让转移技术成果，可以是产品创新，也可以是服务创新、管理创新、资源整合创新、运行模式创新或跨界跨行业方式创新等。

创新型创业分类：

技术驱动型创业 是指创业者以自己拥有的专业特长或已有技术成果为核心竞争力来进行的创业活动。创业者具备某一专业(技术)特长，或研制成功一项新产品、新工艺，同时发现潜在市场或利润空间，将拥有的专长或技术发明发展成新创企业，并成功推向市场。也可以说，技术驱动型创业是创造市场价值的机会型创业，但难点在于组织创新，风险投资对其的支持非常重要。

创意驱动型创业 是创业者根据全新的运营理念或创新构想，探索新的经营模式的创业活动。此类创业模式是所有创业模式中难度最大的一类，但是一旦成功将拥有先发者优势。如果在创业过程中相关互补性资源迅速跟进，可以成为新辟市场的领导者，拥有标准和价格制定权。此类创业需要创业者具有敏锐的市场眼光、独特的个性特征和旺盛的创业欲望，善于洞察商业机会并敢于冒险，是一种开创性价值创造型创业。

概念创业 即凭借创意、点子、想法创业。当然，这些创业概念必须标新立异，至少在打算进入的行业或领域是个创举，只有这样，才能抢占市场先机，才能吸引风险投资商的眼球。同时，这些超常规的想法还必须具有可操作性，而非天方夜谭。

创新型创业的主要特征：

新的历史时期，大量创业实践表明，创业成功的关键不仅仅在生产技术和产品本身，更为重要的在于创业者能否突破传统思维限制，主动应对环境变化，整合各种资源，实施技术创新、管理创新、体制创新、品牌创新、市场创新等战略，创造出新的经营模式。

创新型创业活动的价值：

创新型创业数量较少，但对经济贡献较大。国际经验表明，创新型创业不到创业总数的1%，但却具有较大的价值创造潜力。创新型创业是以新技术的产生和应用为基础的，任何一项新技术的诞生及其在生产中的应用，都要求与之相关的技术配套发展，这就必然引起新的技术进步，以致形成技术创新“链式反应”，扩大社会生产领域，创造出大量就业岗位，从而促进地区经济增长。已有研究指出，与其他创业类型相比，创新性创业活动对经济增长产生的贡献更加突出(Aldrichand Martinez，2001)。

创业路径的选择影响到地区微观产业结构，创新型创业有利于促进地区产业结构升级。创业机会的来源、实现途径、识别的内容及其产生的诱发机制导致了创业路径选择的差异性，进而影响了地区金融结构的变化、新兴产业的培养和产业的转型升级状况。创新型创业带来了生产技术的创新，技术创新引起产业结构变化，总体上表现为：整个产业结构中由第一产业占优势比重逐渐向第二产业、第三产业占优势比重演进；由劳动密集型产业占优势比重向资金密集型、技术知识密集型产业占优势比重演进；由制造初级产品的产业占优势比重向制造中间产品、最终产品的产业占优势比重演进。技术创新使产业结构朝着高级化和合理化发展，传统产业并未因为科技含量高的新兴产业成为经济结构中的主导产业而消亡，而是经过技术改造得到了更大的发展。由此可见，创新型创业的不断发展带来了技术的进步，也促进生产力迅猛发展并提升产业结构，这对于推动我国产业转型升级具有重要价值。

对创业路径选择的研究有助于提升创业政策的科学性和有效性，推动更多高质量的创业活动。目前我国的创业政策尚不完善，如果仅把创业过程看成是随机的过程，不了解不同创业路径选择所带来的经济效益和社会效益的差异性，仅停留于税收减免、资金与管理支持等层面，促进更多高质量的创业活动就无从谈起。创业路径选择的研究涉及创业的基本活动和关键影响因素，探讨创业者如何积累特定领域知识并获取最新的技术信息，从而识别他人所看不到的，或者是先于他人看到有价值的创业机会，形成创新型创业活动。这有利于改善我国的创业环境，提高创业政策的有效性，营造并鼓励更多的创业活动尤其是创新型创业活动。

创新型创业对经济增长的促进作用突出，为创业者产生了良好的示范作用。但是，目前我国这类创业活动数量稀少，形成机理尚不明确，对其创业过程的特殊性研究还不充分，这使得此类创业活动具有重要研究价值。

创新型创业与传统创业最根本的差异就在于创新，创新意味着出现新的产品、服务或是新的工艺等，通过新的技术、新的管理模式、新的商业模式为市场提供附加值更高的产品或服务。所以，创新型创业的成功需要不断跨越已有的范式，转换思维模式，把握和利用各个维度的变迁机会，在客户的行为和潜在的竞争者等相关信息比较有限的情况下进入一个新市场或者是未完全建立的市场，对识别到的创新型创业机会进行开发。有的研究者对创业机会进行这样的定义，认为创业机会是进行新的价值创造，在手段和目标的关系的发现过程中确定必需的原料和信息。创新型创业机会是社会中信息的潜在传播的一个结果，既包括技术机会，这种机会使得创造新产品和新服务成为可能，同时还包括市场机会，这种机会通过使新产品和新服务商业化而实现了其财务价值。因为技术机会和市场机会都是价值创造过程的必要因素，所以企业不仅需要通过用新的方式联合信息、资源和能力来发现技术机会，还需要结合这些技术机会和潜在市场而发现新的市场机会。

9.1.4 根据产权形式分类

创业根据产权形式以及创业所包含的自主知识产权的多少可分为：

①创造型创业（高新技术创业、技术型创业） 核心技术属于完全自主产权的创业活动，实现中国制造。涉及技术性创业的特征、技术创新与创业、技术转移过程、突破性技术的识别、新技术市场、技术周期及技术替代、项目选择、商业计划、专利及知识产权保护、高技术创业环境、高科技园区、孵化器、互联网创业机会及商业模

式等。

②创新型创业　在部分关键技术上有自主产权的创业活动。

③继承型创业　利用别人的核心技术和关键技术，运用自己的创新思维和开拓性行动进行的创业活动。

9.1.5 根据创业主体形式分类

根据创业主体形式把创业可分为：

①独立创业　即创业主体白手起家进行的创业，可以是个体创业或公司创业。个体创业主要指与原有组织实体不相关的个体或团队的创业行为，而公司创业主要指由已有组织发起的组织的创造、更新与创新活动。虽然在创业本质上，公司创业和个体创业有许多共同点，但是由于起初的资源禀赋不同、组织形态不同、战略目标不同等，在创业的风险承担、成果收获、创业环境、创业成长等方面也有很大的差异。

特点：创业人员的单一性、权利义务统一性、创业活动的独断性。

优越性：利益驱动力强、工作效率高、运营成本低、灵活性较大。

局限性：经营规模小、经营方式单一、决策随意、孤军作战。

在我国多见于修理、服务、餐饮、商业、培训等行业，如小修理店、理发馆、社区旅馆、餐馆、日杂店等。个体工商户对市场反应迅速，能及时拾遗补缺，有填补市场、方便生活、加快流通的作用，是独立创业最简单的形式。

②家族创业　即以家族亲戚为纽带形成的经济团体，有夫妻创业、父子创业、兄弟创业等多种形式。

特点：成员关系的伦理化、企业关系的非确定性、创业动机的非功利性。

优越性：以情感的力量用人信任度高、不须雇佣大量固定员工、员工队伍稳定。

局限性：创业风险与家庭命运紧密联系在一起、家族成员之间缺乏明确的责任以及权利与义务的明文规定，容易形成各行其是，帮倒忙，往往造成企业经营的低效率和高风险。伦理关系与企业关系在家族成员身上不断转换，使经营过程中的企业成员角色常常被家庭成员角色替代。

家族创业适用于小企业、城镇环境企业、中老年人创业、异地创业。

③合伙创业　同学、朋友、老乡等合伙创业。

形式：普通合伙、有限合伙、个人合伙、法人合伙。

特点：合伙人地位的平等性，合伙人利益的相互性，合伙人责任、义务、权利的确定性。

优越性：资金较为充足，经营规模较大，容易产生效益；多人合伙创业，可以充分发挥集体智慧，取长补短，便于事业发展；多元利益主体会自然形成企业内部监督机制，使企业处于一种理性化、科学化的经营管理状态。

局限性：几个人共同创业，对每一个创业者来说，他的个人成就感就差了许多；

利润要在几个合伙人中分配，也降低了创业经济利益对创业者的吸引力；每个合伙人的能力、贡献不同，在企业管理、业务开展、利润分配方面容易产生矛盾；合伙人随时有中途退出的可能，这对创建的事业也是一种巨大的风险。

④集团创业　以集体、公司、企业、集团、个人等为基本单位联合参与或入股等形式组建的经济体。

形式：有限责任公司、股份有限公司。

优越性：具有最大限度的规模效应；高起点经营，可以承担较大的市场压力与风险；投资多元化；可以发挥集体优势。

局限性：容易造成依赖思想，创业者个人的作用难以充分发挥；凝聚力较差、经济运行中容易发生矛盾；企业经营费用开支较大。

集团创业适用于大中型工业企业、二次创业企业、社区城镇创业、国有亏损企业、大学校办实体企业。

⑤母体脱离　即公司或企业内部的管理者、技术掌握者从母公司中脱离出来，新成立一个独立的公司。现在，中国出现了阿里巴巴系、腾讯系、百度系、小米系，这些系就代表从这些公司出来的创业者，是另一种形式的母体脱离。

⑥企业内创业　即企业的管理者或者员工在企业内进行的创业，如开拓新市场、发明新产品、创造新技术、采用新战略、实行新管理等。

内部创业还可以是有创业意向的员工在企业的支持下，承担企业内部某些业务或项目，并与企业分享成果的创业模式。创业者无需投资却可获得丰富的创业资源，由于具有“大树底下好乘凉”的优势，因此也受到越来越多创业者的关注。

企业内创业一般是基于产品创新、工艺创新、管理创新(新组织)或新资源的创业；同时要关注企业内创业的必要性、障碍及对策、创业战略、创业环境、创业计划的实施、创业者及创业团队的主要特征、组织特征、企业再造。涉及我国国有企业内的创业、民营企业内的创业、合资企业的创业、股份制企业内的创业、具有不同地区特点的企业内的创业、传统产业企业内的创业、高新技术产业企业内的创业等。

9.1.6　根据规模或历史发展层级阶段分类

①一次创业　相对于二次创业的概念，平常所谓创业即是。

②二次创业　一般是一次创业后还想扩大规模、或是遭受挫败重整旗鼓的创业。

从历史观的角度谈创业：人类经济发展过程就是人类创业的过程。人类创业过程有两大阶段：生存创业与生态创业。人类第一次创业是生存创业，第二次创业是生态创业。

从知识产业的角度谈创业：二次创业是知识经济发展的最高阶段。知识产业是龙头，知识运营是二次创业的核心。知识运营是知识经济时代的经济增长方式，通过知识对其他生产要素的渗透和整合，使知识在生产系统中占主导，使知识产业成为其他产业的先导与主导，使人类由一次创业转变为二次创业，使人类发展成为可持续发展。在微观企业层次上，二次创业是用知识运营带动资本运营，用资本运营带动资产运营，用资产运营带动产品运营，用产业结构升级带动产品更新换代。在宏观产业层面上，二次创业是使知识产业成为其他产业的龙头产业。因此，上述二次创业的微观方式是宏观方式的内涵，宏观方式是微观方式的外延展开。

9.1.7 根据创业途径模式分类

①打工创业　有远大理想的人可以通过打工积累经验、了解市场、准备创业。打工创业也称“曲线创业”，即先就业、再创业，也是时下很多学生的选择。毕业后，由于自己各方面阅历和经验都不够，能够到实体单位锻炼几年，积累一定的知识和经验后再创业也不迟。先就业再创业的学生跳槽后，所从事的创业项目通常也是在过去的工作中密切接触的。而在准备创业的过程中，你可以利用与专业人士交流的机会获得更多的来自市场的创业知识。当然打工的方向应当与自己的发展方向一致，当方向明确后你也就知道该怎么做了。

意义：学习老板的创业经验，为创业积累资金，可以使自己体会到事业的艰辛与快乐，可以避免重蹈覆辙。

原则：到成功的企业里打工，到中小企业里打工，当一个合格的“打工仔”。

②承包创业

意义：创造实战锻炼的机会，全面提高经营管理能力，可以为自己的创业提前建立一定的行业关系，承包也是一个原始积累的过程。

承包建筑工程或后厨承包、项目承包或部门承包，承包需要注意的问题——承包合同的签订。

③租赁创业　租赁是对创业之路的预演或探索。

意义：借助外力发展自己，减弱创业风险，提前使创业者进入老板行列。

优点：减少了固定资产的投入，可减少设备投资更新方面的风险，租赁的经营收入全部归自己掌控，不必担心与所有者分享。

缺点：租赁者必须有一笔相当的资金投入以及财产抵押，所以有一定的风险责任，租赁在经营过程中常常会因为资金问题致使经营中断。租赁相对银行贷款的利息要高，所以租赁经营成本较高。

④加盟创业　指分享品牌金矿，分享经营诀窍，分享资源支持，采取直营、委托加盟、特许加盟等形式，连锁加盟有培训、销售、加工、物流、网络、餐饮等。

连锁加盟凭借分享优势，而成为备受青睐的创业新途径。目前，连锁加盟有直营、委托加盟、特许加盟等形式，投资金额根据商品种类、店铺要求、技术设备的不同一般从6000元到200万元不等，可满足不同需求的初创者。近年来，特许经营这种商业模式在国内受欢迎程度一直上升。特许经营，是懒人开店的一条捷径，对小本加盟者而言，这是风险低而又容易管理的生意；对连锁加盟商而言，以特许经营扩展业务，能使公司规模及盈利在短时间内获得突破。

⑤贴牌创业　贴牌指一家厂家根据另一家厂商的要求，为其生产产品和产品配件，亦称为定牌生产或授权贴牌生产。即可代表外委加工，也可代表转包合同加工，俗称代加工。好处是不用自己投资生产设备、建设工厂，成本低，加工周期短，上市快，整体投入少。一般适合于有自己的创新产品，简化程序迅速上市。

⑥兼职创业　即在工作之余兼职自己擅长的、有发展潜力的工作的创业，如兼职教师、培训师、顾问、代理销售、设计师、编辑、撰稿人、媒体人、会计、财务顾问、翻译、律师、策划师、公关等。

兼职创业既不影响本职收入，又找了一个赚外快的机会，时间上的自由与弹性，常常使得许多上班族趋之若鹜。而很多可提供兼职的行业，也大多强调可以迅速积累财富。在所兼职的行业中表现突出，可辞掉正式工作，由兼职改为专职，全日专心致力于自己的事业，这就是时下流行的兼职创业。

大学生由于经验、能力、资本等方面都存在不足，直接创业存在很大困难，既不现实成功率也很低，而“校园代理”对经验、资金等方面一般没有太高要求，可以利用课余时间代理校园畅销产品，可以联合其他大学的学生实现全国校园联销，积累市场经验、锻炼创业能力，做校园代理没有成败之分，对于大学生来说参与和实践是关键，如果做得较好，还可以积累一定的资金，总之，通过校园代理可以为毕业后的创业之路准备必要的物质和精神条件。创业知识广泛存在于我们的学习、生活之中，只要善于学习，总能找到施展才华的途径，但在信息泛滥的社会里，“去粗取精，去伪存真”也是很重要的。善于学习和善于总结永远是赢者的座右铭。

⑦兴趣创业(“激情”创业)　每个人都会有自己的兴趣，有些人可能兴趣很广泛，有些人则可能兴趣单一。无论你的兴趣广泛也好，单一也罢，兴趣也可以助人们创业。将你的兴趣转化为商业行为，要创业就是一件很轻松的事了。

⑧风投引资创业　指专门对未上市的但具有巨大发展潜力的、成长中的中小企业进行股权或债权的投资，是一种“双赢”的创业思路。

优点：使创业者获得一笔足够的资本，创业者可以跳过漫长的原始积累阶段，一步跨入老板行列，直接进入经营状态，实现自主创业；创业者不必投入资金，全部风险都由投资者承担，创业者可以毫无后顾之忧地放心创业。

缺点：风险投资者要对投资对象考察，创业者要有一个经得起考验的项目论证报告和良好的创业经营计划书；创业利益要与投资方分享，一般投资方拿大头。

⑨大赛创业　即利用各种商业电视等创业大赛，获得激励，获得资金帮助，如Yahoo、Netscape等企业都是从商业竞赛中脱颖而出的。目前全国各地创业大赛及贷款融资优惠很多，初创者可以积极参与，知名度最高的是CCTV-2的创业英雄会。

⑩收购现有企业　是目前常见的创业方式之一，尤其是收购那些目前经营状况不佳的倒闭或濒临倒闭的企业，也是很多大型企业低成本扩张模式。但是，在购买他人既有企业之前，收购人必须先评估收购企业的风险及优缺点。收购现有企业的优点是企业具备基础，在所有资源，包括商誉、产品、客户、广告促销等具备一定的条件，可变因素较易掌控，因此更能节省创业者的时间及开办成本。

⑪依附创业　围绕一个主项目进行的子项目建设就是依附型创业。依附性创业的特点是依附一个超大项目或公司业务，或依附一个大的线上线下平台。主项目存，子项目存；主项目亡，子项目亡。依附创业还包括争取经销权、做指定供应商、寄生/共生、网络创业、电商创业、线上营销与线下营销等诸多子模式，是创业诸多模式中内容最丰富的一种类型。

一般来说，企业的经营可以分为内销和外销，而这种经销权或代理权可以靠争取而来。例如，如果创业者熟悉法国某种品牌的香水，不妨直接与该厂商联系，以取得中国市场的代理权，再内销到国内市场。或者，鉴于人们消费水平已逐渐提升，如果创业者熟悉当地市场现状，可以争取国内某品牌或某商品的经销权，将该商品销售至国内市场。

⑫在家创业　有史以来，以家庭为基础的企业，一直是世界经济的重要组成部分，许多大型的企业都是从“在家创业”开始起步的，苹果公司就是在车库开始创业的。今天有非常多的人，包括各种年龄层次，都希望凭借在家创业先积累一些资金和经验。网店、辅导、培训、维修、售后、家教、清洁保洁、中介、写作、翻译等行业项目适合社区小门面或在家创业。

9.1.8　依据社会使命分类

①经济服务创业　我们通常所指的经济商业创业活动，以盈利为主要目的。社会创业和传统商业创业都适用于 Shaneand Venkataram 提出的一个融合不同社会科学学科的概念网络，认为社会创业和传统创业一样都是关注“何人用何种方法影响未来产品和服务的发现、创造、评价和探索”。

②社会创业　指组织、个人(团队)、企业、非盈利组织等在经营过程中，将社会价值与经济价值创造性地融合，在保证组织不偏离公益性的同时，在社会使命的驱动下，借助市场力量解决社会问题或满足某种社会需求，追求社会价值和经济价值和双重价值目标，保持组织的可持续发展，最终实现社会问题朝着人们希望的目标改变。

社会创业即公益创业，也称为社会公益创业，是最近新兴的事业，是区别于商业创业的事业。

商业创业，简单说来就是拿钱生钱，用一定的启动资金去圈钱，目的是创造经济价值。

而社会创业则不然，是一些人基于社会使命和责任感的要求，为谋取公众社会利益的创业行为。

社会创业或公益创业的四大内容：

包括志愿公益活动、创建非营利性组织、兼顾社会效益的企业、产学研一体化四个方面的内容。

开展志愿公益活动：这也是Johnson. S混合模式中所提到的营利企业开展社会福利性质的商务活动，还包括营利企业基于提高企业形象承担社会责任而开展的社会活动。如：新东方教育科技集团开展的“烛光行动”“教师责任行活动”“西部支教活动”、大学生“自强之星”评选活动等等都属于志愿公益活动这一类。这属于公益创业。在高校里就体现为各种社团或者组织开展的活动如：学生会的诚信伞、市场营销大赛、英语协会的英语沙龙活动以及各种有组织的志愿活动也属于公益创业。

创办非营利组织：非营利组织（non－profit orgnization）是指在政府部门和以营利为目的的企业（市场部门）之外的一些志愿团体、社会组织和民间协会。典型的如红十字会，希望工程，中国慈善总会，李连杰壹基金等。

创建兼顾社会利益的营利性企业：是狭义上的公益创业，介于传统慈善（philanthropy）和实业（entrepreneurship）之间。如：创办残疾人企业，孟加拉大学教师尤努斯所创办的“乡村银行”就是一个典型案例。

产学研混合型（产学研一体化）：英国前首相布莱尔曾经说过这样一句话，“如果英国还有什么值得向中国推荐的话，那就是公益创业了”，公益创业不应仅仅局限指物质资本投入产出，还包括智力资本、人力资本等投入产出。如清华大学中国创业研究中心、浙江大学全球创业管理研究中心、山西食餐旅产学研联盟等。

9.2 社会、家庭对创业方向的影响

创业者首先应对市场进行分析。分析的目的，是试图使创业者对现有市场条件和不能控制的外部环境因素可能带来的影响有一个深刻的认识。这些变量的分析扮演着重要的角色：它们将使潜在的投资者确信，创业者不仅意识到这些因素所带来的影响，而且把这些因素考虑到对新的风险企业的销售预测中。这些可能对新的风险企业带来影响的、描述行业或市场条件的环境变量主要包括项目因素和创业者因素。

9.2.1 项目因素

（1）当地经济状况

在经济方面，创业者应该考虑的主要变量包括所在地国内生产总值（GDP）和人均国内生产总值，失业状况，消费者的可支配收入等。当地国内生产总值反映一个经济的规模，通常在不考虑人口因素的时候，GDP越高，市场规模就越大；但是，市场的

需求主要是由人们的购买能力决定的，因此，人均 GDP 基本上决定了人均收入水平，从而决定居民的购买力，这是决定市场需求的基本因素。同样的，就业状况、可支配收入等都是影响市场需求的主要因素，选择项目要考虑到当地主导经济因素与我们创业项目的关联性，尽可能选择可以互相促进的产业项目。

(2)文化环境

人们生活态度的变化，人们对安全、健康、营养、旅游及对环境的关心，也都会对创业者的市场需求产生影响，选择项目要与当地文化优势相结合。

(3)技术环境

技术的进步难以预测，从某种意义上说，技术是变化最为剧烈的环境因素。然而，创业者应该对所涉及行业的技术变化趋势有所了解和把握，应该考虑或许因当地政府的投入可能带来的技术发展。由于技术的发展会带来市场的快速变化，这就要求创业者不但要谨慎地做出短期行业产业评估，而且要针对可能产生影响的新技术发展准备应急计划。通常，在商贸会议上，会有发言人针对这些技术变量进行讨论。

(4)行业需求

将全国的行业状况与当地行业分析相结合，判断市场是增长还是衰退；新的竞争者的数量以及消费者需求可能的变化等重要问题，创业者都必须加以认真考虑，以便确定新的风险或企业所能获得的潜在的市场的规模。要了解顾客对创业者的产品或服务的需求，一般需要进行专门的市场调查和市场分析。

(5)法律环境

新的风险企业的创办过程中会遇到许多重要的法律问题。

创业者应该准备面对将来有可能出现的影响到产品或服务、分销渠道、价格以及促销策略等的法律和法规问题。新的法规如取消价格控制法规、对媒体广告的约束法规(例如，禁止香烟广告)、影响产品及其包装的安全条例等，这些法规都将对企业的产品开发和市场营销等产生影响。政府对市场的规范程度也是值得创业者重视的一个方面。如果政府对某个行业的市场进入加以严格限制，那么新创企业就很难考虑以这样的市场为目标。

(6)竞争

大多数创业者都会面临大公司的潜在威胁。创业者应该时刻准备面对这些威胁而且应该意识到谁是竞争者，他们的优势与劣势是什么，以便制订可以实施的、有效的营销计划。一般情况下，依靠经验，通过商贸杂志上的文章、广告，甚至电话号码簿的黄页等可以比较容易地识别大多数的竞争者。

(7)产供销服务信息渠道、物流供应

在现代信息高度发达的今天，信息的获得方式、时机、解析、速度等均将影响整体发展，当然还要配合发达的物流供应，这将促进社会各行各业的高度竞争与高速发展，我们必须要认清趋势，适应社会。在原材料有限、或接近供货商较为困难的情况下，有必要对原材料的可获得性进行评价。

所有上述外部因素都是不可控的。然而，运用所指出的信息资源，对这些要素进行认识和评价，将会对新创企业的运作及成功提供强有力的支持。

9.2.2 创业者因素

(1)家庭影响

在大学生是否选择自主创业这个问题上，学生的家庭情况会有相当大的影响。调查显示，参加过创业活动的学生中，82.16%的人认为家庭对他们创业产生过影响。这一影响又可分成物质和非物质两类。物质影响包括初期资本积累和信息、人脉资源等；非物质影响包括家庭教育和榜样效应。在各种家庭因素中，家庭经济条件和家庭教育是最主要的两种影响因素。

①家庭经济条件　家庭经济条件好的创业者在创业遇到困难时会更加自主，敢于冒更大的风险；而家庭条件较差的创业者会更加在乎创业的成败，考虑创业将会给家庭带来的影响。

②家庭教育　家庭是创业者早期接受启蒙教育和健康成长的摇篮，家庭教育是向下一代传授“生存能力”的教育。生存能力包含知识、技能、习惯、人品等。如果能获得创业意识的培养，无论家庭条件好坏，对创业者来说都有可能成为有利因素。调查显示，在参加过创业活动的学生中，5.24%的人表示家庭给自己的创业提供最初指导，7.79%的人表示家庭教育使自己形成独立进取的精神。总的来看，在自立能力、坚强意志、独立人格、理财意识的培养方面，中外差距尤其明显。

(2)学校影响

学校作为学生接受教育的地方，它对学生影响也是最大的。大学生是否会选择进行自主创业很大程度上取决于校园中的创业氛围、校方给予创业者的制度和资金支持。

(3)社会影响

社会影响主要是指社会舆论对于创业者态度的影响。现在，社会渐渐开始形成有利于大学生创业的公众舆论环境，形成利于创业的良好氛围，为大学生创业奠定了良好的环境基础。

针对国内创业教育中的问题，借鉴国外的成功经验，我国应从提高整个国民素质的高度出发，把创业型人才培养与研究型人才、应用型人才的培养放在同等重要的地位，鼓励和倡导各类大学开展各种形式的创业教育，并把创业家和各类社会创业资源引入高校，密切企业、社会和学校的联系，使创业型人才培养逐步成为我国高等教育人才培养体系的一个重要组成部分。政府要制定各种优惠政策，鼓励大学生创业，将大学生创业纳入社会创业的系统中，解除大学生创业的诸多限制。在建立政府和社会支持体系时，积极探索新的金融机制，通过地方中小银行的建设推进大学生创业。高校在进行创业教育时要充分利用企业的资源，通过适合市场的方式，多渠道筹办创业教育基金。创业教育应当形成合理的机制，高校和学生个人能够形成一种有效的合力。高校的侧重点在于通过深化教学改革，而学生方面的重点是充分发挥自主性、自由个性和开创性，尽可能自主地开发和开展各种创业活动。只有在政策和教育上都做出调整，才能在真正意义上使大学生创业走向成功。

9.3　选项准备与调研

创业项目从开始有想法、酝酿到形成成熟的创业项目之前，还需要进行的一个非常重要的工作就是调研，也就是在决策创业项目之前必须要经过行业筛选、项目筛选、项目可行性调查研究(参考第10章市场调研)。

9.4　创业项目分析与选择

创业项目指创业者为了达到商业目的具体实施和操作的工程内容。创业项目是创业的关键，事关重大，涉及项目成败与人生未来，有了好的项目将是创业成功的一半，那么什么是好的创业项目呢？适合你的条件与能力所及，有着良好的发展前景和经济效益，不损害国家安全与公共道德。好的项目有人看好、有人参与、容易融资，有市场、可操作、可持续。

9.4.1　选项原则

要创业、要选择创业项目，必须遵循这样几个普遍原则：

(1)选项与过程

创业选项犹如十月怀胎，有一个怀胎、孕育、出生、发育的过程，这是一个自然的过程，同样，创业者对一个具体项目，有一个认识、理解、通透、把握的过程，这是一个历史过程。由此决定了创业的过程是人与项目长期相互融和的过程，也决定了选择项目必须立足长远。

创业不可能一蹴而就，不可能一夜暴富，不可能一鸣惊人，它是一个过程，需要选择、决策、努力、奋斗才能成功，它是现行生活方式的改变。

曾经有人做过一项调查，结果显示，全世界95%的财富集中在5%的人手中，94%的中彩票者不出3年生活就会回到原点或比原来还要差。它告诉我们过程是有意义的，没有过程的成功是不能长久的，因为没有思想上的准备与能力方面的过渡，不能驾驭突然降临的巨大财富。

(2)适合就是最好

选择项目需要四个字："知己知彼"。知己，就是清醒地审视自己：优势、资源、强项、兴趣、知识积累与结构、性格与心理特征等。知彼，是对社会未来发展趋势的认识，即稳定的、恒久的、潜在的需要。在广泛调研的基础上，了解自己，了解社会，了解该项目的宏观趋势与微观可操作性。当然，选择项目必须要选择独立于个人能力与专长之外的项目，可以发挥个人优势与擅长，但不能离开了个人的操作就无法运转，过分依赖于个人能力专长的项目属于个性化定制，不适合规模化、工业化生产。

比较优势的道理告诉我们——认真地审视自己的强项、优势、兴趣何在，可能同时有几个，与他人比较哪个优势是最有利的，扬长避短就是我们要做的。

(3)选项的时空观

项目选定需要在一定时间和空间范围内做艰苦的调研工作。软银公司的孙正义，他大学毕业后从美国回到日本，选出了50个创业目标，用一年时间逐个进行考察，写出了很厚的资料，最后选择了做软件。既然选择目标事关人生，就不可随随便便，必须要经过时间、空间、专家人员充分的检验与论证。在这个过程中，要舍得花时间、花力气，要能够静下心，认真调查研究，寻找事实根据。

选择项目可以从网络、图书馆、电话号码黄页、财经图书、贸易出版物、朋友和熟人、竞争对手、投资贸易洽谈会、展览会、博览会、工商协会、研究机构、专利部门、经销商和批发商、政府有关部门、房地产经纪人等获得项目信息。另外，也可以与竞争对手或一些企业家接触受到启发、旅游考察、小企业管理课程和励志创业讲座得到的项目信息，或改进现有产品和服务，从客户抱怨中获得原创性的思路等。

(4)选项要有特色

选择的项目一定要有"根"，即：别人没有的；先人发现的；与人不同的；强人之处的。

"别人没有的"，可以是某种资源与某种特定需要的联系，可以是某种公认资源的新商业价值，或特色资源、特色工艺、特色价值、特色服务。

"强人之处的"，一个项目中不论哪个方面，哪怕是一点，高人一筹、优人一档就是根。比方说成本，谁能想到"世界500强"排名第一的是一家叫沃尔玛的零售企业，它能够把管理费用控制在销售额的2%。

(5)行业发展前景好

把可能做的项目排列起来。回头看看过去的20年中，做强、做长、做大的企业是生存在哪些行业，很大程度上能够证实行业与发展的关联性。

(6)项目市场好、经济效益可观，适合于滚雪球式的发展

在城市可选择高新技术项目、食品餐饮项目，农村可选公司加农户的合作社模式创业项目，有资源优势可选电商创业。

机会成本的概念也告诉我们——同样的时间，同样的付出，哪个项目所对应的事业会有更大的前景收益，在比较中优势会凸显出来，选出经济效益最强的。如果经济实力不雄厚可以先选择小项目，随着投资的加大而扩大规模，这种项目叫“滚雪球式”项目，是小企业首选的项目类型。

(7)可持续

创业看重的是“业”，而非眼前的利益，可持续发展自然要比经济利益更为重要。否则将是一锤子买卖，所以创业项目选择必须要长远、可持续，是社会效益与经济效益的统一，社会责任大于个人利益的追逐。

(8)看大势

适应技术的进步，行业的发展，互联网的渗透，正在进行着社会分工的大变革，顺势而为一定会事半功倍。

9.4.2 行业分类

按照发展前景分类：

①朝阳产业——未来发展前景看好的产业。

②夕阳产业——未来发展前景不乐观的产业。

按照技术的先进程度分类：

①新兴产业——采用新兴技术进行生产，产品技术含量高的产业。

②传统产业——采用传统技术进行生产，产品技术含量低的产业。

按照要素集约度分类：

①资本密集型——需要大量的资本投入的产业(如钢铁房地产)。

②技术密集型——技术含量较高(如飞机制造)。

③劳动密集型——主要依赖劳动力(如纺织)。

④知识密集型——依靠创意设计等智慧投入(如创意产业)。

⑤资源密集型——依赖资源消耗(如煤炭木材)。

三产分类：

第一产业指农、林、牧、渔业。

第二产业指采矿业，制造业，电力、燃气及水的生产和供应业，建筑业。

第三产业指除第一、二产业以外的其他行业。第三产业包括：交通运输、仓储和邮政业，信息传输、计算机服务和软件业，批发和零售业，住宿和餐饮业，金融业，房地产业，租赁和商务服务业，科学研究、技术服务和地质勘查业，水利、环境和公共设施管理业，居民服务和其他服务业，教育，卫生、社会保障和社会福利业，文化、体育和娱乐业，公共管理和社会组织，国际组织。

创业项目的选择一二三产业均有，但是第三产业较多，因为第三产业中小企业多，投资可大可小，适合于创业。

9.4.3 行业分析

所谓行业是指从事国民经济中同性质的生产或其他经济社会的经营单位和个体等构成的组织结构体系。

行业分析的意义主要是要通过分析行业动态内容，为创业选择方向、选择项目提供决策依据。

行业分析的任务是分析影响行业发展的各种因素以及判断对行业影响的力度；预测并引导行业的未来发展趋势；判断行业投资价值；揭示行业投资风险。主要的是与创业相关的行业内容。

各行各业都有其自身特点，有的需要大型设备占用场地大，投资也大，利润可观而长远；也有一些行业项目投资小，而利润也小但收入稳定；当然也有项目投入可大可小，风险大，回报也较大。

项目分析就是根据试测结果对组成测验的各个题目(项目)进行分析，从而评价题目好坏、对题目进行筛选。

(1)行业间的上下游关系以及各种关联度

图9-1的作用在于帮助投资创业人员选择项目，帮助投资人了解各行业的关联度，从而可以把握行业的联动性，进行相应的投资选项；帮助投资人认识到哪些行业属于

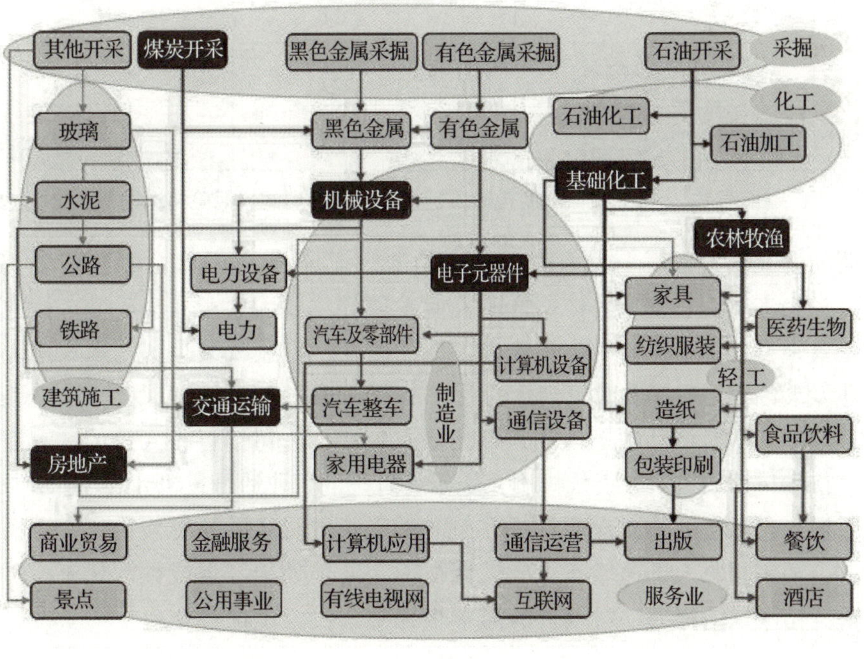

图9-1 行业间的上下游关系

轻资产，高利润行业，图中由上往下公司资产越来越轻，毛利越来越高，而高毛利行业所包含的公司高毛利高成长度的概率自然大一些，因此，可以帮助创业者选择更好的投资创业项目。行业产品产业链上下游关系一目了然。

(2)行业发展的周期性规律

行业生命周期分析指的是将行业发展的整个过程划分为几个不同时期，并对各阶段的行业销售增长趋势、政策等特点进行分析。例如，可以将行业生命周期划分初步发展、高速增长、成熟稳定和衰退下降4个阶段进行分析(图9-2)。

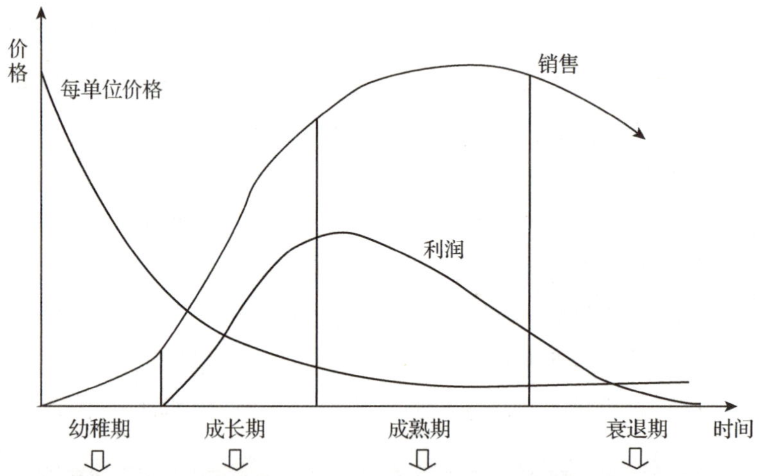

公司数量	少	增加	减少	少
产品规模	高	下降	稳定	稳定
利　润	亏损	增加	高	减少→亏损
风　险	高	高	降低	增大

图9-2　行业生命周期各阶段价格—销售—利润—风险情况图

行业的发展很大程度上也取决于其所处的行业环境，包括政策环境、社会环境、技术环境和经济环境。技术进步是推动行业发展的主要因素；社会环境对行业发展产生影响主要来自人口结构的变化和社会习惯的改变；产业政策是则是国家系统设计的有关产业发展的政策目标和政策措施的总合，表现出国家对某一行业发展的态度。

幼稚期　大众对产品缺乏认识，市场需求较小，公司销售收入较低，亏损的可能性很大，市场风险很大，投资规模小，处于此阶段的行业适合投机者和创业投资人。

成长期　产品已经为大众所认识，但需要不断进行产品的更新换代，市场需求逐步扩大，公司销售收入迅速增长，成长期初期企业仍处于亏损或微利状态，然后利润增长很快，市场风险很大，对投资的需求很强烈，投资于优势企业常常获得较理想的回报。

成熟期　产品的成熟是成熟期的标志，行业生产能力接近饱和，市场也趋于饱和，买方市场出现，行业增长速度降到一个适度水平，市场竞争趋于垄断或相对垄断，少数大企业分享高额利润，市场风险较低对投资的需求不大，投资于成熟期行业常常获得高额的回报。

衰退期　大量替代产品出现，而目前产品的更新换代没有跟上，市场需求逐渐减少，主要企业的销售收入不断下降，利润水平停滞不前或下降，市场风险增加，投资不适合大量介入。

上述4个行业周期只是对行业发展共性的一般性描述，并不适用于所有行业的情况。不同行业周期阶段，风险不相同，收益也不相同，收益与风险成正比，这是一个基本规律。至于该选择处于何种周期的行业项目需要创业者综合判断。一般来说，长远性项目应当选择幼稚期、成长期，看重眼前就选成熟期的行业项目，尽量不选择处于衰退期的行业项目。

并不是所有行业都有行业周期，增长性行业主要依靠技术的进步、新产品的推出及更优质的服务，从而使其经常呈现出增长状态。相对稳定、受经济周期影响较小的行业如一般性生活必需品或必要的公共服务，需求稳定。例如，食品行业、公用事业等行业周期性不很明显。

现阶段的典型行业发展周期可参考图9-3。

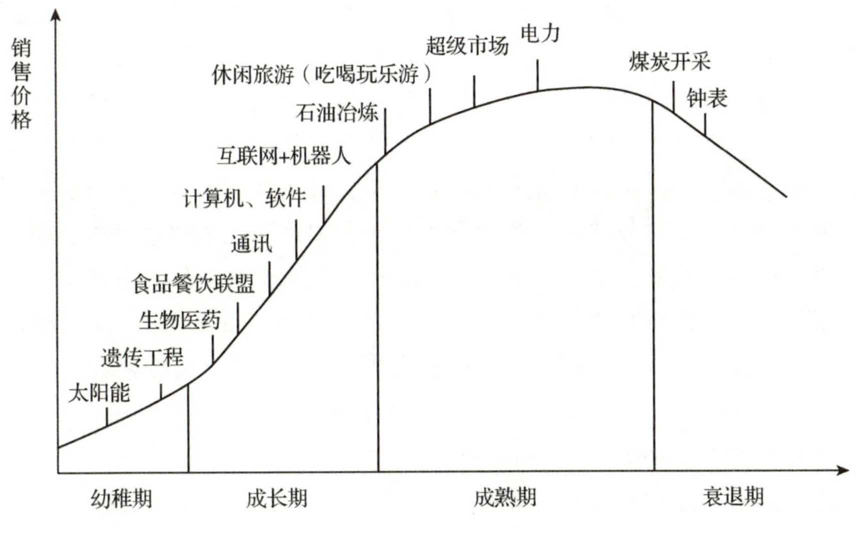

图9-3　典型行业生命周期图示

(3)行业五种竞争力

评估影响产业竞争五种力量(详见5.1.2.2)的作用强度，评估公司对待每种力量潜在起因的姿态(替代品)，制定行动方案可包括以下内容：①完善公司定位，以最佳状态对抗竞争力量；②通过战略行动影响五力的平衡；③预期五力作用的变化，并以此调整公司定位。

(4)行业项目全景经济分析

创业的根本除了一些外部条件之外，最主要的是创业项目本身。只有好的创业项目才能成就一个企业，一个品牌。打造一个优质的创业项目更是创业者面临的巨大挑战。

行业项目分析应掌握以下几点：

①行业概况　国内外发展动态和趋势、地区行业发展现状、行业规模、技术水平、发展速度、平均利润水平、主要厂商、影响行业销售的特定宏观经济变量(如 GDP 人口)等。

②行业发展影响因素　需求分析、需求规模、需求增长率、产品差异性及替代产品、替代品优劣比较、替代性分析、需求细分市场分析、细分市场的大概规模、变化趋势、特点、技术发展趋势、专利与经验、国际技术走向、发展前景分析、国际技术领先的国家、公司的名称、简介、技术领先之处等、国内技术水平、发展趋势、与国外的技术差距、国内外政策法规、行业管理模式。

③行业供给分析　行业市场结构、行业集中度、竞争态势、代表性企业状况、产业链及相关行业分析(五力竞争模型)、上游企业分析、供应商状况、供应商行业的讨价能力分析、本行业对供应商的依赖度分析、供应商的替代性分析、下游行业分析、行业业务模式分析、成本利润结构分析等。

④行业项目相关企业分析　基本情况、公司地址、联系方法、公司投资者、公司资产规模、产能、公司业务范围、公司主要产品系列及新产品、公司产品市场、营销策略和售后服务、重要客户、公司发展规划、高层管理背景资料、公司财务分析、公司近年主要财务指标及财务状况、利润率水平、盈利预测、毛利率、净利率、净资产收益率、固定资产周转率、总资产周转率、应收账款周转率、存货周转率、资产负债率、公司组织结构、公司业务及竞争力、公司主要利润来源、人力资源分析员工数、人员构成、技术人员比例、业务资源、政府关系、客户关系、关键人物、公司战略规划、前景、发展方向、战略目标以及公司经典的营销、扩张、并购案例等。

行业项目分析研究后应形成书面报告。

9.4.4　创业项目分析评估

(1)投资项目盈亏平衡分析评估

盈亏平衡分析就是利用投资项目生产中的产量、成本、利润三者的关系，通过测算项目达到正常生产能力后的盈亏平衡点，来考察分析项目承担风险能力的一种不确定性分析方法。在进行盈亏平衡分析时，必须考虑投资的时间机会成本和资金的时间价值，方能对项目的风险情况及项目对各个因素不确定性的承受能力进行科学判断。

在项目评估中为了分析不确定性因素对评估指标的影响，需要通过不确定性分析来评价项目的风险承受能力，以提高投资决策的可靠性和科学性。

(2)项目评价内容

①项目可持续性评价　主要考虑项目的发展趋势。

②项目技术先进性　指所采用的技术、工艺、设备和管理方法具有当前国际水平或领先于国内现有技术水平。项目的技术先进性具体体现在：总体设计方案起点高，生产技术和工艺流程科学，设备精良，性能高优，布置合理，各项技术参数先进。新建项目，包括涉外项目，其总体方案设计、工艺和技术装备的选择必须具有超前性，绝不能采用落后的或即将淘汰的技术。

随着世界范围新技术革命的发展，新技术、新工艺、新设备不断涌现；高技术研究导致某些领域发生根本性的变革，只有采用先进技术，才能节约人力和资源。在竞争中立于不败之地。

③技术适用性　指项目所采用的技术应适应国情和国力，适合建设地区和产业部门的具体情况。适用技术不一定是先进技术，但不能是落后技术，它的基本特征是适应具体情况。评估项目时，要分析项目技术方案和工艺设备是否适合企业的技术管理水平和生产工人的素质，并考虑企业对先进技术的吸收消化能力。国外的先进技术要适应我国行业特点和产业政策，国外的先进工艺往往对原材料、设备配套或者工人的技术能力要求很高。先进技术的采用需要各种条件，不具备这种条件，先进技术就难以发挥作用，得不到良好的效果。目前，我国适用技术应符合以下条件：有利于资源的综合利用；有利于提高能源、原材料的利用率；有利于维护生态平衡和环境保护；有利于提高劳动生产率；有利于充分发挥企业现有技术力量和技术装备的作用。归结起来，适用技术应有利于取得最佳经济效益。

④产品服务经济价值　指投资项目或服务所采用的技术方案是否节省投资，节约能源、资源和提高劳动生产率，能获得较好的经济效益，能产生特殊的收益模式服务。建设项目的经济性，按照一般理解，就是在同类产品生产中，单位产品的原材料、能源和劳动消耗小，而质量高，也就是较少的投入获得较大的产出，一个技术方案，不仅要注意单项效益，还要注意综合效益；不仅要讲企业效益，还要看对国民经济的贡献和社会的影响。

⑤市场评价　项目的预判市场规模与潜力，决定着项目的成败。通过各种手段，调查研究、实地考察等方法对产品与服务做出正确的判断，市场前景是项目决策的最重要的依据。

⑥经济收益状况　项目发展好、有市场，还要赚钱，也就是经济效益好才行。即使我们以事业为重也必须要有利润，否则将难以持续。

⑦项目安全性　对项目采用的工艺技术及设备的安全性，要有足够把握。具体包括：项目方案是否会对工作人员造成人身危害，有没有劳动保护措施；技术方案是否操作维修灵活、方便，能够改善工作人员的劳动条件；项目有无环境污染，破坏生态

平衡，废水、废渣、废气的排放有没有违犯环境保护法，噪音有没有得到控制和是否有防范措施；生产操作是否按规范标准进行，有无防火、防爆设施，是否制订了安全生产制度；特别是生产为人类直接消费产品的项目，是否按照卫生标准来生产，会不会造成社会危害等。

安全性评估是至关重要的，尤其是对于易燃、易爆的项目更应作为重点来进行。技术评估的原则，应根据不同地区、不同对象而有不同的考虑和侧重。各条原则之间的关系必须辩证综合地考虑，仅注重先进性，没有适用性和经济合理性不行，有了先进性、适用性，但投资太大，利润率低，经济合理性太差也不行。反之，仅图省钱，工艺落后，浪费资源，也不可取，一定要根据项目的具体情况综合而又有所侧重地进行。

项目评估的基本内容因项目不同，技术内容也不同，科技发展论证建设必要性也有差异。对高、新技术项目、技术改造项目则需要立足于现在，着眼于未来。

9.4.5 推荐创业项目选定

服务行业是创业选项的首选，它的企业文化是以服务为导向、以顾客为中心。构建适应服务行业特点的新型企业模式，参与竞争、科学管理对服务企业提高顾客满意度和增强市场竞争力至关重要。

①点多、面宽、领域广泛　经监测、统计、分析，餐饮、娱乐等行业呈现如下密集度，餐饮业：每 $100m^2$ 的范围里有一家；旅店业：每条街至少有一家；信息媒体：每 200m 有一个服务点；洗车业保洁美容：每 500m 有家服务点；美容美发业：每 150m 有一家。

②增长稳定、强者恒强　服务行业未来增速趋于稳定，增长最快的几个子行业是：离岸外包、咨询服务和服务外包、IT 服务。同时龙头公司由于多年在销售渠道与客户营销方面的积累，行业将呈现“强者恒强”的格局。

③服务业是个涵盖面广的行业概念　其中包括商业、银行、保险、教育、卫生、文化、艺术、科研、法律、咨询、旅游、房地产、仓储、运输、商业、贸易、餐饮、电讯等行业。从中可以看出，服务业已经在人类经济生活中有了上千年的历史。虽然是个古老的行业，但是，服务业在人类现代文明和社会经济发展中的地位正日益显现。目前，发达国家的服务业不仅占 GDP 的比重早已超过了 50%，而且已经成为社会就业和凝聚高端人才的主要行业，成为拉动经济发展和社会进步的主力军。

(1)餐饮行业

“民以食为天”，餐饮业作为我国第三产业中的一个传统支柱行业，一直在社会发展与人民生活中发挥着重要的作用。特别是最近几年，随着经济的高速发展，我国餐饮业呈现快速增长的发展势头，已成为社会“热门”行业之一。尽管如此，餐饮市场仍然有待开掘，中国的餐饮市场远远没有饱和，潜力很大。

餐饮行业有以下特点：市场利润高，人群流量大，行业效益较好，尤其近几年通过加盟连锁发展迅速，集团化趋势明显，是传统创业项目的首选。但是中餐尤其供应热菜需要厨师，费用高、技术不可控。厨房设备投入大、燃料费用高、油烟难处理。所以在行业发展过程中为了避免此类问题的发生，采取特色店＋中心厨房模式，烹饪加工后集中配送，大大降低了各项成本，提高了效益，形成了管理规范化、技术标准化的经营模式，适合大众化推广，是行业发展的必然趋势。

近几年的统计数据表明，食品餐饮行业发展最快，投资可大可小，效益相对稳定，受经济大环境影响较小，是创业者最好的选择。

(2)节能环保类的项目

节能环保、低碳环保是这几年非常热门的一个话题，此类项目社会关注度高，节能环保除了自己研发此类产品外，也可以借助其他产品代理平台完成此项目的运营。

(3)美容类项目

爱美是女人的天性，也是所有人共有的特性，爱美之心人皆有之，所以做美容的项目也是近年来比较火热的选择。

(4)保健类的项目

随着生活水平的提高，身体的健康也越来越受人民所关注，于是各种营养品、保健品呈现井喷式发展，所以保健类的项目也需要我们去关注。在昂立1号、三株口服液、脑黄金之后，营养类生物制品类保健品层出不穷，成就了多少个成功人士。

(5)网络、电商创业

网站设计工作室、软件服务、网络建设与维护。互联网＋物联网＋物流配送是现代热门投资行业，其商业服务功能承担着信息流动服务、物资流动、财富流动的任务，是当代服务业的主力军。在物流与分销分流领域，除了重点应用物流组织、分销技术外，还要广泛应用供应链、分销链、运输链、冷藏链技术，以确保商品的安全、准确、质好并及时到达经销商和消费者手中。在欧美、日本，大型超市的生鲜食品能实现配送中心每天“零时、零库存”管理，如果没有现代管理技术的支持，这是无法实现的。

(6)软件硬件的结合产品开发

包括网站建设与手机app应用行业的推广，尤其为不同行业进行跨界开发服务等。

我国的创业项目数量多而杂，第一、二、三产业都有了广泛的涉及，但是总的来说创新性有待提高，项目类似，资金分散，科技含量偏低等。不利于打造可持续发展的大企业，也不利于形成规模优势。

巨大数量的创业投资项目，小的项目成活率不高是我国创业现状。在国家政策的扶持下，加上就业难等条件，使越来越多的人进入创业大军，特别是大学毕业生。信息的不充分使得主体无法找到合适的搭档，取长补短，形成规模效应，这样一来不免有一些资源浪费。所以，选择项目一定要有特色、有不同、有创新点，选择那些有发展潜力的能可持续发展的项目。

第 10 章　市场调研

学习目标：了解创业市场调研的含义、特点、作用、分类及原则，熟悉市场调研的流程、内容，掌握市场调研报告的撰写方法。

关 键 词：市场调研　调研报告　网上市场调研　中国的市场调研

10.1　市场调研的定义和分类

市场调研（也称市场调查或市场调查与分析）指为了创业成功而进行的调查研究活动或考察工作过程。包含创业项目调研、创业产品与服务调研、营销消费市场调研等，是认识市场、获得市场信息的最基本的方法，是以市场为对象的调查研究，用科学的方法，有目的、有计划地收集、筛选、整理和分析研究有关创业项目与市场动态方面的信息，系统地、客观地对创业项目的发展潜力、行业定位、国内外动态、市场前景、发展趋势、经济效益与社会效益等内容进行分类、汇总、升华，为创业决策、市场预测和企业发展战略提供基础性依据。

市场调研起源于 19 世纪末、20 世纪初的西方资本主义国家。20 世纪初，西方资本主义进入高度发达阶段，以市场为导向的商品经济极速发展，资本主义国家国内、国际市场规模不断扩大，经济主体间的竞争愈来愈激烈。激烈的竞争要求企业全面了解市场动态和其竞争者的情况，在此背景下，市场调研作为一门方法论学科应运而生。中国的市场调研起步较晚，20 世纪 80 年代才开始生根发芽，90 年代，随着改革开放的深化和商品经济的繁荣，市场调研在我国得以发展。虽然市场调研在中国已经有 30 多年的发展，但与发达国家相比，仍处于初级阶段。特别是 21 世纪初，中国加入世界贸易组织以来，在开拓了国内、国际市场的同时，也面临着巨大的挑战。对企业而言，市场充满巨大商机的同时，也暗藏着陷阱和诸多不确定因素。面对当前经济环境下市场竞争呈现出的特点，企业要想有所作为，就必须深入了解市场，认真研究市场需求，把握市场最新动向，适应市场现状，积极开拓新兴市场，迅速占领市场。可以说，发展市场调研，继续开展市场调研的研究有着非常重要的现实意义。

罗红群和王青华在其主编的《市场调查与预测》中对市场调查这样定义：“市场调查

(Marketing Research)是以提高营销效益为目的，依据一定的理论原则，采用科学方法，有组织、有计划地收集、整理和分析市场信息资料，提出解决问题的建议的一种科学方法。市场调查也是一种以顾客为中心的研究活动。”对这一定义可以从以下几个方面来解读：①市场调研的主要任务是为企业提供市场信息，帮助企业制定合理的营销策略；②进行市场调研时需要采取科学的方式、方法；③市场调研主要内容包括收集、整理和分析市场信息资料。

为达到调研目的，就必须“因地制宜”，对不同类型的市场采取不同的调研方法和调研手段，因此，要先了解市场调研的分类。按照不同的标准，市场调研可分为以下各种不同的类型：

10.1.1 根据市场调研的目的划分

根据市场调研的目的不同，可分为：

(1)探测性调研

探测性调研是一种非正式市场调研，它是集中调研的准备环节，它的目的是对市场进行初步探索。探索性调研的实质是为了找出问题的关键而进行的初步市场探索。它既不需要制定严密周全的调研方案，也不需要做出有理有据的市场调查结论。探索性调研的关键在于接下来的集中调研是否可行。其基本特征便是简洁，高效。通常，探测性调研方法包括专家咨询法、个案调查法、二手资料分析法以及定性调查法等。

(2)描述性调研

描述性调研是一种正式的市场调研。它需要对调查研究的事实进行有关资料的收集、记录、分析和整理。描述性调研的目的在于反映客观市场的情况。描述性市场调研比探索性调研更加精细，其基本功能是对一定的市场信息进行收集与汇总，从而摸清问题的过去与现状，并且在此基础上寻求问题的解决办法和措施。描述性调研的关键在于市场现象“是什么”的问题。这类市场调研方法主要有文案调查法、访问调查法、观察调查法等。

(3)因果关系市场调研

因果关系市场调研是一种专题性调研，其目的在于掌握相关市场变量之间的因果关系，对市场现象的因果关系进行解释和说明，分析原因与结果，并指明何者为决定性变量。在描述性调研的基础上，通过因果性市场调研对影响市场现象的各种因素的资料进行收集，研究现象之间相互联系的趋势和程度。因果性调研的主要方法是实验调查法。

(4)预测性市场调研

预测性市场调研是通过收集、整理、分析各种市场情报，使用数学方法对未来可能出现的市场变化趋势进行的调研。它属于市场预测的范畴，在描述性调研和因果性调研的基础上，对市场的潜在需求进行估算、预测和推断。在市场竞争日益激烈的今天，为了避免企业进行盲目的生产经营活动，就必须进行市场调研并对市场的潜在需求进行预测，只有这样才能把握市场机会。

10.1.2 根据市场调研的范围划分

根据市场调研的范围不同，市场调研可分为：

(1)全面市场调研

全面市场调研是一项专门性的一次性调研，它要求对构成市场总体的每一个单位、元素进行调研。全面市场调研的优点在于可以详尽地了解市场总体的信息资料，把握市场变化的方向，有利于企业做出正确的经营决策。但企业难以承担这种调研需要耗费的人力、物力、财力和时间，因此，只有政府部门才组织实施。

(2)非全面市场调研

非全面市场调研，顾名思义，是指对构成市场总体的一部分单位进行调研。其目的是了解市场现象，以及根据调研结果推断市场总体情况。非全面市场调研方式主要有重点调查、抽样调查和典型调查。非全面市场调研方式的优势在于灵活、省时、省力、耗资少、适用面广，因此，这种调研方法广泛地被企业采用。

10.1.3 根据购买商品的目的划分

根据购买商品的目的不同，市场调研可分为：

(1)消费者市场调研

消费者市场调研的目的在于了解消费者对某产品或某项服务的需求数量、需求结构及其变化。需要注意的是，对消费者市场进行调研时，除了调查消费者的需求数量和结构变化外，还应该考虑到该地区的人口、经济、社会文化、消费者购买行为和购买心理等因素，这些都会影响消费者对产品的消费需求。

(2)产业市场调研

产业市场调研即对生产资料市场进行调研。产业市场的购买目的是进行生产或转卖。因此，产业市场调研应该包括：商品供应量的调研、产品的经济寿命周期的调研、商品的流通渠道的调研等。

此外，根据市场调研功能与作用的不同还可分为：创业调研、项目决策调研、产品市场调研、服务市场调研、营销与新市场开发调研、预测调研、广告调查、产业链调研、行业企业调研、人口普查调研、政府决策调研等。

10.2 市场调研的作用

①为创业寻找方向、创业行业筛选、项目前景与可行性预测。

②为创业者发现市场机会提供决策依据，为创业发展前景预测、市场预测、营销决策提供基础性原始数据资料。

③创业产品与服务的市场调研可以确认其行业竞争力、市场规模、经济效益大小与社会效益等。

④帮助创业者制订合理的创业模式，包括运行模式、产品战略、营销模式、促销策略等。

⑤为撰写《创业计划书》《项目可行性研究论证报告》提供素材论据支持。

⑥为创业评估各种发展战略、技术与市场的预期效果提供决策依据和执行参考。

10.3 市场调研的主要内容

市场调研的内容主要取决于调研的目的，所要调研行业的性质，企业的业务方向和范围。调研的具体内容很多，主要有：

10.3.1 创业宏观环境调研

①政治环境包括国家地区政治环境、战略政策、方针、法规、条例、规章制度、规则、行业政策、政府思想观念和办事效率、当地政策法规等。

②经济环境包括当地经济发展水平、经济总量、产业结构、经济特征、人口数量和结构、居民消费结构、居民储蓄存款和贷款信息等消费者的购买力，居民的恩格尔系数等。

③社会文化环境含语言、民族风俗、宗教观念、教育水平、审美观、价值观念、思维与做事方式。

④法律环境涉及税法、环保、会计规则、协定等。

⑤技术环境如技能工人特色、技术更新速度、周期、竞争程度等。

⑥自然环境含自然资源、地理环境、气候环境等。

10.3.2 创业方向调研

创业方向调研属于定性调研，主要目的是确认创意、创业思路、创新产品、创新服务的可行性。创业方向调研首先关注发展前景等宏观问题，以及发展模式方向等战略问题的可行性。

10.3.3 创业产品与服务的市场调研

主要包括：

①创业产品或者创业服务的细化调研，其国内外市场状况。

②行业的进入壁垒(如技术壁垒、资金壁垒)；竞争激烈程度，利润可观程度等，以此推断新创企业可能带来的跟风者，产品差异性，服务差异性、营销手段差异性、销售渠道、替代产品、广告成本、经营者的威胁等。

③市场需求考查研究，即现有市场对某种产品的需求量、销售量、占有率，市场

潜在需求量(即最大需求量、市场容量)、不同的市场面对某种产品的需求情况，市场营售渠道调查、促销调查，进入策略和时间策略、国际市场策略、企业长期发展规划。

④产品研究，即产品实体、品牌、服务等，现有产品的使用情况、用途、特点、耐用性及更新周期性、产品的改良与创新、可替代性；同类产品或竞争优势、竞争对手数量与市场占有率、潜在竞争对手调查；外观以及包装的实用程度、美观程度、相匹配相适应的程度；产品售前售后服务、名牌，产品原材料成本分析。

10.3.4 新市场开发调研

包括营销目标、市场细分、市场定位、市场规划、消费者购买行为、策略设定、销售计划、推进表、费用预算，通行的销售线路、时间线路、绘制地图、描绘重点，现有同类产品铺货方案、铺货期、铺货目标(数量、销售金额、货款回收方式)，客户管理体系、客户档案(商业秘密)，销售返利奖励办法，销售人员的来源培训方式等。

10.3.5 行业企业调研

包括行业国际国内现状、企业宏观数据、行业产业链状况、行业地位、固定资产、流动资金、年销售额、厂房占地面积、位置、员工数量及岗位、经营时间、产品种类、销售网络情况，管理团队，当地影响力等。

10.3.6 市场流通渠道的调研

商品从生产领域到消费领域需要经过一些通道，这就是商品在市场的流通渠道。商品流通的基本渠道包括直接渠道(生产者—消费者)和间接渠道(生产者—批发商—零售商—消费者)。

10.3.7 产品寿命周期的调研

产品的寿命周期是指产品从投入市场到最终退出市场的整个过程，它有4个阶段：导入期→成长期→成熟期→衰退期。在生命周期的不同阶段，产品的市场占有率、销售额、利润额是不一样的。企业必须针对不同阶段制定不同的营销策略，“因时制宜”，把握市场规律(详见第9章)。

10.3.8 其他目的的调研

可以根据调研目的与行业特点拟定调研内容提纲，在拟定提纲前也需要初步调研以保证调研内容提纲的全面与正确性。

10.4 市场调研的分类

(1)市场普查

市场普查又称市场全面调查，它是指对市场调查对象总体的全部单位逐个进行的调查。市场普查适用于对总体最重要的数据的调查，其准确性和可信度较高，但工作量大，费用高，耗时长，一般由国家调查机构组织进行。如每十年一次的人口普查，每十年两次的经济普查。

(2)市场重点调查

市场重点调查是一种非全面式的调查方式，它是从市场调查对象总体中选择少数重点单位(数量标志值在总体总值中比重很大的单位)进行调查，通过重点调查的结果来反映市场的基本情况。这种调查方式省时省力，方便快捷，但适用面小，只适用于不均衡的总体。如农业中作物产量的调查。

(3)市场典型调查

市场典型调查也是一种非全面式的调查方式，是指从调查对象的总体中选择少数有代表性的典型单位进行调查。典型调查是一种比较节约人力、物力和财力的调查方式，其灵活性较大。

(4)抽样调查

抽样调查是从市场调查对象总体中随机抽取部分单位作为样本进行调查和分析，并从样本调查的结果推断出总体的相应指标。随机调查又分为随机抽样调查、非随机抽样调查、固定样本连续调查。其中，随机抽样可以采取简单随机抽样、分层抽样、等距抽样、整群抽样、多阶段抽样；非随机抽样又有任意抽样、判断抽样、配额抽样等。

(5)个案调查

个案调查是针对个别单位所做的调查，与抽样调查不同，这种调查方式不推断总体的情况。如调查一些中国富豪在国外购置豪车、豪宅的情况。

调查员在针对具体某一项市场调查选择调查方式时，需要考虑到以下因素：调查目的、调查范围、调查时间、调查经费等。

10.5 市场调研的方式

(1)深入基层亲临市场调研、团队分工调研

创业调研大多是自己或团队亲自调研，深入市场、工地、基层就创业项目所涉及内容提纲进行调研，掌握第一手资料，为创业决策提供依据。

(2)调研外包

指购买调研报告、课题招标，或请专业机构调研。调研外包一般用于一些大型创业项目的调研工作，内容多、工作量大、专业性强，结果可信度更高。

(3)常规市场调研方式

为了保证调研的科学性，提高调研结果的可信度，针对不同的调研对象和调研目

的可以选择采取常规的市场调研方式，简单易行，适当培训即可胜任。

(4)网络市场调研的方式

随着互联网时代的到来，网络不断渗透到社会生产生活的各个领域，传统市场调研也与互联网技术相结合，出现网络市场调研的方式。

与传统市场调研方式相比，网上市场调研既有众多优点，又因诸多因素，而存在一些局限性。首先，借助互联网技术进行调研可以节省大量的人力、物力、财力，整个调查过程成本低廉；其次，网络突破了时间和空间的限制，使得网上调研方便快捷，调查范围辐射广；再次，由于进行网上调查时，受访者处于独立、不受调研者影响的状态，在一定程度上能保证调研结果的客观性和可靠性；最后，网络可以为受访者提供匿名和隐私保护，保密性较好，网上调研也经常被用于一些敏感问题的调研。但是，由于网上调研的对象仅仅局限于部分网民，网民在年龄、性别、学历、职业、社会经历等因素上也存在分布不均衡的情况，所以总的来说，其样本的代表性不够充分；调研内容受到限制，某些类型的调研无法开展，如无法在网上开展对某企业即将推出的新产品体验感受的调查；存在合法性和安全性隐患，如黑客入侵、电脑中毒、信息泄露等。

目前，常见的一些网络调研方式有以下几种：

①利用抽样技术进行网络问卷调查；

②通过网络会议进行专门调查；

③吸引被调查者主动访问网页，回答调查者设置的问题。

10.6 市场调研的基本流程

市场调研是一项科学性强、工作流程系统化较高的工作，工作步骤环环相扣，某一步骤做出的决定会影响后续步骤，因此，必须对市场调研的每一步骤了然于心，做到“胸中有丘壑”，认真严谨地做好每一步，以确保调研的顺利进行。市场调研的基本步骤可分为以下几个阶段：市场调研的准备阶段→调查阶段→调查资料的整理与分析阶段→总结阶段。

10.6.1 准备阶段

①确定市场调研的必要性，明确研究目的，弄清研究问题，确认调研任务。

②设计市场调研方案：市场调研计划书，以书面的形式提出调研问题、内容和收集与分析数据以便选择正确的决策。实际就是调研之前的整体构想与具体实施方案。调研计划书包括阐述调研目的、确定调研对象和单位、确定项目、内容提纲与调查表、调研方法、进度表、调研预算、调研报告论证和总结。调研方法要明确市场调研的目

的，调研对象和调研单位，确定市场调研的方式、方法，筹措市场调研经费，做好调研工作的安排和人员分工。

③组建调研队伍并对调研队组员进行人员培训。

10.6.2 调研阶段

合理应用各种调查方式、方法，按照调研方案的要求，进行现场工作，组织调查，搜集资料是保证整个市场调研任务有序进展的关键节点，其工作繁重，涉及面广。为确保调研活动的顺利开展，完成调研任务，调研的组织者必须做好内、外部协调工作，在进行市场调研时，必须确保所搜集的资料的真实性、准确性、全面性和系统性。这样最终的调研结果才能真实可靠，有说服力、借鉴力和现实意义。市场调查中搜集数据资料的方法很多，其中包括：

(1)文案调研

文案调研又称间接调查法，是利用企业内部和外部现有的各种信息、情报，对调查内容进行分析研究的一种调查方法。其优点是资料收集过程比较容易，组织工作简便，资料(常说的二手资料)容易得到，获取时间短，节省人力、经费、时间。缺点是二手资料是为原来目的收集整理，不一定能满足调研者研究特定市场问题的数据需求；收集的主要是历史性的数据和相关资料，往往缺乏当前的数据和情况，存在时效性缺陷；二手资料的准确性、相关性也可能存在一些问题。文案调研一般先整理收集企业内部资料：业务、统计、财务与企业积累的其他资料，企业外部资料一般包括统计部门与各级各类政府、信息中心、媒体等市场信息和行业情报，互联网信息资料等。

(2)实地调研

①访问调查(询问调查法)　调查员实地现场访问、访谈、电话调查、街访、座谈等形式交流沟通，对象可以是个人、群体、组织，根据访问提纲对所涉及内容进行深度了解，然后再整理汇总分析。优点：有深度、直接面对当事者、灵活性强、准确性高；缺点：时间长、费用高、对调查员素质要求高、影响因素多。要注意访问语言的艺术性、访问的节奏与环境气氛的把控。

②观察法现场调查　凭借视觉、听觉，掌握现场状况、设备、人员及流量、技术工艺实际运行状况等。优点：直观可靠、简便易行、可发现新情况、眼见为实可信度高。缺点：时间长、费用高、容易走马观花。观察法可以是公开考察也可以是暗访。

③实验法调查　改变产品或服务等条件的情况下观察市场运行参数，寻找规律以指导创业实践。

④抽样调查　专门组织的非全面调查，按照一定方式从调查总体中抽取部分样本进行的调查，用所得结果以说明总体情况的调查方法。基本原理是概率论，从抽样方法、数据获得、结论分析均按照概率统计学方法进行。

⑤问卷调查　对于一些主观性强的指标更适合问卷调查这种方法，研究者将已经

确定所要问的问题，打印在问卷上，编制成书面的问题表格交由调查对象填写，然后收回并整理分析，从而得出结论。

10.6.3 调研资料的整理与分析阶段

调研资料的整理和分析阶段也可称为研究阶段，这一阶段的任务是对所搜集的资料进行鉴别、整理，并对整理后的资料做统计分析和理论研究。调查所收集而来的原始数据资料都是凌乱、分散的，还可能存在虚假、错误信息，因此，必须对原始数据进行整理，“去粗取精，去伪存真”。这一阶段主要的研究方法有定性分析与定量分析法，定量分析法要求数据的精确度很高，这需要耐心细致地工作，认真鉴别和整理调查所得数据，确保数据的真实性、准确性。

①集合意见法(综合意见法、群策法)　综合大家的经验判断，对市场未来需求趋势提出的个人意见的综合。优点是：迅速、及时、经济，集思广益、互相启发，分析预测结果较为准确可靠。缺点：易受主观因素的影响，如受专家权威领袖意见的影响而压抑了不同意见，受大多数人的意见的影响而不能畅所欲言。

②逻辑推论法　趋势前景分析一般根据现有资料、技术、工艺等先进性与更新周期等因素推论发展的可持续性以及发展前景。

综合意见法与逻辑推论法更适合定性市场预测分析。

③数据性统计分析　集中趋势分析方法可用算术平均数、加权平均数、调和平均数、几何平均数、中位数、众数；离散数据分析方法可用极差、平均差、方差分析的显著性检验、相关性分析(图、表、系数)、回归分析、聚类分析等。

10.6.4 总结阶段

这是市场调研的最后一个阶段，其主要任务是撰写市场调研报告，总结调研工作，评估调研结果。

10.7 市场调研报告

市场调研报告是对整个市场调研所做出的书面总结，它建立在整理和分析调查所得的资料基础上。通过数据、表格和图形的形式将原始调查数据有规律地科学地呈现出来，是创业决策、市场预测企业发展战略的重要文本依据。

10.7.1 市场调研报告的格式

市场调研报告的结构灵活多变，但一般而言，市场调研报告的结构主要包括：

(1)封面(含标题)

市场调研报告的标题可以位于调研报告的封面上，单独占用一页，封面包括市场调研报告的标题、公司单位(或委托方)名称、地址、责任人、联系方式等，调研方(撰写调查报告者)名称、地址、项目负责人、联系方式、报告提交日期等，大多数的情况下是创业公司团队自己做的市场调研，所以只署创业公司名称即可。

(2)标题

市场调研报告的标题(项同名称)也就是市场调研的题目，题目必须能够准确揭示调研报告的主题思想，做到题文相符，此外，标题应简洁明了、具有概括性并且不失吸引力。标题的形式通常有如下3种：

①直叙式标题　这类标题直接反映调查意向，指出调查地点、调查项目等。如《北京市居民住宅消费需求调查报告》《关于一本大学毕业生就业情况调查报告》等。

②观点式标题　这类标题直接阐明作者的观点，以作者的判断和评价作为报告的标题。如《青年人网瘾现象不容忽视》《高档裘皮大衣难在南方市场畅销》等。

③提问式标题　这类标题通常采用设问、反问等形式，观点鲜明，更易突出问题的中心，从而吸引读者阅读以及进行思考。如《二手车交易量暴涨说明了什么?》《实体服装店不景气真的和电子商务有直接的关系吗?》等。

(3)目录

目录是为了读者方便对报告阅读而设定的便捷式索引。目录中应注明标题及相应的页码。原则上，目录的篇幅不应超过一页。

(4)摘要

摘要主要阐述市场调研报告的基本情况并且对调查的原始资料进行评价，做出结论，提出建议。摘要主要包括3个方面的内容：第一，说明市场调查的目的；第二，介绍市场调查对象和调查内容；第三，介绍市场调查的研究方法。

(5)正文

正文是市场调研报告的主体部分，它包括阐明全部有关论据；问题的提出以及解决；结论证明的过程；分析研究问题的方法；对市场信息做出决策等。

(6)结论与建议

结论与建议是撰写市场调研报告的主要目的。这部分包括对引言和正文部分所提出的主要内容的总结，以及提有效的措施和解决某一具体问题可供选择的方案与建议。结论和建议与正文部分的论述要紧密相连，不可以提出无证据的结论，也不要没有结论性意见的论证。

(7)附件

附件是指调研报告正文没有包含或没有提及，但又与正文有关且必须附加说明的部分。它是对正文报告的补充或更详尽说明。包括数据汇总表及原始资料背景材料和必要的工作技术报告、相关佐证材料的复印件等。

10.7.2 市场调研报告的内容

市场调研报告的主要内容包括：

①说明市场调研目的及所需解决的问题。

②介绍市场背景资料。

③阐明调研的方法，如样本的抽取，资料的收集、整理、分析技术等。

④对数据进行调查和分析，对市场需求、竞争者分析及自身定位、销售策略、市场调研预测等重点论述，要有图、有表，图文并茂，一目了然。

⑤提出论点结论。即提出自己的观点和看法。

⑥论证所提观点并且指出基本理由。

⑦提出解决问题可供选择的建议、方案和步骤。

⑧预测可能遇到的风险并提出对策。

10.7.3 市场调研报告的基本要求

①必须掌握符合实际的丰富确凿的材料，这是调研报告的生命 丰富确凿的材料一方面来自于实地考察，一方面来自于书报、杂志和互联网。在知识爆炸的时代，获得间接资料似乎比较容易，难得的是深入实地获取第一手资料。这就需要眼睛向下，脚踏实地地到实践中认真调查，掌握大量的符合实际的第一手资料，这是写好调研报告的前提。

②对于获得的大量的、直接和间接资料，要做艰苦细致的辨别真伪的工作，从中找出事物的内在规律性 调研报告切忌面面俱到。在第一手材料中，筛选出最典型、最能说明问题的材料，对其进行分析，从中揭示出事物的本质或找出事物的内在规律，得出正确的结论，总结出有价值的东西，这是写调研报告的关键。

③用词力求准确，文风朴实 写调研报告，应该用概念成熟的专业用语，非专业用语应力求准确易懂。避免口号化、口语化、虚拟化，要具体、有可操作性。目前，盲目追求用词新颖，把简单的事物用复杂的词语来表达，把简单的道理说得云山雾罩、玄而又玄，实际上是学风浮躁的表现。

④逻辑严谨，条理清晰 调研报告要做到观点鲜明，立论有据。论据和观点要有严密的逻辑关系，条理清晰。提倡图文并茂、图表并用、简明扼要，调研报告的结构可以不拘一格。

⑤要有扎实的专业知识和思想素质 好的调研报告，是由调研人员的基本素质决定的，调研人员既要有深厚的理论基础，又要有丰富的专业知识。一项政策往往涉及国民经济的许多方面，并且影响到不同的社会群体，只有具备很宽的知识面，才能够深刻理解国家的大政方针，正确判断政策所涉及的不同群体的需要；才能看清复杂事物的真实面目。恩格斯说过：如果现象和本质是统一的，任何科学都没有存在的价值了。调研人员一定要具备透过现象洞察事物本质的能力。这源于日积月累，非一朝一

夕之功。

⑥要对数据资料进行客观分析　任何事物都是一分为二的，调研报告带有一定程度的主观性，作者所处的立场决定了报告的主题和观点，也决定了报告素材选取的倾向性。

10.8　市场调研的费用

市场调研经费是调研活动顺利进行的经济保障和财政支持，是调研准备阶段中必须考虑到的因素。在进行市场调研经费预算时，必须尽可能全面地将各种所需费用都考虑进去，否则，将来在调研过程中会出现一些不必要的麻烦而拖慢调研进度。当然，必要的经费预算也应该是一个合理的估计，不可随意胡报、乱报、多报。因此，既要全面细致，又要做到实事求是。市场调研经费预算一般需要考虑到以下几个方面：

①总体方案策划费和设计费；

②实验方案设计费；

③调查问卷设计费(包括问卷测试费)；

④调查问卷印刷费；

⑤调查实施费(包括选拔、培训调查人员，试调费，交通费，调查员劳务费，管理监督人员劳务费，礼品或谢金费，复查费、调研差旅费等)；

⑥数据录入费(包括编码、录入、查错)；

⑦数据统计分析费(包括上机、统计、制表、作图、购买必需品等)；

⑧调研报告撰写费；

⑨资料费、复印费、通讯联络费；

⑩专家咨询费；

⑪管理费和税金；

⑫论证费、宣传发布会及出版印刷费用等。

10.9　对市场调研人员的要求

市场调研人员应具备以下要求：

①强烈的事业心和责任感；

②熟悉创业项目、爱琢磨问题、对关键点有较高的敏感性、善于发现问题；

③广博的知识与广泛的兴趣；

④较高的归纳、综合能力，能把复杂的问题简单化；熟悉的前提下又能提出问题，

把简单的问题复杂化；

⑤良好的工作态度，严谨的工作作风；

⑥良好的交际能力和语言表达能力；

⑦懂得现代信息科学的有关知识，掌握一定的信息处理的技术和方法。

10.10 我国专业市场调研机构的现状和未来

20 世纪 80 年代中期，我国出现了商业性质的市场调研机构。随着改革开放的发展，近些年国内专业从事市场调研业呈现快速发展的势头。目前，国内大约有两千家专业市场调研机构，其中大多数为中小型的执行公司。然而，研究性质的公司只有几百家，在这几百家公司中，规模实力以及业务能力较为突出的多为国外知名咨询公司在中国的独资或合资公司。国外知名咨询公司在中国的独资或合资公司大约有 20 家，其中年营业额超过 2 亿元人民币的共有 4 家，分别是华南国际、央视市场研究、央视索福瑞媒介研究以及益普索。

①市场调研业份额　我国市场调研业在世界市场调研业、欧美市场调研业、日本市场调研业中所占份额比较小。这与其起步晚、发展环境不成熟、国内市场调研意识差、分析技术落后等诸多因素相关。但是，近几年来，我国市场调研业在世界市场调研业中所占比重呈现上升的态势，由此可见，我国市场调研业具有很大的发展空间和发展潜力。

②业务和收费　我国市场调研公司的业务结构比较单一，基本上是专项调研服务，即对客户所提出的具体问题展开具体的调研工作。相对于其他发达国家，我国的市场调研公司平均报价水平较低，只相当于世界平均水平。

③地域分布　从全国的地域分布情况来看，我国市场调研公司主要集中在北京、上海、广州、深圳这几个城市，且北京的调研公司数量最多，其余依次递减。这种地域间的不平衡体现出了经济发展的不平衡，即我国市场调研机构主要分布在我国经济发达的地区。当然，我国中小创业团队的市场调研是自己完成，聘请专业调研公司较少，也是专业调研业务量少、地区不平衡的原因之一。

④技术及研究分析方法　我国市场调研业所采用的技术方法多数来源于国外，此外，与市场调研业相关学科中的技术也处于发展中水平。我国在市场调研业专业人才方面存在很大的缺口，我国自主技术、调研手段和研究方法的急待升级。

从总体上来看，我国市场调研业随着国内外经济形势的变化也在不断地发展壮大，并且，企业对调研的认知和需求层次也在不断地提高。事实上，很多行业对市场调研的需求都在不断地增长，从而使我国市场调研业在未来有着无限的发展可能。

第 11 章　创业计划

学习目标：了解创业规划，了解创业计划书的作用；掌握创业计划书的撰写方法与内容，掌握路演的方法与实践。

关 键 词：创业规划　创业计划书　商业计划书　可行性研究报告　路演

11.1　创业计划的意义和作用

创业计划书是创业计划的书面表现形式，是作为一种吸引私人投资者和风险投资家进行投资的“商业包装”而出现的。同时，对于一个公司来说，把创业计划提供给自己的各种合作者(包括顾客、供应商、代理商和银行等)也不失为一种很好的方式可以让合作伙伴更好地了解自己。同时，制订创业计划也可以增强自己对公司现状及未来前景的了解。

在国外，创业计划几乎成了每一个公司实际运作的必备品。因而，它不但在企业运营之初扮演着重要角色，而且在实际运作中仍然继续发挥着作为管理工具的作用。

由于高新科技产业存在技术风险、市场风险、管理风险，这决定了投资家不得不对每一项投资慎之又慎。这就要求创业者在他的创业计划中对市场做出最清晰的分析，对产品的需求做出最准确的预测，对未来企业的管理做出最周密的筹划，对投资的收益做出最可信的阐释。投资者也往往通过创业者提交的创业计划来了解创业者。因此，可以说，创业计划是创业者创业起步的通行证。作为一个创业者，你能让一份令人感兴趣的计划书变得完整吗？一个完整的计划书如果能很好地推销你，并促成你建立一个公司，那就是一份成功的创业计划书。创业计划一般包括：执行总结，产业背景和公司概述，市场调查与分析，公司战略，总体进度安排，关键的风险、问题和假定，管理团队，企业经济状况，财务预测，预期公司能够提供的利益 10 个方面。

11.1.1　创业计划的意义

创业计划是创业者叩响投资者大门的“敲门砖”，优秀的创业计划往往会使创业者达到事半功倍的效果。创业计划是创业者计划创立的业务的书面报告，它用以描述与拟创办企业相关的内外部环境条件和要素特点，为业务的发展提供指示图和衡量业务进展情况的标准，通常创业计划是市场营销、财务、生产、人力资源等职能计划的综合，是针对一项经营业务或者是考虑成立一个新公司，而对未来发展提出的战略思路、规划设计与具体实施方案。

创业计划可以使创业者整体把握创业思路、明确经营理念。创业者和准备创业者在创业之初都会对创建企业的发展方向以及经营思路有一个粗略的设想，但如果把这一设想做成规范的创业计划，则会发现自己要从事的事业并非如所设想的那样容易。创业计划可以使创业者严格地、客观地、全面地从整体角度观察审视自己的想法，以避免因考虑不周而可能导致的巨大损失。

完美的创业计划可以使创业者在选定项目后增强创业的自信心，使创业者明显感到对企业的宏观把控、对经营实施更有把握。因为创业计划提供了企业全部的现状和战略规划以及未来发展的方向，也为企业提供了良好的效益评价体系和管理监控指标。创业计划使得创业者在创业实践中有章可循。

创业计划表现形式是书面文本的《创业计划书》，作为一份全方位的项目计划，它对即将展开的创业项目进行可行性分析，也在向风险投资商、银行、客户和供应商宣传拟建的企业及其经营方式，包括特色服务内容以及企业的产品、营销、市场及人员、制度、管理等各个方面。在一定程度上也是拟建实体对外进行宣传和包装的文件。

11.1.2 创业计划的定义

创业计划是围绕一个具有市场前景的产品、技术、概念、设计或服务，完成一份深入、具体、完整的创业规划，以描述公司的创业机会，阐述创立公司、把握这一机会的进程，说明所需要的资源，揭示风险和预期回报，并提出行动的建议等，并且以书面形式、路演等模式展示给大家。

创业计划书(Business Plan，BP)，又名商业计划书，绝不仅仅只是用来吸引投资人或金融机构的修饰符，编写创业计划的过程本身就是强迫创业家系统地思考创业理念和创业模式的过程。创业计划书是一份全方位描述企业发展的文件，是企业经营者素质的体现，是企业拥有良好融资能力、实现跨越式发展的重要条件之一。创业计划书是企业或项目单位为了达到招商融资和其他发展目标之目的，在经过对项目调研、分析以及搜集整理有关资料的基础上，根据一定的格式和内容的具体要求，向读者(投资商及其他相关人员)全面展示企业/项目目前状况及未来发展潜力的书面材料；创业计划书是包括项目筹融资、战略规划等经营活动的蓝图与指南，也是企业的行动纲领和执行方案。创业计划书或商业计划书是国际惯例通用的标准文本格式形成的项目建议书，是全面介绍公司和项目运作情况，阐述产品市场及竞争、风险等未来发展前景和融资要求的正规的书面报告。

一份完美的创业计划书不但会增强创业者自己的信心，也会增强风险投资家、合作伙伴、员工、供应商、分销商对创业者的信心。而这些信心，正是企业走向创业成功的基础。

11.1.3 创业计划书的作用

(1)指导作用

创业计划书回答干什么(产品和服务)和怎么干(生产工艺及过程)的问题，帮助创业者理清创业思路，阐明企业的投资战略，论述项目市场和顾客群，分析竞争对手(市场分析)以及创业项目的商业价值、创新性、先进性、可行性等关键信息，构建经营团队与股本结构(有形资产、无形资产、股东背景)，制订营销策略以及服务宣传手段，论证经济效益状况与财务分析(利润、风险、投资回收期等)。

(2)聚才作用

通过一个项目的详尽计划把社会上热心者、关注者、爱好者凝聚在一起，为了共同目标而努力奋斗，起到内部外部团结凝聚、增强信心的作用。

(3)引资作用

创业计划书一个重要功能就是给投资人看，将企业的发展前景推销给投资者。项目人再通过路演让投资人感到其业务能力、决心与毅力，进而促使投资人愿意拿出资金支持项目运行。因此，创业计划书也是融资协议的一部分。

(4)规划与宣言

创业计划书既是项目眼前目标的可操作性文件，又是企业或公司的长远规划，是一个团队的指路明灯，激励与指引团队走向未来。

11.2 创业规划

创业规划是选定项目之后进行的创业策划设计，是实际操作之前的实施方案。项目规划首先介绍项目策划背景，包括项目发起人的一般情况、发展战略以及本项目对企业的作用介绍等；项目所在地的政治经济发展趋势，以及本项目的社会价值与现实意义介绍等。项目规划范围的介绍，包括项目自身的范围以及适用时间的介绍。有些项目策划，如旅游项目、工业项目、农业项目以及能源项目等，需要交代项目策划的政策依据。这些依据主要涉及国家相关的法律、法规，地方政府的政策规定、特殊行规以及国家标准等。项目政策依据的主要内容也可放在项目策划书的前言或概述中以罗列的形式加以介绍。

11.2.1 创业规划应当坚持的原则

(1)客观原则

客观原则指项目规划运作过程中，规划人员通过各种努力，使创新和创意自觉、能动地符合策划对象的客观实际。准确界定目标的方法有很多种，以销售目标为例，就是要做好市场调研，了解竞争对手，了解消费者需求，了解自身的实力，在充分掌握事实数据的基础上，进行项目的分析、预测，提高规划目标的可到达性、可实现性。

(2)整合原则

整合原则指明确性质整合资源。规划人员须对项目所涉及的各类资源进行整理和分类，明确各类资源的性质以及它们对于项目实现的重要程度。另外，项目策划人员还必须懂得各种资源的组合使用，要懂得抓住重点，使资源组合后的合力加强，实现 1 +1 >2 的协同效应。例如，地产项目的概念、地段、人文、景观等资源的综合运用，可大大提升房地产的品位、文化和实际价值。

(3)定位原则

定位原则指给项目规划的内容确定明确的方向和具体的目标。项目定位包括战略定位、市场定位等。项目定位可分为总体定位和分层定位：总体定位包括项目的目标、宗旨、指导思想、总体规模、功能特点、发展方向等；分层定位是项目的具体子项工作的定位，包括主题定位、市场定位、目标客户定位、建筑设计定位、广告宣传定位、营销推广定位、品牌定位等。项目总体定位确定了项目的战略格局和发展方向，对具体定位有指导和约束作用。具体定位则是在总体定位下展开的，具体定位是对总体战略目标的分解，各个具体定位要符合总体定位的方向和指导思想。

(4)信息原则

项目规划的关键流程就是从信息收集、加工与整理开始的。信息是指导策划行为的基础性情报。收集信息要注意以下几个方面：原始信息要全面，项目越大需要收集的信息就越多，信息的收集涉及区域内政治、经济、文化、政府、银行、竞争对手、消费能力等各方面；信息加工要准确及时，用陈旧的历史数据预测现在和将来，可能会存在各种问题，对规划人员来说，掌握信息的时空界限，及时地对信息加以分析，用最新的数据指导最近的行动，才能使策划效果更加完善；信息采集要系统连续，项目策划是针对项目发展各个阶段实施设计的前瞻性判断，在实施过程中，可能会出现一定的偏差，因此，对项目实施过程中各阶段的信息进行连续的收集，才能保证项目规划更具有弹性和动态管理能力。

(5)可行性原则

可行性原则指项目规划方案经实施后，能够达到并符合项目的预期目标和效果。可行性原则要求规划人员时时刻刻为项目的科学性、可行性着想，避免出现不必要的差错，防止失败。方案分析：确定最优方案是贯彻可行性原则的第一步。规划人员应懂得如何从多种方案中选择最佳的方案。方案选定后，策划人员还要对该方案实施的可行性进行进一步分析。经济技术分析：这是项目策划的核心环节。其中，经济指标是项目成功的判断标准，而技术标准则是项目实施的前提和保障。首先，项目规划方案的经济性是指以最小的经济投入达到最佳目标。其次，规划方案的技术可行性分析也是一个不可忽视的重要环节。项目策划能否实现需要特定的技术来保证，策划人员应对项目涉及的关键技术进行分析和论证，确保能完善并获得关键技术。

11.2.2 发展定位

发展定位指秉承一个宗旨与经营理念，恪守一个经营方针，通过持续实施以人为本或者其他创新发展等战略，达到自己的宏伟目标，确定在行业领域发展的产品功能定位、销售服务客户定位、技术水平等方面的定位。致力于行业某一领域或高度的发展使命，成为区域规模最大、服务最好、技术最先进的专业化、国际化的集团，最大程度回报股东，服务社会，提升员工价值的发展愿景。

11.2.3 项目概况

项目概况包括项目名称、经营范围和场地规划等内容。

项目名称：创业项目所涉及的正式名称，一般使用整体项目的总称，也可以包括型号以及自定义词汇。项目名称一定要响亮、直白，能从项目名称上反映出发展前景好，让大家感兴趣。项目好、有市场最为重要，名称好也是关键，当然有时企业名称、产品名称、项目名称有相关性，所以要有一个整体思路，用词贴切，既要考虑眼前，有利于融资起步，又要考虑长远，防止语义音义上的歧义。

经营范围：范围大小的问题是许多企业的困扰，有些人主张做单一行业，尽量做到极致，但笔者认为项目行业不同应当区别对待，做一个行业产业链也好，不同行业互补也许也是好事，所以不要盲从，有自己的主见，相信自己的判断。

场地规划：在当地要根据实际情况可以先租后买，或者合伙入股模式用地，当然承包一个闲置企业也许会更为划算。

11.2.4 环境分析

一般来说，环境分析主要用 SWOT 分析框架来阐述。由于不同的项目面临的环境不同，外部环境分析一般涉及宏观环境和产业环境的介绍，内部环境则是对企业和项目的分析。其中，宏观环境主要涉及政治、经济、文化、社会、自然、技术等。产业环境主要涉及竞争对手、消费者、产品、价格、渠道、促销方式等。

SWOT 分析法是用来确定企业自身的竞争优势、竞争劣势、机会和威胁，从而将公司的战略与公司内部资源、外部环境有机地结合起来的一种科学的分析方法。所谓 SWOT 分析，即基于内外部竞争环境和竞争条件下的态势分析，就是将与研究对象密切相关的各种主要内部优势、劣势和外部的机会和威胁等，通过调查列举出来，并依照矩阵形式排列，然后用系统分析的思想，把各种因素相互匹配起来加以分析，从中得出一系列相应的结论，而结论通常带有一定的决策性。

运用这种方法，可以对研究对象所处的情景进行全面、系统、准确的研究，从而根据研究结果制订相应的发展战略、计划以及对策等。

企业分析需要考虑企业的实力、能力和资源的现状等。项目分析需要考虑项目的自身特点等。通过内外环境分析，在此基础上进行综合的SWOT分析，从而找出在各种环境组合下的项目方案制定的依据。

与内外部环境分析相关联的还有项目市场细分、目标市场选择和定位分析，内外环境分析是项目定位和营销策略制定的基础。

11.2.5 发展阶段规划

第一阶段即未来3年短期规划，完成企业资源的全面整合，构建服务功能强大的国内、国际物流、服务平台，实现业务行业拓展，成为一个领域的核心企业，是否可能在某一方面引导行业潮流。短期目标一定要有具体的数据指标，激励与推动广大员工为此而奋斗。第二阶段即未来5~10年长远规划，属于画饼激励，既要有远大目标，又要让大家感觉可行，当然也可以设置一些阶段目标，步步为营，更有可操作性。

11.2.6 人力资源战略规划

建立强有力的营销推广团队，做好人才梯队建设，培养一批专业的管理人才，包括营销类管理人才、人力资源类管理人才、财务类管理人才、业务类管理人才，积极创造条件，让管理层多参加培训班，营造为管理层不断充电提高的机会，更好地适应企业和市场需求，构建学习型组织，掌握学习型组织的5项修炼，即自我超越、改善心智、建立共同愿景、构建团队学习制度、系统思考实际问题。

11.2.7 市场与品牌战略规划

市场预测应包括以下内容：①需求进行预测；②市场预测和现状综述；③竞争厂商概览；④目标顾客和目标市场；⑤本企业产品的市场地位等。

11.2.8 财务管理规划

财务管理规划包含投资战略、融资战略、财务监控、规划实施的战略控制，遵循“整体规划、分步实施、效益驱动”原则。适时监控、绩效评价、责任分解、过程督察、及时纠偏、目标终绩。

11.2.9 技术开发和创新规划

公司必须要强化技术研发、成果转化、科技人才培养，完善公司核心技术体系，提早规划、高效研究、迅速使用，确保公司技术始终走在行业前列。

11.2.10 融资计划与方式

融资方式可分为直接融资和间接融资。股权性融资(直接融资)：股权是公司的股东投资到公司的资本。股权在不同的财产组织形式上有着不同的体现方式。正因为其有着不同体现方式，所以产生了不同的股权融资工具。债权性融资(间接融资)：债权资金是在一定期限满后企业必须偿还本金并支付利息的资金，这部分资金不是股东的资本，但可利用这种资金为股东带来利益。债权性融资主要有向金融机构贷款和发行企业债券两种形式。目前中小企业主要是采用向金融机构贷款的方式。债权融资的工具有抵押贷款、信用贷款、质押贷款等。国际债权融资方面有银行保函，银行备兑信用证融资，此外还有资产锁定融资等。资金可以用于设备、租赁费、装修费，正常运行开支等。

11.2.11 核心竞争力的强化

核心竞争力是一个企业的有形与无形资产的总和，表现为人与物、有形无形资产、技术的有机结合的综合表现特征，是人与物的附加力，是企业竞争的优势，也许是因为有优势而创办的企业，也许是长期经营过程中积累的优势，总之优势必须要强化，核心能力就是制胜的法宝。

核心竞争力的特征：

①价值优越性　核心能力应当有利于企业效率的提高，能够使企业在创造价值和降低成本方面比竞争对手更优秀。核心竞争力富有战略价值，它能为顾客带来长期的关键性利益，为企业创造长期性的竞争主动权，为企业创造超过同业平均利润水平的超值利润。

②异质性　一个企业拥有的核心能力应是独一无二的，这是企业成功的关键因素。核心竞争力的异质性决定了企业之间的异质性和效率差异。

③不可仿制性　核心能力是企业的特色技术、或在长期的生产经营活动的演进过程中积淀形成的综合技术，深深地印上了该企业特质、烙印，其他企业难以复制。综合技术孕育于企业文化，融合于企业内质之中，为企业员工所共同拥有。综合核心技术表现为企业动作模式、企业规章制度，企业员工的素质、能力、观念、行为方式等支撑着企业核心竞争力，正是这个缘故，企业核心竞争力不为企业中的个别人所拥有，更加不能被其他企业所模仿。

④不可交易性　核心竞争力与企业、团队、技术技能人员相伴而生，虽然可为人们感受到，但是却不像其他生产要素一样通过市场进行买卖。

⑤难以替代性　和其他企业资源相比，核心竞争力受到替代产品的威胁相对较小。没有核心竞争力的企业不过是昙花一现。

11.3 创业计划书的特点、结构、内容和基本类型

11.3.1 创业计划书应具备的几大特点

(1)能够表达出好的创意和实现过程

首先，应能通过文件表达出创意的背景、近期或中长期目标；描述清楚细分市场(行业有多大的吸引力、竞争状况如何等)。

其次，应能描绘出创意的实现过程。创业计划书应是一个清晰的财富路径图，包括如何选址、生产、市场拓展、融资方式、风险控制等重要过程，要能够在短时间内向投资人传递出自己美好的愿景和实现美好愿景路线图(要在公司层次、经营或竞争层次以及职能3个层次的战略上进行分工和战略协同)。

(2)短小精悍

创业时间的紧迫性、投资的审慎性以及信息的不对称性使得计划的特色性变得非常重要，切记创业计划书不在于写的多，而在于写的精，一定要在内容上突出创业项目的彩点和重点。创业计划书不妨写成“电梯文本”(Elevator Pitch)式的范式，即要能使投资人在电梯的上上下下的几分钟内就能大致了解该项目的重点和特色。能在几分钟内打动投资人说明已成功一半了。

一个好的报告，概述是全文的核心内容，要能吸引人，否则后边的主要内容就不再有看的必要了。

(3)简洁、系统

创业计划书应能对创业构思和赢利模式进行简洁、系统的描述，不要过于渲染或夸大其市场意义，而应该围绕市场机会、核心资源以及核心团队，着重于对计划的目标和行动方案的可行性进行充分描述和论证。

(4)思路清晰、具体可行

一份内容完整、思路清晰、具体可行的创业计划书应该是集体成果的结晶，应能体现团队合作精神，任何偏重财务、市场，或技术的创业计划书都是不完整的。

同时，团队的经验、资源能力状况决定了你能走多远，最好能够得到老师或专家的技术和市场指导，避免走技术或市场的弯路。

(5)数据详实

相关数据一定要详细、真实有出处，并可供佐证。当然，前后数据不能有偏差，更不能出现自相矛盾的说法，任何结论都要能够经得起推敲。

(6)充分展现创业团队

对投资者来说，最看重的是创业计划书中对创业团队的描述，他将告诉投资者事业的可持续性。

创业计划书最好先经相关专家评估、审核，找出不足之处，一份好创业计划书往往要经过多次反复修正。如果我们争取的是风险投资、天使投资，必须要按照投资人的要求来做。如果你只有一个创业计划书，有一个想法，那就争取天使种子投资；有产品并已起步就争取A轮投资；效益好、规模扩大就争取天使B轮投资、C轮投资。

11.3.2 创业计划书基本要求

创业计划基于具体的产品/服务，着眼于特定的市场、竞争、经营、运作、管理、财务等策略方案，描述公司的创业机会，阐述把握这一机会创立公司的过程并说明所需资源。重点是项目的新颖性、发展前景与经济效益。

(1)概述

要求简明、扼要、具有鲜明项目的特色。重点包括对公司及产品/服务的介绍、市场概貌、经营策略；在市场调研的基础上要求有生产销售管理计划、相关产品相近产品的销售状况、设备投资预算、效益预测；指出新思想的形成过程和对企业发展目标的展望；介绍创业团队的特殊性和优势等。

(2)产品/服务

包含如何满足关键用户需要；进入策略和市场开发策略；说明其专利权，著作权，政府批文，鉴定材料等；指出产品/服务目前的技术水平是否处于领先地位，是否适应市场的需求，能否实现产业化。

(3)市场

在市场调研的基础上，首先对现有市场同类产品、相关相近产品调研，估算其销量、价格、种类、时间季节规律等，市场容量与趋势、市场竞争状况、市场变化趋势及潜力，细分目标市场的客户描述及不同的消费群体等，估计市场份额和销售额。市场调查和分析应当严密科学。通过市场调研进行行业分析，了解影响行业发展的各种因素以及行业发展现状，预测行业的发展趋势，判断行业投资价值，揭示行业投资特点，尤其是与创业相关的行业内容。可根据前章“目标选定”中的行业分析撰写相关内容。

(4)竞争

包括公司的商业目的、市场定位、全盘战略及阶段的目标等，同时要有对现有和潜在的竞争者、替代品、行业内原有竞争的分析。总结本公司的竞争优势并研究战胜对手的方案，对主要的竞争对手和市场驱动力进行适当分析。

(5)营销

阐述如何保持并提高市场占有率，把握企业的总体进度，对收入、盈亏平衡点、现金流量、市场份额、产品开发、主要合作伙伴和融资等重要事件有所安排，构建一条畅通合理的营销渠道和与之相应的新颖而富于吸引力的促销方式。

(6)投资与运营

包括设备投入，场地选择，配套设施以及投入实施等其他投入预算；进度安排，原材料的供应情况，运行安排，工艺技术人员状况，人力资源的安排等。这部分要求以产品或服务为依据，以生产工艺为主线，力求描述准确、合理、可操作性强。

(7)组织

介绍管理团队中各成员有关的教育和工作背景、经验、能力、专长；组建营销、财务、行政、生产、技术团队；明确各成员之间的管理分工和互补情况，公司组织结构情况，领导层成员，创业顾问及主要投资人的持股情况；指出企业股权比例的划分。

(8)效益

包含营业收入和费用、经济效益、毛利、纯利、税收贡献、社会效益、现金流量、盈利能力和持久性、固定和变动成本、投入回收期；前两年财务月报，后三年财务年报。数据应基于对经营状况和未来发展的正确估计，并能有效反映出公司的财务绩效。

(9)风险评估

可根据市场调研情况或行业分析的盈亏平衡点来决策公司的规模与投资，风险评估是必须要进行的，可以请专业的评估公司或通广泛的市场调研做出评判。

11.3.3 创业计划书的四大评定标准

①可支持性——充足的理由是什么。

②可操作性——如何保证成功。

③可赢利性——能否带来预期的回报。

④可持续性——能生存多久。

11.3.4 创业计划报告书的撰写原则

主题明确，结构合理；

内容充实，重点突出；

论据充分，论证严谨；

方法科学，分析规范；

文字通畅，表述准确；

排版规范，装帧整齐。

11.3.5 创业计划书应有的框架

创业计划书的撰写应当提出一个商业计划书应有的内容框架供参考。不同的行业、不同的项目所涉及的内容各不相同，一般来说，商业计划书的内容可以由如下 10 个方面汇集而成：

①项目概要；

②创业产品或服务介绍；

③公司与公司人事及组织结构；

④公司所处的行业分析；

⑤目标市场的选择及预测；

⑥产品技术先进性分析；

⑦市场营销策略；

⑧资金需求与分年度计划；

⑨经济效益与财务分析；

⑩风险与风险管理。

11.3.6 创业计划书的内容

(1)封面设计

封面设计要有审美性和艺术性，最好能富有个性，以便给阅读者形成良好的第一印象。内容包含项目名称、承担单位、项目负责人、联系电话、公司地址、邮编、公司主页、编制时间等。

(2)项目概要

项目概要是浓缩了的创业计划书的精华，须简明、生动、引人入胜，以便读者能在最短的时间内评审计划并做出判断。其篇幅一般在1~2页。

通常，“概要”的内容包括：

①企业介绍　企业所处的行业，企业经营的性质，主要产品和业务范围，国内外动态的简要说明，企业的目标和发展战略。

②管理者及组织　管理者的背景、经历、特长，并突出管理者的优点和强烈的进取精神；企业的主要职能机构。

③市场概况　企业的目标市场在哪里，目标顾客是谁，其关键需求是什么。

④市场竞争力　企业的竞争对手及状况，对本企业的发展有何影响，企业的市场竞争策略与获取成功的市场因素。

⑤本企业的营销策略　根据项目战略方案分析，进行具体营销方案策划的概要说明。

⑥本企业的经营计划　销售计划、生产管理计划。

⑦经济效益与财务资金需求计划。

上述内容可根据创业计划书要达到的目的、阅读者对象、项目特点、行业以及报告的用途等不同有所侧重，增加相关内容，以求报告的说服力与可行性。

(3)公司与公司人事及组织结构

“公司”的主要内容包括：拟创办的公司名称及性质，进入的行业，从事的业务服务，开业的时间及地点，经营理念(即企业文化或宗旨)。

公司人事及组织结构的主要内容包括：

①公司结构——公司的组织机构，各部门的功能与责任。公司的股东名单(包括认股权、比例和特权)。

②公司的主要管理人员——公司董事会成员，各位董事的背景资料；各部门的负责人，其能力、责任、经历和背景资料。

③各部门的主要人员配置情况——公司现在及未来的人事需求，将要通过什么途径解决这些需求，公司团队的强势怎样？

④公司的报酬体系和人事成本——项目组织结构分析、组织结构设计、团队建设、岗位职责分工、预测需求人数、组织招聘等。

(4)公司所处的行业分析

行业分析的目的在于正确评价自己创业领域的基本特点、竞争状况和未来的发展趋势，从而弄清自己的发展战略。

其基本内容包括：该行业的发展程度如何？现在的发展动态怎样？创新和技术进步在该行业扮演着什么样的角色？该行业在一国或某地区的正常性总销量(即市场总容量)有多少？总收入为多少？发展趋势怎样？该行业的价格趋向如何？经济发展对该行业的影响程度如何？政府是如何影响该行业的？是什么因素决定着本行业的发展？本行业的竞争态势如何？竞争的本质在哪里？进入该行业的障碍是什么？此行业的典型回报率有多少？基于上述状况分析，可供本公司(企业)利用的商机在哪里？本公司如何行之有效地进入该行业？将采取什么样的经营发展战略？实现什么样的战略目标？

(5)目标市场的选择及预测

基本要求：选准适用的经营市场，在严密、科学的市场调查基础上预测市场。

基本内容：本企业进入的行业市场现状综述。细分本行业产品市场，选择哪些足以保证企业战略目标实现的细分市场做目标市场？本公司的目标顾客是谁？本公司所选的各目标市场总容量分别为多少？各目标市场需求特点和发展走势如何？影响其需求的因素有哪些？从市场和行业两方面，辨别各目标市场上谁是自己最直接和最主要的竞争者。他们的业务如何？其竞争的目标、策略怎样？其竞争的优、劣势是什么？本企业的进入将会引起他们怎样的反应？这些反应会对企业造成什么影响？本企业将采取何种竞争策略？本企业能在各目标市场获得多少市场份额？各目标市场份额能否给企业带来所期望的利益，从而实现规划的战略目标？

(6)产品技术先进性分析

包括技术、产品、工艺、设备等先进性、合理性、新颖性分析；是否有知识产权或转移技术；以及技术、工艺、路线国内外的现状。

(7)市场营销策略

营销是企业经营中最富挑战性的环节。影响营销策略的主要因素有：消费者的特点、企业产品的特性、企业自身的状况、市场环境方面的因素。

制定企业营销策略可以从以下几个问题出发：本企业营销团队运作模式如何？对他们实行什么样的有效管理机制？本企业如何行之有效地控制营销成本和提高营销效益？

营销策略具体可分解为产品策略、价格策略、促销策略和分销策略。

①产品策略　目标市场顾客对产品或服务有何期望？其关键需求点是什么？本公司向目标市场顾客提供什么产品或服务？其中，主要提供的产品有哪些？这些产品或服务与竞争者产品或服务比较，技术、质量、性能、形式与延伸状况怎样？特色有哪

些？能给顾客带来什么样的利益（即产品的特色功效）？向目标市场提供的产品，市场竞争力怎样？能否吸引顾客购买本企业产品并保证使本企业有足够的利润，从而实现战略目标？依据是什么？企业为自己的产品将采取何种保护措施？企业拥有哪些专利、许可证？或与哪些拥有专利的厂商达成了什么协议？企业将采取何种方式进一步改进产品或服务？为保证企业的持续发展和不断适应目标市场的变化，本企业有何发展新产品或服务的计划？新产品或新服务的研究和开发过程与进程怎样？研发新产品所需的成本是多少？

产品介绍一般要附上产品的原型或照片。

②价格策略　要求分析目标市场的消费者要满足其需要与欲望所须付出的成本，结合企业的竞争策略和战略规划，具体制订出本企业产品的定价目标、定价策略和定价方法，以及单位产品价格。

③促销策略　须本着能有效地与目标受众沟通和有利于市场竞争的目的来选取该策略。基本内容包括：制订促销策略，确定促销所要达到的目标效果。

④分销策略　为确保企业战略目标的实现和竞争策略的实施，选择何种销售渠道？其依据是什么？若选取间接销售，各产品销售渠道的宽度和长度是多少？如何确保渠道宽度和长度计划的成功实施？各产品销售渠道短期、中长期的目标销量及利润目标是多少？确保这些目标任务实现的依据是什么？如何对各分销渠道进行有效的管理和控制？如何解决产品的仓储与配送？

其内容如果涉及市场调查，则对调查方法和调查结论进行介绍。在此基础上，再给出具体的营销理念与营销目标。促销策略主要内容集中在营销主题设计与传播、广告创意与制作、媒体安排与选择、促销工具选择和策略设计上。

(8)资金需求与分年度计划

主要内容包括：企业产品生产、供给计划、企业保障产品生产或产品供给所需的设备有哪些？设备的引进和安装如何进行？谁是供应商？生产线的设计与产品组装是怎样的？原材料供应渠道、价格和稳定性如何？开发新产品或提供新服务所需的设备有哪些要求？生产周期标准是怎样的？产品生产作业计划是如何的？生产所需的物料计划及其保证措施有哪些？产品进货渠道有哪些？如何进行存货控制与订单处理？怎样进行产品或服务的运作质量监控？为此共需多少资金投入？

资金的来源与使用包括公司目前及未来资金的筹集方法或融资方式，是什么融资后的资本结构表，用于固定设备、人力资源等方面的资金明细表及使用时间，项目上马分年度投资概算、资金需求计划、设备清单等，资金来源渠道、额度等说明。

(9)经济效益与财务分析

主要包括：创业计划的条件假设（须根据拟订的战略目标、生产供给计划、人力资源计划、营销计划来进行）；预测收入的增长；制订未来3年的现金流量表、资产负债表和损益表；产品的毛利、成本计算、效益分析与利税贡献。

流动资金是企业的生命线。因此，在现金流量表中，一定要对流动资金有一个周详的计划和严格的控制。损益表反映的是企业的盈利状况，是企业在一段时间运作后的经营结果。

资产负债表反映企业在某一时刻的状况。投资者可以利用表中的数据得到的比率来衡量企业的经营状况以及可能的投资回报率。

(10)风险与风险管理

主要包括：公司在市场、竞争和技术方面存有哪些基本的风险？准备怎样应付这些风险？公司还有一些什么样的附加机会？在现有的资本基础上如何进行扩张？在最好和最坏的情形下，五年计划表现如何？如果预测不太准确，应该估计出误差范围到底有多大。可能的话，对关键性参数做最好和最坏的设定。

创业计划书不要拘泥于一种格式，根据不同的项目特点可以采取图文并茂，内容也可以有创新特色。总目的就是以结果导向控制，可以根据看报告的投资人的个人爱好或偏好来制订，能满足各种层次的人阅读，以鼓动性、思维导向性为主导因素，达到形式、内容、效果的完美统一。

11.4 项目可行性研究报告

可行性研究是确定建设项目前具有决定性意义的工作，是在投资决策之前，对拟建项目进行全面技术经济分析的科学论证，在投资管理中，可行性研究是指对拟建项目有关的自然、社会、经济、技术等进行调研、分析比较以及预测建成后的社会经济效益。在此基础上，综合论证项目建设的必要性，财务的盈利性，经济的合理性，技术的先进性和适应性以及建设条件的可能性和可行性，从而为投资决策提供科学依据。可行性研究报告分为政府审批核准用可行性研究报告和融资用可行性研究报告。审批核准用的可行性研究报告侧重关注项目的社会经济效益和影响；融资用报告侧重关注项目在经济上是否可行。具体概括为：政府立项审批、产业扶持、银行贷款、融资投资、投资建设、境外投资、上市融资、中外合作、股份合作、组建公司、征用土地、申请高新技术企业等各类可行性报告。

11.4.1 用途

可行性研究报告是在制订某一建设或科研项目之前，对该项目实施的可行性、有效性、技术方案及技术政策进行具体、深入、细致地技术论证和经济评价，以求确定一个在技术上合理、经济上合算的最优方案和最佳时机而写的书面报告。

可行性研究报告通过对项目的市场需求、资源供应、建设规模、工艺路线、设备选型、环境影响、资金筹措、盈利能力等方面的研究调查，在行业专家研究经验的基础上对项目经济效益及社会效益进行科学预测，从而为客户提供全面的、客观的、可靠的项目投资价值评估及项目建设进程等咨询意见。

可行性研究报告主要内容以全面、系统的分析为主要方法，提出综合分析评价，指出优缺点和建议。

可行性研究报告是项目建设论证、审查、决策的重要依据，也是以后筹集资金或者申请资金的一个重要依据。可行性研究报告编写时要注意数据方面的真实性和合理性，只有报告通过审核后，才能得到资金支持，同时也能为项目以后的发展提供重要的依据。

11.4.2 要求

可行性研究报告的主要任务是对预先设计的方案进行论证，要求内容真实、预测准确、论证严密。

①内容真实　可行性研究报告涉及的内容以及反映情况的数据，必须绝对真实可靠，不允许有任何偏差及失误。其中，所运用的资料、数据，都要经过反复核实，以确保内容的真实性。

②预测准确　可行性研究报告是投资决策前的活动。它是在事件没有发生之前的研究，是对事件未来发展的情况、可能遇到的问题和结果的估计，具有预测性。因此，必须进行深入地调查研究，充分地占有资料，运用切合实际的预测方法，科学地预测未来前景。

③论证严密　论证性是可行性研究报告的一个显著特点。要使其有论证性，必须做到运用系统地分析方法，围绕影响项目的各种因素进行全面、系统地分析，既要做宏观的分析，又要做微观的分析。

11.4.3 分类

可行性研究报告按照用途可以细分为：

①用于企业融资、对外招商合作的可行性研究报告　此类研究报告通常要求市场分析准确、投资方案合理、并提供竞争分析、营销计划、管理方案、技术研发等实际运作方案。

②用于国家发展和改革委员会（简称发改委）立项的可行性研究报告　此文件是根据《中华人民共和国行政许可法》和《中华人民共和国国务院令》而编写，是大型基础设施项目立项的基础文件，发改委根据可行性研究报告进行核准、备案或批复，决定某个项目是否实施。另外，医药企业在申请相关证书时也需要编写可行性研究报告。

③用于银行贷款的可行性研究报告　商业银行在前进行风险评估时，需要项目方出具详细的可行性研究报告，对于国家开发银行等国内银行，该报告由甲级资格单位

出具，通常不需要再组织专家评审，部分银行的贷款可行性研究报告不需要资格，但要求融资方案合理、分析正确、信息全面。另外，在申请国家的相关政策支持资金 、工商注册时往往也需要编写可行性研究报告，该文件类似用于银行贷款的可行性研究报告。

④用于申请进口设备免税的可行性研究报告　主要用于进口设备免税的可行性研究报告，申请办理中外合资企业、内资企业项目确认书的项目需要提供该种项目可行性研究报告。

⑤用于境外投资项目核准的可行性研究报告　企业在实施走出去战略，对国外矿产资源和其他产业投资时，需要编写可行性研究报告报给国家发改委或省发改委，需要申请中国进出口银行境外投资重点项目信贷支持时，也需要可行性研究报告。

在上述5种可行性研究报告中，②③④准入门槛最高，需要编写单位拥有工程咨询资格，该资格由国家发改委颁发，分为甲级、乙级、丙级3个等级，其中甲级资质最高，全国具备工程咨询甲级资质的单位只有几十家。

11.4.4　主要内容

各类可行性研究报告内容侧重点差异较大，但一般应包括以下内容：

①投资必要性　主要根据市场调查及预测的结果，以及有关的产业政策等因素，论证项目投资建设的必要性。

②技术可行性　主要从项目实施的技术角度，合理设计技术方案，并进行比选和评价。

③财务可行性　主要从项目及投资者的角度，设计合理财务方案，从企业理财的角度进行资本预算，评价项目的财务盈利能力，进行投资决策，并从融资主体(企业)的角度评价股东投资收益、现金流量计划及债务清偿能力。

④组织可行性　制订合理的项目实施进度计划、设计合理的组织机构、选择经验丰富的管理人员、建立良好的协作关系、制订合适的培训计划等，保证项目顺利执行。

⑤经济可行性　主要是从资源配置的角度衡量项目的价值，评价项目在实现区域经济发展目标、有效配置经济资源、增加供应、创造就业、改善环境、提高人民生活等方面的效益。

⑥社会可行性　主要分析项目对社会的影响，包括政治体制、方针政策、经济结构、法律道德、宗教民族、妇女儿童及社会稳定性等。

⑦风险因素及对策　主要是对项目的市场风险、技术风险、财务风险、组织风险、法律风险、经济及社会风险等因素进行评价，制定规避风险的对策，为项目全过程的风险管理提供依据。

生产性企业可行性研究报告的主要内容和要求

(一)基本情况。中外合资经营企业名称、法定地址、宗旨、经营范围和规模;合营各方名称、注册国家、法定地址和法定代表人姓名、职务、国籍;企业总投资、注册资本股本额(自有资金额、合营各方出资比例、出资方式、股本交纳期限);合营期限、合营方利润分配及亏损分担比例;项目建议书的审批文件;可行性研究报告的负责人名单;可行性研究报告的概况、结论、问题和建议。

(二)产品生产安排及其依据。要说明国内外市场需求情况和市场预测的情况,以及国内外当前已有的和在建的生产装备能力。

(三)物料供应安排(包括能源和交通运输)及其依据。

(四)项目地址选择及其依据。

(五)技术装备和工艺过程的选择及其依据(包括国内外设备分批交货的安排)。

(六)生产组织安排(包括职工总数、构成、来源和经营管理)及其依据。

(七)环境污染治理和劳动安全保护、卫生设施及其依据。

(八)建设方式、建设进度安排及其依据。

(九)资金筹措及其依据(包括厂房、设备入股计算的依据)。

(十)外汇收支安排及其依据。

(十一)综合分析(包括经济、技术、财务和法律方面的分析)。要采用动态法和风险法(或敏感度分析法)等方法分析项目效益和外汇收支等情况。

(十二)必要的附件。如合营各方的营业执照副本;法定代表人证明书;合营各方的资产、经营情况资料;上级主管部门的意见

11.4.5 项目可行性研究报告与项目申请报告的区别

项目申请报告,是企业投资建设应报政府核准的项目时,为获得项目核准机关对拟建项目的行政许可,按核准要求报送的项目论证报告。编写项目申请报告时,应根据政府公共管理的要求,对拟建项目从规划布局、资源利用、征地移民、生态环境、经济和社会影响等方面进行综合论证,为有关部门对企业投资项目进行核准提供依据。至于项目的市场前景、经济效益、资金来源、产品技术方案等内容,不必在项目申请报告中进行详细分析和论证。与项目可行性研究报告的区别表现在以下方面:

(1)目的不同

项目申请报告不是对企业项目从自身角度是否可行所进行的研究,而是在企业认为从企业自身发展的角度看项目已经可行的情况下,回答政府关注的涉及公共利益的有关问题,目的是为了获得政府投资管理部门的行政许可。

可行性研究报告的目的是要论证企业投资项目的可行性,包括市场前景可行性、

技术方案可行性、财务可行性、融资方案可行性等，也包括对是否满足国家产业准入条件、环保法规要求等方面的论述。

(2)角度不同

项目申请报告是从公共利益的代言人——政府的角度进行论证，因此侧重于从宏观的角度、外部性的角度进行经济、社会、资源、环境等综合论证。

项目可行性研究报告是从企业角度进行研究，因此侧重于从企业内部的角度进行技术经济论证。

(3)内容不同

项目申请报告是对维护国家经济和安全、合理开发利用资源、保护生态环境、优化重大项目布局、保障公共利益、防止垄断等方面进行论证，回答政府所关心的问题。

项目可行性研究报告主要对市场预测、厂址选择、工程技术方案、设备选型、投资估算、财务分析、企业投资风险分析，以及是否符合国家有关政策法规要求等进行研究论证，回答企业所关心的各类问题。

(4)时序不同

项目获得企业内部决策机构董事会同意后，应在此基础上编写项目申请报告，申请政府部门的行政许可。因此，就研究的逻辑顺序而言，可行性研究报告的编写应先于项目申请报告。

可行性研究报告与项目申请报告是两个不同性质的文件，项目申请报告不是在可行性研究报告基础上的简单补充。对于一个理性的企业投资主体，在进行项目投资决策之前，应首先从企业自身角度进行详细的可行性研究。

(5)法律效力不同

项目申请报告的编写和报送具有政府行政的强制约束，是企业必须履行的社会义务，受国家有关法律、法规的制约，如《中华人民共和国行政许可法》及国家行政主管部门有关项目投资管理约定的约束。

可行性研究报告用于企业内部的投资决策，对企业内部股东及董事会负责，遵循企业内部管理规定及法人治理结构的约束。

11.4.6 创业计划书与可行性研究报告的区别和关系

创业计划书，是为一个商业发展计划而做的书面文件。一般创业计划书都是以投资人或相关利益载体为目标阅读者，从而说服投资者进行投资或合作。它就是创业者手中的武器，是提供给投资者和一切对创业者的项目感兴趣的人，向投资者展现创业项目的潜力和价值，说服投资者对项目进行投资和支持。因此，一份好的创业计划书，一般包含以下的内容：①公司的商业机会；②创立公司，把握这一机会的进程；③所需要的资源；④风险和预期回报；⑤采取的行动的建议；⑥行业趋势分析。创业计划书所涉及项目大多已经起步，但是也有一些还属于创意阶段，该项目为获得种子投资必须要在创业计划书中强调其新颖的创意、独特的优势以及巨大的发展前景。

创业计划书不是学术论文，它可能面对的是非技术背景但对计划有兴趣的人，如可能的团队成员、投资人、合作伙伴、供应商、顾客、政策机构等，因此，一份好的创业计划书，应该写得让人明白，聚焦于特定的策略、目标、计划和行动，避免使用过多的专业词汇。

项目可行性论证报告主要侧重于项目本身技术方面的分析，同时也针对项目实施所带来的经济效益进行评估，但项目可行性论证报告一般并不涉及对投资人在利益方面的回报以及回报的方式等方面的内容。

创业计划书不仅要在技术方面和产业化的模式方面进行详实说明，同时更要在管理团队、经营战略、投资者回报的方式和投资者如何参与未来项目的经营监管等方面进行详细说明。创业计划书对项目的论证比项目可行性论证更加全方位、多视角，换句话讲，创业计划书是一份全方位的项目计划，它从企业内部的人员、制度、管理以及企业的产品、营销、市场等各个方面对即将展开的商业项目进行可行性分析。创业计划书除作为中小企业融资的重要组成部分外，还可以使创业者有计划地开展商业活动，增加成功的几率。

11.5 路演

路演(Roadshow)是指在公共场所进行陈述创业计划、演示产品、推介理念，宣传自己的公司、团体、产品、想法的一种演说，目的是要获得投资人、合作伙伴、员工、供应商、客户、经销商等有关部门的支持。

路演是一个舶来词，顾名思义，路演原指在马路上进行的演示活动，早期华尔街股票经纪人在兜售手中的债券时，为了说服别人，总站在街头声嘶力竭地叫卖。

后来，当下路演的主要形式是举行推介会。在推介会上，公司向投资者就公司的业绩、产品、发展方向等作详细介绍，充分阐述公司的投资价值，让准投资者们深入了解具体情况，并回答机构投资者关心的问题。随着网络技术的发展，这种传统的路演同时搬到了互联网上，出现了网上路演，即借助互联网的力量来推广。网上路演现已成为公司展示自我的重要平台，推广宣传公司的重要方式。

11.5.1 路演的作用

①路演可以让潜在投资者充分了解公司，实现双方有效的沟通与交流，为融资铺平道路。

②路演可以树立良好的公司形象，从而广泛与投资者接触，创造更多的融资融智的机会。

③路演可以使企业获取有用的信息反馈，获取更多的专业建议。

④路演可以让企业得到更好的展示机会，为企业带来更多的低成本、高质量的宣传契机。

11.5.2 路演对象

向社会发布信息特邀参加活动，还有父母及亲属，校友、好友、战友等朋友圈，熟人引荐的专业人士，专业的第三方平台机构，特邀参加路演活动的投资方代表等。

11.5.3 路演准备

路演推介所需资料和服务内容：创业计划书、彩印宣传单(中英文)、多媒体平台、文件礼品袋等。演讲人一定要做好充分准备，做到内容熟悉、思路清晰、声音洪亮、落落大方。要求：条理清晰；表述应避免冗长，力求简洁、清晰、重点突出、条理分明；专业语言的运用要准确和适度；相关数据科学、诚信、详实、注重鼓动性。

路演 PPT：6~15 分钟，20 页以内，PPT 的制作应简洁明了，灵活运用文字、图片、数据、柱状图，重点是商业模式、盈利模式、财务预测、市场竞争、超强团队、优势技术或资源、特色产品或服务等。

11.5.4 现场路演

(1)路演的主讲

CEO(首席执行官)、CFO(首席财务官)、CTO(首席技术官)、中层或员工，首选 CEO，尽量避免专业人员主讲。

(2)路演

①开场 30 秒内消除听众的最大疑问，提出关键问题。

②讲事实　诚恳真实地说出企业目前的现状，不回避问题和缺点，目前做了哪些事，现有技术能力，现在的产品和运营状况是怎样的，资源支持如何，遇到了哪些问题等。

③合理控制好时间　这是对投资人的尊重，你尊重投资人的时间，投资人会用投资给你回报。

④重点突出盈利模式　投资人关注的重点是如何赚钱。

⑤把你的核心优势说出来　投资人在关注能否赚到钱的同时，同样关注你怎么能够保障赚到钱，你的核心优势就是赚到钱的基础。

⑥投资人退出的方式　投资人不会和你一直“玩”下去，最终还是要退出的，通过退出从浮动收益转为实际收益。

⑦重视最后的互动环节　路演结束时，如有点评或提问环节，演讲人要认真倾听投资人提出的项目改进意见(要避免与投资人抗辩)，尽量给对方留下一些良好的印象；演讲人在回答投资人问题时，应避免犹豫、迟疑等现象发生。

第 12 章　创业融资

学习目标：了解融资的种类和特征，掌握融资方法。

关 键 词：融资　风投　股权　众筹

创业融资是指创业者和创业团队在创业企业孕育期、创立期和成长期科学、合理地筹集资金的过程。如果没有资金支持，任何好的项目或市场机会都无从谈起。对于创业大学生来说，资金缺乏的问题可能更为突出，创业融资也就显得尤为重要。

创业融资的主要渠道包括自我融资、向亲朋好友融资、天使投资、商业银行贷款、担保机构融资、风险投资和政府创业扶持基金融资等。其中，自我融资、向亲朋好友融资、天使投资属于私人资本融资渠道，商业银行贷款、担保机构融资、风险投资和政府创业扶持基金融资等属于机构融资渠道。

12.1　自我融资

创业者的自有资金和合作者带来的资金是大多数处于种子期和创业初期的创业企业最有保障、风险最低的资金来源。同时，创业者投入自我资金的多少会影响创业者与外部投资者谈判时的地位。

12.1.1　个人资产

个人资产是指所有权在创业者个人名下的动产及不动产，包括银行存款、有价证券、运输车辆、房产和其他财产等。

银行存款是银行出具的、证明创业者个人目前在银行的存款金额和存取款记录。银行出具的个人资信证明是创业者证明自己个人银行存款和自信活动的重要凭证。

有价证券是指标有票面金额、证明持有人有权按期取得一定收入并可自由转让和买卖的所有权或债权凭证。有价证券是虚拟资本的一种形式，本身没有价值，但是有价格。

资本证券是有价证券的主要形式，狭义的有价证券即资本证券。通常人们将狭义的有价证券——资本证券直接称为有价证券。广义的有价证券包括商品证券、货币证券及资本证券。商品证券是证明持券人有商品所有权或使用权的凭证，取得这种证券就等于取得了这种商品的运货单所有权，持券者对这种证券所代表的商品所有权受法律保护。提货单、运货单、仓库栈单等都属于商品证券。货币证券是指本身能使持券人或第三者取得货币索取权的有价证券，货币证券主要包括两大类：一类是商业证券，主要包括商业汇票和商业本票；另一类是银行证券，主要包括银行汇票、银行本票和支票。资本证券是指由金融投资或与金融投资有直接联系的活动而产生的证券。持券人对发行人有一定的收入请求权，包括股票、债券及其衍生品种如基金证券、可转换证券等。

创业者个人拥有所有权的运输车辆、房地产一般需要由当地的有关机关出具的有关评估报告来体现，也可以通过会计师事务所审核的有关企业的财务报表反映出来，还可以通过专业资产评估事务所进行公司市值评估。

其他财产，如公司财产是指申请人拥有一项生意或在公司占有一定比例的股份，则其在公司所占资产的部分可以作为个人资产的一部分。

12.1.2 父母赠与

新创企业早期需要的资金量少且具有高度的不确定性，对银行等金融机构缺乏吸引力，这使得来自创业者父母的资金支持成为创业者在这一阶段可选的主要融资渠道之一。父母可直接提供资金支持，也可为创业子女提供贷款担保。

12.1.3 向亲朋好友融资

除父母外，向亲朋好友寻求资金支持也是一项重要的自我融资活动，主要包括亲朋好友赠与、入股，向亲朋好友借款等几种方式。需要注意的一点是，由于亲朋好友关系的特殊性，这一融资渠道容易发生纠纷，因此，在处理时应将亲朋好友提供的资金与其他投资者提供的资金同等对待。

①亲朋好友赠与　是亲戚、朋友作为赠与人将自己的财产无偿给予创业者，创业者作为受赠人表示接受的一种行为。这种行为实质上是财产所有权的转移。赠与行为一般通过法律程序完成，即签订赠与合同(也有口头合同和其他形式)。亲朋好友赠与行为和父母赠与在本质上没有差别。

②亲朋好友入股　有两种形式：一种是合伙企业组织形式，即由两个或者两个以上的自然人通过订立合伙协议，共同出资经营、共负盈亏、共担风险的企业组织形式；另一种是创业企业股份制组织形式，即以入股方式把分散的、属于不同人所有的生产要素集中起来统一使用、合伙经营、自负盈亏，按股份分红的一种经济组织形式。

③向亲朋好友借款　在自己资金不足的情况下，向亲朋好友借款是非常便利的一条融资渠道。

12.2 风险资本融资

12.2.1 天使投资

天使投资是权益资本投资的一种形式，是指富有的个人出资协助具有专门技术或独特概念的原创项目或小型初创企业，进行一次性的前期投资，属于风险投资的一种形式，门槛较低。即便是一个创业构思，只要有发展潜力，也可能获得资金。

天使投资人通常是指投资于非常年轻的公司以帮助他们迅速启动的投资人。天使投资人对创业企业家的能力和创意深信不疑，因而愿意在业务尚未开展之前就投入资金，一笔典型的天使投资数额往往是有限的。

天使投资具有以下几个特点：

一是天使投资数额相对较少。天使投资一般只提供第一轮的小额投资，由个人投资，属于个体或小型的商业行为，因而数额较小。我国天使投资的额度一般为50万~500万元或更少。

二是天使投资的投资审查程序简单。天使投资对创业项目的考察时间较短，审查较为简单，大多是基于投资人的主观判断或喜好决定。天使投资手续简便，交易成本低，方式灵活，投资人一般不参与管理。

三是天使投资往往带有鲜明的个人行为特征。创业者与投资的"天使"之间大多是志趣相投的亲朋好友，或者有中间人士介绍。天使投资人追求的也不仅是投资带来的金钱回报，而是通过准确的商业眼光去判断、帮助一个企业的发展，同时获得成就感。

四是天使投资者可提供丰富的附加资源。资金以外，天使投资者还拥有丰富的经营和融资经验、专业特长和人脉关系，这些资源也是助力一个企业成功的重要因素。

五是天使投资是创业企业种子期的主要融资手段。创业企业的发展过程包括5个阶段：种子期、初创期、扩张期、成熟前期、重建期。风险投资一般发生在后4个阶段，其中后4个阶段的投资根据不同阶段可称为A轮投资、B轮投资、C轮投资(第一轮、第二轮、第三轮等天使轮投资)等，处于种子期的创业企业由于风险很大，一般情况下规模也较小，因此企业资本极少涉足。投资者使用自己的资金进行投资，期望的投资回报也较高。即使是最激进的风险投资机构对种子期的投资也不会超过5%，形成创业投资领域的真空地带。天使投资则正好填补了这一空白。

12.2.2 风险投资

风险投资(Venture Capital)，简称VC，是由资金、技术、管理、专业人才和市场机会等要素所共同组成的投资活动。风险投资期限较长，平均投资期能达到5~7年，属于权益资本。风险资本一般随着企业的成长分期注入资金。

风险投资人是风险资金管理公司(VC Firm)中的合伙人或者助理，他们为拥有更雄厚资金的基金投资公司管理资金，是风险资本的运作者。风险投资人可分为4类：一是风险资本家，即向其他企业投资的企业家，通过投资获得利润；二是风险投资公司，组织形式一般以有限合伙制为主；三是产业附属投资公司，这类投资公司往往是一些非金融性实业公司下属的独立的风险投资机构，代表母公司的利益进行投资，与专业基金类似，这类投资人通常会把资金投向一些特定的行业；四是风险投资人，工作职能是辨认、发现机会，筛选投资项目，决定投资，促进风险企业迅速成长、退出，资金经由风险投资公司筛选，流向风险企业，取得收益后，再经风险投资公司回流到投资者手中。

风险投资具有以下几个特点：

一是投资规模较大。风险投资公司或合伙人有很好的资本基础和专业管理人员，投资原则包括对投资规模、投资期限、地点和企业所处行业等一系列因素的偏好。投资基金规模多在500万~1000万美元，超级基金中最高投资额可达1亿美元。

二是审查程序严格。典型的风险投资公司只从所有申请者中选取千分之一进行投资。

三是对所有权和控制权要求较高。大多数风险投资人愿意通过购买小企业的普通股或可转换优先股获得所有权。风险投资公司购买的股权份额可大可小，但一般风险投资公司只购买企业20%~40%的股权，购买更多的股份会降低创业者管理企业的热情。风险投资人常常加入董事会，或者任命新的总经理和管理团队以保护自己的投资，风险资本家也可能不参与企业管理，不担任具体角色，不参与日常决策。

四是投资阶段后移。大多数风险资本公司要么向处于早期发展阶段的公司提供资金，要么向快速增长的企业投资，还有一些专门从事收购，向打算买断管理者或员工提供资金。虽然有些风险投资人由于可能获得的巨额汇报而对初创企业更感兴趣，但绝大多数风险投资人都会投向处于非初创期的企业，而且不会仅在一家公司进行一次投资。风险投资可能跨越公司发展的几个阶段，累计投资额也比较大。

五是投资偏好的专业化。风险投资基金规模较大、数量较多，专业化也比较强。更多的风险投资基金注重于在适当的小范围内进行投资。有些风险投资人对企业所处行业没有要求，对企业所处阶段则有所选择，如一般不对初创企业投资。能够吸引风险投资的初创企业大多为科技公司或发展潜力巨大的革命性创业项目。

12.3 商业银行贷款

商业银行贷款是指企业在一定条件下向银行取得的按约定利率和期限还本付息的货币资金。商业银行贷款是企业从外部筹集债务资金的主要渠道之一，体现着企业与银行之间的债权债务关系。贷款对象指具备一定资格，可以向银行取得借款的单位或个人，即借款人。只要是经国家工商行政部门批准，持有营业执照的企业法人，都可向银行申请贷款。贷款程序根据具体情况而有所不同。

银行贷款具有以下几个特点：

第一，贷款筹资速度快，效率高。企业利用银行贷款筹资，一般所需时间较短，审查环节公开、清楚，程序相对简单，企业可迅速获得资金。

第二，筹资弹性大。企业向银行贷款筹资的灵活性较大。企业与银行在借款时直接商定贷款的时间、数量和利率等。用款期间，企业因财务状况发生某些变化也可再与银行协商，变更筹款数量和还款期限。

第三，可以充分发挥财务杠杆的作用。对于企业长期借款，银行只收取固定利息。如果企业经营状况良好，资本报酬率高于银行贷款利率，则差额部分归企业所有，实现杠杆利益。

第四，筹资成本相对较低。银行借款利率通常低于债券、股票等筹资方式，并且利息在所得税前支付，作为税前减抵的费用，也使得借款的成本比采取股票筹资方式要低得多。所以利用银行贷款进行资金筹集的成本相对要低一些。

第五，限制较多。银行要对企业的经营和财务状况调查后才能决定是否发放贷款。银行作为债权人，发放贷款时往往会对企业本身条件提出要求、对贷款的使用做出某些限制，以此保障贷款收益和自身经营安全。同时国家也有一些相关的法律规定，限制企业对银行贷款随意使用。

第六，筹资数量有限。不同于发行债券、股票等方式，银行贷款一般是针对某一项目的定向筹资，因而筹资数量是有限的。

12.4 其他信用融资

除了以上几种融资方式，融资租赁、民间借贷、典当融资、商业信用等信用融资方式越来越成为创业企业重要的创业融资渠道。对于创业初期的企业来说，融资租赁、民间借贷、典当融资是非常不错的融资形式，商业信用对于身处成长期的企业来说则是一种非常必要的融资形式。

12.4.1 融资租赁

12.4.1.1 融资租赁的内涵

融资租赁又称设备租赁或财务租赁，是由租赁公司按承租企业的要求融资购买设备，并在契约或合同规定的较长期限内提供给承租企业使用的信用性业务。融资租赁是现代租赁的主要类型，属于长期租赁范畴，主要为承租企业融通资金。融资租赁是以融资作为直接目的的信用融资方式，形式上是借物，本质上实为借资，以租金形式进行分期偿还。融资租赁将转移与资产所有权有关的全部或绝大部分风险和报酬，但是资产的所有权最终可以转移或者不转移。

12.4.1.2 融资租赁的形式

融资租赁的基本方式是三方当事人(出租人、承租人和供货方)相互之间签订的两份合同(购买合同和租赁合同)来确定债券债务关系。融资租赁最基本的形式为直接购买融资租赁，并可演化出多种形式。具体来说，融资租赁主要有直接租赁、售后租赁和杠杆租赁3种形式。

直接租赁是指出租人用自有资金或在资金市场上筹集的资金购进设备，直接出租给承租人的租赁，即“购进租出”，是承租人向出租人租入所需要的资产并支付租金的一种主要融资租赁方式。出租人可以是制造厂商也可以是租赁公司。具体租赁方式是由租赁当事人直接见面，对三方的要求和条件都很具体、明确。该种方式没有时间间隔，出租人没有设备库存，资金流动加快，有较高的投资效益。这种方式的特点是在整个租赁期内承租人没有租赁资产的所有权，但是享有使用权，并负责维修和保养，出租人对租赁资产的好坏与否不负任何责任，设备折旧由承租方承担。

售后租回是指根据协议，企业将资产卖给出租人，再将其租回使用。售后租回的出租人是租赁公司等金融机构。售后租回的特点，一是承租人与租赁资产的供货方是一体，租赁资产不是外购；二是承租人在租赁合同签订前已经购买或正在使用的资产，承租人对所租赁的资产享有使用权而无所有权。承租企业在进行会计记录时，将固定资产转为融资租入的固定资产。售后租回租赁方式强调了租赁的融资功能，与“典当”类似，不但不影响企业生产，还能为企业注入资金。

杠杆租赁又称平衡租赁或减租租赁，是融资租赁的一种高级形式，由出租人(租赁公司或商业银行)本身拿出部分资金，加上贷款人提供的资金，购买承租人所欲使用的资产，并交由承租人使用，承租人使用租赁资产后应定期支付租赁费用。杠杆租赁一般涉及承租人、出租人和资金出借者三方当事人。出租人同时也是借款人，拥有对资产的所有权，既收取租金又要偿付债务。杠杆租赁的特点是出租人往往自筹租赁设备购置成本20%~40%的资金，其余60%~80%的资金由银行或财团等以无追索权的贷款提供，出租人拥有设备的法定所有权。在很多工业发达国家，出租人按其国家税法规定就可享有按设备的购置成本金额为基础计算的减税优惠，从而通过“以小博大”的杠杆方式为租赁项目取得巨额资金。出租人需将设备的所有权、租赁合同和收取租金的权利抵押给银行或财团，以此作为取得贷款的担保，每期租金由承租人交给提供贷款的银行或财团，由银行或财团按照商定的比例扣除偿付贷款及利息的部分，其余部分交给出租人处理。

融资租赁的优势是不占用企业的银行信用额度，创业者通过支付第一期的租金后即可使用设备，由此可将在购买设备上省下来的资金用于其他更需要的方面，从而满足企业快速发展的要求。故融资租赁比较适合于创业初期的企业。值得注意的是，初创企业在选择租赁公司时，应注重选择资金实力雄厚、信用等级高的租赁公司，并且租赁形式尽量灵活多样。

12.4.1.3 融资租赁的特征

融资租赁具有以下特征：

第一，融资与融物相结合。融资租赁最基本的特征是将融资与融物有效地结合在一起。承租企业在接受租赁物的同时，相应解决了企业的资金需求，所以融资租赁具有融资与融物的双重性质。

第二，涉及三方当事人，两份或两份以上的合同。融资租赁由承租企业向租赁公司提出申请，由租赁公司融资购买设备租给承租企业使用。因此出租人、承租人和供货方是融资租赁的三方当事人，共同形成租赁业务的整体。三方交易中合同是必需的：租赁公司(出租人)与供货方是购销关系，二者签订购销合同；租赁公司(出租人)与承租人是租赁关系，签订租赁合同；涉及转租时，不同出租人之间还需签订转让合同。

第三，所有权与使用权分离。融资租赁的典型特征是产权分离，即所有权与使用权相分离。租期内，租赁物的所有权归出租人，使用权归承租人。

第四，租赁期长。融资租赁属于中长期租赁，其期限与租赁资产的全部有效使用年限几乎一致。但是，这并不表示融资租赁的租期一定等于租赁设备的折旧年限。

第五，租赁合同相对稳定，租金支付较为灵活。租赁合同签订后，在规定的租期内非经双方同意，任何一方不得中途解约，所以租赁信用中的双方是以合同为基础的稳定的经济关系。融资租赁的租金形式灵活多样，可按月、季度、半年或一年进行支付，支付时间也可提前或变换不同的间隔期。

第六，承租期满后，承租人可按照事先约定选择租赁物的处置方法。承租人对租赁物有退租、续租、留购3种选择，通常由承租企业留购。即合同期满后，承租人有优先选择廉价购买租赁资产的权利，也可以续租或者将租赁资产还给出租方。租期内承租企业负责对设备的维修保养和保险，但不可自行拆卸改装。

12.4.1.4 融资租赁的主要程序

我国融资租赁业务的主要程序分为以下8个阶段：

第一，选择租赁设备阶段。当承租方决定采用租赁方式对企业进行技术改造或者设备更新时，即可着手根据自己的需要选定租赁设备和供应商，包括确定租赁设备的名称、规格、型号、数量、质量和技术标准等，以及对卖方技术服务和品质保证的要求。

第二，委托租赁阶段。设备选定后，承租方向租赁机构提出租赁申请，填写申请书，说明设备的名称、规格、生产厂商等要求，并提供技术改造和设备更新的可行性报告、批准文件和其他有关资料，主要提供有偿还能力的担保单位。租赁机构审查同意后，在申请书上签字盖章、接受委托。

第三，询价阶段。租赁机构接受委托后，应和承租人一起向设备供应商询价。对项目金额高的成套设备，租赁机构多采用国际招标方法择优选定设备及供应商。

第四，谈判阶段。谈判包括技术谈判、商务谈判和租赁谈判。技术谈判和商务谈判是指承租人、出租人与供应商之间的谈判，谈判时出租方、承租方应共同参加，各有侧重。技术谈判一般以承租方为主，通过谈判明确有关技术问题，商定租赁设备的规格、型号、性能、质量保证、技术服务等条件。商务谈判一般以出租方为主，谈的主要是设备包装、运输方式、运输保险、交货期、支付方式、价格、索赔、仲裁等。租赁谈判则是出租方与承租方之间的谈判，内容包括租赁双方的权利、义务、手续费、利息率、租金的确定方法和支付方式等。

第五，签订合同阶段。谈判达成一致后，签订融资租赁合同，将谈判内容以书面形式固定下来。合同分为租赁合同和购买合同，一般先由出租方与承租方签订租赁合同，再由出租方与供货商签订购买合同。

第六，购入设备阶段。合同签订后，出租方筹集资金，向供货商一次性付清设备借款，购入设备交承租方使用。设备交付承租方后，供货商要提供售后服务。承租方在合同规定的时间内负责验收。

第七，售后服务和租金支付阶段。设备交付承租人后，由供应商向用户供应零配件，派技术人员到厂安装调试等。承租人应按租赁合同规定，定期向出租方支付租金。

第八，设备处理阶段。租赁期满后，承租人对设备可按合同规定续租、退换或折价购买，从而结束融资租赁合同。

12.4.1.5 融资租赁的优缺点

融资租赁的优点是筹资速度快、限制条件少、设别淘汰风险小、财务风险小、税收负担轻。

融资租赁的缺点在于租金提高了筹资成本。

12.4.2 民间借贷

12.4.2.1 民间借贷的内涵

民间借贷即民间信用借款，是以借贷双方(公民与公民、公民与法人、公民与其他组织)的信用为基础，通过签订书面协议或口头协议形成的一种特定债权债务关系，由此产生相应的权利与义务。狭义的民间借贷是指公民之间依照约定进行货币或其他有价证券借贷的一种民事法律行为。广义的借贷既包括狭义概念，又包括公民与法人、公民与其他组织之间的货币或有价证券借贷。通常所说的民间借贷是狭义范畴。民间借贷分为民间个人借贷和公民与金融企业之间的借贷。民间个人借贷活动必须严格遵守国家法律、行政法规的有关规定，遵循自愿互助、诚实守信的原则。

12.4.2.2 民间借贷的特征

民间借贷的特征如下：

第一，民间借贷是广泛的参与主体及资金来源。民间借贷的主体包括民营企业、个体工商户、城镇居民、农户，甚至企事业单位工作人员。借款者多为民营企业或个体工商户，放款者多为资金富足的工商户或企业主。民间借贷参与主体广泛，随之资金来源也很广泛，包括个人资金、个体工商户和企业的自有资金，还可能有私募基金、信贷资金等。

第二，民间借贷是灵活多样的借贷方式和形式。相比银行借款，民间借贷无需抵押、资金多以现金交易、到账时间快，仅需签订口头协议或者借条即可。企业创立初期往往缺乏足够的抵押或担保，短期又急需现金，民间借款便成为此时企业可选的有效融资渠道。民间借贷的形式主要有民间合会、民间自由借贷、企业集资、私人钱庄等。

第三，民间借贷具有较强的资金吸引能力。民间借贷吸引力强，把社会闲散资金和本欲扩大消费的资金吸引过来贷放到生产流通领域成为生产流通资金，在一定程度上缓解了银行信贷资金的不足，对扩大消费也起到一定作用。

第四，民间借贷具有自由化的借贷期限和市场化的借贷利率。处于创立初期的企业规模有限，很难获得银行的长期资金，而民间借贷资金在时间期限上比较宽松，对企业创业十分有利。

12.4.3 典当融资

12.4.3.1 典当融资的内涵

典当是指当户将其动产、财产权利作为当物质押或者将其房地产作为当物抵押给典当行，交付一定比例费用，取得当金，并在约定期限内支付当金利息、偿还当金、赎回当物的行为。典当融资具有“急事告贷，典当最快”的特点，主要作用是满足企业应急之需。

典当融资是民间融资的重要渠道，是顾客“以物换钱”，通过抵押实物、转移实物的所有权取得临时性贷款的融资方式。典当在调剂资金短缺、促进流通等方面都有重要作用。在典当过程中，抵押物经当行或相关评估机构估价确定现值后，再按照一定的折当率折算后即为典当金额。此过程中，创业企业无须提供财务报表、贷款用途等说明，借款人信用额度也无须审查，只要提供符合规定的抵押物即可。故典当融资是创业企业行之有效的融资渠道之一。

12.4.3.2 典当融资的基本类型

根据当户的不同层面、不同性质等角度，典当的基本类型有相应不同的分类方法。

①根据用户融资的迫切程度，可将典当划分为应急型典当与非应急型典当。

应急型典当的当户融资需求十分迫切，急需用钱，应付突发事件如天灾人祸等。

这类当户以普通社会民众居多。当户多用金银首饰、家用电器等进行典当，应急型典当比较受老百姓欢迎，属于大众融资渠道之一。

非应急型典当的当户融资需求并不迫切，不急需用钱。他们希望通过典当融资获得当金。

②从当户融资目的出发，典当可分为投资型典当与消费型典当。

投资型典当的融资目的是为了从事生产或经营，如生意用钱等。这类当户通常是个体老板、中小企业等，他们往往用手中闲置的物资、设备等从典当行押取一定量资金，投入到生产或经营中去，从而获得经济效益。

消费型典当可细分为正常消费型典当和非正常消费型典当。正常消费型典当是指用户融资的目的是为了满足某种生活消费。非正常消费型典当是指当户融资的目的是为了某些畸形消费需求，如赌博等。

③从当户交易目的出发，典当可分为借贷型典当与变卖型典当。

借贷型典当的当户有当有赎，其目的在于融资，典当期满时当户会还本付息、清偿债务、赎回当物。

变卖型典当的当户有当无赎，其目的不在融资而在将当物借典当方式卖掉，典当期满时用户不会还本付息、赎回当物。

④从当户交易目的出发，典当可分为融资型典当与保管型典当。

融资型典当表明存在资金需求，典当交易的目的在于融资。这类当户资金短缺，利用典当的方式达到筹款的目的。

保管型典当当户不存在资金需求，其典当交易的目的是仓储，看好典当行对当物的保管功能。这类当户不缺钱，他们通过将贵重物品送至典当行保管达到安全贮物的目的。

⑤从当物性质的角度出发，典当可分为动产型典当与权利型典当。

动产型典当是以动产作为当物向典当行融资的典当类型。

权利型典当又称财产权利型典当，是以财产权利作为当物向典当行融资的典当类型。这类典当不如动产典当交易量大，属于新兴典当类型。

12.4.3.3 典当融资的优势

与银行借款相比，典当融资具有以下优势：业务方式上，典当更加灵活多样，原则上有价值的物品或财产权利都可以典当；借款手续上，典当借款手续简便快捷；借款用途上，典当借款多用于救急，银行贷款多用于生产或消费；期限上，典当期限较短，最短 5 天、最长 6 个月；典当一般除收取当金利息外，还按一定比例收取综合费。

12.4.4 商业信用融资

12.4.4.1 商业信用融资的内涵

商业信用融资是企业在正常的经营活动和商品交易中，由于延期付款或预收账款所形成的企业间常见的一种信用借贷关系。

12.4.4.2 商业信用融资的种类

商业信用融资主要有应付账款融资、预收账款融资和商业票据融资3种主要融资方式。

(1)应付账款融资

应付账款是指企业购买商品时未支付现金，即卖方允许买方在购货后的一定时间内支付货款的一种商品交易方式。购买方相当于获得了延期付款的资金融通便利，但要付出高额的贷款，实际是短期融投资的成本，这种成本以现金折扣的形式存在。

在规范的商业行为中，销售方为了控制应付账款的期限和额度，一般要向购买方提出各种信用政策，主要包括信用期限和给买方的购货折扣与折扣期。例如，“2/10，*n*/30”表示，客户如果在10天内付款，可以享受2%的货款折扣，如果10天后付款则不享受购货折扣优惠，应付账款的商业信用期限最长不超过30天。对于购买方，接受现金折扣相当于获得了一笔理财收益；如果放弃现金折扣，那么在信用期内可以占用销售方的资金，相当于获得了一笔贷款，能够满足短期的资金需求，但是要承担较高的因放弃现金折扣产生的机会成本。因而企业在进行应付账款融资时，必须充分对供货商的现金折扣政策进行权衡，确定对本企业利润及资金成本的影响。

应付账款融资最大的特点在于易于取得，无需办理筹资手续和支付筹资费用，而且在特定情况下是不承担资金成本的，缺点在于期限较短，放弃现金折扣的机会成本很高。

(2)预收账款融资

预收账款融资是指销货企业按照合同或者协议约定，在交付货物之前向购货企业预先收取部分或全部货物价款的信用方式。这相当于销货企业向购货企业先借一笔款项，然后再用货物抵偿。对于卖方来说，预收账款融资也是一种短期融资方式。对于买方来说，预收账款融资在购入紧缺商品时采用，可获得对货物的要求权。

预收账款融资要求购买方经营效益好、信誉高，有好的生产计划和足够的产品产量做保证，动力、原料、燃料等有保证，供货样品质量与产品一致，真实的广告宣传，购销双方应签订合同、从法律上保障双方合法权益。

(3)商业票据融资

商业票据是指由金融公司或某些企业签发，无条件约定自己或要求他人支付一定金额，可流通转让的有价证券。商业票据融资的条件包括信誉好、财力雄厚、有支付期票金额的可靠资金来源并保证支付、发行商业票据的必须是已成立的公司、在某一银行享有最优惠利率的借款和一定信用额度可利用、短期资金需求量大且筹资数额大。

商业票据融资的特点包括无担保、期限短、见票即付、以面额为发行价格、利率低、限制少等。无担保是指无实体财产作抵押担保品，只以发行公司的声誉、实力地位作担保。一般大中型公司发行的商业票据期限为1~6个月，大型金融公司发行的商业票据期限为1~9个月，最短的也有以天来计期的商业票据。商业票据到期时，债务人必须无条件向债权人或持票人支付确定的金额。商业票据的利率一般要低于银行贷款利率，但高于国库券利率。商业票据融资方式没有最高限额限制，约束较少。

12.4.4.3 商业信用融资的特点

第一，商业信用的主体是工商企业，客体是商品资本，商业信用是一种实物信用。

第二，商业信用包含着商品买卖和货币信贷两种经济行为，买卖双方形成了债权债务关系，体现着借贷行为。

第三，商业信用的动态与产业资本的动态相一致，即生产扩大，商业信用需求就增加；生产缩小，商业信用需求就减少。

12.4.4.4 商业信用融资的优缺点

商业信用融资的优点有筹资便利、筹资成本低、限制条件少；缺点在于期限较短、筹资数额较小、某些情况下成本比较高等。

12.5 政府融资

12.5.1 政府融资的概念

政府融资是指创业企业采用申请方式获取政府各类创业资金的一种融资渠道，此类资金通常也被称为政府扶持资金。创业者只要符合政府扶持资金要求的各项条件，即可申请此类资金。

12.5.2 政府融资的特点

政府融资的主要特点包括以下几个方面：

第一，国家扶持资金的资助贯穿创业企业生命周期的绝大部分。

第二，政府融资以不干预竞争为原则确定资助形式。政府提供资金扶持的主要目的是促进创业、带动就业，市场经济的本质要求是政府不可直接干预，而是发挥监督管理的间接作用，因此政府扶持资金的投入要以不干预市场竞争为原则，针对创业企业在不同阶段遇到的不同问题，采取不同的资助形式。

第三，资助形式多样化。不同资助形式实现的政策目标不同，采取的组织方式也不同。政府资金发挥的是引导和杠杆作用，根据不同目标采取不同的资助形式，不同的资助形式也会采取不同的组织方式。因而政府扶持资金的资助形式有多样化的特点。

12.5.3 政府融资的具体形式

目前我国政府为创业企业提供的扶持资金主要采取专项基金形式来实施，创业企业的政府融资具体形式由政府专项基金的具体形式来决定。从当前实务领域内实际运作的基金形式看，政府融资的主要形式有科技型中小企业技术创新基金和创业投资引导基金两种形式。此外，根据资本来源的不同，政府融资还可包括其他几种类型。

12.5.3.1 科技型中小企业技术创新基金

科技型中小企业技术创新基金由国务院在1999年批准设立，简称创新基金，以中央财政拨款及其银行利息为资金来源，不以盈利为目的，通过对中小企业技术创新项目的支持来增强其创新能力，支持科技型中小企业发展。

根据中小企业和项目的不同特点，创新基金分别以打款贴息、无偿资助、资本金投入等不同的方式给予支持。其中，贷款贴息适于已具有一定水平、规模和效益的创新项目，一般按照贷款额年利息的50%~100%给予补贴，贴息额一般不超过100万元，个别重大项目不超过200万元。无偿资助主要用于中小企业技术创新中产品研究开发及中试阶段的必要补助和科研人员携带科技成果、创新企业进行成果转化的补助，资助数额一般不超过100万元，个别重大项目最高不超过200万元，且企业须有等额以上的自有匹配资金。资本金投入主要用于少数起点高、创新内涵较广泛、创新水平较高并有后续创新潜力、预计投产后市场需求较大、有望形成新兴产业的项目。资本投入以引导其他资本投入为主要目的，数额一般不超过企业注册资本的20%，原则上可以转让或以合作经营的方式在规定期限内依法收回投资。

创新基金的支持重点有4类：一是相关高新技术领域中自主创新性强、技术含量高、市场前景好、能够在经济结构调整中发挥重要作用的项目，如具有显著节能降耗效果的资源节约型、环境友好型项目；二是影响力和显示度较大的重点项目；三是采用现代管理经营理念和商业模式，运用信息手段和高新技术，为生产和市场发展提供专业服务的高新技术项目；四是初创期的科技型小企业，尤其是孵化器内企业的创新项目。

12.5.3.2 创业投资引导基金

创业投资引导基金是指由政府设立，以市场化的方式运作，不以盈利为目的的政策性基金。资金来源有两个：一是中央财政科技型中小企业技术创新基金；二是从所支持的创业投资机构回收的资金和社会捐赠资金。创业投资引导基金的宗旨是发挥财政资金的杠杆放大效应，引导社会资金参与到创业投资领域，在增加创业投资资本供给的同时，创业投资引导基金本身并不直接参与到创业投资运作业务。创业投资引导基金有效克服了单纯通过市场配置创业投资资本的市场失灵问题，特别是通过鼓励创业投资企业投资处于种子期、起步期等创业早期的企业，弥补了一般创业投资企业主要投资处于成长期、成熟期或重建期企业的不足。

创业投资引导基金的支持对象为在我国境内从事创业投资的创业投资企业、创业投资管理企业、具有投资功能的中小企业服务机构(统称创业投资机构)，以及初创期科技型中小企业。

创业投资引导基金具有 3 个显著特点：一是属于政策性基金，与以盈利为目的的商业性基金有本质区别；二是具有引导性，通过扶持创投企业发展来引导社会资本进入到创业投资领域，但是本身不直接从事创业投资业务；三是基金运作呈现出市场化的特点，其一是选择扶持对象时，由引导基金管理机构根据市场状况，同时兼顾政策目标、基金收益风险等来确定；其二是引导基金为有偿使用，既有利于所扶持企业的财务约束机制，又利于提高政府资金使用效率。

12.5.3.3 其他政府资助形式

除了以上两种形式，政府融资从资本来源上还包括其他几种形式：

第一，各级地方政府为促进本地区区域经济发展设立的基金。自 1985 年国务院正式批准成立我国第一家风险投资公司(中国新技术创业投资公司，简称中创公司)以来，各地政府效仿这一做法，运用政府资金成立创业投资公司，以支持本地政策主导和扶持产业服务，体现区域产业政策导向。

第二，科技园区为孵化园区企业设立的基金。1991 年，国务院《国家高新技术产业开发区若干政策的暂行规定》指出："条件成熟的高新技术开发区可创办风险投资公司。"这一规定为科技园区提供了新的融资服务途径，各地市的科技园区在这一规定的引导下，纷纷成立了创业投资公司，为本园区企业进行包括投融资、管理在内的各项服务，以促进本园区创业企业成长。目前常见的有生产力促进中心、创业中心、留学生创业园、软件园、生物医药院等形式。

第三，产业创业投资公司。该类基金为某一特定产业的发展而设立，如电力投资公司、生物制药、生物技术投资公司、软件投资公司等。这类投资公司一般由政府某个行业部门设立，投资具有显著的行业针对性，只为本行业内部产业链上的企业进行投资。

第四，国有企业创办的投资公司。这类投资公司是一些传统国企在资金雄厚稳定，但增长速度较慢的情况下，为寻求突破和新的投资机会而设立的基金。相较于其他政策性投资资金，该类资金灵活性较大。

除以上主要政府融资形式和其他政府融资形式外，国家各部委及各级地方政府的相应部门也通过设立各类专项基金，提供了许多政府融资的途径。

创业企业利用政府融资渠道获取资金时，也必须考虑到充分利用国家及各级地方政府对于创业给予的各类税收优惠政策，通过合理避税节约资金支出，以间接方式实现政府融资。

12.6 技术融资

创业企业的发起人通常拥有新想法或者是新技术的拥有者，让科技成果转化成现实生产力是很多人创业的一个重要原因。随着社会的发展，国家各种鼓励科技创新的激励机制也不断推出，科技成果的数量也越来越多，以科技成果作为资产入股企业也成为一条创业融资的新道路。对于大学生，尤其是掌握着一定科技成果的大学生来说，采取技术入股无疑是一种非常好的融资方式。

12.6.1 技术入股的概念

2005年10月27日修订通过的《中华人民共和国公司法》规定，股东可以将货币出资，也可以将实物、知识产权、土地使用权等用货币估价并可以依法转让的非货币财产作价出资。

具体来说，技术主要包括专有技术、专利技术，指人们在生产活动中制造某种产品、应用某一工序(工艺)或提供某项服务的系统知识，是以知识为载体的无形资产。其中专有技术又称为非专利技术、技术诀窍、技术秘密等，指拥有者所掌握的、不为社会公众所知的、能为其带来经济效益的实用技术信息和方法等。专利技术又称专利权，是指专利权人在法定期限内对其发明创造成果享有的专有权利。

技术入股是创业者(技术拥有者)将上述专有技术或专利技术资本化，把技术抵作股权，与投资者(技术引进方)合作，进行股权收益分红的活动。技术入股从所有制上把各方的利益捆绑在了一起，创业者入股后称为企业的股东，实行按股分享收益和分担风险，在这种情况下创业者更关心技术的实施情况和产品的质量以及经济效益。创业者参与企业管理，企业后续产品的开发有了一定保证，提高了企业的技术开发能力。在企业资金短缺的情况下，技术入股使投资者不需一次性支付费用便可获得技术，这样以内部分享利润代替市场交易费用，从而节省了资金、加快企业发展和科技进步。因此，作为一种新的科技与经济的结合方式，技术入股越来越受到社会的重视。

12.6.2 技术入股的股权形式

目前技术入股的方式主要有3种：以整套技术从生产—管理—销售全过程的技术入股；以多项组合型技术资产入股，如以某一产品的技术工艺、专利权、商标权等组合入股；以某一单项技术入股。按股权所有者分类，有法人股和自然个人股。按技术在企业总股份中的比重来分类，有技术控股、技术参股等多种形式。按技术股拥有的权益来分类，可分为所有权股、干股、分红回填股、分红股、虚拟或仿真股票、股票期权等几种形式，适合于创业者的技术入股方式主要是前两种。

12.6.2.1 所有权股

这种股份的拥有者拥有该技术股的所有权益，即拥有者既拥有技术股的所有权，又拥有技术股的分红权，可以转让、馈赠等，所有权股包括用现金、实物和技术作价出资所取得的股份和干股。这种股票属于企业价值分享制的具体形式，是最完整的一种技术股形式，实际上是普通股。这种形式的技术股在我国新设立的企业中比较常见，尤其是非上市公司。由于这种形式的技术股涉及股票来源的法律问题，我国上市公司的股票期权激励机制中很少涉及这种新式的技术股。

12.6.2.2 干股

干股是不用现金和实物出资且拥有所有权的股份。这种股份又可分为技术干股和非技术干股。技术干股是直接由拥有技术的法人和自然人用技术作价入股所占的股份，称为法人技术干股和自然人技术干股，法人技术干股可馈赠给对作价入股之技术有贡献的自然人；非技术干股是由法人股东或自然人股东用现金和实物出资，馈赠给对企业创立和发展有突出贡献的个人。干股的特点是不用现金和实物出资(可用技术作价出资)，一般拥有完全的所有权，大多不用资金承担企业的亏损。技术干股用所拥有的技术承担风险，非技术干股由实际出资的股东承担风险。干股这种技术股形式减轻了因拥有股份对技术方(创业者)实物资本的压力，使之更有利于激励技术方(创业者)。这种技术入股形式是对所有权股的一种创新。

技术入股的每一种股权形式各有优缺点，而且其内在的价值、权益、风险、流动性、激励力度等都有所差异。因此，创业者在进行技术入股设计时，应首先考虑技术入股模式的选择。创业者可根据自身的实际情况、技术成果的形态、该项技术在企业整个技术体系中所占的地位及激励目标选择合适的模式，也可以多种模式混用。例如，技术已形成专利且能够合理定价时，可采用买断形式；技术在公司技术体系中占有长远的重要地位时，可采用技术所有权入股和优先股模式；如果地位相对次要或带有短期性，可采用分红股或分红还本股模式。

12.7 股权融资与债权融资

股权融资是指企业的股东愿意让出部分企业所有权，通过企业增资的方式引进新的股东的融资方式，总股本同时增加。股权融资所获得的资金，企业无须还本付息，但新股东将与老股东同样分享企业的赢利与增长。股权融资的特点决定了其用途的广泛性，既可以充实企业的营运资金，也可以用于企业的投资活动。

债权融资是指企业通过借钱的方式进行融资，债权融资所获得的资金，企业首先要承担资金的利息，另外，在借款到期后要向债权人偿还资金的本金。债权融资的特点决定了其用途主要是解决企业营运资金短缺的问题，而不是用于资本项下的开支。

股权融资按融资的渠道来划分，主要有两大类，公开市场发售和私募发售。所谓公开市场发售就是通过股票市场向公众投资者发行企业的股票来募集资金，包括我们常说的企业的上市、上市企业的增发和配股都是利用公开市场进行股权融资的具体形式。所谓私募发售，是指企业自行寻找特定的投资人，吸引其通过增资入股企业的融资方式，可通过当地股权交易中心实现三四板的挂牌服务。

12.8 众筹

12.8.1 众筹的概念

众筹即大众筹资，指的是一群人为了一个特定的项目、人或者公司募资，帮助其进行正当的生产经营、创作或其他资助人认为有价值的活动。互联网众筹是基于“互联网+金融”的一种模式，在互联网平台下，融资者和消费者突破地理因素的限制，以极低的成本，无差别地进行项目融资与消费。

众筹由筹资者、出资者和平台三方构成。筹资者通常是个体或者小微企业，这些个体或者小微企业急需资金来解决创业或项目中遇到的问题，或者是为了加强与目标受众的交流，强化目标受众的体验，达到项目初期的市场分析与研究、产品宣传推广或预售等目的。出资者是对筹资者的项目感兴趣、有能力提供支持的人，平台则是连接发起人和支持者的互联网终端。首先，众筹平台必须按照法律法规，发布正确无误的筹资人项目信息和融资要求；其次，众筹平台要吸引更多的出资人来为自己认同的项目出资，并提供良好的网络支付工具或方式；最后，众筹平台要在项目筹资成功后监督项目的开展，或者项目失败后督促筹资人承担一定的责任和义务。

12.8.2 众筹模式

众筹模式包括4种类型：债权众筹、股权众筹、回报众筹和捐赠众筹。

12.8.2.1 债权众筹

债权众筹是企业或个人通过众筹平台向其他多个出资人借款，众筹平台扮演中间人的角色，并承担还款责任。债权众筹主要是帮助个人和小微企业主通过众筹平台实现融资，解决资金短缺问题，改善企业生产经营活动并积累信用。

目前国内比较知名的债权众筹平台有人人贷(renrendai.com)、拍拍贷(paipai.com)、积木盒子(jimubox.com)。人人贷是将民间借贷放到了互联网平台来交易，即P2P。人人贷面临的风险之一便是信用风险，随着平台规模的增大，风险防控也需要逐步加强。拍拍贷和积木盒子属于企业债权众筹，即P2C，是中小企业通过平台向大众融资，担保公司承保。

12.8.2.2 股权众筹

在传统投资行业，投资者在一二级证券市场上购买股票便是股权众筹的一种表现方式。在互联网行业，股权众筹通过众筹平台进行早期私募股权投资。股权众筹的具体形式表现为投资者向其他投资人融资，投资人用创业企业的股权换取对价资金。国内知名股权众筹平台有天使汇(angelcrunch.com)、大家投(dajiatou.cn)。

股权众筹主要是帮助初创型企业解决融资问题，同时这类众筹让普通人能够参与到初创企业的投资并分享企业成长的收益，同时承担企业成长过程中的风险。股权众筹满足了资金供求双方的需求，实践中侧重于初创企业和创新企业。

12.8.2.3 回报众筹

回报众筹也称奖励式众筹或预售式众筹。

奖励式众筹一般指项目发起人在筹集款项时，投资者获得产品型的奖励作为回报，如签名的手稿、电影中的角色等。这种奖励不是必须承担的责任，也不是商品的销售。奖励式众筹一般应用于文化艺术行业，如电影、音乐等。

预售式众筹类似团购，但团购不是预售式众筹的全部，其中重要的区别就是筹集资金时产品的发展阶段不同。预售式众筹对应的产品或服务阶段一般是处于研发设计和生产阶段，团购对应的产品或服务阶段是销售阶段，所以预售式众筹面临着产品或服务不能进入销售阶段的风险。预售式众筹和团购的另一区别是目的不同：前者主要是为了募集资金，满足研发设计需求；后者主要是为了提高销售业绩。国内的回报众筹平台有点名时间(demohour.com)、追梦网(dreamore.com)、众筹网(zhongchou.cn)。

12.8.2.4 捐赠众筹

捐赠众筹是指投资者不能获得任何实质性奖励的一种众筹模式，很多非政府组织采用该种模式进行募捐，如壹基金。不同于传统的募捐活动，捐赠众筹可通过众筹平台及时公开募捐款项的具体用途和财务流水，从而吸引更多募捐。国内的主要捐赠众筹平台有微公益(gongyi.weibo.com)。

12.8.3 众筹特征

第一，门槛较低。众筹的发起不会受到身份、地位、职业、年龄、性别等的影响。

第二，多样性。众筹没有特定的项目类别，包括设计、影视、漫画等众多项目均可发起众筹。

第三，依靠大众力量。众筹的支持者通常是普通的草根民众，而不是传统融资渠道中的公司、企业、风险投资人等。

第四，注重创意的可行性。众筹发起人的创意须达到可展示的程度，不能仅停留在概念上。

12.8.4 互联网众筹的创新价值

互联网众筹是基于“互联网+金融”所创新的一种模式。最重要的意义不在于金融创新本身，而在于它对传统金融领域和金融业态提出的挑战，并且在一定程度上具有颠覆性。

互联网众筹的创新价值体现在以下5个方面：

第一，提供新的融资渠道模式。互联网金融的价值在于用互联网模式进行充分创新，提供新的融资渠道模式。众筹这一模式能够把社会底层的资金都利用起来，具有战略性意义。

第二，更加体现了目标金融的特征。众筹一方面具有技术导向；另一方面具有目标导向。导向明确之后投资就更加精准，投资效益也随之提高，在一定程度上避免了金融资源浪费。

第三，体现了人人都是投资者。众筹这一模式下，人人都可参与投资，这对创新尤其是创业都有积极促进作用，为小本经营和创新人员提供了无限可能。

第四，实现了去中间化，既提高了效率，又避免了中介环节引发的诸多问题。

第五，是商业模式的创新。互联网众筹不仅是筹资模式的创新，而且是商业模式的创新。它强化了金融在整个创新创意中的重要作用，资金成为驱动全链条的源头活水。

第 13 章　创业者与创业团队建设

学习目标：重点掌握创业团队的组建；掌握创业者的概念和类型；熟悉创业者的素质；了解创业者的基本条件。

关 键 词：创业　创业者　创业团队

13.1　创业者类型分析

13.1.1　创业者的概念

创业是一个振奋人心的字眼，创业既是开创崭新的事业，又是创业者的历练，无论物质还是精神财富，创业过程都可以衬托出人生价值的参悟，创业过程使每个创业者走向辉煌。

由于创业和创业者是分不开的，因此了解什么是创业者，对于我们更好地理解创业，树立创业精神，最终成为一个成功者，有着十分重大的作用。

什么是创业者？如何在概念上界定创业者？

“创业者”一词由法国经济学家坎蒂隆(Cantillon)于 1755 年首次引入经济学。1880 年，法国经济学家萨伊(Say)首次给出了创业者的定义，他将创业者描述为将经济资源从生产率较低的区域转移到生产率较高区域的人，并认为创业者是经济活动过程中的代理人。

在欧美学术界和企业界，创业者被定义为组织、管理一个生意或企业并承担其风险的人。创业者的英文为 Entrepreneur，和企业家同一词。它有两个基本含义：一是指企业家，即在现有企业中负责经营和决策的领导人；二是指创始人，通常理解为即将创办新企业或者是刚刚创办新企业的领导人。创业者是一位有愿景、会利用机会、有强烈事业心、愿意担负起一家新企业、组织经营团队、筹措所需资金、并承担全部或大部分风险的人。创业者是创业活动的灵魂人物，也是创业管理的最核心要素。

著名经济学家熊彼特(1934)则认为创业者应为创新者，即具有发现和引入新的、更好的、能赚钱的产品、服务和过程的能力。

管理学大师彼得·德鲁克进一步发展了熊彼特关于创业者的定义。他认为，不是只有从事经济活动才能成为创业者。一个人在任何一个领域进行了创新性的活动，提高了资源的利用效率，都可以称之为创业者。例如，一个改变了医院的工作流程从而提高了医院效率的人，是创业者；一个改进了教学方式，从而收到了较好的教学效果的教育工作者，也是创业者。

致力于创业研究和教学的全球最大私营基金会——美国伊文·马里恩·考夫曼基金会，将创业者定义为“一个利用知识和资源来识别和追求机会，以改变自己及他人生活并创造价值的人”。

当前，国内外学者将创业者的定义分为广义和狭义两种。

广义的创业者是指那些自己去开办新的小型企业的人和所有独立开创属于自己事业的人。他们都可以说是在“创业”，都在力图改变自己的命运。

狭义的创业者指“标新立异，打破已有秩序，按新的要求重新组织”的人，也指参与创业活动的核心人员。该定义避免采用领导者或组织者的概念。因为在当今的创业活动中，技术的需求越来越大，离开了核心的技术专家，很多创业都无法进行，核心的技术专家理应成为创业者。事实上，很多创业活动最早都是由拥有某项特定成果的技术专家发起的。

13.1.2 创业者的特征

在香港曾经是赤手空拳的少年，在经历了半个多世纪的磨砺与奋斗以后，一跃成为香港首富的李嘉诚；在改革开放后涌现出来的新一代创业者，如柳传志、王选、张朝阳等，他们创业的成功，固然不能否认天时、机遇、环境等客观因素的作用，但在他们身上却都具有一些创业者所具有的共同特征，体现在心理、行为、知识及能力等方面。

13.1.2.1 心理特征

从成就动机理论出发对成功创业者特征进行分析可以发现，那些拥有创业心理特征的人员比不具备创业心理特征的人员具有更高的实施创业行为的倾向。作为成功的创业者，一般具备以下6个心理特质：成就需要、控制欲、自信、开放的心态、风险承担倾向、创业精神。他们有明确的目标，全身心地投入到事业发展中。

(1)成就需要

创业者希望把事情做好，而做好事情主要不是为了获得社会承认或声望，而是为了达到个人内在自我实现的感觉的满足。创业者希望承担决策的个人责任，在解决问题、确立目标和通过个人的能力达到这些目标时个人负有责任；喜欢具有一定风险的决策；对决策结果感兴趣，不喜欢单调的重复性工作。

(2)控制欲

控制欲是指人们相信他们自己能够控制自己人生的程度。研究表明，创业者相信通过自己而不是他人来决定自己的命运，他们经常有很高的控制欲，对生活中的事件过程有一定的影响，总是希望把命运掌握在自己手中。和控制欲相关的是创业者的个人独立性。创业者往往喜欢独立思考和行动，渴望独立自主。

(3)自信

创业者不仅相信自己，而且相信他们正在追求的事业，不仅能在失败之后振作起来，而且还能从失败中吸取教训，以增加下一次成功的机会。创业者坚信自己的创业团队有能力在激烈的竞争中获得胜利，以坚忍不拔的毅力和满腔的热情去争取成功。因为新创企业在发展过程中肯定会出现各种危机和困难，越是危急关头，就越需要他们付出更大的热情和勇气，自我勉励，坚持下去、闯过难关。成功的创业者普遍有很强的自信心，有时表现出咄咄逼人的气势。他们相信自己的判断，相信自己的决定。创业者以积极的心态充满活力地不断创新。自信对创业者非常重要，因为他们走的是其他人不敢走或者没有走过的路，只有自信才能顶住压力，坚持自己的目标，最终取得创业的成功。曾经有记者问搜狐的张朝阳："你在 IT 产业的成功，让中国的年轻人看到了实现从一无所有到拥有巨大财富的梦想的活生生的典范。当年，你能说服美国风险投资家把美金押在你这样一个名不见经传的'小卒'身上，你认为是你身上什么样的东西打动了他们?"张朝阳回答说："自信，对自己的成功有坚定的信念，使他们对我和我的商业计划产生了信任。"自信让张朝阳获得了美国风险投资家的资金支持，也是他以后创业一步一步走向成功的基石。

(4)开放的心态

创业者要能认识到自己的局限性和改进的必要性，意志坚定但不拒绝改变，意识不僵化。必要时勇于变革和敢于承担责任。现代社会新事物层出不穷，开放的心态可以使我们有更多的机会发现机遇，产生创业的冲动。

(5)风险承担倾向

由于创业者希望在同行业中脱颖而出，很多工作是自己以前没有经历过或者没有完全经历过的，创业征途中充满了各种风险。创业者要有冒险精神，要能承受风险和失败。只有敢于承担风险，创业者才能大胆创新，"铤而走险"，实现自己的创业梦想。创业需要冒险，但冒险有别于冒进。无知的冒进只会使事情变得更糟糕，而且会浪费时间和财力。

(6)创业精神

创业要发扬创业精神，没有创业精神的创业不会成功，也不能称之为创业。创业精神是创业团队集体的精神状态和对事业所持的态度。组织不论规模大小，归属哪个经济部门，创业精神始终与某些普遍适用的行为特性相关联。创业精神主要表现为：耐心、牺牲、开拓、敬业、气度、包容和创新等。

成功创业者的 7 种特质：第一，天生就要做老大的人；第二，可以能屈能伸的人；第三，有大优点，同时有很多缺点的人；第四，思维与众不同的人；第五，能够在失败上站立起来的人；第六，有激情和强烈内驱力的人；第七，敢于做艰难决策的人。

前两条属于情商，第三、四条属于智商，第五、六、七条则属于胆商。

13.1.2.2 行为特征

创业者在行为方式上主要有勤学好问、坚持与执着、灵活应变、吃苦耐劳、脚踏实地、雷厉风行、有良好的商业道德和责任感等特点。

(1)勤学好问

创业者不满足于现状，经常意识到他们能将事情做得更好，渴望并从不放弃学习和改进的机会。现代社会需要学习型的企业，创业团队在创业初期更需要学习行业内的领先企业、标杆企业。创业团队成员也需要学习精神。学习是保持先进性的重要手段，学习为企业的发展提供了源源不断的智力源泉。只有不断地学习才不会落后于社会。

(2)坚持与执着

坚持与执着是指对自己的创业目标和信念坚持不懈，永不放弃并且能够付诸实际行动，因此，执着就成为创业者的优良心理与执行力的综合体现。因为在创业的领域没有捷径可走，只有专心致志、锲而不舍，才能克服在通往成功道路上的危机和障碍。著名的发明家爱迪生指出，成功等于99%的努力和1%灵感之和。他认为，连续的失败是不断尝试错误的探索性实验，是成功的创新的过程之一。

(3)灵活应变

灵活应变指的是创业者对创业方法和路径的选择，要一切从实际出发，根据环境的变化对创业活动做出相应的调整。

(4)吃苦耐劳

创业的成功需要坚忍不拔、顽强的毅力、吃苦耐劳的执着精神、甘于奉献的献身精神。只有具备吃苦的精神，创业者才能挺过创业的艰辛，取得创业的成功。否则，就会半途而废。

(5)脚踏实地、雷厉风行

创业者有好的创业念头，但只有通过实际的行动才能变成现实。巴顿将军(George S. Patton)曾经说："现在就去执行一个好的计划要比下周执行一个完美的计划好得多。"如果只有好的创业点子，没有行动，一切就是空中楼阁。1949年的一天，井深大到日本广播公司办事，偶然看到一台美国制造的磁带录音机，当时这东西在日本还不普遍，但井深大和盛田昭夫马上意识到这种产品的巨大的潜在市场，就立即买下了产品专利。对他们来说，录音机的电子技术并不复杂，但磁带需要自己制造。经过他们的勤奋努力，仅仅用了一年的时间，他们就推出了自己的新产品。然而，起初的市场销售状况不好，但井深大和盛田昭夫在困难面前继续改进产品，并积极推销。他们走遍了日本的各所中小学，耐心向老师讲解录音机的使用方法和好处，最后功夫不辜负有心人，录音机成了人们生活中的重要的一部分。脚踏实地、雷厉风行的作风使他们获得了创业的成功。

(6)诚信

诚信、诚实、诚恳是一个企业生存和发展的根基。没有良好的品德，而时刻只为自己的个人利益，肯定不会创立起企业；即使能够建起企业，最终也难免昙花一现，生命力不会长久。只有企业对顾客、对社会、对员工诚信，顾客、社会和员工才会为企业的发展锦上添花，企业的发展才有土壤。诚信、诚实、诚恳是创业团队的道德要求。

(7)责任感

把承诺变成行动就是责任，责任就是坚定不移的信念。负责任是一种态度，态度决定一切。责任感使他们认识到其他人带给企业的价值，意识到自己对其他人的责任，提供给其他人做好工作所需要的支持；责任感也能使他们正确地行使权力和对待金钱。虽然权力和金钱是创业的动机之一，但他们负责任地运用权力，也不仅仅只为金钱所激励。他们主要从事业成功中体验快乐，而不把追逐权力和财富作为目的；他们主要受成就动机驱使，同时又实现物质财富方面的富裕。负责主要体现在向社会、向顾客提供满意的产品或者优质的服务，重视环境保护，重视员工的成长和发展。随着社会的进步和人类文明的发展，企业的社会价值是企业发展的高级目标，社会责任也成为企业的道德标准。重视环境保护，重视企业的发展和员工的职业生涯的共同发展成为企业发展的重要目标之一。优秀的创业者应该有很强的社会责任感，在创业的同时回报社会。

13.1.2.3 知识特征

投资创业就是创业者想在某一行业中脱颖而出，但如果没有厚实的知识基础等于建造空中楼阁。所以，作为一个创业者，应该具备相应的基础知识和专业知识。

(1)坚实的基础知识

创业者的知识素质的好坏关系到创业者分析问题、判断问题、解决问题的能力大小和将来企业的发展前途。哲学知识、历史知识、社会知识贫乏的创业者，必然心胸狭窄，目光短浅。如果没有渊博的知识，就不能适应时代新潮流的长期需要；不用新知识、新观念武装自己，就不可能成为真正成功的创业者。创业者应该通晓的基础知识主要有政治学、人才学、组织学、行为科学、经济学、计算机应用、逻辑学、法学、会计学、统计学以及心理学等。这些基本知识为创业者正确分析企业内外的环境和自己的优势、劣势，预测行业的发展趋势奠定了基础，是创业活动开展的必备智力条件。

(2)广博的专业知识

要想取得创业的成功，把企业做强做大，创业者还应具备人力资源管理、市场营销管理、财务管理、战略管理、生产管理、物资管理、技术设备管理、质量管理、经济核算、系统工程、领导科学及决策论等专业知识。如果缺乏战略管理知识，创业者在企业发展到一定规模后，就不能正确处理企业的短期目标和长期目标关系、核心竞争力和多元化关系。如果盲目进行多角化、盲目扩张，进入很多自己陌生的行业，而自身资金、人力资源等方面又缺乏支撑，就会使企业迷失发展的方向。例如，掌握了人力资源管理方面知识，创业者就知道如何有效激励员工、管理员工，帮助他们成长，并给予他们足够的舞台空间，让他们真正能有“当家做主”的责任感，使之产生与企业同命运、共呼吸的使命感，从而真正塑造出忠诚于企业的人才，让员工在实现企业的发展同时实现自我的成长和发展。而现金是企业正常运转的基础，具备了财务管理知识，创业者就能正确地了解企业的现金流状况及主要的现金流来源，了解企业的盈利能力、负债情况、还债能力和融资能力，在创业过程中，就能有意识、合理地贷款融资，发挥资金的财务杠杆作用，降低经营风险，同时管理好企业的资本运作。市场营销管理知识能使创业者正确分析产品的行业特征，细分市场，对产品正确定位，找到产品的目标市场，利用产品的生命周期，不断推陈出新，为企业创造现金流。总之，专业知识为创业者维持创业企业的正常运转、赚取利润、获得长远发展提供保障。

(3)不断的知识储备

当然，一个人不可能具备上面提到的所有的知识，这就需要创业者通过组建优势互补的创业团队来实现。创业者还可以通过学习来弥补自己缺乏的知识。学习知识的主要途径有：①大量阅读。书籍是先行者智慧的结晶。通过大量阅读可以迅速地扩大自己的知识面，减少摸索的时间。创业者可以根据自己工作中发现缺乏的知识来选择阅读的素材。②参加学习班。目前社会上有很多种学习班，创业者可以通过参加学习班迅速弥补知识上的缺陷，特别是参加高水平的管理培训班。③与成功创业人士交流。如参加各种形式的俱乐部，从他们那里学到经验教训，以便自己少走弯路。这些成功人士在某些方面比较优秀，创业者可以从他们身上学到很多有益的东西，他们成功的事例能不断地激励创业者前进。此外，他们的某些失误又可以为创业者提供反面的教材，在以后的创业中可以避免犯同样的错误。④实践。实践出真知，通过实践可以增强自己对事物的感性认识，并在实践中检验理论，提高自己的实际操作能力。在实践中，最好将自己的体会与他人交流，因为这样既可以加深印象，同时不足之处又可以得到他人的指教。

13.1.2.4 能力特征

创业者要成功创业需要多种能力，主要有经营能力、管理能力及人际关系能力等。

(1)经营能力

经营能力是创业成功的关键。要做创业者首先要做一个出色的经营者。其次要有浓厚的经营兴趣。对经营有兴趣不仅是做经营者的先决条件，而且是经营中始终应该具备的素质。兴趣激发工作热忱，而热忱几乎等于成功的一半。有了经营兴趣，即使再累再苦都能轻松应对。经营活动是将创业计划变成现实的手段。创业的成功在于把创新思路及计划付诸实践，最后转化为现实。实施能力是创业者实现创业梦想的手段。

(2)管理能力

管理能力主要包括战略管理能力、营销管理能力和财务管理能力等。战略管理能力指整体地考虑企业经营与环境，理解如何适应市场，如何创建竞争优势的能力。创业者需要根据企业的优势、劣势并结合外部环境的机会、挑战正确地制定企业发展的战略目标。只有确定了正确的战略目标，企业才能走得更远。营销管理能力指洞察企业提供的产品和服务及其特性，理解它们如何满足顾客的需要和如何使顾客认识其吸引力的能力。创业者需要根据行业发展状况、竞争对手的缺陷和细分市场情况，找到自己产品、服务的顾客目标群。同时，也可以为自己的产品创造市场。财务管理能力是指管理企业资金，能够保持对支出的跟踪和对现金流监控，以及根据其潜力和风险评价投资的能力。投资创业必须会理财，“有钱无计划，花钱如流水”不是创业者的品格。创业者必须要有基本的财务知识，懂得如何融资理财，具备资金的时间价值观和机会成本意识。很多创业者有风险意识，但是无资金的时间价值观和机会成本意识，不知道今天的一元钱比明天的一元钱更值钱。

(3)人际关系能力

一个创业中的企业需要来自组织内外诸如员工、股东、顾客、政府、供应商和投资者等的支持，有些服务性的行业还需要所在社区的支持。为此，创业者需要在与这些利益相关者打交道中具备处理各种人际关系的能力。人际关系能力包括激励能力、沟通能力及谈判能力等。激励能力是指唤起人们的热情，使他们全身心地投入其正在进行的工作的能力；沟通能力指运用口头和书面等语言表达思想和传递信息的能力，在当今信息社会，随着电子商务的推广和信息技术的普及，网络成为沟通的重要形式；谈判能力指能够权衡利弊、随机应变，能够确认双赢方案和对方达成协议的能力。

以上对成功的创业者的素质要求，单个的创业者难以完全具备，每个创业团队成员也不可能都具备。这表明了组成创业团队的必要性和重要性，也表明在选择创业团队成员时要考虑其是否具备这些素质，特别是团队成员之间具有互补性。

13.1.3 创业者的类型

美国学者弗雷德里克·韦伯斯特对创业者的分类：

①“康替龙型”创业者(以18世纪法国经济学家理查德·康替龙的名字命名) 将人、财、物结合起来创立全新的企业，这是一种“古典型”的创业者，他们在市场上寻找未被开发的机会，然后通过创新利用这些机会。这类创业者不只是建立新企业，他们的创新成果往往成为整个行业赖以存在的基础，他们开发的也不仅是一项新产品，还包括制造产品的新技术。如亨利·福特和他的汽车生产流水线、托马斯·爱迪生和他的家用电器产品、比尔·盖茨和他的软件操作系统等，他们都可以称为“产业制造者”。

②“管理型”创业者 他们在现有企业内，以创业者的方式管理企业。他们通常是

企业的首席执行官或高级管理者，具备创新精神，领导企业并推动企业向前，尤其是在企业面临变化的时候。管理型创业者也常被称作“小企业主”。

随着经济的发展，投身创业的人越来越多，据我国《科学投资》杂志对国内上千例创业者案例的研究，发现国内创业者基本可以分成以下3类：

①被动型创业者(生存型创业者)　指创业者由于没有好的工作机会，迫于生存压力而进行的创业。这类创业者的直接动机是解决自己的基本生活条件或养家糊口的问题，因此，不会过多地考虑社会责任、企业价值及长远发展。

他们多为下岗工人、失去土地或因为种种原因不愿困守乡村的农民以及刚刚毕业找不到工作的大学生，这是我国数量最大的一类创业人群。清华大学的调查报告表明：这一类型的创业者占我国创业者总数的一大部分。在这类创业者中，多数是为生活所迫而创业，为了谋生，其创业范围一般限于商贸流通业，即便少量从事实业，也基本是小型加工业。当然其中也不乏因为种种机遇而成长为大中型企业的，但数量极少。

②变现型创业者(资源转换型创业者)　一般是过去在党、政、军、行政、事业单位掌握一定权力；或者在国企、民企当经理人从而聚集了大量资源的领导者；或者在艺术界已经名声显赫的公众人物，拥有一定资源，在机会适当的时候下海开公司、办实业，实际是将过去的权力、资源和市场关系变现，将无形资源转化为有形的资产。

③主动型创业者(机会型创业者)　又可分为两种：一种是盲目机会型创业者，大多数极为自信，做事冲动。这种类型的创业者多数同时是博彩爱好者，他们容易失败，但一旦成功，往往能成就一番大事业。另一种是冷静机会型创业者，他们是创业者中的精华，其特点是谋定而后动，不打无准备之仗，他们掌握了独特资源，或是拥有专门技术，一旦创业，成功率通常很高。

主动型创业者的个性喜欢创业，也适合创业，他们有强大的创业激情和冲动，甚至把创业作为一种生活方式，结果如何反而不重要，属于主动型创业。他们清楚地意识到自己的长处，也知道自己的人生目标是什么，因此，他们毫不犹豫地去做了。这些人是创业中的精品，成功的可能性最大，很多人可以把事业做得很大。当然，这种人可能不会很多，那么退而求其次，有些人可以没有多少文化、多少经验，可以暂时不知道自己的目标和长处，可以没有创业的初始资源，但是他们有激情、有勇气、有胆魄、敢实践、能吃苦，这就够了，再加上创业的理性，他们同样能取得很大的成功。

13.2　创业团队组建

13.2.1　创业团队的概念

不同的学者从不同的角度界定了团队的定义。路易斯(Lewis，1993)认为团队是由一群认同并致力于达成共同目标的人所组成，这一群人相处愉快并乐于工作在一起，共同为达成高品质的结果而努力。在这个定义中，路易斯强调了3个重点：共同目标、工作相处愉快和高品质的结果。盖兹贝克和史密斯认为一个团队是由少数具有“技能互补”的人组成，他们认同于一个共同目标和一个能使他们彼此担负责任的程序。盖兹贝克和史密斯也提到了共同目标，并提到了成员“技能互补”和分担责任的观点，同时还指出团队是少数人的集合，相互交流的障碍较少，比较容易达成一致，也比较容易形成凝聚力、忠诚感和相互信赖感。但是，团队必定是以达到一个既定结果为最终目标，共同的目标是团队区别于群体的重要特征。

创业团队是一种特殊团队，也是一个十分重要而又容易引起混淆的概念。在团队概念的基础上，很多学者从不同的角度对创业团队给出了自己的定义。第一种观点是从所有权角度指出，创业团队是两个或两个以上参与公司创立过程并投入同比例资金的个人。第二种观点从人员构成的角度指出，创业团队应该包括对战略选择产生直接影响的个人，也就是应该把董事会(尤其是占有一定股权的占有者)包括在内。第三种观点从参与时间的角度指出，创业团队指的是在公司成立之初执掌公司的人，或在公司营运的头两年加盟公司的成员，但不包括没有公司股权的一般雇员。第四种观点则把创业团队定义为参与且全身心投入公司创立过程，并共同克服创业困难和分享创业乐趣的全体成员。

目前创业团队可以从狭义和广义两个视角来区分。狭义的创业团队指在创业初期，由一群有意愿为共同的创业目标而奋斗的人所组成的特殊群体。广义的创业团队不仅包含狭义创业团队，还包含与创业过程有关的各种利益相关者，如风险投资商、供应商、专家咨询群体等。

13.2.2 创业团队的组成要素

创业团队需具备以下5个重要的团队组成要素：

(1)目标(Purpose)

创业团队应该有一个既定的共同目标，为团队成员导航，知道要向何处去，没有目标这个团队就没有存在的价值。目标在创业企业的管理中以创业企业的远景、战略的形式体现。

(2)人(People)

人是构成创业团队最核心的力量。3个及3个以上的人就形成一个群体，当群体有共同奋斗的目标时就形成了团队。在一个创业团队中，人力资源是所有创业资源中最活跃、最重要的资源。应充分调动创业者的各种资源和能力，将人力资源进一步转化为人力资本。

(3)定位(Place)

创业团队的定位包含两层意思：

①创业团队的定位　创业团队在企业中处于什么位置，由谁选择和决定团队的成

员，创业团队最终应对谁负责，创业团队应采取什么方式激励下属。

②创业者的定位　作为成员在创业团队中扮演什么角色，是制订计划还是具体实施或评估；是委派某个人管理，还是共同参与管理，或是聘请职业经理人管理。这体现在创业实体的组织形式上，是合伙企业或是公司制企业。

(4)权限(Power)

创业团队当中领导人的权利大小与其团队的发展阶段及创业实体所在行业相关，高科技实体多数是实行民主的管理方式。一般来说，创业团队越成熟，领导者所拥有的权利相应越小，在创业团队发展的初期阶段领导权相对比较集中。

(5)计划(Plan)

计划的两层含义：第一，最终实现的目标，需要一系列具体的行动方案，可以把计划理解为达到目标的具体工作程序；第二，按计划进行可以保证创业团队的进度。只有在计划的操作下创业团队才会一步一步地贴近目标，从而最终实现目标。

13.2.3 创业团队的重要性

一个好的团队对于企业的成功具有举足轻重的作用。新企业的发展潜力(打破创始人的自有资源限制，从私人投资者和风险资本支持者手中吸引资本的能力)与企业团队的素质之间有着十分紧密的联系。

(1)完美的团队

喜欢篮球的人通常都会收看美国NBA的比赛，我们发现任何一个夺得年度总冠军的球队，都是一个完美的团队，尽管每场比赛都有一个人曾有完美的发挥，但指望一个人每场比赛都完美发挥是不可能的，所以总是不同的球员在不同的场次中出色发挥，最终形成团队的完美发挥，才成就了诸多NBA球队的总冠军梦。

对于创业企业来说，团队的重要性日益凸显。最新的一些研究表明，一个好的创业团队对创业是否能够成功具有决定性的重要性；一个新企业的增长潜力，以及吸引私人资本和风险投资的能力，与创业团队的素质之间呈现很强的正相关关系。无论是一个年富力强的创业者、足智多谋的创业经理人还是英明果断的创业企业家，都应该在企业创建开始就组建一支强有力的团队，毕竟个人的才能总是有限的，都需要别人的经验和能力的补充。一个优秀的创业团队意味着有较好的发展潜力，也蕴含着对潜在的投资者有较高的吸引力。

(2)集体的智慧是无穷的

创业团队可能是为创始人提供一种替代就业的方式、为几个家人和几个外人提供就业机会的公司，也可能是一个具有较高发展潜力的公司，前者和后者之间的主要区别在于是否存在一支高质量的管理团队。一个喜欢单打独斗的创业者固然可以谋生，然而一个团队的营造者却能够创建一个组织或公司——能够创造重要价值并可能有多种收获选择的公司。

一个好的创业团队比一个企业家更能够增强创业企业的优势，因为一个创业企业如果只有唯一的创业企业家，他将是这个创业企业人才核心的唯一的代名词，那么他的离开将会对这个创业企业产生破坏性的影响，甚至可能导致企业的倒闭。而创业团队往往拥有各种不同专业知识和不同实践经验的人才，每个成员都只能够满足创业企业对某种方面的需求，某个团队成员的离开对创业企业产生的影响就不会那么大，所以一个创业团队的存在，能够保证创业企业管理的连续性。

再者，一个强有力的创业团队能够使创业企业的理念得到充分发挥，俗话说“众人划桨开大船”，集体的智慧是无穷的，一个好的创业团队，其团队成员会努力从各个不同角度、不同方面去诠释企业的理念，让企业的员工、顾客、潜在投资者、银行家等能够更好地去理解企业的发展理念，从而把大家的力量聚集起来，共同为企业的发展服务。

(3)团队的感召力

创业团队对于企业的成功有着重要的影响，而且会吸引更多的创业者加盟，能吸引更多风险投资家的目光。创业团队对创业成功的重要作用已得到风险投资家的广泛认同。在美国，有风险投资支持的企业成活率比全国企业成活率的平均水平要高，而且风险投资的回报相当丰厚。一项针对104家20世纪60年代创办的高科技企业的研究报告指出：在年销售额达到500万美元以上的高成长性企业中，有83.3%是由创业团队建立的；而在另外73家停止经营的企业中，仅有53.8%的企业有数位创始人。这一模式在一项近期的研究中表现得更为明显。这是一项关于“128号公路100强”(波士顿市郊地区沿着128号公路，包括成功的新风险企业在内的顶级公司)的调查，调查结果显示：这些企业中成立5年及以下的平均年销售额达到1600万美元，成立6~10年的平均年销售额达到4900万美元，而那些成长为更为成熟的企业则可达到几亿美元。这项调查还发现，这些成功企业中的70%拥有多名创始人，有36家有3位以上的创始人，17%的企业创始人在4位以上，9%的企业在5位以上，还有一家公司是由一个8人的团队组建的。

创业团队的存在与否关系重大，其素质的高低也非常重要。正因为如此，风险投资家越来越注重并积极参与管理团队的塑造和提高。一项最新研究表明：团队创建、团队工作历史以及新企业团队和风险投资家之间的合作越来越重要。与20世纪70年代相比，80年代的风险资本迅速增长，而风险投资者对管理团队的重视程度也在这一时期有了显著提高。另一项研究是针对投资于高度创新型技术企业的风险资本的，它也显示了管理团队的积极作用。这种局面到了90年代更加明显。诚然，合适的合伙人在企业中的确能够起到极有价值的作用。另外，越来越多的证据也显示，创业者们正面临着孤独、紧张和来自各方面的压力，至少找到合适的合伙人将有助于减轻这些压力。但问题的关键是要识别合适的合伙人并与之共事，这往往需要预料到一些关键性问题和障碍，并在非常恰当的时机解决，不能太早，也不能太晚。

13.2.4 如何打造“黄金团队”

最成功的创业者似乎都把某些创业理念和创业态度作为实现其公司未来远景的关键。这一远景的核心内容与两方面有关，一是企业创始人努力想达到的目标；二是一些不成文的行为规则。这些规则是指导团队如何精诚合作、荣辱与共，从而获得成功的结构基础、资质基础和目的导向。奖励、补偿和激励机制都是以这种理念和态度为基础的。

深谙团队建设和团队合作之道的创业带头人及其团队实际上拥有了一件秘密武器。许多人即便有着杰出的技术或其他相关的技能、高学历的文凭等资本，也往往会迷失于现代企业高度个人主义的激烈竞争中而无力自拔。这些人单个来说都十分出色，有些甚至可能对团队运作的程序也颇为了解，然而一旦从纸上谈兵转到真正的实施阶段，却会发现利己主义使得他们无法安全地融入团队中。事实上，他们的心里根本就没有对团队精神的要求做好准备。

13.2.4.1 打造“黄金团队”法则

当询问任何一位经验丰富的企业家或投资者如何才能使取得成功时，他们通常都会说：“一个伟大的团队。”因此，如果你有一个很棒的创业想法，但没有一支团队帮你落实，你会怎么办？答案就是：着手打造一个团队。打造“黄金团队”，基本上有以下几个要求：

①凝聚力　团队中的每一个成员都必须认识到他们是拧在一起的，公司成功了，所有人都获益。他们相信任何个人都不可能单独成功，除非所有人都成功了；反之亦然，团队中任何一个人输了，所有的人也都输了。奖励、薪酬与激励依赖于创造公司价值与获得投资回报，不管公司多大多小都是如此。

②合作精神　具有高潜力的公司最显著的特点应该就是作为一个团队的整体协同合作能力，而不仅仅是培养一两名杰出人物的场所。这些出色的团队注重互相配合以减轻他人的工作负担从而提高整体的效率，在合伙人和关键成员中树立英雄模范，然后通过庆祝他们的成功来激励员工。正如Sunmark公司功勋卓著的已退休前董事长兼首席执行官哈罗德·希格尔(Haroldj·Seigle)常挂在嘴边的那句话：“高效率培养深感情。”

③信义　艰难的选择和利弊的权衡应综合考虑客户、公司的利益及价值的创造，而不能以纯粹的功利主义、马基雅维里式的无道德论为依据，或是狭义地从个人或部门需求的角度来衡量。具有在保证工作质量、员工健康或其他相关利益不被侵犯的前提下完成各项任务的信念与承诺。

④目标远大　正如大多数组织机构那样，新建企业的兴衰存亡取决于其团队的敬业精神，一支敬业的团队，其成员会朝着企业的长远目标努力，而不是指望着能一夜

致富。企业在他们的眼里是一场将持续5年、7年甚至是10年以上(而不是速战速决)的令人愉悦的比赛，他们将在其中不断奋斗直至取得最后的胜利。没有一家企业能够靠今天进入明天退出(或经营发生困难之际退出)而在短期内获得意外横财。股票托管协议(Stock Vesting Agreements)就反映了这种承诺。例如，股票的托管期一般超过5年或7年，托管期间任何人都可以以任何理由提前退出，并可以保留截至退出时他们获得的收益，但他们必须将剩余的股份按原来的售价卖还给公司。当然这种托管协议通常还会规定，如果公司在这5年或7年的托管期满之前被意外收购或公开上市的话，则股票在此情况下会被自动百分之百托管。

⑤团队观念　团队对于成功收获的认识观念是重要的。获得市场占有率、获得全社会的价值认可、获得的资本收益是衡量成功程度的标准，而非每月的薪水、办公室的地理位置和规模或什么型号的车等。

⑥致力于价值创造　团队成员都致力于价值创造，即努力把蛋糕做大，从而使所有的人都能获利，包括为客户提供更多的价值，帮助供应商也能从团队的成功中分一杯羹，以及使团队的赞助者和持股人获得更大的盈利。

⑦平等中的不平等　在成功的新兴企业中，民族主义和盲目的平均主义显然没有什么用武之地，公司所关注的是如何去选定能胜任关键工作的适当人选及其职责所在。而公司总裁是负责制定基本的行动准则和决定企业环境和企业文化的关键人物。当人们问起Stratus计算机公司的创办人兼总裁比尔·福斯特，他与他的合伙人在公司的地位是否平等时，他回答说："哦，是的，只不过我的薪水最高，拥有的股份也最多。"公司股票在创办人和主要经营者之间往往不是平等分配的。

⑧公正性　对关键员工的奖酬以及职工股权计划的设计应与各人在一段时间内的贡献、工作业绩和工作成果相挂钩。由于贡献大小在事前只能做一个大概的估计，而且意外和不公平的情况往往在所难免，因此必须随时做相应的增减调整。一家仅在短短两年的时间内就在车载移动电话市场取得惊人成就的公司就是一个典型的例子。当这家公司被出售时，公司的6人团队中有两人为公司所做的贡献明显超过了他们持有的股票份额。为此，团队中的另外一位成员拿出了价值几十万美元的股票给他们其中的一位作为补偿。公司被出售后，这一团队随之加入了另一家企业，新企业的总裁针对以前的不公平情况，在征得了每位成员的同意后相应调整了各人的持股比例。而且，新公司还决定留出10%的股份以奖励那些为公司获得成功做出超常贡献的人。

⑨弥补空缺　团队的组建没有像菜谱那样简单明了的解决方案。实际上，有多少家由数位创始人组成的企业，就会有多少种建立团队的方式。

成功的创业者懂得如何根据商机的要求和时机找到所需人才并组建团队。如果团队成员能够起到对创业带头人的补充和平衡作用，并且相互之间也能互补协调，则这样的团队对企业会做出很大的贡献。

团队的形成是从一位创业带头人开始的。在初建阶段，创业带头人通常会兼任很多职务。但过了这个阶段后，我们就要比较企业本身的性质、要求和创业带头人的能力、动机和兴趣之间的差异。通过比较，我们会发现两者之间确实存在着差距并且需要补充其他团队成员或利用外部资源来填补这些空白，如建立董事会、聘请咨询顾问、律师、会计师等。

因而，如果创业带头人或者团队成员的业务强项表现在技术方面，就有必要利用其他团队成员或是外部资源来弥补营销、财务等方面的不足。当然，实际上会出现责任交叠和责任共担的现象，但是团队成员必须对创业带头人的能力和其他团队成员的能力起到互补的作用。

13.2.4.2 组建创业团队需要注意的一些问题

不同的创业者在共同的创业愿景鼓舞下，形成了创业团队。搭建一支优秀的创业团队对任何创业者而言，都是一项至关重要的工作，是保证创业团队沿着共同目标，求同存异，最后实现团队愿景的组织保证。团队应该注意以下问题：

(1)知己知彼

有些创业者认为，绝大多数创业团队的核心成员都很少，一般是三四人，多的也不过十来人，如此少的团队成员从企业管理角度来看，实在是“小儿科”，因为人数太少，几乎每个从事管理工作的人都觉得能够轻易驾驭。但实际上，这样的创业团队成员虽少，但是都有自己的想法与观点，特别是当团队中具备领导特质的人有两个或两个以上时，团队成员在内心有不服管的想法。因此，我们创业团队中的每个成员都不能报以轻视的态度。

一个优秀的创业团队的所有成员都应该相互非常熟悉、知根知底。《孙子兵法》中云：“知己知彼，百战不殆。”在创业团队中，团队成员都非常清醒地认识到自身的优、劣势，同时对其他成员的长处和短处也一清二楚，这样可以很好地避免团队成员之间因为相互不熟悉而造成的各种矛盾、纠纷，迅速提高同队的向心力和凝聚力。同时，团队成员的熟悉更有利于成员之间工作的合理分配，最大可能地发挥各自的优势。

现在，国内许多大学生选择创业，他们选择的合作伙伴也多是同学、朋友、校友，但还是很快就失败了。为什么呢？因为他们选择的合作伙伴虽然都是他们的“熟人”，但是他们与那些“熟人”之间最缺乏交流、沟通，说到底，团队成员还是相互陌生的。

(2)有胜任力的带头人

在企业管理和市场营销中，经常谈论领导者的核心竞争力。事实上，在创业团队中，带头人作用更加重要。带头人正如大海航行中巨轮的舵手，指引着创业团队的方向。

创业团队中必须有可以胜任的领导者，而这种领导者，并不是单单靠资金、技术、专利来决定的，也不是谁提出什么好的点子，谁就当头，这种带头人是团队成员在多年同窗、共事过程中发自内心认可的，应该在创业团队中有巨大的、无形的影响力，能够有一呼百应的气势和号召力的领导者。

许多创业团队在很短的时间内就消亡了，很重要的原因在于创业团队的带头人根本不是一个合格的领导者，而领导者的作用就是“决定一切”。

许多年轻人雄心勃勃，希望一日升天，他们敢于第一个吃“螃蟹”，但是他们不一定能胜任创业团队带头人，他们最多只是起到了一种“先锋”示范作用。

(3)有正确的理念

要坚信组织能够健康地发展下去，相信创业团队一定能够获得成功，不要一开始就想着失败，尤其不要用那些“经典”的理论，如“只能共苦，不能共甘”“天下没有不散的筵席”等支配自己的思想和行动，应该树立坚定的信念，要坚信团队的事业一定会成功。

(4)有严格的规章制度

俗话说，“没有规矩不成方圆”，最初创业时就把该说的话说到，该立的字据一定要立到，把最基本的责、权、利说得明白透彻，尤其股权、利益分配更要讲清楚，包括增资、扩股、融资、撤资、人事安排及解散等，这样在企业发展壮大后，才不会出现因利益、股权等的分配分歧产生团队之间的矛盾，导致创业团队的分散。

13.2.5 创业带头人的角色与行为策略

需要什么类型的团队取决于商机的性质和创业带头人的能力、作用。对创业战略进行准确的评价是创业带头人建立团队的一个关键步骤。因此，创业带头人首先要考虑的是：是否值得或有必要建立团队，以及他是否打算把企业发展成一个高潜力企业。然后他才需要具体评价拥有的人才、专有技术、技能、业绩记录、关系网络和资源，即已经获得的所谓“资源组合”。当一切就绪时，创业带头人就要进一步考虑企业必须具备什么条件才能获得成功，以及在什么时候需要些什么样的人才与自己形成互补优势。最好的创业者是乐观的现实主义者，他们真心希望提高自己的工作绩效，努力去弄清哪些是他们所知道的，哪些是他们不知道的，并对此实事求是。

创业带头人必须具备以下品质：

①责任感与决策力　承担责任和决心比其他任何一项因素都更重要。有了责任承诺和决心，企业家可以克服不可想象的障碍，并大大弥补其他缺点。

②领导力　成功的创业者们富有经验，熟谙他们参与竞争的技术和市场知识，具有扎实的管理技巧以及有据可查的业绩记录。他们是自我激发者，有高度的内在控制力。他们是富有耐心的领导者，并从长远目标出发进行管理。创业者可以同时是一名学生和一名教师，一个实干家和一个梦想家。一家实力雄厚的企业可以在实现资本积累的同时为世界贡献一些与企业相关并且长久的东西，要建立这样一家企业需要有耐心，坚持5~10年，或更长时间。

③执着于商机　成功的创业者都会为商机而殚精竭虑。他们的目标是寻求并抓住商机，积累自身资源或资金。创业者受到的困扰是陷在商机里不能自拔。他们正在区分各种想法的价值，他们意识到想法太多了。他们对其行业、客户和面临的竞争十分熟悉，执着于商机使得创业者能够抓住重点。值得一提的是汉语文字中表示危机和问题的两个字连起来就表示了商机的意思。

④对风险、模糊和不确定性的容纳度　既然高速变化和高度风险、模糊和不确定性几乎是不可避免的，成功企业家们就容纳了风险、模糊和不确定性，他们能驾驭悖论和矛盾。

⑤创造、自我依赖和适应能力　高度的不确定性和高速变化是每个新企业的特点，他们要求企业有应变性以及与之高度适应的组织形式。一个组织必须对各种情况做出快速而有效的反应。成功的创业者们非常自信。他们认为他们的成就与他们自身的控制力和影响力有关，他们可以影响结果。成功创业者们有察觉、“提取细节”和概念化的能力。他们不满意停留于现状，是毫无休止的革新者。

⑥超越别人的动机　成功企业家们受胜出别人的动力驱使。创业者们是自我驱动器，他们受到内心强烈愿望的驱动，希望和自己比较的标准竞争，追寻并达到富有挑战性的目标。自从20世纪50—60年代麦克莱兰和阿特金森关于动机的开创性著作面世以来，获得成就的需求已经被创业理论界所确认。最好的创业者能清醒地认识到他们自身以及伙伴的优缺点，还有周围影响他们的竞争因素以及其他环境因素。他们对自己能做什么、不能做什么持冷静而现实的态度，自己不糊涂；也就是说，他们有着“清醒的认识”或“乐观的现实主义”。值得注意的还有，成功企业家都很有自信。他们不相信他们的企业成败受命运、运气或其他强大的外部力量的控制。他们相信他们个人可以影响结果。这种性格和获得成就的动机一致，获得成就的动机即表明他们希望承担个人责任并且自信。

第14章　工商登记

学习目标：了解常见的经济组织机构类型；熟悉创业组织的类型及其选择原则；熟悉创办企业涉及的相关法律；重点掌握企业注册登记的流程及所需材料。

关 键 词：组织机构　法人单位　注册登记

14.1　经济组织类型和选择

目前，我国现有的合法组织机构有机关、事业单位、企业、社会团体等。创业组织中大多数是进行生产经营活动、以营利为目的经济组织。我国的经济组织类型很多，根据我国法律、法规的规定，按照投资者的权利与义务，可分为个体工商户、个人独资企业、合伙企业、有限责任公司、股份有限公司等；按照生产资料的所有制性质，可分为内资企业(国有企业、集体企业、股份合作企业、联营企业、有限责任公司、股份有限公司、私营企业、其他企业)，港、澳、台商投资企业，外商投资企业等。

在创业初期，创业者个人或团队可以选择的组织形式主要有：个体工商户、个人独资企业、合伙企业、有限责任公司、股份有限公司、农民专业合作社等。

14.1.1　经济组织类型

14.1.1.1　个体工商户

个体工商户是指生产资料归劳动者个人或家庭所有，以劳动者个人或家庭的劳动为基础，劳动成果由劳动者个人或家庭占有和支配的市场经营主体。

根据法律有关政策，有经营能力的公民经工商行政管理部门登记，领取个体工商户营业执照，依法开展经营活动。公务员、国家党政机关及所属事业单位干部职工不能申请从事个体工商业经营。个体工商户资金没有法定要求，注册方便，其经营成果归公民个人或家庭所有。个体工商户属于个体经济组织，不具有法人资格，参加诉讼时以营业执照所记载的个人经营者或者家庭经营中的主持经营者为被告，对债务承担无限连带责任，也应当注意控制风险。

14.1.1.2 个人独资企业

个人独资企业是指依照《中华人民共和国个人独资企业法》在中国境内设立的、由一个自然人投资、财产为投资人个人所有、投资人以其个人财产对企业的债务承担无限责任的经营实体。

个人独资企业更能满足资金缺乏又不愿与人合股或合伙的个人进行创业，个人独资企业的投资者对该企业拥有绝对的管理、处分和收益权。其设立基本要求有：投资人为一个自然人；有合法的企业名称；有投资人申报的出资(无最低限额)；有固定的生产经营场所和必要的生产经营条件；有必要的从业人员。因其个人财产与企业财产紧密相连，个人独资企业的所有者应当就个人独资企业的债务承担无限连带责任。当企业的财产不能够偿还企业债务时，所有者必须以个人的其他财产承担偿还债务的责任。即便是个人独资企业解散后，原投资人对个人独资企业存续期间的债务仍应承担偿还责任(但债权人在5年内未向债务人提出偿债请求的，该责任消灭)。因此，若选择个人独资企业进行创业，应注意加强企业的风险控制管理。

14.1.1.3 合伙企业

合伙企业是指自然人、法人和其他组织依照《中华人民共和国合伙企业法》在中国境内设立的普通合伙企业和有限合伙企业。其基本要求有：有两个以上合伙人(合伙人为自然人的，应当具有完全民事行为能力；法律、法规禁止从事营利性活动的人，不得成为合伙企业的合伙人)；有书面合伙协议；有各合伙人认缴或者实际缴付的出资(无最低限额)；有合伙企业的名称；有经营场所等从事合伙经营的必要条件；符合法律、行政法规规定的其他条件。

普通合伙企业是由两个或两个以上的普通合伙人通过订立合伙协议组成，合伙人对合伙企业债务承担无限连带责任。

普通合伙企业中有一类“特殊的普通合伙企业”，是指以专门知识和专门技能为客户提供有偿服务的专业服务机构。由于特殊的普通合伙企业的经营主要依靠专门知识和专门技能，一个合伙人或者数个合伙人在执业活动中因故意或者重大过失造成合伙企业债务的，应当承担无限责任或者无限连带责任，其他合伙人以其在合伙企业中的财务份额为限承担责任。合伙人在执业活动中非因故意或者重大过失造成的合伙企业债务以及合伙企业的其他债务，由全体合伙企业承担无限连带责任。

有限合伙企业由普通合伙人和有限合伙人组成。普通合伙人对合伙企业债务承担无限连带责任，有限合伙人以其认缴的出资额为限对合伙企业债务承担责任。

合伙人对执行合伙事务享有同等的权利。按照合伙协议的约定或者经全体合伙人决定，可以委托一个或者数个合伙人对外代表合伙企业，执行合伙事务；不执行合伙事务的合伙人有权监督执行事务合伙人执行合伙事务的情况。

合伙企业的利润分配、亏损分担，按照合伙协议的约定办理；合伙协议未约定或者约定不明确的，由合伙人协商决定；协商不成的，由合伙人按照实缴出资比例分配、分担；无法确定出资比例的，由合伙人平均分配、分担。

对于有资金但不想承担无限责任的投资者、缺乏资金而有专业特长的创业者，可以选择设立有限合伙企业创业。

14.1.1.4 有限责任公司

有限责任公司是根据《中华人民共和国公司法》（以下简称《公司法》）登记注册的，由50个以下的股东共同出资，每个股东以其所认缴的出资额为限对公司承担有限责任，公司以其全部资产对其债务承担责任的经济组织。相对于承担无限责任的组织形式来说，组建有限责任公司的法律风险较小。基本要求是：股东符合法定人数；有符合公司章程规定的全体股东认缴的出资额（无最低限额、无需验资、制定章程约定承诺公示）；股东共同制定公司章程；有公司名称、建立符合有限责任公司要求的组织机构；有公司住所（公司的主要办事机构所在地）和必要的生产经营条件（场所等）。

一人有限责任公司，是指只有一个自然人股东或者一个法人股东的有限责任公司。《公司法》对有限责任公司的一般规定，都适用于一人有限责任公司，且有以下特殊规定：一个自然人只能投资设立一个一人有限责任公司，该一人有限责任公司不能投资设立新的一人有限责任公司。一人有限责任公司的股东不能证明公司财产独立于股东自己的财产的，应当对公司债务承担连带责任。因此，创业者设立一人有限责任公司，还应当注意避免个人财产与公司财产混淆。

14.1.1.5 有限责任公司分公司

公司可以设立分公司。分公司不具有法人资格，其民事责任由公司承担。此种形式适合开设总公司具有资质证和许可证的企业，如快递公司、建筑公司、旅行社等的分支机构。

14.1.1.6 股份有限公司

股份有限公司是指公司全部资本分为等额股份，股东以其认购的股份为限对公司承担责任，公司则以其全部资产对公司债务承担责任的公司。设立股份有限公司，应当有2人以上200以下为发起人（其中须有半数以上的发起人在中国境内有住所），采用发起或募集的方式设立（股东无最高人数规定）。发起设立，是指由发起人认购公司应发行的全部股份而设立公司。募集设立，是指由发起人认购公司应发行股份的一部分（不得少于公司股份总数的35%），其余股份向社会公开募集或者向特定对象募集而设立公司。股份有限公司采取发起设立方式设立的，注册资本为在公司登记机关登记的全体发起人认购的股本总额；采取募集方式设立的，注册资本为在公司登记机关登记的实收股本总额。

股份有限公司的股份采取股票的形式，可以为记名股票，也可以为无记名股票。股东持有的股份可以转让，依法在证券交易场所或者按照国务院规定的其他方式进行。

记名股票由股东以背书方式或者法律、行政法规规定的其他方式转让；无记名股票的转让，由股东将该股票交付给受让人后即发生转让的效力。

上市公司是指其股票依照有关法律、行政法规及证券交易所交易规则在证券交易所上市交易的股份有限公司。

14.1.1.7 农民专业合作社

农民专业合作社是在农村家庭承包经营基础上，同类农产品的生产经营者或者同类农业生产经营服务的提供者、利用者，自愿联合、民主管理的互助性经济组织，以其成员为主要服务对象。

有5名以上具有民事行为能力的公民，以及从事与农民专业合作社业务直接有关的生产经营活动的企业、事业单位或者社会团体，出资额在1万元以上(不验资)，有合作社章程和组织机构，并有一定的生产经营条件的，可以登记为具有法人资格的农民专业合作社(其中农民应当占成员总数的80%以上。成员总数20人以下的，可以有一个企业、事业单位或者社会团体成员；成员总数超过20人的，企业、事业单位和社会团体成员不得超过成员总数的5%)。

农民专业合作社成员以其账户内记载的出资额和公积金份额为限对农民专业合作社承担责任，合作社对由成员出资、公积金、国家财政直接补助、他人捐赠以及合法取得的其他资产所形成的财产，享有占有、使用和处分的权利，并以上述财产对债务承担责任。

对于农民专业合作社，国务院要求各省在每年的财政预算中安排不少于500万的扶持专项资金，用于开展信息、技术、培训、质量标准与认证、市场营销等服务。国家支持发展农业和农村经济的建设项目，也可委托和安排有条件的有关农民专业合作社实施。

税收方面，国家对农民专业合作社生产、加工、流通、服务和其他涉农经济活动执行相应的税收优惠。

对于初期缺乏资金、土地与劳动力的涉农类创业项目，与项目地农户联合设立农民专业合作社，除可获政府扶持、享受较为优惠的税收政策外，大学生村官牵头开办合作社经历也可获得公务员优先录用资格，是一种较为理想的选择。

14.1.2 选择合适的组织形式

在考虑新企业形式的时候，可以运用下面的问题帮助你做出决策：

新企业有多少人出资？他们各自在企业中能做什么？

对于新企业的税收组成你如何看待？

对于新企业选择的企业形式，是否考虑过会产生的成本？

应该由谁对企业的所有事宜作决策？

对于企业的债务问题是想自己承担，还是与他人一起承担，或者是自己免受债务困扰？

（资料来源：美国《创业者》杂志．创业宝典：未来企业家之路高建译．北京：清华大学出版社，2012.）

14.1.2.1 组织形式的选择与筹划

新创企业可以选择的组织形式有很多种，而不同组织形式各有千秋。创业者必须根据国家的法律、法规要求和新创企业的实际，科学衡量各种组织形式的利弊，选用合适的组织形式。从短期的经营管理角度，需要考虑开办费用、税务筹划、创业风险；从长期的发展角度，则要考量行业特点、企业管理的控制权、组织稳定性、持续融资、社会信用等。

第一，开办费用。

对于白手起家的创业者而言，开办费用无疑是他们创建自己企业的第一个难题。越复杂的组织，创办成本也越高。相对而言，费用最少、设立手续最简单的是个体工商户和独资企业；合伙企业在设立过程中需要订立合伙协议，会产生咨询及谈判成本；有限责任公司门槛较低，设立比较简单，但需要股东做出股东决定（或股东会做出股东会决议）、制定公司章程，也会产生咨询及谈判成本；股份有限公司的设立比较复杂，设立前需要履行一系列法律程序、产生一系列费用，如签订发起人协议、认购或者募集股本、公告招股说明书、制作认股书、与证券公司签订承销股票协议、同银行签订代收股款协议、验资、选举董事会和监事会、制定公司章程、召开公司创立大会等，公司不能成立时，发起人对设立行为所产生的债务和费用、对认股人已缴纳的股款及银行同期存款利息负连带责任，在公司设立过程中，由于发起人过失致使公司利益受到损害的，还对公司承担赔偿责任，相对来讲比较“昂贵”。

第二，税务筹划。

由于不同企业组织形式适用不同的税收政策，税收待遇上的差异会导致投资收益产生差别，影响企业的整体税收和获利能力，对企业未来的走向产生长期重大的影响，因此，应该比较不同组织形式和行业的税率和征收方法。关于税收政策需要了解以下几个概念：

主税：通过法定程序由最高权力机关公布税法、或授权拟定条例以草案形式发布开征，具有独立的计税依据并正式列入国家预算收入的税收，亦称正税、本税或独立税。正税与其他税没有连带关系，有自己特定的征税对象，主要包括增值税、消费税、关税等流转税和企业所得税、个人所得税等所得税。

流转税：又称流通税，指以纳税人商品生产、流通环节的流转额或者数量以及非商品交易的营业额为征税对象的一类税收。

增值税：以商品（含应税劳务）在流转过程中产生的增值额作为计税依据而征收的一种流转税。

所得税：以纳税人的所得额为课税对象的各种税收的统称，是指纳税人在一定时期内，由于生产、经营等取得的可用货币计量的收入，扣除为取得这些收入所需各种耗费后的净额。

进项税额：纳税人购进货物或应税劳务所支付或承担的增值税。

销项税额：纳税人销售货物或应税劳务向购买方收取的增值税。

增值税抵扣：企业应缴增值税 = 销项税额 - 进项税额。

超额累进税率：把征税对象的数额划分为若干等级，对每个等级部分的数额分别规定相应税率，分别计算税额，各级税额之和为应纳税额。超额累进税率的“超”字，是指征税对象数额超过某一等级时，仅就超过部分，按高一级税率计算征税。

附加税：随正税按照一定比例征收的税。征收附加税或地方附加，要以正税的存在和征收为前提和依据。

附征率：个人所得税附征率，指在征收个体工商户增值税时，随增值税一并附加征收的个人所得税占应税营业额或销售额的比例。个人所得税附征率一般为1%~2%。

不同经济组织形式需要缴纳的税种如下：

(1)个体工商户

①增值税：个体户一般定期定额征收。核定为小规模纳税人的，缴纳3%增值税(国税)。

②附加税费：包括城市维护建设税、资源税、房产税、城镇土地使用税、车船使用税、印花税、土地增值税、教育费附加和教育地方附加费等。如城建税按增值税税额依城建税税率计算缴纳(在城市7%；县城、建制镇5%；不在城市、县城、建制镇的1%)，地方教育费附加按增值税税额依3%税率计算缴纳(地税)。

③房产税[从价计征：原值×(1 - 扣除率)×1.2%；从租计征：房产租金收入×12%]、土地使用税、印花税、车船税等(地税)。

④个人所得税：个体工商户的生产、经营所得和对企事业单位的承包经营、承租经营所得(每一纳税年度的收入总额减除成本、费用以及损失后的余额)适用5%~35%的五级超额累进税率。(但普遍采取附征的办法：应纳个人所得税 = 应税营业额或销售额×附征率)(地税)。

⑤减免税：个体户月营业额或销售额收入核定不足3万元(免征额，非起征点)的免征增值税，大学生自主创业的可享受一定年限的减免所得税等，各地规定不一。

(2)个人独资企业和合伙企业

①增值税：同个体工商户(国税)。

②附加税费：同个体工商户(地税)。

③房产税[从价计征：原值×(1 - 扣除率)×1.2%；从租计征：房产租金收入×12%]、土地使用税、印花税、车船税等(地税)。

④所得税：由于个人独资企业和合伙企业的出资人对外承担无限责任，企业的财产与出资人的财产密不可分，生产经营收入也即出资人个人的收入，为避免重复征税，个人独资企业和合伙企业不适用企业所得税法，只由出资人缴纳个人所得税。

ⅰ个人独资企业的投资者以全部生产经营所得为个人所得税应纳税所得额。

ⅱ合伙企业生产经营所得和其他所得的税收以每一个合伙人为纳税人，遵循所得"先分后税"原则，即合伙人以合伙企业生产经营所得和其他所得(包括企业分配给投资者个人的所得和企业当年留存的所得)按照合伙协议约定的比例确定应纳税所得额。合伙协议没有约定分配比例的，以全部生产经营所得和合伙人数量平均计算每个投资者的应纳税所得额。合伙企业合伙人是自然人的，缴纳个人所得税(地税)；合伙企业合伙人是法人和其他组织的，缴纳企业所得税(国税)。

个人独资企业和合伙企业个人投资者的生产经营所得，比照《中华人民共和国个人所得税法》的"个体工商户的生产经营所得"应税项目，适用5%~35%的五级超额累进税率计算征收个人所得税；合伙企业法人和其他组织投资者的生产经营所得，一般按照25%的比例税率计算企业所得税。

⑤减免税：根据财政部、国家税务总局财税[2010]96号文件，对个人独资企业和合伙企业从事种植业、养殖业、饲养业和捕捞业(以下简称"四业")，其投资者取得的"四业"所得暂不征收个人所得税。

(3)公司

①增值税(国税)。

②附加税费(地税)。

ⅰ城建税按缴纳的增值税的7%(县镇为5%、乡为1%)缴纳；

ⅱ教育费附加按缴纳的增值税的3%缴纳；

ⅲ地方教育费附加按缴纳的增值税的2%缴纳；

ⅳ还有各省按销售收入计算的围提费、水利建设基金等。

③房产税[从价计征：原值×(1－扣除率)×1.2%；从租计征：房产租金收入×12%]、土地使用税、印花税、车船税等(地税)。

④按股息、分配的红利等缴纳20%的个人所得税(地税)。

⑤按利润的25%缴纳企业所得税(国税)。

(4)分公司

①增值税：分公司和总公司不在同一县(市)的，产生收入一般应当向其住所地申报纳税；经批准可以由总公司汇总向总公司所在地申报纳税；

②附加税：分公司产生收入并因此作为独立纳税人在当地缴纳增值税，就需要在当地缴纳附加税。否则由总公司汇总缴纳；

③房产税[从价计征：原值×(1－扣除率)×1.2%；从租计征：房产租金收入×12%]、土地使用税、印花税、车船税等(地税)。

④员工缴纳20%的个人所得税(地税)。

⑤企业所得税：在总机构所在地缴纳。

新的《中华人民共和国企业所得税法》强调法人税制，即规定只有构成法人主体资格，才能单独申报纳税，不构成法人主体的营业机构，应与总机构汇总纳税。因此，分公司所得可自动汇总到总公司统一计算缴纳，而子公司所得必须作为独立纳税人单独计算缴纳。

据此，企业可以在设立之初按照投资项目的回收期长短和获利能力进行预先筹划，将回收期短、获利能力强的项目设立法人公司经营，而投资回收期长、前期亏损的项目设立分公司经营，利用汇总核算，实现公司内部盈亏相抵，减少应纳税所得总额，降低公司整体税负。也可以充分利用母公司税收优惠政策，将国家鼓励类产业的企业设立为法人资格的母公司，将非鼓励类产业的营业机构作为其分公司，在政策规定的范围内把握主营业务收入占企业总收入的百分比，统一汇总纳税，享受优惠税率。

由于分公司汇总纳税涉及地区间税源转移和地方财政收入问题，地方政府比较欢迎设立子公司，也会出台一些鼓励政策。税收优惠政策(如高新技术企业)优惠税率必须是法人主体才可享受。

另外，营改增以后，托儿所、幼儿园提供的保育和教育服务；养老机构提供的养老服务；残疾人福利机构提供的育养服务；学生勤工俭学提供的服务；农业机耕、排灌、病虫害防治、植物保护、农牧保险以及相关技术培训业务，家禽、牲畜、水生动物的配种和疾病防治；家政服务企业由员工制家政服务员提供家政服务取得的收入；福利彩票、体育彩票的发行收入等项目是免税的，可以考虑进入这些行业。

因此，基于税收筹划的经济组织形式选择，是一个复杂的取舍过程，要综合考虑税基、税率、优惠政策等多种因素，制定多个方案进行比较选择，以实现收益最大化。

(5)农民专业合作社

①增值税：根据(财税[2008]81号)(财税[2011]137号)(国税函[2010]75号)(国税地字[1988]37号)规定，对农民专业合作社销售本社成员生产的农业产品，除豆粕以外的其他粕类饲料产品，农民专业合作社向本社成员销售的农膜、种子、种苗、化肥、农药、农机，以批发、零售方式销售的蔬菜，经挑选、清洗、切分、晾晒、包装、脱水、冷藏、冷冻等工序加工的蔬菜，免征增值税，销售饲料，增值税一般纳税人从农民专业合作社购进的免税农业产品，可按13%的扣除率计算抵扣增值税进项税额。

②附加税：增值税减免，城建税、教育费附加和地方教育费附加等相应减免。

③房产税、车船税、车辆购置税、契税、耕地占用税、城镇土地使用税等均有减免优惠(地税)。

④印花税：对农民专业合作社与本社成员签订的农业产品和农业生产资料购销合同，农林作物、牧业畜类保险合同，免征印花税。

⑤企业所得税：企业所得税税率为25%，符合条件的小型微利企业税率为20%，国家重点支持的高新技术企业税率为15%。

从事蔬菜、谷物、薯类、油料、豆类、棉花、麻类、糖料、水果、坚果的种植，农作物新品种的选育，中药材的种植，林木的培育和种植，牲畜、家禽的饲养，林产品的采集，灌溉、农产品的初加工、兽医、农技推广、农机作业和维修等农、林、牧、渔服务业项目，可以免征企业所得税。

从事花卉、茶叶以及其他饮料作物和香料作物的种植，海水养殖、内陆养殖，减半征收企业所得税。

山西省人民政府规定：农民专业合作经济组织为其成员提供农业生产的产前、产中、产后技术服务或劳务收入暂免征所得税；从事农业机耕、排灌、病虫害防治、植保、农牧保险、相关技术培训和家禽、牲畜、动物配种、疾病防治的收入免征营业税；对销售自产的农产品及分等分级、整理包装、加贴品牌商标等初级加工的农产品，按照规定的范围免征增值税。

第三，创业风险。

有些组织形式能够对创业者及投资人提供一定程度的保护，如公司制企业中的有限责任原则，就是对其个人财产的有效保护。而个体工商户和个人独资企业虽然无须与其他人分享企业的利润，但其必须以其个人或家庭财产承担所有的风险和责任。所以，选择组织形式时要权衡各种形式赋予业主的法律和经济责任，将责任控制在可接受范围以内。

第四，适合的行业。

选择何种企业组织形式，与创业者要进入的行业有很大的关系。个人独资企业比较适合零星分散的小规模经营，在农业、建筑手工业、零售业以及服务行业和自由职业中所占比例较大。一些行业的创业者必须要有合作精神，要建立起合作的团队，这就需要考虑合伙企业，如创办律师事务所、顾问公司、培训机构等，如果没有合伙人，很难开展业务。而对资金、技术依赖性强的行业，也不适合单干。有限责任公司本质上是一种“人合兼资合”公司，可以进入的行业范围更广。

第五，管理控制。

在许多新创企业中，创业者希望尽可能多地保留对公司的控制权。每种企业形式都给管理控制和决策责任带来不同的机会和问题。在不同的企业形式下，创业者对企业的控制能力是不一样的，有的权力高度集中，而有的就相当分散。创业者要权衡自己愿意放弃的控制力和想要获取的他人的帮助。在个人独资企业里，创业者有最大的控制权，可以灵活制定企业决策。在合伙企业中，一般由合伙人根据合伙协议协商解决日常及关键性问题。而按照公司制的设计要求，法人公司中的管理权和控制权进行了适当的分离，有限责任公司与股份有限公司的日常业务控制权掌握在职业经理的手中，但大股东却有权投票决定公司较重要的长期决策。

第六，经营稳定性。

无论对于创业者、投资者还是消费者，企业能否长久存续、能否稳定地发展下去都是他们最关心的问题之一。个人独资企业完全是基于创业者个人能力、资金等因素而建立起来的，如果创业者死亡或个人情况发生改变，独资企业的稳定性就会发生动摇。而合伙企业中，合伙人之间的信任是建立合伙企业的基础，合伙人之一的死亡、退出或是信赖基础的丧失都可能导致合伙企业解体。我国的《中华人民共和国合伙企业法》对入伙和退伙做出了具体规定，退伙包括正常退伙、当然退伙和强制退伙。有限责任公司与股份有限公司在各种企业形式中拥有最好的稳定性，由于董事会在公司治理中起到十分重要的督促作用，股东的死亡或退出对企业的连续性基本上无太大的影响。

第七，持续融资。

一般而言，新创企业增加资金的机会和能力依据企业形式的不同而有很大的区别。对个人独资企业而言任何新资金只能来自于一些贷款和创业者个人的追加投资。由于个人独资企业对企业的债务承担无限责任，因此任何债务性融资都是需要慎重考虑的决策。所以，个人独资企业的初创成本要求最低，但未来的融资能力最差。合伙企业可以从银行借贷，也可以要求每个合伙人追加投资或者吸收新的合伙人。而在有限责任公司与股份有限公司里则有很多途径可以增加资金，要比企业的其他法律形式有更多的选择渠道。股份有限公司可以发行股票、发行债券、发行可转债或者直接向银行贷款。也就是说，公司制企业的初始投资大，但未来能募集到的资本也更多。

第八，商业信用。

“人无信不立”，对于企业也是如此，必须视信用如生命。对于同属初创型企业，不同的组织形式所带来的商业信用存在一定的差异。因为有限责任公司、股份有限公司等的设立条件更为严格，对于创业者的资金能力、管理能力都有较高的要求，并且此类企业的规模一般较大，所以公司制企业的商业信用较高。而个体工商户、个人独资企业、合伙企业等组织形式的设立要求较为宽松，其创业者需承担无限责任，经营风险较大，所以其商业信用在初期会较低。

14.1.2.2 组织形式的转换

创业者可能希望创立的企业组织形式在经营过程中进行转换。如从个体工商户起步，逐步转变成合伙企业、有限责任公司，甚至最后成为上市公司。

企业组织形式转换涉及以下几方面的事务：

①个人或家庭财产与企业财产的分离。

②债权债务的清理。

③资产核资，资产重新评估。

④法律主体改变的社会公告。

⑤相关权利证照（如专利权、房产证、合同）的过户及费用。

⑥视同销售（增值、贬值）的税务后果。

⑦注意原有的优惠政策是否能够延续到新企业。

14.2 新企业选址

创业企业都需要有经营场所，企业的选址与未来的经营发展有着很大的关系。在一个新企业确立其组织形式之后，有必要对企业的办公地点进行选择。而在选择的时候最需要考虑的一个因素就是要确定好企业所属的行业类型，如新企业属于零售业或制造业，创业者就要为企业选择一个配送方便的场所。除此之外，新企业在进行选址时更加不能忽略的是各种因素对企业活动的影响。所以在企业成立之初，创业者可以结合这些因素为企业选取最适合自己的办公场所。

14.2.1 创业企业选址的影响因素

（1）政治因素

政治因素是指企业的外部政治环境。政府为鼓励创业，积极营造更加宽松的企业经营环境，提供了诸多的政策支持。在企业选址时，创业者必须要考虑政府相关的政策。如政府是否支持新企业在所选的地址创建，所选地址是否能够得到优惠政策等。

随着中小企业在经济发展中的作用越来越明显，我国政府非常重视此类企业的生存和发展。为了鼓励大学生创业，改善中小企业的经营环境，促进中小企业健康发展，扩大城乡就业，发挥中小企业在国民经济和社会发展中的重要作用。我国相继出台了一系列的大学生创业扶持政策，在资金支持、创业扶持、技术创新、市场开拓和社会服务等方面提出了一系列的具体促进措施。

（2）经济因素

经济因素一般是指影响企业获利能力和支出的选址因素，主要有所选地址周围居住人员的构成与消费需求、经济发展水平、租金、基础设施建设、劳动力成本、原材料、技术能力、产业集群等。

在选择经营场地时，各行业的考虑重点各不相同。工业生产性质的创业企业在选址时要充分考虑的是生产条件：交通便利，利于原料与产品的运输；保证充足的生产用电、用水；是靠近原料地还是廉价劳动人力供应地，取决于企业的经营成本；考虑当地税收是否有优惠政策等。商业性质、服务性质的创业企业在选址时应考虑客流量、租金、消费群体、产业集群等，如大型超市，更愿意在住房密集的地区选址；培训机构，更愿意在学校或大型居民小区旁开设；而经营某种产品的个体工商户则会选择商业聚集地；金融公司则选择金融行业聚集地。

(3)社会因素

社会因素是指社会上各种事务，包括历史文化、社会群体、道德规范、社会舆论、风俗习惯等。例如，在回民聚集区域设立企业必须考虑其宗教信仰和民族风情等。

(4)自然因素

自然因素是指客观的自然地理条件，包括气候、地形、水文、生物、土壤等。一般情况，沿海沿江地区区位优势明显，交通便利，平原地区优于山地等。不同的行业类型对自然条件的要求是不一样的，如造纸厂宜建在河流的下游、居民区的下风向，这主要是出于生态建设的考虑；而自来水厂则应该建在河流的上游，这主要出于原料供应的考虑。

14.2.2 场所类型

综合考虑上述四种因素之后，创业者可以在综合考虑上述因素的基础上，根据功能集散地周围环境选择具体的工作场所。主要包括以下几种：

(1)小区住宅

此类地址最大的优势在于节约租金、免去寻找场地的麻烦。但此选择会造成员工办公、与顾客见面、空间的拓展等方面的诸多不便。可以作为创业者过渡性的选择。

(2)流动性场所

如在货车或卡车上卖农产品，货郎担走街串巷等，此类场所更具灵活性，可节约经营成本。但因其流动性特点，不能获得稳定的顾客群体，也让人缺少信任感。所以，这也是在创业初期的权宜之计。

(3)零售场地

这种场地随处可见，可以是单独的建筑、商业中心、混合用途场所。其易被消费者找到，有较高的人流量。但是对于某些保密性的企业而言，显然不合适。

(4)商业集散地

许多城市建设有电脑城、食品街、建材城等，根据自己项目所涉及行业选择业务相近的市场也是明智的，对于不需要太大人流量的新企业可以选择商业写字楼或园区办公，一般租金较高。

(5)工业场地

新建的工业园区，相对集中了许多工业企业，如果新企业对货物的生产、运输、仓储及配送要求很高，工业园区无疑是一个非常好的选择，但是地理位置通常位于城市的郊区，企业的管理运营较为困难。

14.3 新企业注册登记

14.3.1 工商部门登记

14.3.1.1 企业名称预先核准申请

携带股东及代办人身份证复印件，到工商局领取《企业名称预先核准申请书》，按照企业名称登记规范要求，填写由“行政区划、字号（商号）、行业或者经营特点、组织形式”依次组成的拟定公司名称，由工商局通过业务系统检索，若同一行政区域、同行业无重复和相似的企业名称，一般会当场做出核准决定，发给《企业名称预先核准通知书》。

以省份冠名的企业，例如，行政区划冠“山西”的企业名称预先核准，可登录山西省工商局网上服务大厅，注册用户，根据提示进行网上申请。名称预先核准后，可根据属地原则向经营场所所在地登记机关提交书面设立申请。拟新设立企业已核准通过的名称可通过网上申请撤销，住所所在地、注册资金、股东情况变化的，可申请调整。

14.3.1.2 公司股东缴款与验资

公司企业名称获预先核准后，应当制订全体股东共同遵守的章程，凭《企业名称预先核准通知书》及股东身份证，在银行开立账户，按照章程规定缴纳相应股金。由于新公司法颁布以后，除采取募集方式设立的股份有限公司、直销企业、对外劳务合作企业、劳务派遣企业、金融、证券、保险、信托、典当等27类企业外，公司注册资本实行认缴制，公司设立时无需再提供会计师事务所验资报告，企业也可按照章程规定，在完成设立登记、取得营业执照以后再开立公司账户，在认缴期限内缴纳。

14.3.1.3 申领营业执照

（1）个体工商户

个体工商户的组成形式分个人经营和家庭经营两种。家庭经营的，以主持经营者作为经营者登记。

个体工商户申请登记，应当向其经营场所所在地登记机关提交经营者（个人经营）签署或全体参加经营家庭成员（家庭经营）签字予以确认的《个体工商户开业登记申请书》、经营者或全体参加经营家庭成员的身份证复印件、亲属关系证明、经营场所使用证明、经营者或主持经营者照片、经营场所使用证明、有关许可证书或者批准文件复印件、《委托代理人证明》及委托代理人身份证复印件等。

（2）个人独资企业

申请设立登记个人独资企业，应当提交投资人签署的个人独资企业设立申请书、投资人身份证明、企业住所证明、有关许可证书或者批准文件复印件等。

(3)合伙企业

申请设立合伙企业，应当提交全体合伙人签署的设立登记申请书、全体合伙人的身份证明、全体合伙人指定代表或者共同委托代理人的委托书、合伙协议、全体合伙人对各合伙人认缴或者实际缴付出资的确认书、全体合伙人委托执行事务合伙人的委托书、主要经营场所证明、有关许可证书或者批准文件复印件等。

(4)有限责任公司

申请设立有限责任公司，应当提交《公司登记(备案)申请书》《指定代表或者共同委托代理人授权委托书》及指定代表或委托代理人的身份证件复印件、全体股东签署的公司章程、股东的主体资格证明或者自然人身份证件复印件、法定代表人及高级管理人员(董事、监事、经理)的任职文件和身份证件复印件、住所使用证明、《企业名称预先核准通知书》、有关许可证书或者批准文件复印件等。

(5)有限责任公司分公司

申请设立有限责任公司分公司，应当提交公司法定代表人签署的《分公司登记申请书》《指定代表或者共同委托代理人授权委托书》及指定代表或委托代理人的身份证件复印件、加盖公章的公司章程复印件、公司营业执照复印件、分公司营业场所使用证明、分公司负责人的任职文件及身份证件复印件、有关许可证书或者批准文件复印件等。分公司的经营范围不得超出总公司的经营范围。

14.3.2 关于“三证合一”

2014年6月4日，国务院《关于促进市场公平竞争维护市场正常秩序的若干意见》(国发[2014]20号文)在“(四)改革市场准入制度”中提出“简化手续，缩短时限，鼓励探索实行工商营业执照、组织机构代码证和税务登记证‘三证合一’登记制度”，根据国家工商总局的部署，“三证合一”在2014年年底开始试行。

2015年10月1日以后，根据《国务院办公厅关于加快推进“三证合一”登记制度改革的意见》(国办发[2015]50号)、《工商总局等六部门关于贯彻落实〈国务院办公厅关于加快推进“三证合一”登记制度改革的意见〉的通知》(工商企注字[2015]121号)、《国家税务总局关于落实“三证合一”登记制度改革的通知》(税总函[2015]482号)及有关文件精神，“三证合一”登记制度改革在全国推行。

所谓“三证合一”，就是将营业执照、组织机构代码证和税务登记证由工商行政管理部门、质量技术监督部门、国家税务部门、地方税务部门分别办理、各自发证(照)，改为由申请人一表申请，工商、质监、国税、地税数据共享、核发一照。企业凭同时加载工商注册号、组织机构代码号和税务登记号的营业执照从事生产经营活动，并据此办理银行开户和涉税事项。

“三证合一”是贯彻中央简政放权精神、服务“大众创业、万众创新”的重要举措，能够让企业能以最便捷的方式、最快的速度进入市场，大大压缩和减轻了企业投资的申办时间和资金成本。

“三证合一”实施以来，运行平稳顺畅。根据《工商总局等五部门关于贯彻落实〈国务院办公厅关于加快推进“五证合一”登记制度改革的通知〉的通知》，从 2016 年 10 月 1 日起，在“三证合一、一照一码”的基础上全面实行“五证合一、一照一码”登记模式，整合社会保险登记证和统计登记证，建立省级层面的信息交换传递和数据共享机制，对于企业登记机关已采集信息，其他机关不再重复采集；其他必要基础信息，可在企业办理有关涉税和社保等事宜时，及时采集，陆续补齐。

企业领取到由工商部门核发的加载统一社会信用代码的营业执照以后，进行税务登记信息补充采集时，可以选择到办税服务大厅进行补充采集或登录本省税务网上申报平台注册后进行补充信息采集。完成补充信息采集后，应持生成的报文流水号，尽快到主管税务机关办税大厅办理相关涉税事宜，如分管税务科所分局分配、税种(基金、费)认定、票种核定、优惠审批备案、领购发票等，办理完成后按规定连续按期纳税申报。

企业登记流程图如图 14-1 所示。

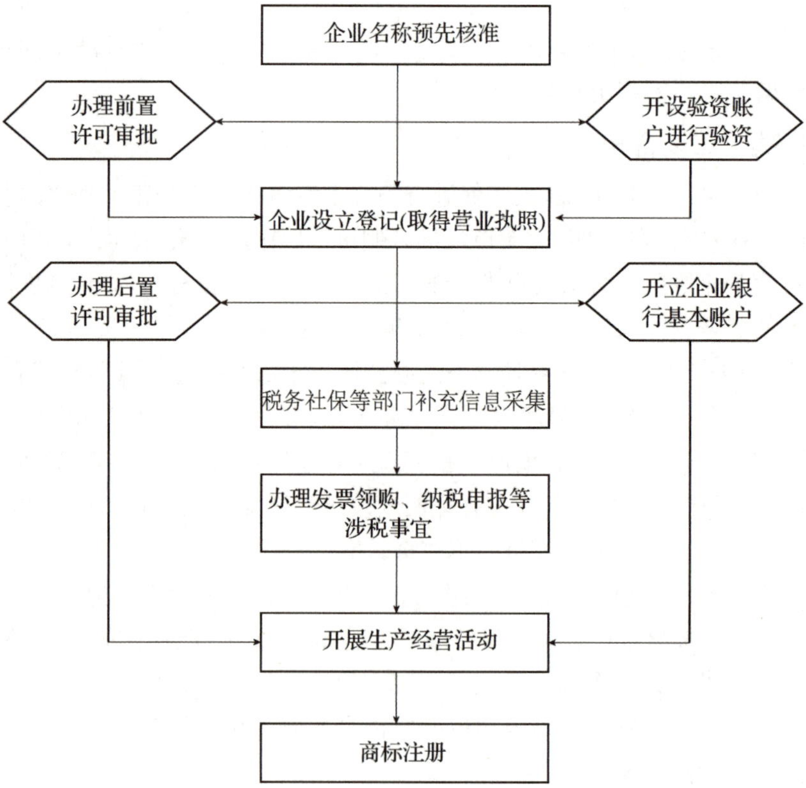

图 14-1　企业登记流程图

14.3.3 教育部门验证登记与档案托管

(1)大学生身份确认

大学生要办理创业的各项相关手续，首先要在教育局窗口办理“大学生身份确认”手续。需提供毕业证和报到证，如果是在校生，则由学校开具证明，归国留学生要到相关部门验证登记。

(2)报到派遣、档案托管

对于应届毕业大学生，须持报到证，在教育局办理派遣、人事档案托管等手续。

14.3.4 民政登记

民办非企业单位，是指企业事业单位、社会团体和其他社会力量以及公民个人利用非国有资产举办的，从事非营利性社会服务活动的社会组织，如幼儿园、科研所、俱乐部、学校等。

符合民办非企业单位条件的创业组织，具有规范的名称，必要的组织机构、场所，有与其业务活动相适应的从业人员、合法财产，经业务主管单位审查同意，应当在民政部门办理民办非企业单位登记证书。申请民办非企业单位登记，应当向登记管理机关提交登记申请书、业务主管单位的批准文件、场所使用权证明、验资报告、拟任负责人的基本情况、身份证明、章程草案等。

准予登记的民办非企业单位，由登记管理机关登记民办非企业单位的名称、住所、宗旨和业务范围、法定代表人或者负责人、开办资金、业务主管单位，并根据其依法承担民事责任的不同方式，分别发给《民办非企业单位(法人)登记证书》《民办非企业单位(合伙)登记证书》《民办非企业单位(个体)登记证书》。

14.3.5 许可证照办理

2013年3月，十二届人民代表大会第一次会议批准的《国务院机构改革和职能转变方案》明确提出：要减少和下放投资审批事项，减少和下放生产经营活动审批事项，减少资质资格许可和认定，取消不合法不合理的行政事业性收费和政府性基金项目。从2013年5月开始，国务院陆续以国发[2013]19号、国发[2013]27号、国发[2013]44号、国发[2014]5号、国发[2015]11号发文，取消、调整和下放了五批行政审批项目、职业资格许可和认定事项、评比达标表彰项目共计400多项，将若干项工商登记前置审批事项改为后置审批，只保留了34项工商登记前置审批事项(如保安服务许可证核发、设立典当行及分支机构审批、危险化学品经营许可、快递业务经营许可、保险公司及其分支机构设立审批等)，其他事项一律不得作为工商登记前置审批。企业设立后进行变更登记、注销登记，依法需要前置审批的，继续按有关规定执行。

除经营项目涉及上述34项前置审批的新设立企业，可以在领取营业执照以后，根据相关法律法规，到相应的主管部门办理后置许可审批和批复，如新建项目的立项审批、环境审批、生产许可证等。

14.3.6 商标注册

自然人、法人或者其他组织在生产经营活动中，对其商品或者服务需要取得商标专用权的，应当向国家商标主管机关(国家行政管理总局商标局)申请商标注册。

任何能够与他人的商品区别开的标志，包括文字、图形、字母、数字、三维标志、颜色组合和声音等，以及上述要素的组合，均可以作为商标申请注册。

商标局对商标注册申请进行审查公告时，坚持申请在先为主、使用在先为辅的原则，即两个或者两个以上的商标注册申请人，在同一种商品或者类似商品上，以相同或者近似的商标申请注册的，初步审定并公告申请在先的商标；同一天申请的，初步审定并公告使用在先的商标，驳回其他人的申请，不予公告。

经商标局核准注册的商标为注册商标，包括商品商标、服务商标和集体商标、证明商标；商标注册人享有商标专用权，受法律保护。

商标注册的一般程序是：商标查询(是否存在相同和近似商标)→商标申请文件制作(包括商标图样、营业执照等)→提交商标申请文件(可选择网上提交、现场提交、邮寄提交)→缴纳商标注册费→商标形式审查→下发商标受理通知书→商标实质审查(9个月)→商标公告(3个月)→颁发商标注册证书。

商标注册流程如图14-2所示。

整个商标注册流程大概需要1年左右的时间。

注册商标的有效期为10年，有效期满需要继续使用的，应当在期满前12个月内办理续展手续(商标续展的全称是商标续展注册，本质上来说，商标续展也是一种注册行为)；在此期间未能办理的可以给予6个月的宽展期。每次续展注册的有效期为10年，期满未办理续展手续的，注销其注册商标。

注册商标需要变更注册人的名义、地址或者其他注册事项的，应当提出变更申请。

转让注册商标的，转让人和受让人应当签订转让协议，并共同向商标局提出申请。

商标注册人可以通过签订商标使用许可合同，许可他人使用其注册商标。经许可使用他人注册商标的，必须在使用该注册商标的商品上标明被许可人的名称和商品产地。许可他人使用其注册商标的，许可人应当将其商标使用许可报商标局备案，由商标局公告。

14.3.7 创业优惠政策与资金支持

针对大众创业，尤其是大学生创业，国家和各级地方政府出台了贷款优惠、税费减免和建立创业基金等资金支持政策，扶持政策的体系建设正在逐步完善，一些新的融资手段正在引入。大学生创业者可以通过当地政府、团委、财政部门、税收部门、民政部门、人力资源劳动保障、银行等部门了解具体的支持政策。

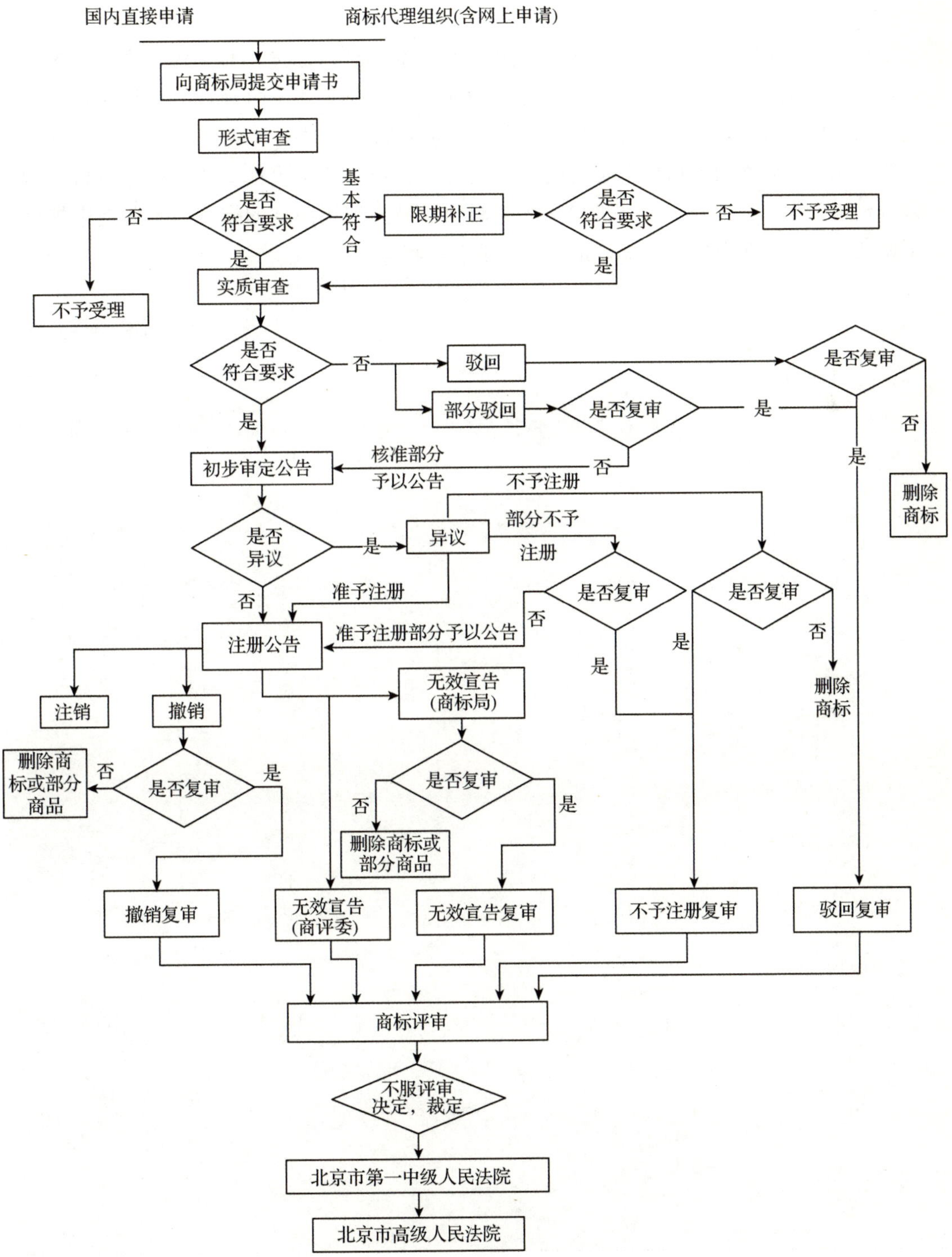

图 14-2　商标注册流程简图（以北京市为例）

14.3.8 企业退出制度

2015 年，国家工商总局鼓励各地试点了企业简易注销制度，对个体工商户、未开业企业以及无债权债务企业实行简易注销程序。未开业企业不再进行清算组备案和公告，无债权债务企业不再进行公告。需要公告企业的公告时间也从 45 天缩短 7～10 日不等。同时，各地对申请材料也进行了简化，未开业企业不再提交清算组备案材料和公告材料，无债权债务企业不再提交公告材料。简易注销制度的推行为企业退市提供了便利。促进了企业优胜劣汰，推动了产业升级转型。

第 15 章　创业宣传与营销规划

学习目标：熟悉市场营销过程，了解目标市场模式；了解企业产品与服务的宣传途径；掌握如何设计市场营销策略和不同的市场进入方法。

关 键 词：企业宣传　产品宣传　市场分析　营销战略　企业服务

15.1　创业宣传

15.1.1　企业宣传

15.1.1.1　企业宣传的目的和作用

(1)企业宣传的概念

企业宣传是通过企业自主投资制作文字或图片或动画宣传片、宣传画或宣传书，主观介绍自有企业主营业务、产品、企业规模及人文历史，用于提高企业知名度。宣传的形式为：传统平面媒体，如报纸、杂志、专业垂直书刊；传统的电视、电影等视频媒体；新兴的网络媒体(网络媒体分为：窄媒体和富媒体)；以及软文、楼宇多媒体、户外广告、汽车车身广告、指示牌广告。企业宣传的主要对象是企业员工、消费者(包括潜在消费者)、社会相关人士、直面人。

(2)企业宣传的根本目的

企业宣传是社会整体宣传的重要部分，在企业的各项工作中有特殊地位，为企业的健康发展提供思想保障和社会舆论环境保障。统一员工的思想认识，排除干扰，把心凝聚到一起，将精力集中到企业发展上来，保证企业前进。

(3)企业宣传的具体作用

营造有利于企业发展的舆论氛围；振奋有利于企业发展的员工精神；总结有利于企业发展的成功经验；消除不利于企业发展的负面影响。

15.1.1.2　企业宣传的具体内容

宣传企业的宗旨、企业文化、公司简介、业务介绍、发展历程、产品、服务、市场的竞争性、优势、经典案例、合作伙伴、展望、联系方式等。

15.1.1.3　企业宣传的具体要求

内容真实，素材可靠，实事求是，不过分夸大，文字为主，图文并茂。电视或互联网可采取文字、视频、语音等形式宣传；墙面广告其内容格调高雅，直白明了，选择大众能接受的内容与方式。

15.1.1.4 企业宣传片

企业做宣传片首先要明确目的，很多中小企业自身的形象并不是很突出，在企业内部对自身没有一个统一的认识，在渠道和消费者中也没有形成影响和共识。这对企业的发展是十分不利的。那么企业就需要将自身的资源进行整合，提炼出一个统一的企业形象。如果企业要做的是产品专题片，和企业形象一样，产品的特点和功能定位也很重要。产品有产品的形象，产品的功能定位应该能够体现出由产品所展示的品质、品位和品形到品牌的过渡。宣传片可以帮助企业实现企业—代理商—经销商—零售商—消费者对企业形象和产品的共识。明确了目的还要明确用途，是用来促销、参加会展还是招商、产品发布，这对宣传片的要求都是不同的。

企业宣传片从内容上分主要有两种，一种是企业形象片，另一种是产品专题片。前者主要是整合企业资源，统一企业形象，传递企业信息。它可以促进受众对企业的了解，增强信任感，从而带来商机。而产品直销片主要是通过现场实录配合三维动画，直观生动地展示产品生产过程、突出产品的功能特点和使用方法。从而让消费者或者经销商能够比较深入地了解产品，营造良好的销售环境。企业宣传片的直接用途主要有：促销现场、项目洽谈、会展活动、竞标、招商、融资、产品发布会、统一渠道中产品形象及宣传模式等。产品宣传片用于电视广告或终端播放等。

制作基本流程：

了解企业属性、创意拍摄脚本→提案说明、拍摄前准备→拍摄开始→后期制作→初剪→精剪→特效→调色→配音录制与合成→配乐→合成。

注意事项：企业宣传片不宜做得太长，一般在 30 分钟以内。

15.1.2 产品宣传

15.1.2.1 宣传原则

现代行业市场中，不同的企业产品在不同的销售市场和不同的市场生命周期阶段都有各自的特点，这些不同的特点极大地影响着企业的市场营销活动，企业的营销策略必须随之进行改变。根据产品的市场生命周期来制定不同的营销策略时，一般遵循下列原则：在市场投入期应尽快地使自己的产品为消费者所认识和接受，尽量缩短投入期的时间，减少经营费用和宣传费用；运用一切营销手段保持和延长产品的市场成熟期和成长期；在新的产品未进入成长期之前，在综合考虑的前提下使产品以较慢的速度被淘汰。

总之，要根据产品在市场上所处的生命周期的特点来制定相应的策略，以使企业获得最大的利润，同时进行大力度的产品宣传。

15.1.2.2 宣传途径

企业产品宣传的方式有广播、电视、报纸、网络、手机短信、传单、海报栏、黑板报、讲座、推荐会、口碑相传等，要想做好企业产品的宣传工作，最起码要通过以下几种途径：

利用广播、电视、报刊等日常媒体。这虽然已是老掉牙了的听众、观众和读者已腻得乏味了的方式，但对于厂家的宣传策划部门来说，必须要有这张“厚脸皮”，必须要进行“死缠烂打”，甚至不惜让别人在厌烦中记住你的品牌，那也是一种成功，也许他气消时正好需要购买这种产品，而他就会自然而然地从心底翻找品牌记忆，这时你的品牌就有可能成为他的首选目标。毕竟，在这三种媒体上进行宣传具有很大的影响面，千万不要忽视了这块广阔的“沃土”。

网络具有传播速度快、参与群体大、影响效果广和宣传费用低等优势，越来越受众多企业的青睐，也越来越受商家和消费者的欢迎，一种方便、快捷、低廉的购销方式谁不喜欢？当然，利用网络会存在很多不确定因素，因为网络是虚拟的，只有厂家、客商和消费者都能建立在一种互相信赖、充满诚意的基础上并需要网络资源管理部门不断完善监管体制才能形成一个良好健康的网络交易市场，也才能为企业产品的宣传平台提供有力的保障。

利用好博览会、商务洽谈会等交流平台，加大现场宣传力度。从企业方面而言，它需要高超的技巧、有素质的产品代言人和丰厚的企业文化作底蕴。一个成功的企业，它必然有一套成功的企业文化作支撑。产品其实就是企业文化的结晶，是一种在生产流程中加入了企业的发展思路、经营理念和营销策略的有感情的物质，它内心饱含要让人购买和使用的欲望，以证明自己“活”在世上的价值。所以我们要尽可能地把它宣传开来，这个时候就需要一个有力的“喉舌”：过硬的产品质量、巧妙的宣传手法和充足的展示平台三位构成的结合体。另外，企业还可以采用发放宣传手册及制作宣传片来进行大力度的产品宣传。

15.1.3 宣传策划

宣传策划是指人们为了达成某种特定的目标，借助一定的科学方法和艺术手段，为决策、计划而构思、设计、制作活动方案的过程。目的是宣传创业、宣传企业、宣传产品、宣传服务，以提高企业品牌知名度、提高企业文化认同感。

15.1.3.1 网络宣传

在企业比较集中的网站做置换广告。如企业关注的信息平台，当地的信息类网站，门户类网站等。另外，可以在各地市启用一批网络推广员，在行业内部以及企业关注的各大论坛推广。多方面打开不同的网络渠道，提升自身网站的百度权重值，以得到客户关键词搜索的首选。

15.1.3.2 电视媒体宣传

在小范围电媒做广告，形式灵活多变：

①在黄金时段财经电台做普通广告，循环播放。

②企业领导积极参加电视台里相应的节目，宣传企业文化。

③邀请电视台做数据采访，作为本公司的深层力度推广。可与相关行业内部媒体电视台长期合作。

④其他后续活动合作事宜随时跟上步骤。

这样多方面操作能更加深入地展现公司的业务及企业文化。

15.1.3.3 纸媒宣传

①在行业类报纸、杂志上多方面发表深度信息评论类文章。

②请记者来做行业类专题采访报道。

③会议型合作多方面配合。

④积极运用网站深度评论稿件推动纸媒运作。

15.1.3.4 实体广告宣传

实体广告宣传可从多方面入手，从细小之处做起：

①设计独立宣传彩页手册，分发到各方中小企业客户。随时电话垂询，关注最新客户需求动向。彩页的设计一定要体现公司的企业文化和业务范围。设计新颖，能让人过目不忘。

②集中散发客户所在的工业区、社区，在城市的广场人口密集区设立广告位、宣传牌、电子屏幕宣传等。

③会议运作中，免费的小礼品奉送颁发。

④移动广告的利用。

15.1.3.5 微信、短信、邮件群发

联系短信群发平台，如飞信短信群发平台，免费给各公司负责人发送部分需求短信，信息内容简明扼要并介绍本公司服务项目。利用社会关注热点编辑微信、短视频通过朋友圈转发。邮件推广以及短信推广继续加强，把所需的数字尽量简短地发布在短信、邮件推广方式上。减少客户观看邮件短信的时间，给客户省时间就是给自己增加合作渠道。

15.1.3.6 组织大型宣传活动

①确定活动的组织目的、指导思想、开展依据。

②确定活动的参与主体，主管部门(单位)、主办部门(单位)、协办单位(机构)、赞助单位、参加单位(机构)、娱乐单位等。

③活动准备阶段。成立活动组织委员会、召开组委会工作会议(至少一次，可根据情况召开多次)；确定活动标题、内容、时间、地点、议程、口号等；分解计划、组织

调配人员和物资，进行人员分工，做到各司其职、各负其责等；准备好活动需要分发的文字材料等，同时下发活动组织文件(通知、宣传材料)，通知需要参加活动的单位(人员)及注意事项；活动审批手续起草、办理，确定活动举行地点；明确活动开始和持续时间。提前通知有关领导，准备领导讲话稿。

④活动宣传要有声势，通过网站、媒体、海报、发通知等手段让宣传的对象知晓此次活动。

⑤活动后勤安保，会务组进驻，活动服务保障人员开始工作；检查各项准备工作任务的落实情况；组织参加活动单位(人员报到)；外地参加活动人员的接机、接站、送机、送站，活动进行中的组织协调(收集情况、协调矛盾、处理纠纷等)。

⑥活动收尾阶段，活动服务保障人员逐步减少、解散；物资归位、文件归档；经费物资结算、决算；可视情召开组委会最后一次会议，通报活动的组织情况；进行活动总结；向有关领导(部门)汇报活动组织情况；有的重要活动还在活动后发情况通报，活动后的监督和落实。

15.2 营销规划

15.2.1 营销理念、本质、目的

市场营销，简称营销，包含两种含义：一种是动词理解，指企业的具体活动或行为，这时称之为市场营销或市场经营；另一种是名词理解，指研究企业的市场营销活动或行为的学科，称之为市场营销学、营销学或市场学等。

对于营销含义的界定有多种。美国市场营销学者麦卡锡(E. J. Mccarthy)于1960年对微观市场营销下了定义：市场营销是企业经营活动的职责，它将产品及劳务从生产者直接引向消费者或使用者以便满足顾客需要及实现公司利润，同时也是一种社会经济活动过程，其目的在于满足社会或人类需要，实现社会目标(《基础市场学》1960年版)。美国市场营销协会(AMA)下的定义为：市场营销是创造、沟通与传送价值给顾客，及经营顾客关系以便让组织与其利益关系人受益的一种组织功能与程序。菲利普·科特勒(Philip Kotler)下的定义强调了营销的价值导向：市场营销是个人和集体通过创造并同他人交换产品和价值以满足需要和欲望的一种社会和管理过程。

随着对营销研究的日益深入，对营销的认识也更深刻、更广泛。综合以往学者对营销的认识和界定，我们把营销的含义归纳为：营销是一种创造性地满足顾客需要的活动；是一种信息传递活动；是一种对顾客的思想教育活动；是一种形象与品牌的塑造运动；是一种高品质的沟通方式；是一种高品质的生活方式。

营销理念是企业营销活动的指导思想，是有效实现市场营销功能的基本条件。营销观念贯穿于营销活动的全过程，并制约着企业的营销目标和原则，是实现营销目标

的基本策略和手段。市场营销理念正确与否，直接关系到企业营销活动的质量及其成效。如中国信合荆州农信社的营销理念：“变坐等客户上门为主动贴身式营销服务。”

简单地说就是：不断追求产品、服务、营销的差异性，靠差异性获取竞争优势。详细的说就是：密切关注竞争对手和顾客需求的每一处细微变化，抓住市场变化中的机会，利用公司的一切内、外部条件，永远比竞争对手早一步推出更能符合顾客需求的产品，靠不断变化的产品差异性、服务差异性、营销策略差异性，击败竞争对手，取得竞争优势。

营销是卖思想，产品和服务都不过是企业经营思想的结晶，不过是向消费者表达思想的载体。

营销并不是用精明的方式销售自己的产品或服务，而是一种创造真正顾客价值的方式。市场营销的目的在于使销售变为多余，人们的一切生活活动都是营销，生产和销售是对产品的营销，出版是对书籍的营销，老师是对文化知识的营销等。

成功的创业行为以及创业理念，更依赖于个人对自己以及对自己即将推出的产品或服务的成功营销。

15.2.2 营销策略

在经过创业分析和目标市场调研、选择的基础上策划具有针对性的营销策略是完成创业计划的重要过程，其中包括如何设计产品策略、促销策略、价格策略和渠道策略。

15.2.2.1 产品策略

任何能够流入市场，吸引消费者的眼球从而得到人们关注，为人们所用或消费，并能够满足其某种欲望或需求的产物都是产品。成功创业的标志是自己的产品实现在市场上进行供消费者消费，其前提是团队进行产品开发，从产品的整体观念来看，创业产品有5个层次构成：

①核心产品　指产品能够为顾客带来基本的消费价值和核心效用，是消费者购买产品的核心价值。

②形式产品　指体现产品基本用途和价值的表现形式，主要包括产品品牌、款式、特色、质量、包装等；

③期望产品　指消费者消费产品的同时所期望得到与产品相关的一套全面信息和客观性的消费期望价值。

④附加产品　指创业者为了满足消费者的消费期望（满意度）或突出产品市场差异化而提供的附加成本总和；包括产品说明书、维修保证书以及使用培训等。

⑤潜在产品　指顾客经过购买产品所实现的全部消费价值，包括现在购买的产品在将来的发展价值。

投资总会有风险的存在，创业也是一种额度不等的投资，也存在一定的风险，而且当前新创企业资源也相对不足，所以，在开发产品时我们应把重点放在新产品的开发程序的建立、应用与管理，以尽可能地降低投资风险。

15.2.2.2 价格策略

创业开发了新产品后，怎样把自己的新开发产品成功地推进市场，并得到消费者的认可是一个关键的问题，由于各家新创企业开发经营的产品以及产品价值所处的市场环境和竞争压力以及定价标准各不相同，因此，要采取不同的定价策略以尽快回收成本并迅速占有一定的市场份额。

新开发产品定价策略具体包括5种形式：

(1)撇脂定价策略

所谓撇脂定价，是指新开发产品流入市场时，先制定较高出售价格，尽量在竞争对手以较低价格推出相似产品前迅速获取利润回笼成本。此策略适用于产品价格弹性小，有申请专利保护的产品。优势在于可以短期回收成本，实现预期的利润额度，有利于树立高端品牌产品形象，便于后期销售价格的调整，当然前期定价过高对打开市场销路有一定的影响，不利于开拓市场。

(2)渗透定价策略

所谓渗透定价，是指新开发产品刚推入市场时，制定较低出售价格以吸引广大消费者，快速渗入行业市场并占取一定的市场份额。同时，通过企业具备的规模效应，迅速降低生产成本来获取更大的利润。另外，产品前期定价较低会造成一定的资金亏损，所以企业要有一定的承受能力。因此，此策略适用于具有一定规模的企业。当然，渗透定价也有利于尽快打开市场销路，提升新开发产品的市场占有率，且薄利多销不易引起市场竞争。

(3)折扣定价策略

折扣定价策略是指企业根据市场销售数量、还款程度及销售季节等条件的不同，供给消费者不同程度的价格折扣，从而促进消费者购买产品的一种策略。主要有以下几种形式：

①现金折扣　为促进消费者及时付款而推出的一种折扣优惠，规定顾客在规定时间内付款可以享受折扣优惠，过时则按原价进行付款。

②数量折扣　为促进消费者一次性多量购买产品而制定的一种价格优惠。即一次性购买的产品越多，享受的折扣优惠就越大。

③功能折扣(亦称交易折扣)　指企业根据中间商为其提供的营销功能的不同而给予中间商的一种优惠。也就是说，折扣会根据中间商所提供的营销功能的不同而有所差异。

④季节折扣　指企业为了在淡季或反季吸引顾客消费而采用的一种价格优惠。这种策略可以促进企业资金流通，使企业的生产和销售处于长期稳定状态，同时，这种

折扣方式还能帮助企业减少淡季库存量。

(4)心理定价策略

心理定价是依据顾客的消费心理来制定的一种定价策略。主要包括声望定价、尾数定价和招徕定价三种方式：

①声望定价　指企业充分利用消费者追求名牌的消费心理，把品牌产品制定较高价格，从而吸引消费者前来消费的一种方法。

②尾数定价　指企业为产品定价为带有零数的一种定价策略。依据消费者的节约心理，大多数消费者会认为9.9元看起来比10元便宜很多；同时，根据消费者求实的心理，又会觉得9.9元是经过企业精细计算成本后而制定的合理价格，从而对产品产生信任感。

③招徕定价　指企业为部分开发产品制定较低价格(甚至低于成本)以招引顾客进店消费，从而促进企业其他正价或高价产品的销售，以此来弥补亏损并获取更多利润的一种策略。

(5)差别定价策略

差别定价，又称歧视性定价，指企业根据一些客观因素(如消费者、时间、空间、产品质量与价值等)的不同而为新开发产品所制定不反应成本比例的差异价格的方法。主要包括以下几种形式：

①顾客差别定价　指企业将同一产品以不同的价格出售给不同的消费者。

②产品形式差别定价　指企业根据产品的款式和型号的不同为其制定的与成本不成比例的不同价格。

③产品地点差别定价　指企业根据同一产品所处地域的不同而制定不同的价格。

④销售时间差别定价　指企业依据同一产品在不同季节或时间段销售所制定的不同的价格。

15.2.2.3　渠道策略

(1)分销渠道的概念与类型

分销渠道指某种产品或服务在从生产者向消费者转移的过程中，取得本产品或服务的所有权或帮助所有权转移的所有企业和个人。

良好的分销渠道能帮助企业从中间商获取消费者、客户、竞争对手的相关信息，以实现产品本身价值的有效传递，将产品成功地运送到消费者手中，企业从产品销售中获得利润，同时消费者价值也得到了实现。

根据中间商的有无可以把渠道分为直接渠道和间接渠道；根据中间商的多少，又可将渠道分为长渠道和短渠道；根据同一渠道层次中间商数目的多少，可将渠道分为宽渠道和窄渠道。

(2)分销渠道的影响因素

①企业自身因素。

企业的营销能力：企业的营销能力较强，可以试着建立直销或短渠道；反之，选取长渠道或宽渠道。

企业对渠道的控制欲望：若企业对渠道的控制欲望较强，可以选择短渠道或窄渠道；反之，则可以考虑长渠道和宽渠道。

企业的规模与资金实力：如果企业的规模较大，资金实力较强，并有能力自己承担部分或者全部营销职能，这种情况下可以选择短渠道，甚至建立自己的直销渠道；反之，则要借助中间商来承担营销职能的能力来保证产品的转移销售。

②市场因素。

消费者的地区分布：若消费者分布较集中，则适合选择建立短渠道或窄渠道；若分布较分散，则选择长渠道和宽渠道，或者借助中间商的能力来使产品扩散，让更多消费者接触到产品。

市场规模：若市场规模大，采取长渠道与宽渠道；反之，采取短渠道和窄渠道，或者直销。

销售量的大小：若产品进行批量销售，消费者一次性购买量较大，则采用短渠道或直销模式；反之，适宜建立长渠道或宽渠道。

竞争者的分销渠道：创建自己的分销渠道时，应对竞争者的分销渠道进行分析，根据自身能力，如果企业实力强，可采取与竞争者相同的分销渠道，这样可减少投资风险；反之，应采取与之不同的分销渠道。

③产品因素。

产品物理化学性能：若产品容易变质或损坏，则应尽量采用短渠道或者直销模式。

产品价值的高低：普遍情况下，产品价值越高，越应缩短分销渠道，销售渠道过长，会导致产品价格提升，不利于出售。同时，渠道越长，破坏产品的可能性也越大。

产品体积与重量：产品的体积与重量越大，储存与运输的费用越高，所以应尽量选择短渠道或者直销。

产品的标准化程度：有明确式样、规格、使用方法的产品可视为标准化程度高的产品，可采用长与宽的分销渠道。

产品的技术性：对于技术性不强的产品，可选择长和宽的分销渠道；而高技术性的产品，需要产家为顾客提供培训、维护和调试等服务，从而指导和保证产品的正常使用，所以要选择短渠道。

④中间商因素。

在如今社会的众多中间商中，他们的实力、规模等条件存在着一定的差异，这将影响到分销渠道的选择。

⑤环境因素。

环境因素也会影响到分销渠道的选择，例如，由于网络的飞速发展，一些软件产品或 APP 等为适应时代变化也不得不频繁更新并不断改变分销渠道。

15.2.2.4 促销策略

促销，是指企业通过多种多样的营销方式向消费者传播服务信息和销售产品，引导消费者进行消费，从而促成交易行为，以实现快速销售产品的目的的活动。其中，促销手段主要包括人员推销、广告、营业推广和公共关系四种。当然，企业在对促销策略进行选择时，要综合考虑企业自身的营销目标、市场状况、产品类型、促销对象、产品保质期和促销资金预算等因素，以达到最大效益。

(1)人员推销

人员推销是指企业派出工作人员直接向消费者介绍产品，促成交易的一种方法，其具体方式包括上门推销、会议推销、柜台推销、信函推销等。人员推销是直接面对消费者的，人员可当场进行产品示范，可以消除顾客对产品的质疑，推销人员在介绍产品的同时，还要能及时获取顾客对产品的要求及对产品的评价，以便完善和改进产品。另外，人员推销要面对大量的目标顾客，而推销人员却是有限的，所以对推销人员的工作要求比较高。如果对推销人员进行培训，又会增加费用支出从而提高了促销成本。

(2)广告

广告是通过特约媒体进行以传播企业和产品信息为目标的促销方式。根据广告目标的不同，可将其分为告知性广告、劝说性广告和提示性广告 3 种类型。目前，常用的广告媒体有电视、广播、互联网、报纸、杂志、户外广告等；影响广告媒体选择的因素包括产品特性、广告目标、媒体传播范围、媒体影响力、声誉及费用等。

(3)营业推广

营业推广是指企业利用短期的诱惑吸引消费者购买产品的促销方式，其形式主要包括以下 3 种方式：

①针对消费者　采用赠送样品、有奖销售、折扣优惠、包装兑换、免费试用、优惠券等方法配合广告活动，来促使消费者增加消费数量。

②针对推销人员　可采用开展销售竞赛、销售奖金、免费培训等方法鼓励他们积极推销产品。

③针对中间商　采用展销会、特许经销、冠名广告和批量折扣等方法来鼓励中间商大批量地进货或代销。

(4)公共关系

公共关系是指企业为增进与消费者的公共关系，促进广大消费者对企业的认知与了解，以树立和完善企业形象、提升企业在消费者心里的信誉度为目的的促销方式。

通过公共关系，企业可以通过第三方直接在各媒体上发布有关企业及产品的信息。常见的公共关系形式包括发布新闻、发布宣传材料、策划企业领导人的演讲和报告、社会捐助活动、企业内部参观和矫正性活动等。

15.2.3 建设营销队伍

市场竞争日趋激烈和市场的不景气常常增加业务员的挫折感，不同的企业、不同的业务员在不同时期都会存在不同的心态问题。通常，影响业务员心态和士气的主要因素是激励机制，激励力度不够、奖罚不明、奖励政策不兑现等情况都会影响业务员的士气。对于经营业绩差的企业，业务员更容易对企业的前途感到悲观失望，积极性不高，常常表现为得过且过，且凝聚力较差。管理业务员成为企业的一大难题。

营销队伍管理中最困惑的问题主要存在于两个方面：

①在心态方面，表现为：团队中业务员的工作积极性、主动性不够；业务员的心态不好，攀比风浓；业务员的凝聚力、忠诚度差，销售队伍不稳定。

②在销售技巧和能力方面，主要表现为业务员的专业知识缺乏，销售团队的销售技巧和能力待提高。

如何建设营销队伍：

(1)明确营销队伍目标

营销队伍建设的第一步是要设计明确的团队目标。目标可结合初创企业所开发的具体产品类型、市场环境以及自身实力条件等因素来进行综合考虑。

(2)确定营销队伍策略

与市场已有企业相比，初创企业竞争力明显不足，那么，作为一个初创企业又如何与强大的竞争对手竞争呢？怎样实现营销目标呢？营销队伍需要一个可行的营销策略。主要包括营售代表与顾客个别接触、营销代表与顾客群体接触、营售小组与顾客群体接触、推销会议等。

(3)设计营销队伍结构

初创企业营销人员有限，营销队伍尚不完善，管理制度也不够健全。因此，一些重要的组织职位并没有清晰的设置(如销售主管、销售总监等)，总而言之，一个完整的营销团队中，应该包括以下四种人才：营销战略人才、营销战术人才、营销执行经理和营销基础人员。

(4)合理确定营销队伍规模

通常情况下，初创企业的营销网络还不够完善，产品在市场的渗透力度也有限。因此，销售人员的规模不宜过大，要以少而精为组建原则，具体情况可以结合企业实际情况来确定规模。

(5)明确营销队伍职责

队伍中的每一个成员都要明确自己的职责，这是营销队伍完成营销任务、实现营销目标的前提。要积极做好以下具体工作：第一，设计营销岗位。确定营销队伍一些重要职位，并明确各职位的具体职责。第二，明确各岗位之间的关系。明确岗位之间的联系以及与企业内其他部门间的业务关系。第三，确定每个岗位的具体工作目标。

(6)制定合理的薪酬制度

合理的薪酬制度是留住员工、激发员工的工作积极性、提升员工对工作的满意度及热爱一个企业的前提保障。基本薪酬制度包括以下几种：薪金制、提成制、奖金制、薪金+提成制、薪金+提成+奖金制、津贴制、福利制等。

15.2.4 营销策划书的撰写

一份完整的营销策划书的构造分为三大部分：一是产品的市场状况分析；二是策划书正文内容；三是效果预测即方案的可行性与操作性。

15.2.4.1 市场状况分析

要了解整个市场规模的大小以及敌我对比的情况，市场状况分析必须包含下列内容：

①整个产品在当前市场的规模。

②竞争品牌的销售量与销售额的比较分析。

③竞争品牌市场占有率的比较分析。

④消费者群体的年龄、性别、职业、学历、收入、家庭结构分析。

⑤各竞争品牌产品优缺点的比较分析。

⑥各竞争品牌市场区域与产品定位的比较分析。

⑦各竞争品牌广告费用与广告表现的比较分析。

⑧各竞争品牌促销活动的比较分析。

⑨各竞争品牌公关活动的比较分析。

⑩竞争品牌定价策略的比较分析。

⑪竞争品牌销售渠道的比较分析。

⑫公司近年产品的财务预估分析。

⑬公司产品的优劣与竞争品牌之间的优劣对比分析。

15.2.4.2 策划书正文

一般的营销策划书正文由七大项构成，现简单扼要说明。

(1)公司产品投入市场的政策

策划者在拟定策划案之前，必须与公司的最高领导层就公司未来的经营方针与策略做深入细致的沟通，以确定公司的主要方针政策，研讨如下细节：

①确定目标市场与产品定位。

②明确销售目标是扩大市场占有率还是追求利润。

③制定价格政策。

④确定销售方式。

⑤预期广告表现与广告预算。

⑥销售任务年度分解。

⑦销售区域规划、线上线下与网点建设。

⑧促销活动的重点与原则。

⑨公关活动的重点与原则。

(2)企业的产品销售目标

所谓销售目标，就是指公司的各种产品在一定期间内(通常为一年)必须实现的营业目标。销售目标量化有下列优点：为检验整个营销策划案的成败提供依据；为评估工作绩效目标提供依据；为拟定下一次销售目标提供基础。

(3)产品的推广计划

策划者拟定推广计划的目的，就是要协助实现销售目标。推广计划包括目标、策略、细部计划三大部分。

①目标书必须明确地表示，为了实现整个营销策划案的销售目标，所希望达到的推广活动的目标。一般可分为：长期，中期与短期计划。

②策略拟定实现该目标的策略。推广计划的策略包括广告宣传策略、分销渠道运用策略、促销价格活动策略、公关活动策略等四大项。

③细部计划，详细说明实施每一种策略所进行的细节。

广告表现计划：报纸与杂志广告稿的设计(标题、文字、图案)，电视广告的创意脚本、广播稿等。

媒体运用计划：选择大众化还是专业化的报纸与杂志，以及刊登日期与版面大小等。

第16章　创业管理

学习目标： 掌握创业企业的战略管理、创业企业的人力资源管理；熟悉创业者的自我管理和内部管理制度的建立；了解创业企业内部信息与行政系统的建设以及内部激励制度的建立。

关 键 词： 创业企业　战略管理　制度　人力资源

16.1　创业企业战略管理

16.1.1　创业战略的含义

创业战略指创业企业在激烈的竞争环境中，根据市场的变化因素、自身的客观条件和潜能，在总结经验、调查现状和预测未来的基础上，为谋求生存和发展，寻找和制定的对将来一定时期内全局性的经营活动的理念、目标以及资源和力量的总体部署与规划，并根据这个规划来调配自身实力，调度、运用和整合各种资源使创业企业快速崛起的一个过程。它包括以下含义：第一，创业战略不是临时的权宜之计，其在一定历史时期具有稳定性；第二，创业战略不是对企业局部活动的反映与策划，而是对企业全局性活动的反映与策划；第三，创业战略的内容包括战略理念、战略定位、战略使命、战略目标、资源配置和能力整合等内容；第四，创业战略是企业的总部署、总规划。

16.1.2　创业管理的含义

创业管理从理论概念来讲，不仅仅是新企业的事情，在企业的现有成熟时期也发挥着重要作用。学者们对创业管理有不同的含义：

(1)创业管理是企业家与管理的结合

德鲁克认为，无论是完善的大型机构还是一个白手起家的个体经营者，创业的原则都是一样的。不论创业者是营利性结构还是非营利性的公共服务组织，也不论创业者是政府组织还是非政府组织，他们中间并没有多少或根本没有差别。

(2)创业管理是战略管理与创业的结合

创业管理是创业与战略管理之间的交叉。创业管理的定义是：与新企业的创建以及利用新资源或是资源重新配置进行创新开发有关的所有管理行为和决策，而不论这种行为是发生在新企业还是已有的大型企业中。

(3)创业管理是一种管理系统和管理哲学

创业管理是一种授权组织成员像企业家那样思考和行动的系统；同时创业管理也是一种管理哲学，这种管理哲学能促使企业战略的敏捷、柔性、创造力和持续创新。因此，创业管理系统的首要目标是要求组织的所有人员要像企业家那样思考和行为。

(4)创业管理是创业的精神层面和实质层面的结合

创业管理的关键在于创业过程能否“将新事物带入现存的市场活动中”，包括新产品或服务、新的管理制度、新的流程等。

创业管理是一种以机会为驱动、以创新为导向的管理活动和方式，它不仅存在于新建企业，现有企业或大公司也需要创业管理。不同的是，新企业的创业管理需要从机会导向向行为导向转变。

16.1.3 新企业的战略计划

战略计划是根据企业的优势和劣势，对企业外部机会和威胁进行有效管理的长期计划。它包括定义企业使命，细分可实现目标，形成战略和确定企业政策。也就是说，战略计划是一个企业在决定未来发展方向问题上最重要的步骤。

16.1.4 新企业的战略管理

战略执行是指具体的决策和行动。从起步走向成长的新企业，一切处于转型期。过去的机会价值和计划内容需要随着环境的改变而进行调整，需要像成熟企业一样逐步建立成型的、系统的制度和规则。

(1)实行战略管理，保持自己特色

研究表明，中小企业战略管理过程远没有大公司那样正轨。甚至有的研究发现，过分的正规化也许会使企业丧失灵活性而导致经营业绩下降。实际上，改进企业业绩的关键，是战略规划的过程，而不是战略计划本身。只要进行了战略制定的过程，一般而言，企业的发展总是比没有要好。当然，随着企业的日趋成熟，中小企业战略计划过程将变得越来越正规化，一般而言，企业的战略决策模式也由明兹伯格的企业家模式向计划模式转化。

(2)加快制度建设，促进战略管理

大多数中小企业的性质是民营的或私营的。企业创办者出于个性独立、个人生活方式和兴趣的需要以及为家族成员、亲友等提供就业机会的考虑而创办企业。这种企业产权虽然清晰，但产权结构单一，重大决策由业主独断专行，风险很大；治理结构不健全，委托代理成本十分高，产权人出于保密动机，不愿与家族之外的合作者共同分析机会威胁、优势劣势等战略问题。所以，中小企业发展到一定规模后应加快产权制度的合理化，变产权一元化为多元化，清除血缘近缘关系对企业发展的障碍；建立适当的治理结构，解决所有者经营能力不足的问题，使企业管理由传统型走向现代化。

(3)培训引进并用，提高战略技能

根据调查，当前中小企业不能开展战略管理的最主要原因是缺乏必要的战略技能。这与企业缺少战略管理人才直接有关。许多企业业主和经理不知道什么是战略管理，怎样开展战略管理，如何进行行业分析及竞争对手分析，理论上并不清楚有哪些战略可供选择，如何建立与战略相适应的组织结构及战略评价和控制体系。解决这个问题，一方面靠人才引进，当前应抓住大学毕业生就业市场总体供大于求的机遇，积极引进经营管理人才；另一方面，应积极参加为企业家举办的各种形式的战略管理研讨班、培训班。

16.1.5　创业企业的战略实施原则

①适度原则　做任何事情都要有个度，正确把握这个度我们才能更好地做事。

②统一领导，统一指挥原则　不论做什么都要从整体、从全局着眼。

③权变原则　任何企业在战略实施中总会有些事情的发生不是之前就能预测得到的，这时候需要把以前的战略进行相应的调整，要有充分的应变能力。

16.2　创业者的自我管理

增强自我管理能力是实施生涯规划的重要内容，能否有效地自我管理也是实施生涯规划的重要保证。大学生尤其是大学生创业者需要提高自我管理的意识，增强自我管理的能力，对自己的生涯进行必要及时的管理和规划。

16.2.1　压力管理

压力是我们对生活中各种境遇、变化和需求在生理心理和情感上的自然反应。对创业者而言，由于考虑的东西特别多，很容易压力过大，压力管理的成效往往会影响企业管理的成效。

下面的压力管理十法，会对创业者有所帮助：

①了解你的压力是什么　正确了解你的压力是什么，找到问题的来源。

②学会拒绝　拒绝那些自己完不成的工作，把自己力所能及的事情做好。

③学会放松　生活或工作中学会放松自己，释放自己的压力。

④健康饮食，尽量少吃垃圾食品　垃圾食品对我们百害而无一利，所以我们要学会健康饮食。

⑤心理健康　保持乐观和开朗，有一个良好的心态。

⑥自问为什么　为什么会产生这些压力，压力又是从何而来。

⑦多运动　运动可以舒缓紧张情绪。运动既有利于身心健康又有利于放松心情。

⑧追随幸福感　体味生活中让自己幸福的事情，常常使自己保持幸福，感受幸福。

⑨做事分清主次　学会抓重点，把重要的急需完成的工作首先完成好，再解决其他的事情。

⑩权力下放　适度的权力下放可以使创业者摆脱繁冗的日常事务。

16.2.2　时间管理

谁动了你的时间？究竟是有人偷走了我们宝贵的时间，还是我们自己没有好好利用我们所拥有的时间。如下所列可以帮助你管理好自己的时间：

①制定科学的日程表，它能正确指引你分步骤做好每件事。

②首先安排固定项目，哪些项目是必须要完成的，安排好这些事务。

③根据你的生物钟安排时间，养成良好的做事规律，这一点对我们每个人来说都很重要。

④把较大的任务分割成易于控制的小块，分部分完成每件事，使总体发挥最大的效用。

⑤留出充分的休息和娱乐时间，愉快的身心更有助于投身工作。

⑥留出机动时间，不要把所有的时间都填满，时常有空余时间让自己来支配。

良好的时间管理技能，是创业者的必备素质。其实，这背后是创业者的大局观和轻重是非观念。有的时候，我们会由着自己的性子，和合得来的人多聊几句，在喜欢的论坛上多流连一会儿。殊不知时间就是这样从我们的指尖流过。

16.3　管理架构与人力资源管理

16.3.1　新公司的组织设计

①组织机构要精干。这一原则的基本要求就是部门尽量减少，企业业务尽量实行职能归类管理。一般生产型企业，有这样几个部门就基本足够：生产管理部门、质量管理部门、技术开发部门、营销管理部门、财务部门、人事行政部门(包含办公室在内)，其他如采购、仓库管理等职能，要么就归并到上面某个职能部门内，要么只设岗位，不设部门，指定某个领导负责。组织精干是企业有效运行的基础，这是一个大致的框架。

②强化执行力实行垂直化管理。大家都很反感多头管理，同样一件事，这个领导交代要这样做，那个领导吩咐按照那样的方式做，下面办事的人就会头疼，在组织设计上就要尽量避免出现这样的状况。垂直管理体现的一个基本原理就是只听一个领导的安排，而不是很多人都来安排同一件事。同样，垂直管理对日常业务的开展而言(非重大决策)，对于效率的提升是非常有效的，否则，往往很多事转了好些弯还可能办不成。

16.3.2 创业初期的人才队伍建设

(1)公司的高层管理团队建设

需要大家对公司经营思想有高度的认同，否则以后在日常的工作中，很容易互相扯皮打架。

(2)公司的基层管理团队建设

有两样东西最重要：能力和职业意识。没有能力，事情干不好；没有职业意识，即使能力强，干事情也不会用心，甚至牢骚一堆。能力和职业意识都是可以培养的，关键是要选对人。

(3)公司的员工队伍建设

员工队伍建设，最核心的就是公司做事要公平，对员工的付出要给予合理的回报。各级管理人员对员工的工作一定要做细，不仅要求员工完成工作任务，也要适时关心一下员工的生活。

16.3.3 用人原则

现在的创业公司都很容易得“BAT(百度、阿里巴巴、腾讯)光环综合征”，似乎只有在BAT混过的才算是个人才，BAT的人大部分见过大世面，如亿级产品环境，经历过严苛的甄选，称之为优秀完全正确，但你必须知道，这个“优秀”指的是社会公允的优秀，你更需要的，是基于你的企业需求来定义出来的优秀。所以每家企业都应该有自己的优秀标准，而作为创业公司这个群体，优秀的人才应当具备如下三个通用特征：

(1)高可用

高可用指这个人应该有很强的自驱力、执行力和责任心，即可在目标明确的情况下高效产出，更能在混沌状态下主动思考找到方向并积极尝试，他们认为工作是最大的乐趣，能在24小时中的任一时点被唤醒而且立刻投入到解决问题当中。

(2)高延展

这样的人有非常强的学习能力，善于总结，又充满好奇心，不轻易否定也不轻易下定论，他们对新鲜事物特别敏感又具备很强的独立思考能力。创业总是想象不到环境会发生怎样的变化，只有学习能力强的人，才能永远适应企业的发展需要。

(3)高容错

高容错指具有很强的包容心，能够跟形形色色不同的人一起合作，总能发现不同人的优点，同时喜欢不同的观点，不害怕犯错，也不害怕承受错误，但总能从自己或别人的错误中发现调整方向，得到改进。

在创业公司，我们总是容易高估经验的价值，事实上，在创业的历程上，员工经验的复用率远比想象中低，创业本身就是在做别人不曾尝试或者没有做到极致的事情，回看那些成功的例子，你会发现无论是早期的腾讯、阿里还是后起的滴滴、唯品会等，他们的创始团队早期的经验与他们最终做的事情完全不同，而经验往往更容易让人产生路径依赖，人们在熟悉的领域总是更难创新，所以我们应该认真审视何为优秀的人才、能力与品质，这才是复用率最高，无论公司如何发展都能用得上的东西。

16.3.4 人力资源主管的素质要求

现代企业的人力资源管理的总趋势是以人为本，本着认识人、尊重人、开发人、激励人的观念，把人看成是一种重要资源来管理，当做一种资本来开发利用。

人力资源主管是战斗在第一线的基层管理人员，是人力资源决策信息的提供者，人力资源管理的这种变化与角色的扮演对人力资源主管的基本素质提出了很高的要求，它要求人力资源主管必须有过硬的人格品质、合理的知识结构、先进的人力资源管理理念、基本的工作能力、健全的心理素质与一定的人事工作经验。

人力资源管理的任务是选人、育人、用人、留人，人力资源管理的职能是调动各类员工的积极性和创造性，同时也必须运用劳动法规和劳动合同来规范人力资源管理活动，协调处理企业的劳资纠纷，从而求得人与事相适应，达到事得其人，人适其事，人尽其才，事竟其功的目的。

人力资源主管的人格品质不应成为一个空洞的口号，它应包括两方面的内容，第一，政治修养：即政治理论水平高、事业心强、有朝气、有干劲、有胆识。第二，职业道德修养：责任心强、谦虚谨慎、公道正派、作风民主、平易近人、有爱心、脾气好(人事主管的必备性格)、团结、协调、服从、自律、健康。

16.4 内部管理制度的建立

16.4.1 用人制度

建立健全的招聘办法，试用制度，考勤制度，薪酬制度，请假制度，出差，辞退等。

(1)严格把好招聘关

稳定人才队伍，在招聘环节要重点把握以下3个方面。首先，重人品。如果招人时一定在能力和人品之间取舍的话，宁愿不招那些能力好但人品恶劣的害群之马。例如，公司认同的是正直、耐心、诚信等这样的价值观，那么一个急功近利、以自我为中心的人就不是适合的，因为这样的人会在工作中为了达成自己的目标而不择手段，甚至会伤害别人的利益。其次，重文化。不能招与公司文化和价值观不契合的人。第三，重动机。如果一个销售人员事事向钱看，为了更高的待遇而频繁跳槽，这样的人只是把企业当做跳板，一旦面对更大的物质诱惑就会毫不犹豫弃企业而去。

(2)培训和考核直线经理

加强领导力的培训。有些销售人员因为业务能力出众，或在一家企业服务年限较长而被提升到管理职位，但他们身处领导岗位却不一定具备当领导的能力。其实从业务骨干到管理人员，不是到了多少年头就可以自然转过来的。中间需要很多管理技能的培养和管理知识的学习。因此，加强对直线经理的领导力培训，帮助他们实现这个跨越，成为一名让下属信服的领导者至关重要。

(3)提供良好发展空间

优秀的员工往往心存远大的理想和抱负，他们对自己的职业发展有明确的规划。当企业没有合理的晋升通道和广阔的发展平台，就会造成人才的外流。另外，员工长时间从事同一业务，虽工作努力却难有新的突破，会担心他们的技能发展停滞不前，降低了自己对新事物和新环境的适应能力，从而限制了职业生涯的长远发展，这也会导致人才外流。

16.4.2 职业准则的基本原则

①公司倡导正大光明、诚实敬业的职业道德，要求全体员工自觉遵守国家政策法规和公司规章制度。

②员工的一切职务行为，必须以公司利益为重，对社会负责，不做有损公司形象或名誉的事。

③公司提倡简单友好、坦诚平等的人际关系，员工之间应互相尊重，相互协作。

④公司内有亲属关系的员工应回避从事业务关联的工作。

16.4.3 员工守则

①遵纪守法，忠于职守，爱岗敬业。

②维护公司声誉，保护公司利益。

③服从领导，关心下属，团结互助。

④爱护公物，勤俭节约，杜绝浪费。

⑤不断学习，提高水平，精通业务。

⑥积极进取，勇于开拓，求实创新。

16.4.4 奖惩制度

奖惩分行政、经济两类。其中，行政奖励包括表扬、记功、记大功、升职或晋级；经济奖励包括加薪、奖金、奖品、有薪假期。行政处罚包括警告、记过、记大过、除名；经济处罚包括降薪、罚款、扣发奖金。

16.4.5 其他管理制度

企业生产经营活动的复杂性，决定了企业管理必须包括多方面的内容，如生产管理、技术管理、设备管理、销售管理、财务管理等制度。

16.4.6 员工权益

16.4.6.1 劳动安全

①公司为员工提供安全的工作环境及必要的劳动保护。

②在灾害条件下坚守岗位的员工，当人身安全面临危险时，应撤离至安全地带。

③保管公司财产的员工，接到预警信号后，在确保生命安全的前提下，应立即采取有效措施保护公司财产安全。

16.4.6.2 权利保障

员工享有法律规定和公司制度赋予的咨询权、建议权、申诉权与保留意见权，公司对这些权利予以尊重和保障。

16.5 内部激励制度的建立

16.5.1 建立公平合理的制度

公平和合理是制定激励制度的原则，是制度以上的企业文化。首先，理解激励可以分为正激励(奖赏)和反激励(惩罚)，激励制度本身的公平合理就要既包含正激励又包含反激励，也就是奖惩制度。奖惩对等，是体现公平的第一步。其次，激励的范围是要公平，即可以能覆盖到全员，最好连企业负责人都包含在内，这才算是制度的公平。再次，激励表现形式要公平(手段)，不要出现同等成绩，有的奖励钱，有的奖励一张奖状这样的情况。最后，激励授权要公平，要分层级赋予各管理层级能够采用的激励措施，同一层级保持公平。合理性包括奖惩条例设置的合理性、评估合理性、授权合理性和措施合理性。特别要注意的是，现在讲反激励而不是直接讲惩罚，是为了和国际接轨，很多的验厂或人权组织对于企业是特别要求不能有惩罚条例，所以把惩罚定义为反激励。

16.5.2 建立优秀企业文化

目前，一些企业的所谓企业文化建设，仅仅写在纸上、挂在墙上，却没有深入到员工的思想深处，没有被员工认同。

16.5.2.1 企业文化的涵义

企业文化的内涵具体包括如下一些因素：价值观、行为准则、企业经营管理哲学、经营理念、企业精神等构成企业文化的核心内容。是企业在生产经营管理中形成的观念的总和，是一种以人为中心的企业管理理论，企业文化强调管理中的软要素，其核心涵义是企业价值观。

16.5.2.2 企业文化建设的主要目标

(1)确定理念识别，确定全体职工的价值观

企业价值观是企业文化的核心，决定企业的命脉关系、企业的兴衰。现代企业不仅要实现物质价值，还要实现文化价值，要充分认识企业竞争不仅是经济竞争，更是人的竞争、文化的竞争、伦理智慧的竞争。企业的最终目标是服务社会实现社会价值最大化。

(2)确立企业精神

培育有个性的企业精神是加强企业文化建设的核心。培育具有鲜明个性和丰富内涵的企业精神，最大限度地激发职工内在潜力是企业文化的首要任务和主要内容。企业精神指企业广大职工在长期的生产经营活动中逐步形成的由企业的传统、经历、文化和企业领导人的管理哲学共同孕育的并经过有意识地概括、总结、提炼而得到确立的思想成果和精神力量，必须是集中体现一个企业独特的、具有鲜明的经营思想和个性风格的、反映企业信念和追求的，并由企业倡导的一种精神。培养企业精神要遵循时代性、先进性、激励性、效益性等原则，不仅要反映企业本质特征，而且要反映出行业的特点和本单位特色，体现出企业的经营理念。

(3)确立符合集团实际的企业宗旨

企业宗旨是企业生存发展的主要目的和根本追求，它以企业发展的目标、目的和发展方向来反映企业价值观，它包括企业道德和企业作风两方面。

企业道德是在企业生产经营实践的基础上基于对社会和对人生的理解做出的评判事物的伦理准则。企业作风是企业全体干部职工在思想上、工作上和生活上表现出来的态度、行为体现企业整体素质和对外形象。

(4)以人为本、树立精干高效的队伍形象、打造精神文化

企业文化实质是“人的文化”。人是生产力中最活跃的因素。人是企业的立足之本，企业职工是企业的主体，建设企业文化就必须以提高人的素质为根本，把着眼点放在人上，达到凝聚人心，树立共同理想，规范行动形成良好行为习惯，塑造形象扩大社会知名度的目的。为此，要做好学习型组织的建立，抓好科学文化知识和专业技能培训，培育卓越的经营管理者，带动企业文化建设，做好思想政治工作等相关工作。

(5)内外并举，塑造品质超群的产品形象、打造物质文化

企业文化建设应与塑造企业形象相统一，实现技术创新，做到群众性合理化建议活动持之以恒。使之具备独特的技术特色和产品特色。创品牌，教育职工要像爱护自己的眼睛一样，爱护企业的品牌声誉，使企业的产品、质量在社会上叫得响、打得硬、占先机、展企业精华。要做到在经营过程中的经营理念和经营战略的统一，做到在实际经营过程中所有职工行为及企业活动的规范化、协调化，做到视觉信息传递的各种形式相统一，为促进企业可持续发展奠定坚实基础。

16.5.2.3 企业文化的运作与管理

企业文化作为一种当代企业管理理论，在于把企业价值观渗透到企业经营管理的各个方面、各个层次和全过程，用文化的手段、文化的功能、文化的力量去促进企业整体素质、管理水平和经济效益的提高。企业文化运作包括：

①激励机制　企业文化管理的首要任务是调动人的积极性，激励方式有目标激励、参与激励、强化激励、领导者言行激励。

②纪律约束机制　要有明确的规范，落实上不走样，将企业理念贯穿到制度、纪律与行为规范中。

③凝聚机制　确立广大职工认同的企业价值观，确立企业目标，确立企业人际关系。

16.5.2.4　企业文化管理

①要处理好借鉴与创新的关系，把握企业文化的个性化、特色化。

②要处理好用文化手段管理文化，坚持以文化引导人、培育人。

③要处理好虚与实、无形与有形的关系，坚持内外双修、软硬管理相结合。

16.5.2.5　建立有效的沟通，创建民主和谐的企业氛围

①企业要根据不同时段和季节研究并建立一系列善于调动和激活员工状态的活动。

②每月都评议出优秀员工和模范管理人员，并予必要的奖励，以激励员工的斗志和努力进取精神。

③要定期举办适合的恳谈会，广纳建议，让全体员工都能从不自觉到自觉地表达个人的意愿。

④必要时由所属上级带头，努力取得相关部门管理人员的支持，协商共同解决经营中出现的问题。

⑤若企业员工患病或家庭出现非主观原因的困难，尽量伸出援助之手，体现关爱之情。

⑥员工要踊跃投稿，体现积极的参与性和关切企业文化建设。

⑦要有一套相互交谈和鼓励的方案来增强企业各员工之间的沟通力。

⑧在企业内适合的地方挂上让员工清晰和理解并从自律、自重、自爱的基础上体验行动的励志标语。

⑨相关部门出现工作事故或其他事件时，全公司上下尽其所能给予援助。

⑩员工要乐于参与企业文化设施的管理。

16.6　内部信息与行政系统的建设

16.6.1　怎样实行管理

①公司全体员工必须遵守公司章程，遵守公司的各项规章制度和决定。

②公司倡导树立“一盘棋”思想，禁止任何部门、个人做有损公司利益、形象、声誉或破坏公司发展的事情。

③公司通过发挥全体员工的积极性、创造性和提高全体员工的技术、管理、经营水平，不断完善公司的经营、管理体系，实行多种形式的责任制，不断壮大公司实力和提高经济效益。

④公司提倡全体员工刻苦学习科学技术和文化知识，为员工提供学习、深造的条件和机会，努力提高员工的整体素质和水平，造就一支思想新、作风硬、业务强、技术精的员工队伍。

⑤公司鼓励员工积极参与公司的决策和管理，鼓励员工发挥才智，提出合理化建议。

⑥公司实行“岗薪制”的分配制度，为员工提供收入和福利保证，并随着经济效益的提高逐步提高员工各方面待遇；公司为员工提供平等的竞争环境和晋升机会；公司推行岗位责任制，实行考勤、考核制度，评先树优，对做出贡献者予以表彰、奖励。

⑦公司提倡求真务实的工作作风，提高工作效率；提倡厉行节约，反对铺张浪费；倡导员工团结互助，同舟共济，发扬集体合作和集体创造精神，增强团体的凝聚力和向心力。

⑧员工必须维护公司纪律，对任何违反公司章程和各项规章制度的行为，都要予以追究。

16.6.2 经营管理模式

中国企业在全球化的道路上，根据自身的优势和特点，发展出了各自不同的模式。

(1)海尔安营扎寨模式

海尔是在中国加入 WTO 之前，国内较早走出去的企业。这种模式指中国企业在海外建立自己的生产基地，直接建立和推广自己的品牌，树立当地企业形象，以便更好和更多地销售自己在当地和中国所生产的产品，避免更多的关税壁垒等，如海尔在美国、巴基斯坦等国所建立的生产基地。这种模式的优点是容易获得所在国消费者的信任和欢迎，提高销售，可以回避关税，但挑战是成本较高。

(2)TCL 品牌共享模式

TCL 的模式是一种品牌共享模式，即将自己在国际上不知名的品牌和国际上知名的品牌结合，带动国内产品走出去，如 TCL 和德国施耐德，特别是和法国汤姆逊及阿尔卡特等品牌的结合，带动了 TCL 产品的出口，也带动了 TCL 品牌的提升。这种模式的优点是品牌长期的共享，但也有很大的风险，从长远来看，还是需要最终推出自己的品牌。

(3)联想借船出海模式

联想的模式是一个以小博大的赌注，其核心是借船出海。收购 IBM 个人电脑部使联想一跃跨入世界 500 强行列，虽然借 IBM 的品牌只有 5 年的使用期，但联想获得了 IBM 在国际上成熟的团队和销售渠道。不过，借船出海能否成功最关键的还在于双方企业文化的融合和联想国际化团队的整合能力。联想国际化的进程准备已有一段时间，从英文更名、成为奥运的顶级赞助商，联想为出海作了大量的铺垫。这种蛇吞象的模式最大的挑战是两个公司文化的融合和国际人才的使用。

(4)华为技术领先模式

华为的摸索是一个中国企业注重建立和开发自己的技术体系，有明确的国家市场目标，先占领发展中国家市场，后大力出击发达国家市场，形成了自己品牌的拳头产品和优势，国际销售已占到公司销售的50%，是中国企业走出去较为成功的一种技术导向的模式。其模式的挑战性是如何更进一步地创新技术而又避免知识产权纠纷。

(5)长虹产品代理模式

长虹的产品代理模式从形式上来看，是中国在现阶段企业走出去的一种主要模式。国内许多企业产品的出口主要依靠海外的代理。这种模式的优点是产品出口有现成的指引或渠道，可以获得一定的利润，缺陷是企业自有的品牌不突出，有时过于依赖海外代理，甚至有回收货款的风险。

(6)中石油、中海油资源互补模式

中国目前还有不少大中型国有企业在石油、天然气、矿石和林业等资源方面需要走出去寻找新的资源来支撑国内经济更大的发展。这种模式一般是政府主导的，以国有企业为主，是中国为自身需要派遣企业在海外发展所必不可少的一种模式。这种模式一般投资额较大，其挑战是如何加强可行性研究，加强监管，避免决策失误和损失。

(7)中国企业海外上市，借鸡生蛋模式

中国企业这些年来还有一种走出去的模式，就是到海外上市。中国目前已有上百家的企业在海外上市，包括中国电信、中国网通、中国移动、中国联通、中石化等一大批国有企业，也包括新浪、亚信、搜狐、UT斯达康、盛大等一大批新经济的企业。这是中国在新的形势下利用外资的一种更有效的新方式，不仅靠走出去借助国外市场带回了新的资金，也带回了更加规范化的经营管理模式。

(8)温州星火燎原模式

中国企业走出去的这些年也出现了一种方兴未艾的星星之火、可以燎原的温州模式，主要发生于一些中小企业。他们利用在海外的亲戚朋友或其他网络，把中国的一些有竞争力的产品推销到世界各地，如温州鞋、义乌小五金、温州打火机等，产品燎原到全世界。这种自发的、通常是家庭型的企业往往有着非常强大的灵活性和活力，是中国中小企业大面积走出去的开始，具有中国特色，是一种值得鼓励的模式。这种模式的挑战是如何加强行业协调、对当地文化的理解和在海外有序的管理，避免出现类似西班牙烧鞋事件的发生。

(9)对外承包工程模式

这种模式是一种相对传统的模式，主要是到海外更大的市场去承揽工程。在这方面可以充分利用中国的比较优势，中国政府对此也比较重视，也培养出了一批在国际上能排上名的中国跨国承包公司，如中建、中土、路桥、港湾公司等。随着伊拉克重建工作的展开、中东局势的逐步稳定，国际承包市场还会给中国企业带来更多的机会。

(10)劳务合作模式

劳务合作模式是中国企业可以组织劳务出口的一个有巨大潜力的事业。我国是一个劳动力资源大国，中国在向海外派劳务人员、海员、护士、研修生、厨师、甚至家政服务人员方面都有巨大的潜力可挖。我国在过去 20 多年里在这方面也积累了丰富的经验，可以进一步总结和提高。现在我国鼓励素质高的劳务人员大踏步地走出去。

第 17 章　创业政策与法规

学习目标： 掌握国家、地方以及高校对大学生创业的相关优惠政策；熟悉国家、地方关于“大众创业、万众创新”的有关政策法规，尤其是关于大学生创业的相关内容。

关 键 词： 创业政策　创业法律法规　优惠政策

创新是社会进步的灵魂，创业是推动经济发展的重要途径。“大众创业、万众创新”背景下，青年大学生创新创业是促进社会结构升级、发展创业型经济、实现经济结构转变的主要生力军，自十八大以来，国家不断深化改革，在双创基地建设、创业服务优化、创业资金支持、创业成果转化等多方面发力，出台多项双创政策法规，完善多项基本法律，形成激励大学生创新创业的一系列政策动力，建成安全有效的政策法律环境，为大学生创新创业保驾护航，帮助大学生扬帆远航，实现个人梦想与社会价值。作为大学生，明确国家基本政策和法律法规在进行创新创业活动中能达到事半功倍的效果。

17.1　有关创业方面的方针政策

推进大众创业、万众创新，是发展的动力之源，也是富民之道、公平之计、强国之策，对于推动经济结构调整、打造发展新引擎、增强发展新动力、走创新驱动发展道路具有重要意义。我国高度重视大学生创业，陆续出台相关政策鼓励大学生创业。对于创业者来说，充分了解相关政策可以达到事半功倍的效果，因此，下面介绍近几年国家对于创新创业的政策。

17.1.1　关于加强创业基地建设的政策

2010 年 6 月，教育部下发了《关于大力推进高等学校创新创业教育和大学生自主创业工作的意见》(教办[2010]3 号)，该意见指出：加强创业基地建设，打造全方位创业支撑平台。教育部会同科技部，以国家大学科技园为主要依托，重点建设一批“高校学生科技创业实习基地”。省级教育行政部门要结合本地实际，通过多种形式建立省级大学生创业实习和孵化基地；同时要积极争取有关部门支持，推动本地区有关地市、高等学校、大学科技园建立大学生创业实习或孵化基地。该政策的出台使大学生创业基地的建设落到了实处，至此，大学生创业基地有了专门的政策支持，加快了创业基地及创业科技园区的建设步伐。

2016年5月，国务院办公厅发布了《国务院办公厅关于建设大众创业万众创新示范基地的实施意见》(国办发[2016]35号)，该意见指出：对创业基地的建设进行了统筹规划，以区域示范基地，高校和科研院所示范基地，企业示范基地的建设为重点任务，旨在拓宽市场主体发展空间，强化知识产权保护，加速科技成果转化，加大财税支持力度，加强协同创新和开放共享等方面实现突破性进展。在更大范围、更高层次、更深程度上推进大众创业万众创新，为大学生创业铺设一条平坦的大道。

17.1.2 加快促进大学生创业的支持政策

2014年5月，人力资源社会保障部、国家发展改革委、教育部、科技部、工业和信息化部、财政部、人民银行、工商总局、共青团中央九部门联合发布《人力资源社会保障部等九部门关于实施大学生创业引领计划的通知》(人社部发[2014]38号)，该通知指出：合理运用政府公共资源，充分动员社会其他资源，通过普及创业教育、加强创业培训、提供工商登记和银行开户便利、提供多渠道资金支持、加强创业服务等政策措施，基本形成政府激励创业、社会支持创业、大学生勇于创业的机制，力争实现2014—2017年引领80万大学生创业的预期目标。此创业引领计划指明了促进大学生创业的方向和目标，明确强调了调动一切可利用资源支持大学生创业，从教育培训、政策服务、资金支持、创业服务等多方面详细表明了对大学生创业的全力支持，为更多大学生创业解除后顾之忧。

共青团中央办公厅于2015年1月发布《关于高校共青团积极促进大学生创业工作的实施意见》(中青办发[2015]2号)，该意见指出：充分发挥高校共青团在组织动员、资源整合、载体搭建、氛围营造等方面的工作优势，立足于创业意识培养、创业能力提升、创业实践锻炼等工作内容，高校共青团要通过举办创业讲堂、树立创业典型、开展创业社团、组织完善创业竞赛、组织创业师资、打造创业基地、争取创业资金、进行创业服务等方式，建立健全高校共青团促进大学生创业工作体系。该意见明确了共青团要在大学生创业中发挥重要作用，从创业意识、创业培训、创业支持和服务等多方位促进大学生创业，以更加接近大学生现实需要的内容和形式，更加鼓舞大学生进行创业的意识和行动。

2015年5月，国务院下发了《国务院办公厅关于深化高等学校创新创业教育改革的实施意见》(国办发[2015]36号)，要求高校明确本科、高职高专、研究生创新创业教育目标要求，细化创新创业素质能力要求，创新人才培养机制，健全创新创业教育课程体系，改革教学方法和考核方式，强化创新创业实践，加强教师创新创业教育教学能力建设，改进学生创业指导服务，完善创新创业资金支持和政策保障体系，全方位培养学生的创新精神和创业意识。此意见的出台为高校培养创新创业人才提供了详细的指导方针，为落实高校创新创业教育提供了实施准则。

人力资源社会保障部于2017年3月份发布了《人力资源社会保障部关于支持和鼓励事业单位专业技术人员创新创业的指导意见》(人社部规[2017]4号)，该意见对发挥事业单位在科技创新和大众创业万众创新中的示范引导作用，激发高校、科研院所等事业单位专业技术人员科技创新活力和干事创业热情，促进人才在事业单位和企业间合理流动，进行了具体指导。意见中明确指出支持和鼓励事业单位选派专业技术人员到企业挂职或者参与项目合作、兼职创新或者在职创办企业、离岗创新创业，支持和鼓励事业单位设置创新型岗位。这不仅在制度上为专业技术人员进行松绑，为促进专业技术人员创新创业营造了良好的创业政策氛围和制度环境；还在政策上给予大力支持，激发了专业技术人员的创业活力。

17.1.3 加快完善创业服务体系的政策

2015年3月，国务院办公厅发布《国务院办公厅关于发展众创空间推进大众创新创业的指导意见》(国办发[2015]9号)，该指导意见对促进大众创业、万众创新工作做出了明确指导，指出要加快构建众创空间、降低创新创业门槛、支持创新创业公共服务、完善创业投融资机制等；推进实施大学生创业引领计划，鼓励高校开发开设创新创业教育课程，建立健全大学生创业指导服务专门机构，加强大学生创业培训，整合发展国家和省级高校毕业生就业创业基金，为大学生创业提供场所、公共服务和资金支持，以创业带动就业。这一政策的出台从服务、场地、基金等方面全方位地为促进大学生创新创业工作做出了指示，进一步完善了大学生创新创业中需要的相关制度支持、服务和资金问题，为大学生创新创业铺平了道路。

2015年6月，国务院办公厅发布又一政策文件——《国务院关于大力推进大众创业万众创新若干政策措施的意见》(国发[2015]32号)，该意见强调加大简政放权力度，放宽政策、放开市场、放活主体，在创业体制机制、创业金融市场、财税政策、创业投资、创业服务、创新创业平台、创业渠道等方面详细做出了具体指示，提出了“三证合一”“先照后证”的商事制度改革，创新银行支持服务模式和丰富融资新模式，完善普惠性优惠税收政策等详细政策措施。这一政策文件将各项支持创业的政策措施细化，从细微处为大众创业、万众创新提供便利和优惠，为大学生创新创业保驾护航。

在“大众创业、万众创新”的大潮中，国家不断推出有利于创业的优惠政策，每一位创业个体都要弘扬“敢为人先、追求创新、百折不挠”的创业精神，不断增强创新创业意识，勇于投身创新创业队伍，做个人命运的主宰者、社会财富的创造者、历史发展的变革者，为建设创新型国家、实现中华民族伟大复兴的中国梦贡献一份力量！

17.2 与创业相关的法律法规

俗话说："没有规矩，不成方圆。"创业者的创业行为要在国家法律规定的基础上进行。我国是成文法国家，执法和司法以法律法规和规章制度为依据，创办企业要依法办理相关手续，遵守相关法规。对于创业者来说，了解我国的基本法律环境才能依法合法创业，取得合法经营和收入，更好地维护企业和个人权利、履行企业义务，为此，下面从企业的设立、管理和权利等方面介绍我国创办企业相关的法律法规。

17.2.1 企业设立的相关法律

17.2.1.1 公司法

创业者进行创业，必须进行正常的生产经营活动才能实现盈利的目的，因此，必须依法成立公司或企业，《中华人民共和国公司法》(主席令 10 届第 42 号)对公司或企业的成立及解散作了相关规定，《中华人民共和国公司法》已由中华人民共和国第十届全国人民代表大会常务委员会第十八次会议于 2005 年 10 月 27 日修订通过，现行的是修订后的《中华人民共和国公司法》，自 2006 年 1 月 1 日起施行。

17.2.1.2 科技成果转化法

初创企业经常会涉及科技成果转化活动，科技成果转化活动要遵守相关法律，不损害公共和他人利益，我国在 1996 年就颁布了《中华人民共和国促进科技成果转化法》(主席令 8 届第 68 号)，2015 年 8 月 29 日，第十二届全国人民代表大会常务委员会第十六次会议对此法进行了修改，为促进科技成果转化和规范科技成果转化活动提供了法律依据。

新办企业可以进行采用多种方式转化科技成果，也可以寻求科技合作者，该法提出："县级以上地方各级人民政府科学技术行政部门和其他有关部门应当根据职责分工，为企业获取所需的科技成果提供帮助和支持。"

《中华人民共和国科技成果转化法》对创业者利用高新技术创业提供了法律保障，拓宽了大学生、专业技术人员等进行的渠道，规范了创业者进行科技创业的行为活动，为科技成果转化和高新技术投入生产提供了便利条件和基本保障。

17.2.1.3 证券法

创业者在创业的过程中，有必要了解公司发行债券的相关规定，《中华人民共和国证券法》(主席令 10 届第 43 号)是为了规范证券发行和交易行为，保护投资者的合法权益，维护社会经济秩序和社会公共利益，促进社会主义市场经济的发展而制定的《中华人民共和国证券法》已由中华人民共和国第十届全国人民代表大会常务委员会第十八次会议于 2005 年 10 月 27 日修订通过，现行修订后的《中华人民共和国证券法》，自 2006 年 1 月 1 日起施行。

17.2.2 企业管理的相关法律

17.2.2.1 劳动法

任何创业过程都不可避免涉及劳动者，为了保护劳动者的合法权益，调整劳动关系，建立和维护适应社会主义市场经济的劳动制度，促进经济发展和社会进步，国家制定并于1994年7月5日第八届全国人民代表大会常务委员会第八次会议于通过了《中华人民共和国劳动法》(主席令8届第28号)。在劳动合同、工作时间和休息休假、工资三方面均有相关规定。

17.2.2.2 税收征收管理法

纳税是每个合法企业的必然义务，对于创业者来说，初创企业必须要明了税法征收的相关法律，并依法纳税。我国在2001年4月28日修订通过了《中华人民共和国税收征收管理法》(主席令9届第49号)，该法对税务管理、征收、检查等做了详细说明，明确规定了纳税人的权利和义务。

纳税既是公民的权利也是公民的义务，在创业过程中，在成立企业时，创业者要拉紧“纳税”的弦，享受权利的同时履行好自己的义务。

17.2.2.3 产品质量法

创业者在创办企业的过程中所生产的商品必须符合产品质量法的相关要求，履行好作为生产者的责任，用合格的产品赢得市场，获得消费者的信赖，保障消费者的合法权益。《中华人民共和国产品质量法》(主席令7届第71号)的相关条款对企业产品的质量作了规定，凡是企业生产者必须遵循。

17.2.3 企业权利的相关法律

创业者初创企业往往会涉及知识产权等相关权益问题，了解相关法律条文有助于维护企业权利。知识产权通常包括著作权、商标权和专利权等，我国出台的《中华人民共和国专利法》《中华人民共和国商标法》《中华人民共和国著作权法》等对知识产权的规定和保护做出具体规定，是企业维护知识产权的法律依据。同时，我国还出台了《中华人民共和国反不正当竞争法》，为企业公平竞争提供了法律保障。

17.2.3.1 专利法

全国人民代表大会常务委员会审议通过的《中华人民共和国专利法》(主席令11届第8号)，对专利的申请、专利申请的审查和批准、专利权的期限、终止和无效、专利实施的强制许可、专利权的保护等做了法律规定。

17.2.3.2 商标法

全国人民代表大会常务委员会2001年修订的《中华人民共和国商标法》(主席令9届第59号)对商标注册的申请和保护等做出了具体法律规定。

17.2.3.3 著作权法

全国人民代表大会常务委员会2010年审议通过的《中华人民共和国著作权法》(主

席令11届第26号），对作品的出版、传播依法进行监督管理和法律规定。

著作权人具有发表权、署名权、修改权、保护作品完整权、复制权、发行权、出租权、展览权、表演权、放映权、广播权、信息网络传播权、摄制权、改编权、翻译权、汇编权等。其中，署名权、修改权、保护作品完整权的保护期不受限制。在使用著作权人的作品时，要取得许可、向著作权人付报酬等。但当作品被用作以下用途时，可不经许可，不支付报酬：为个人学习、研究或者欣赏，为介绍、评论某一作品或者说明某一问题，为报道时事新闻，为学校课堂教学或者科学研究、翻译或者少量复制已经发表的作品，国家机关为执行公务在合理范围内使用已经发表的作品，图书馆、档案馆、纪念馆、博物馆、美术馆等为陈列或者保存版本的需要，复制本馆收藏的作品，免费表演已经发表的作品，该表演未向公众收取费用，也未向表演者支付报酬，对设置或者陈列在室外公共场所的艺术作品进行临摹、绘画、摄影、录像。

17.2.3.4　反不正当竞争法

公平的竞争环境对于初创企业至关重要，国家支持和鼓励一切正当的企业竞争行为，对不正当行为进行监督检查，支持和保护一切组织监督不正当竞争行为。1993年颁布实施的《中华人民共和国反不正当竞争法》（主席令8届第10号）为建设公平正当的企业竞争环境提供了法律保障。该法对不正当竞争行为、监督检查和相关法律责任等进行了详细规定。

经营者不得采用下列不正当手段从事市场交易，损害竞争对手：①假冒他人的注册商标；②擅自使用知名商品特有的名称、包装、装潢，或者使用与知名商品近似的名称、包装、装潢，造成和他人的知名商品相混淆，使购买者误认为是该知名商品；③擅自使用他人的企业名称或者姓名，引人误认为是他人的商品；④在商品上伪造或者冒用认证标志、名优标志等质量标志，伪造产地，对商品质量作引人误解的虚假表示。

经营者不得采用下列手段侵犯商业秘密：①以盗窃、利诱、胁迫或者其他不正当手段获取权利人的商业秘密；②披露、使用或者允许他人使用以前项手段获取的权利人的商业秘密；③违反约定或者违反权利人有关保守商业秘密的要求，披露、使用或者允许他人使用其所掌握的商业秘密。第三人明知或者应知前款所列违法行为，获取、使用或者披露他人的商业秘密，视为侵犯商业秘密。

经营者擅自使用知名商品特有的名称、包装、装潢，或者使用与知名商品近似的名称、包装、装潢，造成和他人的知名商品相混淆，使购买者误认为是该知名商品的，监督检查部门应当责令停止违法行为，没收违法所得，可以根据情节处以违法所得一倍以上三倍以下的罚款；情节严重的，可以吊销营业执照；销售伪劣商品，构成犯罪的，依法追究刑事责任。

相关法律为创业者创业提供了一个相对公平和稳定的法律环境，是创业者进行创业的基本法律保障，为创业者创业保驾护航。创业者要充分了解相关法律，保障合法创业的同时，利用法律维护企业权利。

17.3 大众创业的相关优惠政策

近几年，国家、地方、高校都积极制定和出台了一些创业优惠政策文件，涉及创业服务、注册登记、融资贷款、税收、补贴等多方面，大力激励全社会创业。大量优惠政策为创业者进行创新创业提供了重要保障和便利条件，减少了创业者创业之路上的荆棘阻碍。对于创业者来说，充分了解相关优惠政策可以达到事半功倍的效果，因此，下面对目前国家、地方、高校以及企业等对于创新创业的优惠政策进行整理。

17.3.1 税费优惠政策

初创企业的资金往往有限，税收和相关服务费用优惠可以为之减少企业初创阶段的资金输出，帮助创业者实现企业运营和创办。国家和地方各省市都在税收和服务费用方面给予创业者极大的优惠，鼓励和扶持创业者创业。

17.3.1.1 国家税费优惠政策

2014 年，国家税务总局联合财政部、人力资源社会保障部、教育部和民政部发布了《国家税务总局关于支持和促进重点群体创业就业有关税收政策具体实施问题的公告》(国家税务总局公告 2014 年第 34 号)，对创业者的税收优惠政策做了详细说明。公告指出在人力资源社会保障部门公共就业服务机构登记失业半年以上的人员、零就业家庭或享受城市居民最低生活保障家庭劳动年龄内的登记失业人员，可持《就业失业登记证》、个体工商户登记执照和《税务登记证》向创业地县以上(含县级，下同)人力资源社会保障部门提出申请。县以上人力资源社会保障部门应当按照《财政部、国家税务总局、人力资源社会保障部关于继续实施支持和促进重点群体创业就业有关税收政策的通知》(财税[2014]39 号文件)的规定核实后，对符合条件人员在《就业失业登记证》上注明“自主创业税收政策”，高校毕业生在校期间创业，可注册登录教育部创业者创业服务网(http：//cy. ncss. org. cn)，提交申请经核实后获得《高校毕业生自主创业证》和《就业失业登记证》，享受“自主创业税收政策”。

2015 年，国务院发布的《国务院关于大力推进大众创业万众创新若干政策措施的意见》(国发[2015]32 号)中提到，要优化财税政策，强化创业扶持，落实扶持小微企业发展的各项税收优惠政策。落实科技企业孵化器、大学科技园、研发费用加计扣除、固定资产加速折旧等税收优惠政策。对符合条件的众创空间等新型孵化机构适用科技企业孵化器税收优惠政策，完善创业投资企业享受 70% 应纳税所得额税收抵免政策。

2016 年，《国务院办公厅关于建设大众创业万众创新示范基地的实施意见》(国办发[2016]35 号)提到，对高新技术企业和科技型中小企业转化科技成果给予个人的股权奖励，有限合伙制创业投资企业采取股权投资方式投资于未上市中小高新技术企业满 2 年的可享受企业所得税优惠。

17.3.1.2 地方税费优惠政策

山西省出台《山西省人民政府办公厅关于扶持高校毕业生创业的意见》(晋政办发[2014]40 号)提出，对创办小微企业的，自工商登记之日 2 年内，可享受缴纳企业所得税、增值税和营业税省级留成 100%、市县留成 50% 的财政补助政策。高校毕业生从事个体经营或者创办小微企业的，自其工商注册登记之日起 3 年内免收属于登记类、证照类、管理类等有关行政事业性收费，具体免征收费项目按省财政厅、省物价局《关于免征小型微型企业部分行政事业性收费的通知》(晋财综[2011]88 号)执行。《山西省大力推进大众创业万众创新的实施方案》(晋政发[2015]49 号)提出，对金融机构农户小额贷款的利息收入免征营业税；对金融机构农户小额贷款的利息收入，在计算应纳税所得额时，按 90% 计入收入总额；对保险公司为种植业、养殖业提供保险业务取得的保费收入，在计算应纳税所得额时，按 90% 计入收入总额。对符合税法规定条件的高校毕业生、登记失业人员等重点群体从事个体经营的，在 3 年内可按国家规定享受税收最高上浮限额减免等政策。对符合条件的创业投资企业采取股权投资方式投资未上市的中小高新技术企业 2 年以上的，可以按照其投资额的 70% 在股权持有满 2 年的当年抵扣该创业投资企业的应纳税所得额，当年不足抵扣的，可在以后纳税年度结转抵扣。

江苏省于 2014 年出台的《江苏省大学生创业引领计划》(苏政办发[2014]71 号)指出，持《就业失业登记证》(注明“自主创业税收政策”或附着《高校毕业生自主创业证》)的高校毕业生在毕业所在自然年从事个体经营的，3 年内按每户每年 9600 元为限额依次扣减其当年实际应缴纳的营业税、城市维护建设税、教育费附加和个人所得税；对高校毕业生创办的小型微型企业，按规定减半征收企业所得税、月销售额不超过 2 万元的暂免征收增值税和营业税等税收优惠政策。高校毕业生在毕业 2～3 年以内的普通高校毕业生从事个体经营(除国家限制的行业外)的，自其在工商部门首次注册登记之日起 3 年内，免收管理类、登记类和证照类等有关行政事业性收费。

上海市于 2015 年发布的《上海市人民政府关于进一步做好新形势下本市就业创业工作的意见》(沪府发[2015]36 号)指出，高校毕业生、登记失业人员等重点群体创办个体工商户、个人独资企业的，可依法享受税收减免政策。积极落实国家有关部门制定的推广中关村国家自主创新示范区税收试点政策，包括职工教育经费税前扣除试点政策、企业转增股本分期缴纳个人所得税试点政策、股权奖励分期缴纳个人所得税试点政策。全面清理涉企行政事业性收费、政府性基金、具有强制垄断性的经营服务性收费、行业协会商会涉企收费，落实涉企收费清单管理制度和创业负担举报反馈机制。

上述税费优惠政策可以看出，国家和地方对创业者创业给予了较大力度的税费优惠，为创业者创业提供了极好的创业条件，创业者要及时把握和合理利用这些政府的优惠和扶持政策，借助政府的优惠之势，在创业黄金时代实现自己的梦想，成就个人价值。

17.3.2 补贴优惠政策

为扶持和鼓励大众创新创业，国家和各省市对符合一定条件的创业项目给予补助，对初创企业进行贷款贴息、租赁补贴等，缓解了初创企业的资金困境。

17.3.2.1 国家补贴优惠政策

2012年，国务院制定了《国务院关于进一步支持小型微型企业健康发展的意见》（国发[2012]14号），通过政府采购和免费的方式对创业企业进行补贴和扶持，该意见指出：政府采购支持小型微型企业发展。负有编制部门预算职责的各部门，应当安排不低于年度政府采购项目预算总额18%的份额专门面向小型微型企业采购。在政府采购评审中，对小型微型企业产品可视不同行业情况给予6%~10%的价格扣除。鼓励大中型企业与小型微型企业组成联合体共同参加政府采购，小型微型企业占联合体份额达到30%以上的，可给予联合体2%~3%的价格扣除。继续减免部分涉企收费并清理取消各种不合规收费。落实中央和省级财政、价格主管部门已公布取消的行政事业性收费。

17.3.2.2 地方补贴优惠政策

山西省发布的《山西省大力推进大众创业万众创新的实施方案》（晋政发[2015]49号）指出，省级每年认定10个创业孵化示范基地和创业示范园区，并根据入驻实体个数、创业孵化成功率、促进就业人数、实现经济价值等从省级创业资金中给予200万~300万元的一次性补助。对进驻创业基地的创业实体每年给予5000元的补贴，和每平方米每天补助1~3元的场地租赁补贴，补贴期限最长不超过3年。《山西省人民政府关于进一步做好新形势下就业创业工作的实施意见》（晋政发[2015] 34号）指出，对享受城乡居民最低生活保障家庭、残疾、获得国家助学贷款的毕业年度高校毕业生，发放一次性求职创业补贴；对参加创业实训人员在实训后6个月内实现创业且稳定经营半年以上的，可给予5000元的创业实训补贴。《山西省人力资源和社会保障厅、山西省民政厅、山西省财政厅、山西省国家税务局、山西省地方税务局、山西省物价局、中国人民银行太原中心支行关于大力扶持创办微型企业的意见》（晋人社厅发[2012] 93号）提出为创业者提供低租金、零收费、“一站式”服务的，所在地人民政府参照省级创业资金的规定标准，3年内从创业资金中对创业孵化基地管理服务单位给予每年不超过5000元的创业孵化管理服务补贴，对入驻微型企业给予每年不超过3万元的创业场地租赁费补助。

天津市于2015年发布《天津市人民政府印发关于发展众创空间推进大众创新创业

政策措施的通知》(津政发[2015]9号)，对经认定的众创空间，分级分类给予100万~500万元的一次性财政补助，用于初期开办费用，高校众创空间补助资金由市财政负担，区县及滨海新区各功能区众创空间补助资金由市和区县财政按7:3的比例负担。对众创空间内企业招用高校毕业生，给予1年岗位补贴和3年社会保险补贴。大学生创业且租赁房屋的，据实给予补贴，最高不超过每月1800元，补助期为2年。

内蒙古自治区于2015年下发了《内蒙古自治区人民政府关于进一步做好新形势下就业创业工作的实施意见》(内政发[2015]103号)，该意见表明，毕业5年内的高校毕业生(含毕业年度在校大学生)，在旗县级以上人民政府认定的创业孵化基地成功创业，并稳定经营1年以上的，给予不低于1万元的创业补贴。

福建省泉州市出台的《泉州市人民政府关于推进大众创业万众创新的若干意见(试行)》(泉政文[2015]122号)提出，所在地政府["各县(市、区)人民政府，泉州开发区、泉州台商投资区管委会"]给予首次创业的高校大学生最高3万元的开业补贴；青年和大学生自主创业可申请市青年创业小额贷款资金池最高10万元的免息周转金、市就业专项资金最高30万元创业贷款的贴息。

青海省于2015年发布的《青海省省级创业促进就业扶持资金管理办法》(青财社字[2015]1622号)，对登记失业且未享受引导资金的高校毕业生，其自主创业、取得营业执照并正常经营3个月以上的给予一次性创业补贴，其中自主创业的给予2000元的补贴，对2人及以上合伙创业的给予3000元的补贴。

各省市划拨专项资金为创业者提供大力的补贴，这对创业者群体来说是莫大的资助和鼓励，一定程度上可以缓解创业者创业资金短缺状况，同时助力大学生创业，高校大学生要争取利用这些补贴优惠进行创新创业。

17.3.3 融资贷款优惠政策

创业资金是创业者的重要保障和基础，融资和贷款是创业者获得创业资金的重要渠道。为了方便创业者更便利地获得创业资金，国家和地方在融资贷款方面出台的许多优惠政策，以帮助创业者解决创业资金问题。

17.3.3.1 国家融资贷款政策

2013年，财政部联合人力资源和社会保障部和中国人民银行发布《关于加强小额担保贷款财政贴息资金管理的通知》(财金[2013]84号)，该通知指出小额担保贷款担保基金用于为符合政策规定条件的各类人员创业申请小额担保贷款提供全额担保，为符合政策规定条件的劳动密集型小企业申请小额担保贷款提供担保。符合政策规定条件的个人微利项目小额担保贷款由财政部门给予全额贴息。其中，除东部9省市以外，中央财政承担贴息资金的75%，地方财政承担贴息资金的25%。

2013年，人社厅发布的《人力资源和社会保障部办公厅关于贯彻加强小额担保贷款财政贴息资金管理通知》(人社厅发[2013]105号)明确指出，对高校毕业生可在财政贴息资金支持的小额担保贷款方面适度给予重点支持，最高可贷款10万。

国务院办公厅于2015年3月出台的《国务院办公厅关于发展众创空间推进大众创新创业的指导意见》（国办发[2015]9号）在创业企业金融支持方面提出了相关政策指示：第一，国家方面，发挥国家新兴产业创业投资引导基金对社会资本的带动作用，国家科技成果转化引导基金作用，财政资金杠杆作用，财税政策作用和国家通过中小企业发展专项资金的渠道等，为创新型企业提供综合金融服务。第二，社会方面，通过多层次资本市场作用，互联网股权众筹融资，完善创业投资、天使投资退出和流转机制，鼓励银行业金融机构新设为中小企业金融服务的专业或特色分（支）行等方式为创业企业提供金融服务。

2015年5月发布的《国务院办公厅关于深化高等学校创新创业教育改革的实施意见》（国办发[2015]36号）中指出，高校要多渠道统筹安排资金，资助学生创新创业项目；部委属高校应按规定使用中央高校基本科研业务费，积极支持在校学生开展创新科研工作；中国教育发展基金会设立大学生创新创业教育奖励基金；鼓励社会组织、公益团体、企事业单位和个人设立大学生创业风险基金。

2015年5月，工业和信息化部发布《工业和信息化部关于做好推动大众创业万众创新工作的通知》（工信部企业[2015]167号），要求继续深化工业和信息化部与交通、建设、农业银行签署的《中小企业金融服务战略合作协议》，创新政银合作模式，帮助小微企业提供获得信贷支持的能力。

2015年12月，国务院下发的《国务院关于大力发展电子商务加快培育经济新动力的意见》（国发[2015]24号）为支持电子商务领域创业提出，加大金融服务支持，建立健全适应电子商务发展的多元化、多渠道投融资机制。研究鼓励符合条件的互联网企业在境内上市等相关政策。支持商业银行、担保存货管理机构及电子商务企业开展无形资产、动产质押等多种形式的融资服务。鼓励商业银行、商业保理机构、电子商务企业开展供应链金融、商业保理服务，进一步拓展电子商务企业融资渠道。

2015年，《国务院关于进一步做好新形势下就业创业工作的意见》（国发[2015]23号）提出，针对有创业要求、具备一定创业条件但缺乏创业资金的就业重点群体和困难人员，提高其金融服务可获得性，明确支持对象、标准和条件，贷款最高额度由针对不同群体的5万元、8万元、10万元不等统一调整为10万元。鼓励金融机构参照贷款基础利率，结合风险分担情况，合理确定贷款利率水平，对个人发放的创业担保贷款，在贷款基础利率基础上上浮3个百分点以内的，由财政给予贴息。简化程序，细化措施，健全贷款发放考核办法和财政贴息资金规范管理约束机制，提高代偿效率，完善担保基金呆坏账核销办法。

17.3.3.2 地方和高校融资贷款政策

山西省于2012年下发的《山西省人力资源和社会保障厅、山西省民政厅、山西省财政厅、山西省国家税务局、山西省地方税务局、山西省物价局、中国人民银行太原中心支行关于大力扶持创办微型企业的意见》(晋人社厅发[2012] 93 号)提出对创办微型企业自筹资金不足的劳动者，可按规定申请小额担保贷款，人均贷款额度提高到10万元。承贷金融机构应按担保基金与贷款余额1:5的比例发放小额担保贷款。对个人微利项目，由财政予以全额贴息；对企业吸纳符合条件的人员申请小额担保贷款的，由财政给予50%的贴息。对担保机构为微型企业提供的担保费率在3%以下、10万元以内的小额贷款担保给予2%的保费补贴；对担保机构为微型企业提供担保费率的3%以下的担保业务所出现的代偿损失，由各级财政根据财力状况给予一定的补贴。《山西省人民政府办公厅关于扶持高校毕业生创业的意见》(晋政办发[2014]40 号)提出对高校毕业生自主创业的，可申请最高10万元的小额担保贷款。对合伙经营或者组织起来创业的，可将最高贷款额度提高到每人15万元。对已经成功创业且带动就业5人以上、经营稳定的，可给予最高50万元的贷款再扶持。《山西省人民政府关于进一步做好新形势下就业创业工作的实施意见》(晋政发[2015] 34 号)提到，对高校毕业生在高新技术领域实现自主创业的，贷款额度可提高到20万元；完善担保基金呆坏账核销办法，将基金代偿率提高到25%。

北京市发布的《关于支持北京高校大学生创业的实施细则》(京教学[2014]6 号)明确指出，围绕中关村建设国家科技金融创新中心，探索建立工商登记部门与区域性股权市场的股权登记对接机制，鼓励机构间私募产品报价与服务系统在京发展，探索投贷联动融资模式，鼓励银行业金融机构向创业企业提供一站式、系统化的金融服务。设立北京大学生创业支持专项资金。市教委每年投入专项资金，用于支持500个左右的大学生创业团队和初创企业(包括400个创新创意、“创客”实践团队和100个初创企业)。

上海市人民政府办公厅印发《关于促进金融服务创新支持上海科技创新中心建设的实施意见》的通知(沪府办[2015]76 号)提出，支持科技创新企业发行公司债、企业债、短期融资券、中期票据、中小企业私募债、小微企业增信集合债等债务融资工具，推动开展可交换债、并购债券试点，满足科技创新企业多样化融资需求。支持科技创新企业通过资产证券化方式盘活存量资产，拓宽融资渠道。鼓励符合条件的科技创新企业通过上海证券交易所、深圳证券交易所、全国中小企业股份转让系统、区域性股权市场等多层次资本市场开展直接融资、并购交易。支持保险资金为科技创新企业提供资金融通；发挥政府创业投资引导基金的引导和放大作用，鼓励更多社会资本发起设立创业投资、股权投资和天使投资，持续加大对创新成果在种子期、初创期的投入力度，缓解科技创新企业“最先一公里”的资金来源问题。

《内蒙古自治区人民政府关于进一步做好新形势下就业创业工作的实施意见》(内政发[2015]103 号)规定，内蒙古自治区财政每年对金融机构上年度小微企业贷款净增额的0.25%给予风险补偿，高校毕业生创业担保贷款单笔最高额度为50万元；实现"以奖代补"资金扶持政策。

山西农业大学为支持大学生创业，联合方圆集团、水塔醋业、六味斋集团等建立"金银焕创新创业基金"，鼓励大学生进行创新创业，进行场地、资金优惠、咨询、技术支持等各项创业服务。

融资贷款优惠政策针对创业企业给予大力的额度优惠和扶持，基本可以保证创业者进行融资和贷款获得创业资金，解决创业者缺乏创业启动资金的问题。

17.3.4 创业服务优惠政策

"一站式"创业服务基地和创业孵化器对于创业者来说是初创企业的第一选择，国家和地方出台多项政策为创业者创业建立创业服务基地和孵化器，为创业者提供全面的指导和服务，帮助创业者顺利创业。

17.3.4.1 国家创业服务政策

2013年5月，人力资源和社会保障部发布的《人力资源社会保障部关于实施离校未就业高校毕业生就业促进计划的通知》(人社部发[2013]41号)中强调，对有创业意愿的高校毕业生，各地要纳入当地创业服务体系，提供政策咨询、项目开发、创业培训、融资服务、跟踪扶持等"一条龙"创业服务。地方各级公共就业人才服务机构要为离校未就业高校毕业生免费提供档案托管、人事代理、社会保险办理和接续等一系列服务，简化服务流程，提高服务效率；有条件的地方可对到小微企业就业的离校未就业高校毕业生，提供免费的人事劳动保障代理服务。

《国务院关于大力发展电子商务加快培育经济新动力的意见》(国发[2015]24号)在金融服务、物流服务、外事服务等方面提出优惠政策，促进电子商务行业的创业，其中指出建设完善移动金融安全可信公共服务平台，制定相关应用服务的政策措施，推动金融机构、电信运营商、银行卡清算机构、支付机构、电子商务企业等加强合作，推动跨地区跨行业的智慧物流信息平台建设，鼓励在法律规定范围内发展共同配送等物流配送组织新模式。

共青团中央办公厅印发的《关于高校共青团积极促进大学生创业工作的实施意见》(中青办发[2015]2号)指出，各高校团委要积极寻求学校、政府、企业、社会团体等多方资源支持，重点依托大学科技园、高新技术园、中小企业创业基地、创新型企业孵化器等孵化机构，联合打造一批创业实训、孵化基地，建立全方位、阶梯型、专业化的创业孵化服务体系，为解决创业创业者办公场地、提供孵化平台、市场对接等方面的需求提供便利。

2015年5月，工业和信息化部发布《工业和信息化部关于做好推动大众创业万众创新工作的通知》(工信部企业[2015]167号)强调，完善公共服务设施，提高公共服务质量，完善中小企业服务体系并加强投融资服务。发挥释放平台服务质量好、带动作用强、公信力高和平台网络覆盖广等优势，带动社会服务资源，创新服务模式，拓宽服务领域，提高服务效率。积极完善和推广中小企业服务券制度，支持服务机构和公共服务平台为创业创新企业提供免费或低收费服务。

《国务院关于进一步做好新形势下就业创业工作的意见》(国发[2015]23号)，强调要落实科技企业孵化器、大学科技园的税收优惠政策，对符合条件的众创空间等新型孵化机构适用科技企业孵化器税收优惠政策。有条件的地方可对众创空间的房租、宽带网络、公共软件等给予适当补贴，或通过盘活商业用房、闲置厂房等资源提供成本较低的场所。可在符合土地利用总体规划和城乡规划前提下，或利用原有经批准的各类园区，建设创业基地，为创业者提供服务，打造一批创业示范基地。

17.3.4.2 地方和高校创业服务政策

安徽省发布的《关于印发安徽省创业服务暂行办法的通知》(皖人社发[2012]41号)中提出，要建设创业服务中心，建立创业服务窗口和网站，提供一站式服务的同时，提供全程跟踪扶持服务，指导成立创业者联谊协会，实现优势互补、资源共享。

北京市于2015年10月发布了《北京市人民政府关于大力推进大众创业万众创新的实施意见》(京政发[2015]49号)，提出在中关村国家自主创新示范区开展创业者创业社保登记试点；充分发挥国家重大科技基础设施、首都科技条件平台、首都科技大数据平台、中关村开放实验室等公共条件平台和北京技术市场等技术转移转化平台的作用；依托中关村海外联络机构、中国国际技术转移中心等载体，建设国际创新创业合作平台，集聚国际创新创业资源，建设国际化创业服务机构。

山西省发布的《山西省人民政府办公厅关于进一步做好普通高等学校毕业就业创业工作的通知》(晋政办发[2014]68号)中指出，要大力开展普通高校毕业学年大学生创业意识和创办企业培训，实现有创业培训意愿的毕业学年创业者接受财政补贴的创业培训全覆盖。通过提供创业服务，落实创业扶持政策，提升创业能力，帮助和扶持更多高校毕业生自主创业，逐步提高高校毕业生创业比例。《山西省人民政府关于进一步做好新形势下就业创业工作的实施意见》(晋政发[2015]34号)强调要加强创业公共平台建设，大力扶持发展创业咖啡、创客空间、创新工场等灵活多样的新型小型创业孵化平台，建设发展市场化、专业化、集成化、网络化众创空间型创业园区，按规定给予相应补贴。

中共西藏自治区委员会办公厅和西藏自治区人民政府办公厅印发《关于推进西藏科技长足发展促进大众创业万众创新的意见》的通知(藏党办发[2015]41号)，指出西藏自治区推进西藏(拉萨)科技孵化器、林芝国家可持续发展实验区、拉萨国家现代科技服务业文化旅游创意产业化基地、拉萨国家农业科技园区、日喀则国家农业科技园区建设，为创业者提供服务。

安徽大学投入数百万元资金，设立人才培养模式创新实验区。组建以专家教授为带头人的创业教育团队，组织“大学生创业特训营”，开展创业训练。借助科技园资源建立创业者创业实践基地，与企业共建实习基地，与太湖、舒城等10个县市共建研究生联合培养创新基地，进行创新创业教育培训。成立创业者创新创业服务中心，为大学生创业者创业提供场地、资金和优惠政策，扶持在校创业者自主创业，促进科技成果转化。

天津大学每年划拨专项资金支持创新创业教育，与企业、政府联合设立创新创业基金，发起设立众创空间种子基金，支持种子阶段创业项目。联合政府、社会团体、各地孵化器、校友企业、兄弟高校建设15个创新创业实践基地，成立天津大学创新创业服务联盟、北洋创业俱乐部、学生创业协会，为学生创业团队提供全过程、全方位的指导和服务。

江苏大学依托创新创业学院，进一步挖掘机电总厂、工业中心、镇江工程技术研究院等教育资源共建创客工厂、众创空间、创业者科创园和留学生创业园等平台，建设好校内外各级创新创业孵化器，按照人才培养规律和创业发展规律，打造“实训区→预孵器→孵化器→加速器→产业区”全链型孵化载体群，层级式助推创业者开展创新创业实践活动；学校为每位学生建立创新创业档案；建设校院两级联动的创业服务中心。

系列创业服务平台，为创业者创业提供了场地、资金、咨询等方面的便利条件，为激发创业者创业潜力、孵化好的创业项目、转化创业者创意想法和科技成果提供了良好的土壤，创业者要充分利用政府提供的平台，在创业孵化器中发挥自己的特长，展现自己的能力。

17.3.5 制度优惠政策

相关制度限制是阻碍创业者进行创业的重要因素，国家和地方在近几年出台的多项政策中在制度上给创业者进行松绑，致力于营造宽松的制度环境，激发创业者的创业活力。

17.3.5.1 国家在制度上的优惠政策

《国务院关于进一步支持小型微型企业健康发展的意见》(国发[2012]14号)中提出，推进分类通关改革，积极研究为符合条件的小型微型企业提供担保验放、集中申报、24小时预约通关和不实行加工贸易保证金台账制度等便利通关措施。扩大“属地申报，口岸验放”通关模式适用范围。扩大进出口企业享受预归类、预审价、原产地预确定等措施的范围，提高企业通关效率，降低物流通关成本。

《教育部关于做好2015年全国普通高等学校毕业生就业创业工作的通知》(教学[2014]15号)中明确要求高校建立弹性学制，允许在校学生休学创业，并聘请创业成功者、企业家、投资人、专家学者等，担任兼职导师，对创新创业学生进行一对一指导。

《国务院关于大力推进大众创业万众创新若干政策措施的意见》(国发[2015]32号)

中提出破除创业企业制度障碍方面的政策：第一，完善公平竞争市场环境。增加公共产品和服务供给，逐步清理并废除妨碍创业发展的制度和规定，打破地方保护主义，加快出台公平竞争审查制度，建立统一透明、有序规范的市场环境。第二，深化商事制度改革。推进工商营业执照、组织机构代码证、税务登记证办理过程的电子化登记和电子营业执照的应用，结合实际放宽新注册企业场所登记条件限制；破除不合理的行业准入限制，增强创业企业信息透明度。第三，加强创业知识产权保护。加快建立全国知识产权运营公共服务平台，完善知识产权快速维权与维权援助机制，完善权利人维权机制。

人力资源和社会保障部于 2017 年 3 月发布了《人力资源社会保障部关于支持和鼓励事业单位专业技术人员创新创业的指导意见》（人社部规[2017]4 号），该指导意见着重在人事制度上对技术人员创业提出了优惠政策，其中指出，事业单位专业技术人员到企业挂职或者参与项目合作期间，与原单位在岗人员同等享有参加职称评审、项目申报、岗位竞聘、培训、考核、奖励等方面权利，其在兼职单位的工作业绩或者在职创办企业取得的成绩可以作为其职称评审、岗位竞聘、考核等的重要依据。合作期满，应返回原单位，事业单位可以按照有关规定对业绩突出人员在岗位竞聘时予以倾斜。事业单位专业技术人员离岗创业，可提出书面申请，经单位同意，在 3 年内保留人事关系。

17.3.5.2 地方在制度上的优惠政策

山西省发布的《山西省大力推进大众创业万众创新的实施方案》（晋政发[2015]49 号）中在人事制度和学制上提出了优惠政策：对高校、科研院所等事业单位专业技术人员离岗创业的，经原单位同意，可在 3 年内保留人事关系，与原单位其他在岗人员同等享有参加职称评聘、岗位等级晋升和社会保险等方面的权利。建立健全弹性学制管理办法，放宽学生修业年限，允许调整学业进程、保留学籍休学创业，允许全日制在校学生休学创业，凡进入大学生创业孵化基地或者创业园区创业的学生，其进入基地创业的时间可视为参加学习、实训、实践教育的时间，并按相关规定计入学分。

《北京市人民政府关于大力推进大众创业万众创新的实施意见》（京政发[2015]49 号）中在建立保障制度方面提出，完善全市企业信用信息体系，建立统一共享的小微企业名录，建立便捷商事服务机制等。

上海市人民政府办公厅出台的《关于进一步促进科技成果转移转化的实施意见》（沪府办发[2015]46 号）中在体制机制上对科技成果转化做出了松绑，其中指出高等院校、科研院所可自主决定采用科技成果转让、许可、作价投资等方式，开展科技成果转移转化活动；将科技成果转移转化、服务中小企业技术创新的绩效列入高等院校、科研院所应用研究类专业技术职称的评价体系；国有科技创新型企业可对在科技创新中做出重要贡献的技术人员和经营管理人员实施股权和分红权激励。对高等院校和科研院所以科技成果作价入股的企业，用于股权奖励和股权出售的激励总额中，用于股权奖励的部分可以超过 50%，用于股权奖励的激励额可以超过近 3 年(不满 3 年的，计算已有年限)税后利润形成的净资产增值额的 17.5%。

江苏大学制定了《江苏大学本科生创新创业学分评定与管理办法》，在学分制上做出了改变，设立了创业学分，本科生创新创业学分包括创业课程学分和创新创业实践学分两部分。本科生在校学习期间，必须取得一定的创新创业学分方可毕业，2015 级及以前，每位本科生必须取得 1 个创业课程学分和 1 个创新创业实践学分，2016 级及以后，每位本科生必须取得 1 个创业课程学分和 2 个创新创业实践学分。这一制定规定大大激发了大学生的创业活力。

在创业企业制度、商事制度、人事制度、科技成果转化机制和学分制等方面的制度松绑为创业者营造了宽松的创业制度环境和氛围，免除创业者在制度上的一些后顾之忧，创业者可在此宽松的制度环境中积极发挥个人创业能力，实现创业梦想。

创业拓展悟道：创业新思维

1. 创业需要有大的蓝图，要有胸怀全球的格局，鲲鹏志远的境界，气吞山河的韬略，坚定的信念和勇猛的执行力，也要有输得起的勇气，压不垮的精神，容得下天下之难事的肚量，所以创业者是伟大的。

2. 知识不是能力，它需要一个悟道、转化、运用的过程，否则知识可能成为心理上的优势，行动上的负担。

3. 创业组织策划者必须是通才，目标远大自然心胸开阔，高大上的宏观思维、远宽广的思想境界决定着团队的发展空间。

4. 人生需要做成几件事才能被别人认识，事不在大小、不在起点高低、不在规模大小、不在有钱没钱。文凭是次要的，干是主要的，办事能力是主要的，生存能力是主要的。办成一件事是基本要求，办成两件事（或是一件事的二次高度）就是成功者，办成三件事（或第三层次的升级）就是英雄，就有了追随者。

5. 良禽择木而栖，贤臣择主而事，新时期的内涵则是行业的选择，岗位的选择，人生导师的选择，发展方向的选择。

6. 往往有着特殊能力的学生很早就有所表现，发现特殊人才，发现特殊才能就成为老师与家长的重要任务，早发现、早引导、早培养；“创业学”是研究、发现、培养“特殊人才”与“老板”级人才的实践。人的生理心理性格有一致性、相关性、内在规律性，可以借此发现有特质的有潜力的培养对象。

7. “读书做官”在新时期表现为在公司做中层管理者，或者成立自己的公司，开辟一块阵地，做自己的事业。传统的“读书做官”在现代创业大潮中赋予了“管理”的新的含义，也赋予了“经济”或更多的含义，做小企业更多的是技术层面上的做事、而做大企业则是管理，是现代意义上的官，是企业政治、企业文化。

8. 人生逆境是外动力，能量极大，非主观选择，被逼无奈，逆境有可能打垮一个人，但当动力与能力被激发后成功就成为必然。顺境动力小，主观选择因素大，没有自制力很难成功。无论是逆境还是顺境，都需要高人的指点、朋友的激励、执着的信念、百折不挠的毅力。

9. 有能力比知识重要，有特长比文凭重要，文凭只是人生过程中教育阶段的标记，最终衡量或评价人生的绝不是评凭文书，而是对社会实现的价值与个人价值的实现。

10. 跨界发展是寻找机会、寻找方向、资源转换的方法。知识、技术、经验、阅历都需要资源转换。

11. 不要被知识格式化你的思维，不要被网络俘虏，从网络获得知识的同时不要丢失自己的判断，要驾驭网络、驾驭知识、驾驭信息。

12. 践行知行合一，注重实践“悟道”。学习一定要理论联系实际，要读书＋悟书，不能悟道或不能指导行为，谓之白学，犹如吃饭不消化不吸收，谓之白吃。

13. 伟人与常人在没有机遇时是一样的，但是一旦机遇出现伟人表现为毫不犹豫，甚至爆发出超常能量、勇气和干劲。

14. 眼光短的人看重利益，长远的人看重事业，为钱奋斗的人是低层次的，为事业为实现个人价值的奋斗才是高层次的、高素质人的追求。事业是永恒的，有可持续性、可继承性、可发展性，事业的追求是每个文化人、现代文明人的最高境界。将功名利禄作为最高追求目标时也将成为人生的终点，达不到目标业死，达到目标心死。

15. 古人云“修身、齐家、治国、平天下”这体现了人们管理人的行为能力的发展过程和不断追求的境界。要实现“平天下”的宏伟、远大目标，就得从修身做起。现代社会的新概念是：修身——管理好自己，齐家——管理好他人（团队），治国——管理好组织系统，平天下——独特领域的霸主地位。

16. 杰出人士与平庸之辈的根本差别并不是天赋、机遇，而在于有无目标。大学期间最为重要的任务就是选定自己的目标与发展方向，否则将有劲无处使。选定自己的事业与发展方向是至关重要的，是为进入社会前做好准备。

17. 当前社会上的浮夸风盛行、物欲横流绝非是发展主流，我们应当顺应社会大势，站在风口浪尖处引导社会发展的潮流，引导行业发展方向，顺应大势不是自由发展，历史的责任落在我们当代大学生身上，我们的信念发生偏差将影响深远，时间会告诉你追求事业的可持续发展是英明的。

18. 有自己的事业远比有钱重要，事业可持续，而钱可能会贬值或购买力下降。当你追求事业的同时既满足了个人需求，又避开了宏观经济的泡沫成分，对于有着强烈创富欲望者来说，这个过程就是制造快乐的过程，在过程中，体现了他们人生的价值。

19. 创业重在业，不一定是新创企业，无论是为国家服务、自己干还是为民企打工，只要是自己喜欢的、追求的、擅长的事情或是一项开创性的事业，均可以被理解为创业行为，在创业过程中既要看重所有权，又要看重使用权或管理权，将此三权与事业的发展以及个人价值的实现融为一体就是成功的创业。

20. 消费追求：现代社会高度发达使得基本生存可能会变得更加容易，没有必要为生计过多地考虑，追求铁饭碗也不会是主流，人们的追求也相应升级，事业与爱好是唯一的资金与精力的最大消费追求。反过来，衡量一个人有没有事业心很简单，看看他的经济消费账单与时间消费的区域即可一目了然。

21.“朝为田舍郎，暮登天子堂”。在中国漫长封建社会里，这是缺少足够上升通道的读书人朝思暮想的最好结局，荐举科举是那个时代唯一的通道。在今天这个多元化价值年代，市场经济大潮已快速行进，如此多优秀的人才迷恋当官、参加国考省考，再现了历史上那令人百感交集的一幕，显然令人忧虑，但已经不是主流方向。

22. 传统的观念认为做不到就不要说，说到就要做到，但现代创业观认为：在大众面前大谈你的未来与设想，是对大众的承诺，它激励你为此奋斗，是创业动力之一。

23. 创业以人为本，人以事业为重，任何一次创业都可以是成功的，就看创业者怎么理解“成功”二字，也许你收获的是金钱，也许你收获的是经验，也许你收获的是教训，也许你收获的是人生感悟，人生必然有得有失，永不刹车这种最省油的开车追求当然是不可能的，人生需要挫折，成败只是人生过程的波段与不同事业的取舍或被动选择。

24. 曾经有人做过一项调查，结果显示，全世界95%的财富集中在5%的人手中，94%的中彩票者不出三年生活就会回到原点或比原来还要差。它告诉我们过程是有意义的，没有过程的成功是不能长久的，因为没有思想上的准备与能力方面的过渡，不能驾驭突然降临的巨大财富，结果是显而易见的。

25. 如果没有风险、大家都看好，这可能是该放弃的项目。

26. 选择项目必须要能独立于个人能力与专长之外的项目，发挥个人优势与擅长，但不能离开了个人的操作就无法运转，过分依赖于个人能力专长的项目属于客制化、个性化定制，不适合规模化、工业化生产。

27. 只要你能帮助别人实现梦想，就能帮助自己梦想成真，这是新时期的人生观、助理观、价值观。

28. 世上最悲伤的三件事：少年得志，中年落魄，老年无靠。创业就是要获得历练，解决后顾之忧。

29. 食品安全已经成为全社会关注的焦点，如果我们的大学生能够占领大部分的食品餐饮产业链中的关键部门与关键岗位，占领管理层的绝大部分，那么我国的食品安全问题会有所好转，毕竟大学生的高素质会带动食品餐饮行业的整体文明。

30. 精于谋算可得小利而不能长远，所以过于精明是创业之大忌。利益永远不是人生的全部，分配不公、计较小钱则是私心作怪，也是眼光短浅的表现，而延续事业才能保证共享长远的发展。

31. 在创业过程中，技术的贡献是基础性的、是巨大的，但是模式的创新、方法的创新所带来的效益有可能远远大于技术的份额。

32. 创业玩的是特色、创新，人无我有、人弱我强、人精明我憨厚、人谈待遇我谈忠诚、缺为贵是永远的真理，现在社会不缺的是聪明人，珍稀的是忠诚度、人情味、踏实肯干，所以老实人一定会大受欢迎，被人赏识必定有机会的临幸。

33. 创业的关键是你的开头，初创时期的起步，毕竟万事开头难，在总结别人创业经验时一定要记住，告诉人的经验都是冠冕堂皇的，而关键的一步可能是不能或不愿说的，所以走出你的关键的一步就能奠定你成功的一半，关注你的第一个项目、第一个产品、第一笔投资和掘取的第一桶金。

34. 真正出类拔萃的，大都是那些历尽艰辛，在逆境中磨炼出坚强意志的人们。逆境造就的人才坚忍不拔、机智果敢、沉着冷静，对事业的忠诚度极高，逆境出人才、逆境出大才，堪为大用，有些人提出了“挫折教育”，其实质不言而喻。中外历史上，一帆风顺而有大成就的人实属少见，人生波浪式发展才是正常规律，否则一切顺利而遭遇滑铁卢将再无翻身的可能。

35. 新时代的 3 个特征是：速度、变革、危机；我们的应对措施是：学习、适应、创业，动态中发展。现代社会讲平等，经济上交易规则的公平，在经济上我们应该抓住变革的千载难逢的大好时机，发展自己的事业，培养超前的眼光与超强的执行力，不能顺应潮流就一定会被潮流所抛弃。

36. 创业不一定就是自己独立干，如果你所从事的岗位与自己的发展方向或特长爱好一致，而且又是行业内的顶尖公司或单位，你又可能是被重用的一流二流人才，那么不一定要自己出来独立干，至少也不应该马上独立干，创业以业为主，事业发展的“高度”应当优先于所有权问题，事业的高度与所有权问题没有不可调和的矛盾，如果你是创造者或设计者，或者有分红份额的模式、股权份额的模式，就也是一种“创业”的形态。

37. 赚钱的最高境界是无中生有，低成本创业，只要方法得当，多思考，多努力，就会发现低成本创业如此简单，这个世界推崇的是只要想到就能做到，万事皆有可能。

38. 更高层次的创业追求则是团队的事业与个人事业的一致，经济上的好处与社会公益价值的一致。

39. 从一个人的发展来看，社会资源丰富的家庭文凭可能有大用，而对闯社会的“草根”来说经验可能更为重要。

40. 各地都在大力发展转型经济，其实质是希望经济迅速腾飞，迅速的关键是“创新”与“管理”，创新的关键是方法创新、模式创新，它可以造就转型经济的迅速发展与巨大的效益空间，模式创新可比“技术”带来数倍、数十倍的经济效益，当然技术投入、技术进步是必须的，可作为长线投资关注；管理的关键是人才问题、领头羊和带头人问题，需要通过创业培训快速发现和培养具有开拓精神的“老板”级人才，设立老板培训基地作为经济腾飞的“黄埔军校”，管理人才永远是重中之重。

参考文献

白津夫 . 2015. 互联网众筹的创新价值[J]. 中国经济周刊，(26)：40.

毕传福 . 2015. 赢在商业模式[M]. 北京：人民邮电出版社 .

蔡剑，吴戈，王陈慧子 . 2015. 创业基础与创新实践[M]. 北京：北京大学出版社 .

陈德棉 . 2011. 创业者的素质与创业管理[M]. 上海：同济大学出版社.

陈寒松 . 2007. 基于生命周期的创业精神研究[J]. 商业时代，(29)：45 – 47.

创业故事 – 大学生创业网 http：//www. studentboss. com/gushi/.

段锦云，王朋，朱月龙 . 2012. 创业动机研究：概念结构、影响因素和理论模型[J]. 心理科学进展，20(5)：698 – 704.

樊一阳，徐玉良 . 2010. 创业学概论[M]. 北京：清华大学出版社 .

冯丽霞，王若洪 . 2013. 创新与创业能力培养[M]. 北京：清华大学出版社 .

高健，姜彦福 . 2006. 全球创业观察中国报告：基于 2005 年数据的分析[M]. 北京：清华大学出版社 .

洪峥 . 2014. 创业融资最佳模式[M]. 广东：广东经济出版社 .

胡雪飞 . 2015. 创新思维训练与方法[M]. 北京：机械工业出版社 .

胡振华 . 2013. 创业经济学[M]. 北京：北京大学出版社 .

贾虹 . 2011. 创新思维与创业[M]. 北京：北京大学出版社 .

李家华，郑旭红，张志宏 . 2011. 创业有道：大学生创业指导[M]. 北京：高等教育出版社.

李肖鸣，朱建新 . 2013. 大学生创业基础[M]. 2 版 . 北京：清华大学出版社.

李志能，郁义鸿，罗伯特 . D. 希斯瑞克 . 2001. 创业学[M]. 上海：复旦大学出版社 .

林嵩，谢作渺 . 2008. 创业学：原理与实践[M]. 北京：清华大学出版社 .

刘平，李坚，王启业 . 2011. 创业学——理论与实践[M]. 北京：清华大学出版社 .

刘沁玲，陈文华 . 2012. 创业学[M]. 北京：北京大学出版社 .

刘亚娟，孙静，徐弥榆 . 2011. 创业融资[M]. 北京：中国劳动社会保障出版社 .

刘志阳 . 2010. 创业学[M]. 上海：格致出版社 .

吕丽，流海平，顾永静 . 2016. 创新思维——原理、技法、实训[M]. 北京：北京理工大学出版社 .

罗群，王彦长 . 2012. 大学生创业基础[M]. 合肥：安徽大学出版社 .

[美] Hisrich 和 Peters. 2003. 创业学[M]. 王玉，等译 . 上海：复旦大学出版社 .

[美] 彼得 · 德鲁克 . 2002. 创新与创业精神[M]. 张炜，译 . 上海：上海人民出版社，上海科学院出版社.

明照凤 . 2015. 职业规划与创新创业[M]. 济南：山东人民出版社 .

牛长松. 2007. 英国大学生创业教育政策探析[J]. 比较教育研究，(4).
彭源 . 2016. 创业动机影响因素述评[J]. 教育教学论坛，(6)：75 – 76.
谭蔚沁，林德福，吕萍. 2011. 大学生创业教育概论[M]. 昆明：云南大学出版社 .
唐和祥 . 2014. 赢在起点——大学生职业生涯规划与就业创业指导[M]. 上海：上海交通大学出版社.
万妮娜 . 2009. 基于创业经验视角下的创业过程研究[D]. 长春：吉林大学 .
汪戎 . 2014. 创业基础：大学生创业理论与实务[M]. 北京：高等教育出版社.
王天力，周立华 . 2013. 创业学[M]. 北京：清华大学出版社 .
网易视频公开课：我们都有创业梦 .
魏栓成，姜伟 . 2013. 创业学——创业思维 · 过程 · 实践[M]. 北京：机械工业出版社 .
吴晓义 . 2014. 创业基础：理论、案例与实训[M]. 北京：中国人民大学出版社.
相子国，杨颖，许本强，等 . 2014. 创业融资[M]. 四川：西南财经大学出版社 .
熊斌 . 2014. 互联网众筹模式的现状与分析[J]. 新经济，(1)：30 – 31.
张文松，裘晓东，陈永东 . 2012. 创业学[M]. 北京：机械工业出版社 .
张玉利，李政 . 2006. 创新时代的创业教育研究与实践[M]. 北京：现代教育出版社 .
张志胜 . 2012. 创新思维的培养与实践[M]. 南京：东南大学出版社 .
CCTV – 2《财富故事会》栏目组. 2007. 创意财富[M]. 北京：当代中国出版社 .